U0720271

新編諸子集成

管子校注

下

黎翔鳳 撰
梁運华 整理

中華書局

管子校注卷第十八

雜篇五

入國第五十四 謂始有國，入而行化。

入國四旬，五行九惠之教〔一〕。旬，即巡也。謂四面五方行而施九惠之教。一曰老老，以養老之禮養老者。二曰慈幼，三曰恤孤，四曰養疾，五曰合獨，六曰問疾，七曰通窮，八曰振困，九曰接絶〔二〕。所謂老老者，凡國都皆有掌老。謂置掌老之官。年七十已上，一子無征，不預國之征役。三月有饋肉。謂官饋之肉。八十已上，二子無征，月有饋肉。九十以上，盡家無征，日有酒肉。死，上共棺槨，勸子弟，精膳食，問所欲，求所嗜〔三〕。問老者何所欲求，訪其所以嗜①欲而供也。此之謂老老。所謂慈幼者，凡國都皆有掌幼。士民有子，子有幼弱不勝養爲累者〔四〕，勝，堪也。謂不堪自養，故爲累。有三幼者無婦征〔五〕，四幼者盡家無征，五幼又予之葆。葆，今之教母。受二人之食，官給二人之

① 「嗜」字原作「耆」，據校正改。

食。能事而後止。幼者漸長，能自管事，然後止其養。此之謂慈幼。所謂恤孤者，凡國都皆有掌孤。士人死〔六〕，子孤幼，無父母，所養既無父母，又無所養之親也。不能自生者，屬之其鄉黨知識故人〔七〕。養一孤者，一子無征。養二孤者，二子無征。養三孤者，盡家無征。掌孤數行問之，必知其食飲飢寒。身之膌胜〔八〕，而哀憐之。膌，瘦也。胜，肥也。此之謂恤孤。所謂養疾者，凡國都皆有掌養疾〔九〕。聾盲喑啞，跛躄偏枯握遞〔一〇〕，遞，著也。謂兩手相拱著而不申①者，謂之握遞。不耐自生者〔一一〕，上收而養之。疾，既養之，又與療疾。官而衣食之〔一二〕，謂官給之衣食。殊身而後止〔一三〕。殊，猶離也。疾離身而後止其養。此之謂養疾。所謂合獨者，凡國都皆有掌媒。丈夫無妻曰鰥，婦人無夫曰寡，取鰥寡而合和之，予田宅而家室之，三年然後事之。事，謂供國之職役也。此之謂合獨〔一四〕。所謂問疾者，凡國都皆有掌病。士人有病者，掌病以上令問之。九十以上，日一問。八十已上，二日一問。七十以上，三日一問。衆庶五日一問。疾甚者以告，上身問之。掌病行於國中，以問病爲事。此之謂問病。所謂通窮者，凡國都皆有通窮〔一五〕。若有窮夫婦無居處，窮賓客絶糧食，居其鄉黨，以聞者有賞，不以

①「兩手」原作「而子」，「申」字原作「甲」，據補注改。

聞者有罰。此之謂通窮。所謂振困者，歲凶，庸人訾厲〔一六〕，訾，疾也。厲，病也。多死喪。弛刑罰，赦有罪，散倉粟以食之。此之謂振困〔一七〕。所謂接絶者，士民死上事，死戰事，使其知識故人受資於上資，謂財用。而祠之。此之謂接絶也〔一八〕。

〔一〕豬飼彦博云：「五」字疑衍。「行」，施行也。洪頤煊云：「四旬」，四十日也。「五行」，行五次也。史記管仲列傳正義引管子云「相齊以九惠之教」，是約其義也。尹注非。何如璋云：「五」字當作「立」，涉上下數目字而誤。「立」猶即也，又速意也。張佩綸云：僞房及洪説皆非也。當以「四旬五」爲句。「四旬五」者，淮南天文訓：「何謂八風？距日冬至四十五日條風至。……廣莫風至則閉關梁，決刑罰。」此「四旬五」，以日冬至推至來歲之立春。「行九惠之教」，月令「孟春之月，命相布德和令，行慶施惠，下及兆民」，是也。翔鳳案：説文：「旬，徧也。」詩江漢：「來旬來宣。」古文「旬」作「訇」，與「宣」同意。墨子號令「離守者三日而一徇，而所以備姦也」，畢注：「當爲『徇』。」衆經音義引三倉云：「徇，徧也。」左桓十二年傳「三巡數之」，杜注：「徧也。」「旬」與「巡」音義俱同，房訓「旬」爲「巡」，是也。「五」中象交午，同「伍」。説文：「伍，相參伍也。」易繫辭正義：「伍，五也。」「五行」，參伍行之。諸説俱誤。

〔二〕孫星衍云：史記正義引作「八曰賑」，北堂書鈔引作「賑困」。王引之云：「問疾」當爲「問病」。下文曰「凡國都皆有掌病，士人有病者，掌病以上令問之」，又曰「掌病行於國中，以問病爲事」，此之謂「問病」。與此前後相應，則作「問病」明矣。若作「問疾」，則與「四曰養疾」之「疾」無所區别，蓋傳寫之譌也。北堂書鈔政術部十三引此已誤。又案：下文所謂「問疾者」，「疾甚者以告」，二「疾」字皆當作「病」，所謂「問病者」，與「此之謂問病」正相應也。「士人有病者，掌病以上令問之；病甚者以告，上身問之」，「有病」與「病甚」亦相應也。今本作「疾」者，蓋「六曰問病」已誤作「疾」，後人又據已誤之上文，改不誤之下文耳。幸其改之不盡，尚可據以更正。何如璋云：「問疾」，「疾」字當作「病」，謂老病也，與上「養疾」指廢疾者有異。史記管仲傳正義引作「一曰老，二曰慈，三曰孤，四曰疾，五曰獨，六曰病，七曰通，八曰賑，九曰絶」。皆節去一字，而「六曰病」，正作「病」字。「振」乃作「賑」字。翔鳳案：王與何校近是。疾病爲通稱，析言之，疾爲天傷，引申爲殘疾。病爲病加，引申爲老病。釋名：「疾病者，客氣中人。疾，急也。病，並也。與正氣並存膚體中也。」其分别甚明，然未必一定爲字之誤。古籍合言「疾病」者甚多，左襄十九年傳「疾病而立之」，論語「子疾病」，均是。且「養」與「問」不同。問篇「問獨夫寡婦孤寡疾病者，幾何人也」，則言「問疾」亦可。論語：「伯牛有疾，子問之。」

〔三〕陶鴻慶云：「死上共棺槨」，與下文意不相屬，此下當有脱句，如下文「掌孤數行問之」、「掌病行於國中」之例。「勸子弟以下」云云，正掌老巡行所有事也。金廷桂云：「死上供棺椁」五字，當在「求所嗜」之下，蓋是錯簡。觀下文「能事而後止」、「殊身而後止」，可見。

翔鳳案：共，供也。「供棺椁」就本人言之，「求所嗜」就子弟言之，次序井然，二說俱誤。

〔四〕陶鴻慶云：「子有」二字當衍，蓋誤複而未删者。「爲累者」下當奪「無征」二字。下文「有三幼者無婦征，四幼者盡家無征，五幼又予之葆，受二人之食」，皆準此而遞進也。此奪「無征」二字，則文不備。上文述老老之事，「七十以上，一子無征」云云，此文例同。翔鳳案：「有」訓又。人多有子，不能盡慈之，慈其幼弱不勝養爲累者。禮記内則：「慈以旨甘。」賈子道術：「惻隱憐人謂之慈。」憐其體弱而滋養之也。

〔五〕何如璋云：「生三人，公與之母」，殆本此乎？張佩綸云：「婦征」者，周禮九貢「三，嬪貢」，鄭注：「嬪貢絲枲。」

〔六〕陶鴻慶云：篇内凡言「士人」，皆當依前作「民」，由唐人避諱，而校者回改未盡耳。

〔七〕許維遹云：「知識」猶朋友也。

〔八〕王念孫云：「胜」讀如減省之省，「胜」亦瘦也。字或作「眚」，又作「瘠」。周官大司馬「馮弱犯寡則眚之」，鄭注曰：「眚，猶人眚瘦也。」釋名釋天篇曰：「眚，瘠也，如病者瘠瘦也。」又釋言語篇曰：「省，瘠也，臞瘠約少之言也。」吕氏春秋審時篇「失時之稼約」，高注曰：「約，眚病也。」晉灼注漢書外戚傳曰「三輔謂憂愁面省瘦曰嬚冥」，後漢書袁閎傳注引謝承書曰「面貌省瘦」，竝字異而義同。

〔九〕王引之云：「皆有掌養疾」，「養」字因上文而衍。上文説「老老」云「凡國都皆有掌老」，説「慈幼」云「凡國都皆有掌幼」，説「恤孤」云「凡國都皆有掌孤」，下文説「問病」云「凡國都皆有掌病」，則此亦當言「掌疾」，明甚。又案：下文云「所謂通窮者，凡國都皆有通窮」，亦當言「皆有掌窮」。今作「皆有通窮」者，因上文而誤。翔鳳案：老幼指人言，一字已足。而疾不同，重在養不重在疾。「養疾」當爲官名，有掌之者，「掌疾」非官名，故有三字。

〔一〇〕豬飼彦博云：「徧」當作「偏」，謂半身不仁。張佩綸云：説文：「握，搤持也。」「搤，捉也，一曰握。」莊子庚桑楚篇「兒子終日握而手不掜」，釋文引李注：「捲手曰握。」郭注：「掜，手筋急也。」「遞」，廣雅：「痳、㾜、痿、瘚，病也。」玉篇：「㾜，瘦㾜也。」廣韻：「瘦㾜，疼痛也。」釋名：「酸，遜也，遜遁在後也，言脚疼力少，行遁在後，似遜遁者也。」然則「握」者手病，「遞」者足病，即手足拘攣之證。原注挩其半，而淺人妄增「遞著也」句，望文生義，蓋失之矣。尹桐陽云：半身不遂曰「偏枯」。荀子非相曰「禹跳湯偏」，鄭注尚書大傳曰：「湯半體枯。」翔鳳案：「偏」、「徧」不能相假，聲義不同。然易益「偏辭也」，孟喜作「徧」。曲禮「二名不偏諱」，鄭注：「偏，謂二名不一一諱也。」則其字當爲「徧」，毛居正已疑之，段玉裁伸其説當爲「徧」。阮元禮記校勘記：「舊杭本柳文，載柳宗元新除監察御史，以祖名察躬，準禮，二名不遍諱。據此文作『遍』字，是舊禮作『徧』字，明矣。今本作『偏』，非也。」然通典一百四作「偏諱二名」。從人從彳多相混，其故由於隸書。曲禮混彳作人，管子則混人作彳矣。是不可以通假論，且不可以誤字論也。「遞」從虒聲，「虒」從𠂆聲，義同「弛」。從虒聲之字有

「褫」，讀若「池」，義亦同「弛」。「握遞」，握時手鬆弛而不能固。老子「骨弱筋强而握固」，與此相反。莊子「握而手不掜」，郭注「手筋急」，是也，張不知之矣。

〔一一〕張文虎云：「耐」讀爲能。

〔一二〕俞樾云：「疾官」二字連文。「官」，古「館」字，説詳余所著字義。戴疑「疾官」乃有疾者所居之館舍。當時蓋特設之以居有疾之人，故曰「上收而養之疾官而衣食之」。尹注誤於「疾」字斷句，則兩句皆不可通矣。戴望云：「疾」字自爲句。「官」，古「館」字。尹以「疾」字屬上讀，非。張佩綸云：原注：「既養之，又與療疾，謂官給之衣食。」使本文但一「疾」字，注安知其爲「療疾」？是本文必有「療」字。以上各疾，均非不治之證，國都既設掌疾，亦無但養而不治之理。周禮醫師：「凡邦之有疾病者疕瘍者造焉，則使醫分而治之。」疾醫掌養萬民之疾病，凡民之有疾病者，分而治之。瘍醫以五毒攻之，以五氣養之，以五藥療之，以五味節之。獸醫然後藥之，養之，食之。」是掌疾之次第，養爲一事，療爲一事，食爲一事。説文「療，治也」，或从「尞」作「療」，疑此「疾」字下，原有「分而治之」句，故原注以「又與療疾」釋之，今脱去耳。荀子王制篇：「五疾，上收而養之，材而事之，官施而衣食之。」「材而事之」雖與此微異，亦皆三「之」字疊句，足以相證。

〔一三〕王念孫云：説文：「殊，死也。」猶言歿身而後止也。尹注非。

〔一四〕翔鳳案：會男女謂於聚會時自由婚嫁，「合」則非聚會，而官合之矣。

〔一五〕王引之云：「通」當作「掌」，説見前。翔鳳案：易繫辭「往來不窮謂之通」，「推而行之謂之通」。窮人由國家博濟，乃不可能，彼此互通有無，是謂「通窮」。若作「掌窮」，則盡國家救濟矣。

〔一六〕王引之云：「庸」字義不可通，「庸」疑當作「康」，字形相似而誤。「凶康」即凶荒也。古聲「康」與「荒」通，故襄二十四年穀梁傳「四穀不升謂之康」，韓詩外傳「康」作「荒」。逸周書謚法篇「凶年無穀曰糠」，史記正義「糠」作「荒」。淮南天文篇「三歲而一饑，六歲而一衰，十二歲而一康」，太平御覽時序部二引作「十二歲而一荒」。洪頤煊云：「眥」通「疵」。列子黄帝篇「物無疵厲」，莊子逍遥遊篇「使物不疵厲」，爾雅釋詁「眥，病也」，古字皆通用。翔鳳案：郭沫若説「庸」字連下，「庸人」即「傭人」，是也。王誤。

〔一七〕何如璋云：凶歲不常有，故變文言之，無「凡國都」句。張佩綸云：「振困」、「接絶」，依上七事，當加「凡國都皆有掌困」、「凡國都皆有掌絶」二句，傳寫挩之。翔鳳案：何説是。

〔一八〕何如璋云：「絶」謂士民死上事、死戰事而無後者，故令其知識故人受資於上而祠之，如後世優卹之典。此亦不常有之事，故亦無「凡國都」句。

九守第五十五

主位　主明　主聽　主賞　主問　主因　主周①　主參　督名

雜篇六

何如璋云：鬼谷子有符言篇，乃勦襲此文而易其標目者，所異不過數字。

安徐而靜，人君居位，當安徐而又靜默。**柔節先定，**以和柔爲節，先能定己，然後可定人。**虚心平意以待須**〔一〕。虚其心，平其意，以待臣之諫説。須，亦待也。

右主位人主居位當如此。

〔一〕豬飼彦博云：六韜：「文王曰：主位如何？太公曰：安徐而定，柔節先定，善與而不爭，虚心平志，待物以正。」丁士涵云：「須」當爲「傾」。「傾」，覆也，危也。言虚心平意以待天下之亂也。勢篇云「其所處者柔安靜樂，行德而不爭，以待天下之濆作也」，尹注云「濆，動亂也」，是其證。「傾」與「靜」、「定」爲韻。鬼谷子符言篇作「以待傾損」。俞樾云：「須」本作「傾」，與上文「靜」、「定」爲韻。「待」訓爲備，國語周語「其何以待之」，韋注

① 「周」字原作「則」，據補注改。

曰：「『待』猶備也。」「以待傾者，」以備傾也。言須虚心平意以備其傾覆也。今誤作「須」，則不特失其韻，且「須」即「待」也，於義複矣。鬼谷子符言篇作「虚心平意以待傾損」，是其塙證。翔鳳案：戴望云：韋注周語曰：「『待』猶備也。」丁謂「待天下之亂」，説似誤。「須」、「意」爲韻，不必依符言改作「傾」。易歸妹「以須」，虞注：「需也。」「需」有濡滯之意，故樊須字遲。

目貴明，耳貴聽，心貴智〔一〕。以天下之目視，則無不見也。以天下之耳聽，則無不聞也。以天下之心慮，則無不知也。輻湊並進，則明不塞矣。言聖人不自用其聰明思慮，而任之天下，故明者爲之視①，聰者爲之聽，智者爲之謀，輻湊並進，不亦宜乎？故曰「明不可塞」。

右主明

主明，在於用天下耳目視聽之。

〔一〕豬飼彦博云：六韜：「文王曰：主明如何？太公曰：目貴明。」以下文與此同。張佩綸云：據鄧析子與吕氏春秋，「心貴智」當作「心貴公」，「明」、「聽」、「公」爲韻。翔鳳案：下文「無不知」，則爲「智」而非爲「公」矣。非必韻也。

① 「視」字下原衍「聽」字，據補注删。

聽之術，曰勿望而距，勿望而許〔一〕。聽言之術，必須審察，不可望風則有所距，有所許也。許之則失守，距之則閉塞。既未審察，輒有距而許之，故或失守，或閉塞。高山仰之，不可極也。深淵度之，不可測也。不審察者，常爲彼所知，故戒之當如高山深淵，不可極而測①之。神明之德，正靜其極也〔二〕。既如山淵，則其德配神明，而正且靜。如此者，其有窮極矣。

右主聽

〔一〕豬飼彦博云：六韜：「文王曰：『主聽如何？』太公曰：『勿妄而許，勿逆而拒。』」以下與此同。何如璋云：説苑政理：「宓子賤爲單父宰，辭於夫子。夫子曰：『毋迎而距也，毋望而許也。許之則失守，距之則閉塞。譬如高山深淵，仰之不可極，度之不可測。』子賤曰：『善，敢不承命乎？』」即引此章以爲訓也。

〔二〕豬飼彦博云：「正靜」爲德之至極也。六韜下無「也」字。

用賞者貴誠，用刑者貴必〔一〕。刑賞信必於耳目之所見，則其所不見，莫不闇化

① 「測」字原作「側」，據補注改。

矣〔二〕。誠暢乎天地，通於神明，見姦僞也〔三〕。既暢天地，通神明，故有姦僞必能見之。

右主賞

〔一〕戴望云：「誠」當作「信」，六韜賞罰篇亦作「信」。張佩綸云：鬼谷子「誠」亦作「信」。「必」，鬼谷作「正」。

〔二〕戴望云：六韜兩「見」字下皆有「聞」字。翔鳳案：淮南脩務訓「而明弗能見者何」，注：「猶知也。」「見」訓「知」，則不當有「聞」字矣。

〔三〕俞樾云：「見」乃「兄」字之誤，管子書每以「兄」爲「況」字。大匡篇「兄與我齊國之政也」，是其證也。此言精神可以暢天地，通神明，況姦僞乎！言必爲其所化也。古字「也」與「邪」通，故陸德明經典釋文曰：「『邪』、『也』弗殊。」然則「兄姦僞也」，猶云「況姦僞邪」。因假「兄」爲「況」，又誤「兄」爲「見」，而其義全失。鬼谷子符言篇作「誠暢於天地神明，而況姦者干君」，其文雖不同，然「況」字正不誤。可據以訂正。翔鳳案：「見」訓「知」，不誤，「況」字語氣不貫。

一曰天之，二曰地之，三曰人之，言三才之道，幽邃深遠，必問於賢者，而後行之。四曰上下左右前後凡此皆有逆順之宜，故須問之。熒惑，其處安在〔一〕？又須知法星所在也。

右主問

〔一〕王念孫云：尹以「熒惑」爲「法星」，非也。「熒惑」猶眩惑也。鬼谷子符言篇「四曰」作「四方」，「其處」作「之處」，於義爲長。「四方上下」承天地而言，「左右前後」承人而言。「熒惑」，謂不明於天地人之道也。問心所眩惑之處，在「四方上下」乎？抑在「左右前後」乎？故曰：「四方上下，左右前後，熒惑之處安在。」非謂法星安在也。

心不爲九竅，九竅治。心任九竅，九竅自治。**君不爲五官，五官治。**君任五官，故五官自治之。**爲善者君予之賞，爲非者君予之罰。君因其所以來，因而予之，則不勞矣**〔一〕。自來而又得賞，何勞之有！**聖人因之，故能掌之。**掌，主也。因來而賞，物皆屬己，故能主之。**因之修理，故能長久**〔二〕。

右主因

〔一〕劉績云：「所以來」，謂爲善非；「因而予之」，謂賞罰。王念孫云：「來」當作「求」，鬼谷子符言篇正作「求」。尹注非。説見小稱篇。張佩綸云：王説非也。白心篇：「聖人之治也，靜身以待之，物至而名自治之。」又曰：「口無虛習也，手無虛指也，物至而命之。」心術上解「因」者，亦曰：「物至則應，過則舍矣。」「因其所以來」，謂物來順應。改「求」字，則無義矣。鄧析子作「因其所以來而報之」，即本此。

〔二〕王念孫云：「修」當爲「循」，説見形勢篇。張佩綸云：「掌」當爲「當」，「長久」當作「久長」，「當」、「長」爲韻。心術上篇「物固有形，形固有名，名當謂之聖人」，結之曰「靜因之道」。「當」謂善予之賞，非予之罰也。「久長」者，四時篇「王事必理，以爲久長」，鬼谷子正作「久長」。翔鳳案：非韻文。小爾雅廣言：「掌，主也。」

人主不可不周，周，謂謹密也。人主不周，則羣臣下亂〔一〕。不周，則泄其機事，故臣下交爭而亂也。寂乎其無端也，慎密者當如是。外内不通，安知所怨？外内不通，則事不泄，故無怨。關閈不開，善否無原〔二〕。既不開其關閈，故善之與不善，不得知其原矣①。

右主周

〔一〕陶鴻慶云：「下亂」二字不辭。尹注云：「不周則泄其機事，故臣下交爭而亂也。」疑尹所見本作「羣臣爭亂」，今本涉注文「臣下」而誤。翔鳳案：「下亂」，亂於下也，何爲不詞？

〔二〕王引之云：「關閈」當爲「關閉」。説文曰：「關，以木横持門户。」又曰：「閉，闔門也，從門

① 「矣」字原作「哉」，據補注改。

才，所以距門。」蓋關與閉皆距門之木，因謂闔門爲「關閉」也。八觀篇曰：「宫垣關閉，不可以不備。」是關閉皆距門之木，故曰「關閉不開」也。若閈爲里門，而與關竝舉之，則爲不類。八觀篇既云「關閉不可以不備」，又曰「閭閈不可以毋闔」，是閈、閭爲一類也。「閉」字本作「閈」，與「閈」相似而誤。鬼谷子正作「關閉不開」。

一曰長目，二曰飛耳，三曰樹明〔一〕。明知千里之外，隱微之中，曰動姦。姦動則變更矣〔二〕。姦在隱微，其理將動。姦既動矣，自然變更。

右主參

〔一〕豬飼彦博云：「長目」謂視遠，「飛耳」謂聽遠。何如璋云：自來飛書飛語，均屬讒間言之，「飛耳」即其例也。此「長目」、「飛耳」均屬姦人言，則「樹明」當爲「樹朋」，形近而譌。漢書高祖紀上「食其欲立六國後以樹黨」，陳餘傳「自爲樹黨」，即「樹朋」之證。「動」，作也。作姦則黑白倒置，視聽俱變更矣。上以天下之目視，以天下之耳聽，以天下之心慮，亦恐有左右近習，廣設耳目，樹立朋黨，以相淆亂者，惟參聽並觀，足以正之，故曰「主參」。若但承主明言之，則「九守」爲八矣。翔鳳案：「樹明」在耳目之外，屬於心知。「長目」、「飛耳」，亦就主言之，豬飼謂「視遠」、「聽遠」，是也。何改「明」爲「朋」，非是。

〔二〕豬飼彦博云：「曰」疑當作「以」。俞樾云：「動」當作「洞」，聲之誤也。鬼谷子作「是謂洞天下姦」。　翔鳳案：「洞」訓疾流，洞察爲其引申義。高唐賦「使人心動」，注：「驚也。」漢書谷永傳「洞洞屬屬」，注：「驚肅也。」此「洞」、「動」相通之證。洞其姦則姦者變更而不敢動，文義自通。

右督名〔一〕

脩名而督實〔二〕**，按實而定名。名實相生，反相爲情**〔三〕**。名實當則治，不當則亂。名生於實，實生於德，德生於理，理生於智，智生於當。**

〔一〕孫星衍云：文選晉紀總論注引作「循名而案實」。　俞樾云：「修」當爲「循」。鬼谷子作「循名而爲實」，其文雖不同，而「循」字不誤，可據訂。

〔二〕丁士涵云：「反」讀還反之反。說文：「還，復也。」「反相爲情」，猶禮記言「還相爲宫」耳。

〔三〕張佩綸云：文曰「督實」，此當依鬼谷作「主名」，九主即「九守」也。　翔鳳案：文意重在實，不重在名，題「主名」不合，自以「督名」爲是。所守者九，非所主者九也。

桓公問第五十六

齊桓公問管子曰〔一〕：「吾念有而勿失，得而勿忘〔二〕，爲之有道乎？」對曰：「勿創勿作，時至而隨。毋以私好惡害公正，察民所惡，以自爲戒。人有所惡己行之非。黄帝立明臺之議者，上觀於賢也。堯有衢室之問者，下聽於人也〔三〕。舜有告善之旌，而主不蔽也〔四〕。禹立建鼓於朝，而備訊唉〔五〕。訊，問也。唉，驚問也。湯有總街之庭，以觀人誹也〔六〕。武王有靈臺之復，而賢者進也〔七〕。復，謂白也。此古聖帝明王所以有而勿失，得而勿忘者也〔八〕。」桓公曰：「吾欲效而爲之，其名云何？」對曰：「名曰嘖室之議〔九〕。謂議論者言語讙嘖。曰法簡而易行，刑審而不犯，事約而易從，求寡而易足。人有非上之所過，謂之正士〔一〇〕。見上有過而非之，可謂正士。内於嘖室之議，納正士之言，著爲嘖室之議。有司執事者，咸以厥事奉職，而不忘爲此嘖室之事也〔一一〕。請以東郭牙爲之，此人能以正事爭於君前者也。」桓公曰：「善。」

〔一〕安井衡云：古本作「管仲」。

〔二〕戴望云：「忘」當作「亡」。翔鳳案：小稱：「使公毋忘如莒時也。」作「忘」是。

〔三〕豬飼彦博云：三輔黄圖曰：「明堂，堯曰衢室。」孫星衍云：初學記十三、藝文類聚三十八引「明臺」作「明堂」。三國志魏文帝紀注引「賢」作「兵」。

〔四〕尹桐陽云：初學記引尸子曰「堯有建善之旌」，大戴禮保傅作「有進善之旍」。史記孝文本紀曰「古之治天下者，朝有進善之旌，誹謗之木」，應劭曰：「旌，旛也，堯設之五達之道，令民進善也。」此以爲舜事，與呂覽自知、淮南主術云「舜立誹謗之木」説異，蓋各據所聞言耳。文選王元長策秀才文「揚旌求士」，注引此。

〔五〕豬飼彦博云：「訊」，告也。詩陳風：「夫也不良，歌以訊之。」「唉」、「欸」同，呰也。尹桐陽云：呂覽自知曰「堯有欲諫之鼓」，淮南主術作「堯置敢諫之鼓」。此云「立諫鼓」，謂置敢諫鼓耳。淮南氾論：「禹之時以五音聽治，懸鐘鼓磬鐸，置鞀，以待四方之士，爲號曰：教寡人以道者擊鼓。」升庵外集六十四引尸子曰「禹有進善之鼓備訊誒也」，説與此同。翔鳳案：説文：「唉，應也。」王紹蘭段注訂補：「管子問篇『禹立諫鼓於朝而備訊唉』，此『唉』，『應』之正字也。『訊』爲問，明『唉』爲應。」朱駿聲以爲「誶」之借。廣雅釋詁三：「誶，告也。」朱義爲長。楊本「建鼓」，淮南作「諫鼓」。儀禮大射儀「建鼓在阼階西」，注：「猶樹也。」莊子「若建鼓而求亡子」，則「建鼓」爲鼓名。「建」爲立朝律，則「建鼓」爲朝廷所樹之鼓，較「諫鼓」義勝。

〔六〕戴望云：類聚「人」作「民」，「誹」作「非」。翔鳳案：水經注引略同管子，亦作「總街」。

說文：「街，四通道也。」

〔七〕張佩綸云：「復」，當從初學記作「候」。太平御覽禮儀十三引詩記歷樞曰：「靈臺，候天意也；經營靈臺，天下附也。」「天下附」與「賢者進」意合。翔鳳案：孟子「有復於王者曰」，注：「白也。」「候」爲觀天象，與進言不同，作「候」者誤。

〔八〕張德鈞云：御覽七十六引「忘」作「亡」，無「者」字。翔鳳案：「亡」字誤，見上。

〔九〕何如璋云：「嘖」，韻會：「爭言貌。」左定四年傳：「會同難，嘖有煩言，莫之治也。」「議」，注：「謂議論者言語讙嘖。」左昭三十一年傳「鄭人游於鄉校以論執政」，殆與此同。張佩綸云：說文：「嘖，大嘑也。」廣韻：「嚍嘖，叫也。」左定四年傳「嘖有煩言」，賈、杜注：「嘖，至也。」原注：「謂議論者言語讙嘖。」案：「嘖室」之名，恐非取嘑叫之義。易繫辭上：「探賾索隱，鉤深致遠，以定天下之吉凶，成天下之亹亹者，莫大乎蓍龜。」又曰：「是故夫象，聖人有以見天下之賾，而擬諸其形容，象其物宜，是故謂之象。」又曰：「極天下之賾者，存乎卦。」釋文：「賾，京作『嘖』，九家作『册』。」漢碑「探賾」均作「探嘖」，「賾意」亦作「嘖意」，是其證。京注：「嘖，情也。」蓋集議室中以見天下之情，故名曰「嘖室」。亦作「册」也，說文：「册，符命也，諸侯進受于王也。」釋名：「漢制約敕封侯曰册。册，賾也，敕使整賾不犯之也。」書金縢鄭注：「册，謂簡書也。」齊受册命於侯伯，因命受册而藏之室曰「嘖室」，亦猶天子之明堂矣。尹桐陽云：「嘖」同「諫」，數諫也。經傳多以「刺」爲之。孟子書：「人之易其言也無責耳矣。」「刺」、「啧」、「責」、「諫」皆聲轉。翔鳳案：荀子正名「啧然而不類」，注：「爭言也。」「啧」字從責，有責讓之義，下文「爭於君前」，可證也。何説是。

〔一〇〕許維遹云：「正」即「証」省。説文：「証，諫也。」是「正士」猶諫士。下文云「東郭牙能以正事爭於君前」，小匡篇云「東郭牙爲大諫」，其義與此相合。尹釋「正」如字，於義未徧。

〔一一〕陳奂云：「厥」讀爲竭蹶之蹶。劉績改「厥」爲「决」，於義不安。戴望云：「爲」字，宋本、朱本皆作「焉」，屬上讀，於義爲長。吳汝綸云：「忘」當爲「妄」。張佩綸云：「爲此啧室之事也」，乃尹注誤入正文。翔鳳案：古本「爲」作「焉」，謬。小爾雅廣詁：「爲，治也。」「爲」字不誤。

度地第五十七

昔者桓公問管仲曰：「寡人請問度地形而爲國者，其何如而可？」管仲對曰：「夷吾之所聞：能爲霸王者，蓋天子聖人也〔一〕。故聖人之處國者，必於不傾之地。言其處深厚岡原復壯者，謂之不傾。而擇地形之肥饒者〔二〕，鄉山，左右經水若澤〔三〕，其國都或在山左，或向山右，及緣水①澤然後建。内爲落渠之寫，因大川而注焉〔四〕。謂於都内更爲落②水之渠，以注於大川。乃以其天材，地之所生利，養其人以育六畜〔五〕。天材，謂五穀之屬因天時而植者也。天下之人，皆歸其德而惠其義，惠，順。乃别制斷之。乃分别其地，制之斷之。州者謂之術，地數充爲州者，爲之術。不滿術者謂之里〔六〕。不成術而餘者，謂之里。故百家爲里，里十爲術，術十爲州，州十爲都，都十爲霸國，不如霸國者國也，不成於霸國者，諸侯之國也。以奉天子〔七〕。霸國率諸侯以奉天子也。天子有萬諸侯也，其中有公侯伯子男焉，天子中而處。此謂因天之固〔八〕，所處之地，自然不傾，故曰因之。歸地之利，内爲之城，城外爲之郭，郭外爲之土閬，閬，謂隍。地高則溝之，下則堤之，命之曰金城。樹以荆棘，上相穡著者，所以爲固也〔九〕。穡，鈎也。謂荆棘刺③條相鈎連也。歲脩增而毋已，時脩增而無已，福及孫子。此謂人命萬世無窮之利，人君之葆守也。謹置國都，繕脩城郭，此人君所保全而守。臣服之以盡忠於君，君體有之，以臨天下〔一〇〕。

① 「水」字原作「之」，據補注改。
② 「落」字原作「洛」，據補注改。
③ 「刺」字原作「利」，據補注改。

故能爲天下之民先也，此宰之任，則臣之義也〔一一〕。宰，謂執君之政者也。

〔一〕豬飼彦博云：或曰：「『子』當作『下』。」　吳志忠云：「子」乃「下」字誤。　翔鳳案：能爲聖人，因其爲天之子，有神權作用，非僅爲天下一人而已。作「下」字謬。

〔二〕戴望云：元本「形」作「利」。

〔三〕孫星衍云：「經水」見下文。「若」，順也。尹注非。　王引之云：「經」字義不可通，地在水旁，非經過之謂也。蓋因下文「命曰經水」而誤。「經」當作「緣」，緣者因也，因水及澤而建都也。注内「緣水澤」三字，即覆舉正文也。　張佩綸云：「經水」不誤。訓「若」爲及，當從王氏説。「鄉山左右，經水若澤」，即詩公劉篇所謂「相其陰陽，觀其流泉」也。　尹桐陽云：以「左右經水若澤」爲句。都之左右以經水若澤繞之。周東都左伊右瀍，即此意。　翔鳳案：都城依山，左右有經水或澤，不一定澤與經水俱備也。解「若」爲「及」，非是。漢書武帝紀：「爲復子若孫。」周禮稍人「若有會同」，疏：「不定之辭也。」

〔四〕安井衡云，「落」、「絡」通，「絡」，繞也。國都之内，作繞絡四方之渠，以洩寫穢惡，又因大川而注流之。　張佩綸云：「落」，「略」借字。説文：「略，經略土地也。」左昭七年傳：「天子經略諸侯正封。」「落渠」，言因經界爲溝渠也。　翔鳳案：「寫」同「瀉」。「落渠」使水落溝渠，張訓略，誤。

〔五〕丁士涵云：疑當作「乃以其天材地利之所生，養其人以育六畜」，今本「利」字脱置在下句。

下文云：「因天之固，歸地之利。」　翔鳳案：原文自通，改爲後代偶句，陋矣。

〔六〕王引之云：「州者」上亦當有「不滿」二字，下文「里十爲術，術十爲州」，故曰「不滿州者謂之術」。尹注非。　翔鳳案：「制斷之」指州言。分州而爲術，安得再有「不滿」二字？王說誤。

〔七〕丁士涵云：「也」乃「亡」字之誤。「不如霸國者」句，「國亡（同無）以奉天子」句。　翔鳳案：「者」爲別事之詞。不如霸國者，仍爲一普通之國。丁說非。

〔八〕張佩綸云：「因天之固」，依上文當作「天材」。　翔鳳案：國無大小，皆依天然之形以爲固。過秦論「秦孝據殽函之固」，與此同意。張說非。

〔九〕張文虎云：「穡」無鉤義，疑當作「稽」，「稽」義爲留止。急就篇「沽酒釀醪稽極程」，「稽極」即積椒，「極」固譌字，「稽」與「積」疑古通。說文：「𥝩，椒而止也。」賈侍中說『稽』、『稕』、『𥝩』三字皆木名。」疑「積椒」或作「稽𥝩」，總之，皆從禾起義。積椒，樹枝句曲，荊棘之刺亦似之，故云「相稽著」。　尹訓爲「鉤」，蓋所見本猶作「稽」。今則正文與注皆誤矣。　俞樾云：方言：「嗇，合也。」廣雅釋詁：「繬，合也。」「穡」與「嗇」、「繬」並通。「穡著」猶合著也。　文選七發「中若結轖」，李善注引說文曰：「轖車籍交革也。」義亦相近。　何如璋云：「穡」與「嗇」通。廣雅釋詁：「嗇，積也。」方言十二：「嗇，合也。」謂樹荊棘於溝之外隄之上，使相合著以爲固也。注訓「穡」爲「鉤」，謂荊棘刺條相鉤連，意是而訓則非。　司險「設國之五溝五涂而樹之林以阻固」，即其義也。掌固「樹渠」，注云「樹，謂枳棘之屬有刺者」，本此。張佩綸云：「穡」當爲「黏」，字之誤也。説文、爾雅釋言：「黏，相著也。」周禮考工記輪人注：「謂泥不黏著也。」　翔鳳案：俞説是也。

〔一〇〕丁士函云：「有」字當在「臨」字下。法法篇：「資有天下，制在一人。」　翔鳳案：君體而有之，即周禮天官「體國經野」之體。

〔一一〕尹桐陽云：「則臣」下作「側臣」。

故善爲國者，必先除其五害，人乃終身無患害而孝慈焉〔一〕。」桓公曰：「願聞五害之説。」管仲對曰：「水一害也，旱一害也，風霧雹霜一害也，厲一害也，蟲一害也，厲疾，病也。此謂五害。五害之屬，水最爲大。五害已除，人乃可治。」桓公曰：「願聞水害。」管仲對曰：「水有大小，又有遠近。水之出於山而流入於海者，命曰經水〔二〕。言爲衆水之經。水別於他水，謂從他水分流，若江別爲沱。入於大水及海者，命曰枝水〔三〕。言水之枝。山之溝〔四〕，一有水，一毋水者，命曰谷水。水之出於他水溝，流於大水及海者，命曰川水〔五〕。出地而不流者，命曰淵冰〔六〕。此五水者，因其利而往之可也，謂因地之勢，疏引以溉灌。因而扼之可也〔七〕。扼，塞也。恐其泛溢而塞之，亦可也。而不久常，有危殆矣。」謂卒有暴溢，或能漂没居人，故危殆也。桓公曰：「水可扼而使東西南北及高乎？」管仲對曰：「可。夫水之性，以高走下則疾，至於漂石〔八〕。謂能漂浮於石。而下向高，即留而不行，故高其上領瓴之，尺有十分之三，里滿四十九者，水可走也。上，謂水從來處。高之者欲注下，取勢也。瓴，謂瓴甋也。言欲令水上高，必大爲瓴甋，私空其中，使前後相受，以尺爲分，每領而有十尺，即長一丈也。分之於三里①閒之每里，滿此四十②九。如此，則水可走上矣。乃迂其道而遠之，以勢行之〔九〕。迂③，曲也。謂迂曲水道，遠張其勢，而以行水。水之性，行至曲必留退，滿則後推前。謂水至處，必流而却退。其處既滿，則後水推前水令去。地下則平，行地高即控，控，謂頓也。言水頓挫而却。杜曲則擣毁，杜，猶衝也。擣，觸也。言水行至曲，則衝而觸，有所毁傷。杜曲激則躍〔一〇〕，躍則倚，倚，排也。謂前後相排也。倚則環，環則中，前後相排，則圓流生，空若環之中，所謂齊。中則涵，圓流無所通，則相涵激也。涵則塞，塞則移，移則控〔一一〕，塞，亦控也。空則水妄行〔一二〕，水妄行則傷人，傷人則困〔一三〕，困則輕法，輕法則難治，難治則不孝，不孝則不臣矣〔一四〕。

〔一一〕戴望云：「害」字，涉上文「五害」而衍。翔鳳案：言不患此害，「患」爲動詞，「害」非衍

① 「里」字原無，據補注增。
② 「四十」二字原無，據補注增。
③ 「迂」字原作「行」，據補注改。

文。

〔二〕張佩綸云：水經注河水引作「水有大小，有遠近，水出山而流入海者命曰經水」。

〔三〕孫星衍云：水經河水注「别」作「引」，言引他水入於大水及海，今本作「别」，非。張佩綸云：此則以水别，故名之曰枝水。孫氏據水經注改「别」爲「引」，非也。翔鳳案：説文：「别，分解也。」此用其本義，孫誤認爲别異而非之矣。

〔四〕許維遹云：「山」下脱「水」字，文選班叔皮北征賦注引有「水」字，今本「水」字錯置在下句。翔鳳案：山之溝，有時有水，有時無水，此谷水情形。山有溝，水能有溝乎？許加「水」字，謬。

〔五〕豬飼彦博曰：「他水」二字衍，「溝」即山之溝也。王念孫云：「出於他水」本作「出於地」，下文「出地而不流者，命曰淵水」，正對此出地而流者言之。今作「出於他水」者，「地」、「他」字相似，又涉上文「别於他水」而誤。水經河水注引此正作「出於地」。張佩綸云：水經注河水引「出於地溝流于大水及于海者，又命曰川水也」，文有異同。翔鳳案：説文：「川，貫穿流通水也。」釋名：「川，穿也。」李巡注爾雅：「水流而分，交錯相穿，故曰川也。」交錯則穿出他水，王改「他」爲「地」，誤矣。釋名釋水：「水注谷曰溝，田間之水亦曰溝，溝，構也，縱横相交構也。」

〔六〕翔鳳案：莊子應帝王：「鯢桓之審爲淵，止水之審爲淵，流水之審爲淵。」釋名：「淵，宛也，言宛曲也。」溢出地面而不流。

〔七〕豬飼彥博云：「往之」，「往」當作「注」。「因而扼之」，「因」下蓋脱「其害」二字。王念孫云：「往」當爲「注」，字之誤也。（隸書「往」字或作「註」，與「注」相似。）「注之」與「扼之」意正相反。據尹注云「謂因地之勢疏引以溉灌」，則當作「注」明矣。張佩綸云：「扼之」豈得曰「因」？「因而」二字涉上句而衍。翔鳳案：説文訓「王」爲歸往，「往之」，向前流動而有所歸。扼之亦因其利，非利不扼。諸説俱誤。

〔八〕安井衡云：古本「灖」作「漂」。翔鳳案：「灖」爲隸書之别體，見隋澧水石橋碑。

〔九〕方苞云：嘗見吳、越山谿間行水者，以巨竹承泉，斜而下注。數節之後，自相推激，盤山踰嶺，逆而上行，即此法也。「高其上」句，「領瓶之」句。（原書正文，注文均改作「瓶」，而無説。）「高其上」者，就地勢，使水由上注也。「領瓶之」者，盤曲通水，或用竹木，而領項受水處則用瓦器，取其多容也。「尺有十分之三」者，斜置通水之器，每尺有十分之三減于斜勢也。「里滿四十九可走」者，過此亦難扼而行之也。「迂其道而遠之，以勢行之」者，近水未必有自高注下之地，故必迂而遠之，乃得就地勢之可行者。豬飼彥博云：「領瓴」，「領」當作「而」。「尺有十分之三」，一尺之間，有三寸之高下。「迂其道而遠之」，尺有十分之三則水走急疾，故迂遠其道以徐緩其流也。宋翔鳳云：「上領」，「領」字誤，校者改爲「瓴」字，而兩存其讀。言使下向高，而以瓴甗引水，則滿四十九里而水仍走下矣。言其力之不能達也。

故必迂其道以遠之。禹釃二渠，以引其河，北載之高地，即迂其道以遠之也。自此以下八十餘言，皆明道水向高之法。注説全非。翔鳳案：説文：「瓴，瓮似瓶也。」史記高祖本紀：「譬猶居高屋之上建瓴水也。」吾鄉謂注酒之漏斗爲酒瓴。説文：「領，項也。」高地爲嶺。建瓴於高處，故須「高其上領」，非誤字。穀梁傳曰：「古者三百步爲里。」司馬法：「六尺爲步。」是一百八十丈爲一里，里滿四十九者，約爲三之一里，方説甚當。

〔一〇〕豬飼彦博云：「杜曲則擣毁」，「杜」當作「地」，「擣」，衝也，言水行至曲則有所衝毁。「杜曲激則躍」，「杜」，塞也，「曲」下蓋脱「則激」二字。丁士涵云：當作「地曲則擣激，激則躍」。「地曲」對「地下」、「地高」言之。「杜」與「地」、「毁」與「激」，形近而譌，又衍「杜曲」二字，否則「激」字無來文矣。姚永概云：第二「杜曲」字，涉上文而衍。翔鳳案：「杜」借爲「𢾭」，謂堵之也。人可以土爲之。

〔一一〕張佩綸云：「中」當爲「沖」，説文水部：「沖，涌繇也，從水中聲，讀若動。」召南「忡忡」，猶「衝衝」也。老子「盅而用之」，今本作「沖」。此借「中」爲「沖」也。元注「『杜』猶衝也」，疑當移此作「『中』猶衝也」。「涵」當作「淊」，形近而誤。「淊」，泥水淊淊也。水衝於曲處，則留淤而水濁矣。姚永概云：「環」，謂水圓折之時。圓折則盤旋而有中矣。「涵」，容也。既旋成中，則沙泥必隨之而涵容。涵容多則塞。塞之既久，水不能旋，則移而他去。他移則控叩，控叩必妄行也。莊子(逍遥遊)「則控於地」，崔注：「控，叩也。」司馬注「投也」，意亦相近。

上文「地高即控」，亦謂叩也。翔鳳案：説文：「倚，依也。」房注「依，排也，謂前後相排也」，乃引申義。説文：「控，引也。」謂控制之，姚説誤。

〔二〕翔鳳案：「空則水妄行」，趙本作「控」。「空」謂不控，不控之則水妄行矣。趙因上文「躍」、「倚」、「環」、「中」、「涵」、「塞」、「移」諸文均蟬聯而下，而改「空」作「控」，不顧實義。既控之，水可妄行乎？姚訓「控」爲「叩」，不知此爲注意。此妄行傷人，故必須控制也。

〔三〕翔鳳案：此爲水傷人，郭沫若改作「人傷」，則於水無涉，非是。

〔四〕翔鳳案：「孝」字承上「孝慈」來，移孝可以作忠，觀於孝經及禮記可見矣。

故五害之屬，傷殺之類，禍福同矣。知備此五者，人君天地矣〔一〕。」所謂與天地合其德。

桓公曰：「請問備五害之道。」管子對曰：「請除五害之説，以水爲始〔二〕。請爲置水官，令習水者爲吏大夫、大夫佐各一人，率部校長官佐各財足〔三〕，財，謂其祿稟。乃取水左右各一人，使爲都匠水工〔四〕，爲水工之都匠。令之行水道〔五〕。城郭、堤川、溝池，官府寺舍及州中當繕治者，給卒財足。卒，謂所當治水者。財，其糧用也。令曰：常以秋歲末之時，閱其民，閱，謂省視。案家人比地，定什伍口數〔六〕，案人比地，有十口五口之數，當受地若干。別男女大小。其不爲用者輒免之。謂其幼小不在役者則免之。有錮病不可作者疾之〔七〕，著其名於疾者之數，有以賙恤之也。可省作者半事之〔八〕。謂疾者雖不任役，可以省視作者，取其半功。并行，以定甲士當被兵之數，上其都〔九〕。因力役之際，并行視之。强壯者，預定之以爲甲士，而被兵之數。既而上其名籍於國都也。都以臨下，視有餘不足之處，輒下水官。水官亦以甲士當被兵之數〔一〇〕。都既臨下，視其兵不足之處，即甲士下之於水官。水官既得甲士，還以備兵數也。與三老里有司伍長行里，因父母案行閲具備水之器〔一一〕。謂水官與三老五長等行視其里，因其家之父母與之閲其備水之器。以冬無事之時，籠臿板築各什六〔一二〕，謂什人共貯六具。下準此。土車什一，雨輂什二〔一三〕，車輂所以禦雨，故曰雨輂。食器兩具〔一四〕，每人兩具。人有之。錮藏里中，以給喪器〔一五〕。謂人既有貯器，當錮藏於里中，兼得給凶喪之用。後常令水官吏與都匠，因三老里有司伍長案行之。常以朔日始出閲具之，取完堅，補弊久，去苦惡〔一六〕。其器既補弊，而久有苦惡者，除去之。常以冬少事之時，令甲士以更次益薪，積之水旁，州大夫將之，唯毋後時。謂將領之無得後時。其積薪也，以事之已；已，畢也。農事既畢，然後益薪。其作土也，以事未起。謂春事未起。天地和調，日有長久。以此觀之，其利百倍，故常以毋事具器，毋事用之〔一七〕。水常可制，而使毋敗。此謂素有備而豫具者也。」

〔一〕安井衡云：古本「矣」作「也」。

〔二〕張佩綸云：「請除」之「請」，涉上下文而衍。　陶鴻慶云：「之說」二字不當有，涉上文「願聞五害之說」而衍。　翔鳳案：儀禮士昏禮「擯者出，請事」，注：「問也。」謂問除五害之說也。「請」非衍文。

〔三〕俞樾云：「財足」猶言纔足也，蓋不限以人數，使其纔足以任事而已。下文「給卒財足」，亦言給之以卒，使纔足任事，不限人數也。　尹注皆非。　翔鳳案：俞說是也。

〔四〕張佩綸云：「水左右」當作「水官左右」。　翔鳳案：「都匠」即工頭，非官也。桓寬曾爲諸生都養，乃炊事員，非官明矣。「左右」即佐佑，謂助之也。張說誤。

〔五〕許維遹云：「行」猶視察也。呂氏春秋季春篇「循行國邑」，高注釋「行」爲「視」；季夏篇「入山行木」，高注：「行，察也。」

〔六〕豬飼彦博云：「家」字衍，觀注可見。　張佩綸云：周禮小司徒之職：「掌建邦之教法，以稽國中及四郊都鄙之夫家，九比之數以辨其貴賤老幼廢疾，凡征役之施舍，與其祭祀飲食喪紀之禁令，乃須比注於六鄉之大夫，三年則大比，大比則受邦國之比要。」　鄭司農云：「五家爲比，故以比爲名。今時八月案比是也。」　翔鳳案：「什伍」，謂參伍組織之，非受地也。觀下文「不爲用者免之」，可見。

〔七〕丁士涵云：「疾」乃「癈」字誤，「癈之」與「免之」同義，即周官鄉師所謂「疾者皆舍」也。　郭嵩燾云：「疾之」，即入國篇所謂「收而養之疾官」，以備養疾之數也。　翔鳳案：疾之謂登記爲病號，非養之也，免役而已。

〔八〕俞樾云：「省」，少也，「省」與「少」一聲之轉，故義得相通。喪服小記「多陳之而省納之」，荀子仲尼篇「省求多功」，竝以「省」與「多」對文。此言雖有疾病，不能多作，猶可少作，故半事之也。尹注謂「可以省視作者，取其半功」，未得其義。

〔九〕許維遹云：尹注釋「行」爲「視」，是也。釋「並」如字，則非。「並」讀爲普，普、徧同義。「並行」，猶言普徧視察也。翔鳳案：廣雅釋言：「並，俱也。」吕氏春秋明理「有四月並出」，注：「猶俱也。」「並」有普義，然不能讀爲普。

〔一〇〕陶鴻慶云：尹注「上其都」謂「上其名籍於國都」，非也。「都」謂其邑之大夫。

〔一一〕戴望云：元刻「具」作「其」，是也。尹注亦是「其」字。張佩綸云：周禮冬官雖亡，其軼事往往見於他説。今以管子「水官」之職與地官「遂人」諸職相證，若合符節。翔鳳案：「閲」字上屬爲句，「行閲」謂視察也。改「具」爲「其」，誤。

戴望云：「函」，「臿」字之譌，宋本正作「臿」。安井衡云：古本「函」作「臿」。

〔一二〕翔鳳案：説文：「籠，舉土器也。」古本作「龍」，非是。史記始皇紀「身自持築臿」，正義：「鍬也。」

〔一三〕豬飼彦博云：「輂」，土器也，漢書曰：「陳畚輂。」「雨」字疑衍。王念孫云：説文：「輂，大車駕馬也。」「輂」非所以禦雨，「輂」當爲「軬」，字之誤也。「軬」，謂車蓋弓也。方言「車枸簍，隴西謂之『⿰木畚』」，郭注曰：「即車弓也。」「⿰木畚」與「畚」同。釋名曰：「畚，藩也，藩蔽雨水也。」故注云：「車畚所以禦雨，故曰雨畚。」　翔鳳案：説文無「畚」字，「輂」，居玉切。段謂：「左氏傳『陳畚梮』，『梮』者土轝，漢五行志作『輂』。」从共，與「枳」同義，即車弓也，不誤。王説非是。漢書食貨志「税謂公田什一」，注：「謂十取其一也。」孟子：「其實皆什一也。」什一非十一。「雨」字不誤。古本改作「兩」，謬。下文有「兩」字，並不相混也。

〔一四〕安井衡云：「兩具」當爲「雨具」，「雨具」，蓑笠之屬。　翔鳳案：「兩」字不誤。其一具備毁失之用，安井説非。下文「喪器」指此。

〔一五〕許維遹云：左傳襄十年「器用多喪」，「喪」，喪失也。此「喪」字，兼喪失與破壞而言。意謂備水之器有藏於里中者，以補充器之喪失或破壞者，故下文云：「此謂素有備而預具者也。」尹注「喪」爲「凶喪」，謬甚。

〔一六〕陳奐云：「久」讀爲舊，「弊舊」，弊壞古舊也。「苦」讀爲盬，鴇羽傳曰：「盬，不攻致也。」又四牡傳曰：「盬，不堅固也。」「弊久」、「苦惡」，皆謂不完堅者也。完堅者取之，不完堅者補之、去之。此以三字爲句。尹注「補弊」爲句，「久去苦惡」爲句，失其句讀。

〔一七〕翔鳳案：「毋事用之」，謂未發生事故而先用之。趙本以意改爲「有事」，非是。下文「水常可制而毋敗」，若有事則已敗矣。

桓公曰：「當何時作之？」管子曰：「春三月〔一〕，天地乾燥，水糾列之時也〔二〕。

山川涸落，天氣下，地氣上，萬物交通。故事已，新事未起，草木荑生可食。寒暑調，日夜分。分之後，夜日益短，晝日益長，利以作土功之事。土乃益剛，令甲士作堤大水之旁，大其下，小其上，隨水而行。地有不生草者，必爲之囊〔三〕。大者爲之堤，小者爲之防，夾水四道〔四〕，禾稼不傷。歲埤增之，樹以荆棘，以固其地，雜之以柏楊，以備決水。民得其饒，是謂流膏。令下貧守之，往往而爲界，可以毋敗。當夏三月，天地氣壯，大暑至，萬物榮華，利以疾薅殺草薉，使令不欲擾，命曰不長〔五〕。不利作土功之事，放農焉〔六〕。利皆耗十分之五，土功不成。當秋三月，山川百泉踊，降雨下〔七〕，山水出，海路距，雨露屬〔八〕，天地湊汐〔九〕，利以疾作收斂毋留。一日把，百日餔，民毋男女，皆行於野，不利作土功之事。濡濕日生，土弱難成，利耗什分之六，土工之事亦不立。當冬三月，天地閉藏，暑雨止，大寒起〔一〇〕，萬物實熟，利以填塞空郄，繕邊城，塗郭術，平度量，正權衡，虛牢獄，實廥倉〔一一〕。君修樂，與神明相望。凡一年之事畢矣。舉有功，賞賢，罰有罪，遷有司之吏而第之。不利作土功之事，利耗什分之七，土剛不立。晝日益短，而夜日益長，利以作室，不利以作堂。四時以得，四害皆服。」桓公曰：「寡人悖〔一二〕，不知四害之服〔一三〕，奈何？」管仲對曰：「冬作土功，發地藏，則夏多暴雨，秋霖不止。春不收枯骨朽脊〔一四〕，伐枯木而去之，則夏旱至矣。夏有大露，原煙噎，下百草〔一五〕，人采食之，傷人，人多疾病而不止。民乃恐殆。君令五官之吏，與三老里有司伍長，行里順之〔一六〕，令之家起火爲温〔一七〕，其田及宮中皆蓋井，毋令毒下及食器，將飲傷人。有下蟲傷禾稼。凡天菑害之下也，君子謹避之，故不八九死也。大寒大暑，大風大雨，其至不時者，此謂四刑。或遇以死，或遇以生〔一八〕，君子避之，是亦傷人。故吏者，所以教順也〔一九〕，三老里有司伍長者，所以爲率也。五者已具，民無願者，願其畢也〔二〇〕。故常以冬日，順三老里有司伍長，以冬賞罰〔二一〕，使各應其賞而服其罰，五者不可害，則君之法犯矣〔二二〕。此示民而易見，故民不比也〔二三〕。」

〔一〕丁士涵云：「春」上脱「當」字，下文「夏」、「秋」、「冬」皆有。禁藏篇云「當春三月」，是其證。翔鳳案：桓公問當何時作之，管子答以春三月，「當」字貫下，與下文不同。欲比而齊之，誤矣。

〔二〕安井衡云：「列」與「裂」同。章炳麟云：「糾」當借爲「漻」。如釋木「下句曰朻」，釋文本又作「樛」；太玄「死生相摎」，宋注「摎，猶糾也」，是可證丩聲翏聲之通。韓詩「溱與洧，漻其清矣」，南都賦「漻淚減汩」，注：「韓詩外傳曰：『漻，清貌也。』淮南子曰：『水淚破舟。』」按水之清者，每多急疾，然則「糾列」即「漻淚」。竊意「淚」即洌字，說文「洌，水清也」，「糾列」亦繆列也。春三月霖雨未下，故水清洌。　翔鳳案：章説是也。

〔三〕張文虎云：「囊」疑「壤」字之誤。　張佩綸云：不生草者，其土疏惡，爲之囊，如韓信囊沙之類，取他土盛之，今所謂襄是已。　又云：「囊」或當作「襄」。詩牆茨傳：「襄，除也。」言惡土則除去之。　翔鳳案：此文指作堤言之。以有草之土皮爲築，水不易衝散。若無草之土，不能凝結，盛以囊而築之。今人多用草袋或麻袋，即囊也。張説近之，而下未析也。

〔四〕豬飼彦博云：「夾」當作「浹」，謂通水道於四方。　翔鳳案：左襄三十一年傳「不如小決使道」，注：「通也。」

〔五〕張佩綸云：「命曰不長」四字不可解，當是「日長至」三字之誤。「命」涉上「令」字、「不」涉下「不利」字而複。　翔鳳案：「長」爲生長之長，殺草薉使之不長，一字不誤。

〔六〕俞樾云：「放」讀爲妨，月令曰「毋發令而待，以妨農之事」，即其義。　翔鳳案：古籍無以「放」訓妨者，雖音理可通，而稽考無據。四時惟春利作土功，變則疾薅殺草，放任農民自作，不擾害之。左昭六年傳「獄之放紛」，注：「縱也。」利耗十分之五、十分之六、十分之七，皆非妨農所致。俞説誤。

〔七〕豬飼彦博云：「山川」二字衍，「踊」當作「涌」。　張佩綸云：「山川百泉踊」，下又云「山水出」，文殊重複。今案：本文但有「山川百泉踊，雨降露下」九字，餘皆注文誤作大字。姚永概云：吕覽古樂「降通漻水以導河」，注：「降，大也。」然疑「降雨」即孟子「降水者洪水也」之「降」，趙注云：「降，大也。」「降雨」亦大雨耳。　翔鳳案：「山川百泉湧」句，「降雨下」爲句，「降雨」即洪雨。黄梅呼洪水爲大水，一字不誤。

〔八〕豬飼彦博云：「屬」，集也。　翔鳳案：書益稷：「予決九川，距四海。」「距」者相抵之名。小問「來者鷙距」，注：「止也。」山水出而海路距。「屬」，連也。漢書田蚡傳：「相屬於道。」

〔九〕李哲明云：「汐」當爲「泊」。「湊」者聚也，「泊」有安靜之義，言秋時天地會聚歸於寂靜也。草書「泊」或作「汋」，與「汐」字最近而訛。　翔鳳案：説文：「湊，水上人所會也。」通訓聚。「坻，小堵也，或从水从夂。」「汷」乃「坻」字。水湊聚於天地之中而流遲。李誤認爲潮汐字而改爲「泊」，誤矣。

〔一〇〕安井衡云：古本「雨」作「氣」。　翔鳳案：釋名釋天：「暑，煮也。熱如煮物也。」易小過「密雲不雨」，虞注：「陽上薄雲，陰能固之。」然而蒸而爲雨，此暑雨之義。

〔一一〕豬飼彦博云：芻藁之藏曰「廥」。　安井衡云：古本「廥」作「廩」。　翔鳳案：「廥」義如豬飼所云。史記平準書：「虚郡國倉廥，以振貧民。」古本不識「廥」字，改爲「廩」，謬矣。

〔一二〕豬飼彦博云：「悖」，惑也。

〔一三〕俞樾云：「服」乃「備」之聲誤。　翔鳳案：史記趙世家「今騎射之備，近可以便上黨之形，而遠可以報中山之怨」，趙策「備」作「服」。然則「服」乃「備」之借，非誤也。俞説非是。

〔一四〕王紹蘭云：「脊」爲「瘠」之省文。（孟子萬章篇「寺人瘠環」，説苑至公篇作「脊環」。）公羊莊二十年傳「大災者何？大瘠也。大瘠者何？痢也」，何休注：「瘠，病也，齊人語也。痢者，民疾疫也。」是何以「瘠」爲「病」。曲禮「四足曰漬」，鄭注：「漬，謂相瀸汙而死也。春秋傳曰：『大災者何？大漬也。』」是鄭以「漬」爲「死」。鄭與何所見公羊有顏、嚴之別，故「漬」、「瘠」不同，説亦各異。漢書食貨志言「捐瘠」（八觀篇同），孟康曰「肉腐爲瘠」，蘇林曰「『瘠』音漬」，明「瘠」、「漬」古通。此「朽脊」與「枯骨」對文，當即以「脊」爲肉矣。類聚卷一百引「脊」作「胔」者，説文：「骴，鳥獸殘骨骴骴可惡也。」（各本「骴」下有「曰」字，此據類篇所引，「骴骴」複文連讀。）明堂月令曰「掩骼薶骴」，今本月令作「胔」，鄭注：「肉腐曰『胔』。」秋官蜡氏「掌除骴」，注云：「曲禮『四足死者曰漬』，故書『漬』作『脊』，鄭司農云：『脊讀爲瘠，謂死人骨也。月令曰「掩骼埋胔」，骨之尚有肉者也，及禽獸之骨皆是。』」先鄭説「骴」兼人及禽獸骨肉爲言，足該許、鄭之義。故書之「脊」，可爲尹本作「脊」之證。月令之「胔」，可爲歐本作「胔」之證。當兩存之。

〔一五〕豬飼彦博云：「大露原煙」疑當作「大露厚煙」。陳奂云：「噎」當是「曀」之譌字。釋名：「曀，翳也。」小爾雅：「曀，冥也。」張佩綸云：「露」當作「霿」，「原」當作「冥」。以「夏有大霿冥」爲句。爾雅釋天「『霿』謂之晦」當作「『霿』謂之晦」，「霿冥」即「『霿』謂之晦」也。「烟噎」即烟熅也。説文壺部「壹，壹壹也，从凶从壺，不得泄也。易曰：天地壹壹」，今本易繫辭作「天地絪緼」，廣雅作「烟熅」。翔鳳案：「噎」不能通「壹」。荀子禮論作

「唈」，注：「謂氣不舒，憤鬱之貌。」與「噎」同義。素問元元正紀大論「草樹浮煙」，注：「燥氣。」即「原煙」之義。煙下百草，食之傷人，一字不誤。

〔一六〕豬飼彦博云：「五官」之「五」疑當作「水」。「順之」，「順」、「巡」同。張佩綸云：「順」，徇。許維遹云：「順」讀爲訓，尚書洪範篇「于帝其訓」，史記宋世家「訓」作「順」。魯語上「帥長幼之序，訓上下之則」，「訓」亦順也。是其證。下文「順」字皆同此義。翔鳳案：「五」字不誤，非獨水官之事也。

〔一七〕翔鳳案：「温」爲水名，假爲「煴」。説文：「煴，鬱煙也。」室内燒煙驅疫。

〔一八〕尹桐陽云：「生」同「眚」，病也。翔鳳案：四刑遇之非必死，有幸生者，君子畏其傷人而避之耳。「生」字不誤。

〔一九〕陶鴻慶云：「順」讀爲訓。上文云「君令五官之吏與三老里有司伍長行里順之令之」，下文云「常以冬日順三老里有司伍長」，義並同。

〔二〇〕豬飼彦博云：「其」當作「已」。張佩綸云：「願其畢」當作「其願畢」。翔鳳案：詩伯兮「願言思之」，箋：「念也。」防疫完備，民無可思念者，思念其可畢也。一字不誤不倒。

〔二一〕陳奐云：「冬」讀爲終，古以「冬」爲「終」，謂終之以賞罰也。翔鳳案：上文「冬日」，以冬作總結，「冬」可訓「終」，然非謂終之以賞罰也。陳説誤。

〔二二〕張佩綸云：當作「五者不害，則君之法不犯矣」。姚永概云：「犯」字上應有「不」字，文義乃合。尹桐陽云：「犯」，範也。上云「五害已除，人乃可治」，法能範人，是可治者。易繫辭張璠本「犯違天地而不過」，注：「『犯違』猶裁成也。」翔鳳案：承上「五害」，故言「五者不可害」。爾雅釋詁：「犯，勝也。」諸人但知犯法之常義，以意增減古書，誤矣。

〔三〕丁士涵云：「比」疑「北」字誤，北，古「背」字。翔鳳案：論語：「君子周而不比。」丁説誤。

桓公曰：「凡一年之中，十二月作土功，有時則爲之，非其時而敗，將何以待之〔一〕？」管仲對曰：「常令水官之吏，冬時行堤防，可治者，章而上之都〔二〕，都以春少事作之。已作之後，常案行。堤有毁，作大雨，各葆其所。可治者，趣治。以徒隸給大雨，堤防可衣者衣之〔三〕，衝水可据者据之〔四〕。終歲以毋敗爲故〔五〕，此謂備之常時，禍何從來。所以然者，獨水蒙壤自塞而行者，江、河之謂也〔六〕，歲高其堤，所以不没也。春冬取土於中，秋夏取土於外。濁水入之，不能爲敗。」桓公曰①：「善。仲父之語寡人畢矣，然則寡人何事乎哉？亟爲寡人教側臣〔七〕。」

〔一〕許維遹云：周語韋注：「『待』猶備也。」

①「曰」字原無，據補注增。

〔二〕丁士涵云：「章」訓條、訓表、訓程，謂奏上事也。張佩綸云：「章而上之」，言表上之也。丁說是。翔鳳案：劉邦入關，約法三章。「章」謂條陳，與「表」稍別。左傳有王章，詩有章句。

〔三〕劉績云：「衣」，謂以物覆其上，公羊傳所謂「簑城」之類。翔鳳案：堤防長，未聞有以物覆其上爲保護者。說文：「衣，依也。」「衣」者，可依恃也。觀下文益明。「依」與「据」相連也。

〔四〕豬飼彥博云：「据」，謂設藩籬以衛其衝也。安井衡云：「据」讀據。「據」，拒守也。張佩綸云：荀子宥坐篇：「其流也埤下裾拘，必循其理。」此言隄有衝水者，則爲循其理。釋名：「裾，倨也，倨倨然直。」隄有衝水之處，則倨之以取直。姚永概云：「据」即拒也，不可爲據。陶鴻慶云：「据」當爲「扼」字之誤，上文云「因而扼之可也」，是其證。翔鳳案：說文：「据，戟挶也。」謂曲而挶之也。魏都賦「因長川之裾勢」，假爲「據」。詩柏舟「不可以據」，傳：「依也。」「据」亦訓「依」，則「衣」之爲「依」，亦明矣。

〔五〕戴望云：趙本「故」作「固」。元本作「效」。翔鳳案：國語周語「咨於故事」，魯世家引作「固」；論語「固天縱之將聖」，論衡知實作「故」，「故」同「固」。趙本改之，非是。

〔六〕王念孫云：「獨水」當爲「濁水」，見下文。翔鳳案：江、河乃大川，一支獨流，蒙壞而濁，濁水不必塞也。王說非是。

〔七〕豬飼彦博云：「側臣」，左右也。陳奂云：「臣」下當有闕文。翔鳳案：漢書五行志董仲舒災異對云：「觀近臣在國中處旁仄，及貴而不正者，忍而誅之。」「仄」同「側」。考工記車人「行山者仄輮」，注云：「故書『仄』爲『側』。」「仄」者旁側之臣，「國」爲域中，猶後世言禁城也。董仲舒治公羊，當爲齊人之言。然則「側臣」有明文，非闕矣。堯典「明明揚側陋」，其義稍殊，然亦可云側陋之臣也。

管子校注卷第十九

雜篇九

地員第五十八

地員者①，土地高下，水泉深淺，各有其位。

王紹蘭云：說文：「員，物數也。」又：「䡋，物數紛䡋亂也。」此篇凡地之所載紛紛云云，無所不有，而尤重於五土之辨、九穀之宜，蓋將以養萬民之生，盡萬物之性也。故以「地員」名篇焉。張佩綸云：詩烈祖傳：「員，均。」乘馬篇：「命之曰土均以實數。」又曰：「均地分力，使民知時。」「地員」即乘馬之「土均」也。周禮大司徒職有土會之法、土宜之法、土均之法、土圭之法，地員實兼之。又云：秦雜燒詩、書百家語，所不去者醫藥卜筮種樹之書。顧劉歆七略，農僅九家，種樹之書傳者已少。後世農業益輕，氾勝之、尹都尉諸書，第見於齊民要術所稱引，並戰國依託神農之説亦盡亡之。嘗旁涉諸子，惟管子地員篇及吕覽上農、任地、辨土、審時諸篇，於農家爲近。（見王紹蘭管子地員篇注叙。）翔鳳案：地員之「員」，顯爲幅員。詩長發「幅隕

① 「地員者」三字原作「員地也」，據補注乙改。

既長」，傳：「均也。」商頌玄鳥「景員維何」，傳：「均。」「員」與「隕」同訓「均」，則張説之確無疑矣。篇中多備軍政之用，若僅以爲農家言，尚淺乎知管子矣。吕氏春秋有任地篇，而墨子號令「安國之道，道任地始。地得其任則功成；地不得其任則勞而無功」，亦可以爲證也。蓋篇中所言，多戰守之事，而非專爲農耕之言矣。蓋幅員就國之全境而言之，首都邑，次鄉村也。

夫管仲之匡天下也，其施七尺〔一〕，施者，大尺之名也，其長七①尺。瀆田悉徙〔二〕，瀆田，謂穿溝瀆而溉田。悉徙，謂其地每年皆須更易也。五種無不宜。其立后而手實〔三〕，謂立君以主之，手常握此地之實數也。其木宜蚖蓾與杜松〔四〕，蚖、蓾，二木名也。其草宜楚棘。見是土也，命之曰五施，五七三十五尺而至於泉，謂其地深五施，每施七尺，故五七三十五而至於泉也。呼音中角，謂此地號呼之聲，其音中角。其水倉，其民彊。赤壚，歷彊肥〔五〕，歷，疏也。彊，堅也。五種無不宜。其麻白，其布黄，其草宜白茅與雚〔六〕，其木宜赤棠。見是土也，命之曰四施，四七二十八尺而至於泉，呼音中商，其水白而甘，其民壽。黄唐〔七〕，無宜也。唐，虚脆也。唯宜黍秫也。宜縣澤〔八〕，常宜縣注而澤。行廧音墻。落〔九〕，土既虚脆，不堪板築，故爲行廧及籬落也。地潤數毀，難以立邑置廧〔一〇〕。其地遇潤則

①「七」字原作「十」，據補注改。

數頽毀，故不可立邑置廧也。其草宜黍秫與茅〔一一〕，其木宜櫄擾桑〔一二〕。櫄，木名。擾，柔。又曰柔桑也。見是土也，命之曰三施，三七二十一尺而至於泉，呼音中宮，其泉黄而糗。流徙〔一三〕，謂水糗精之氣。其泉居地中而流，故曰「流徙」也。斥埴，宜大菽與麥，其草宜萯雚，其木宜杞。杞，木名也。見是土也，命之曰再施，二七十四尺而至於泉，呼音中羽，其泉鹹。水流徙〔一四〕，黑埴〔一五〕，宜稻麥，其草宜苹蓨〔一六〕，苹蓨，草名也。其木宜白棠〔一七〕。見是土也，命之曰一施，七尺而至於泉，呼音中徵，其水黑而苦。

〔一〕何如璋云：七尺曰「施」，包咸論語注「七尺爲仞」，是「施」即乘馬之「仞」而異其名也。「施」古通「弛」，地官小司徒「凡征役之施舍」，注：「『施』當爲『弛』。」詩江漢「矢其文德」，毛傳：「矢，施也。」爾雅作「弛」，禮孔子閒居作「弛其文德」。論語「君子不施其親」，唐李翺筆解云：「『施』當爲『弛』。」此古書「施」、「弛」相通借之證。「弛」蓋即今量地之弓，但長短不同，故記者特舉其數。　張佩綸云：禮記月令鄭注：「穿地通水曰『池』。」樂記鄭注：「『池』之言施也。」初學記十五引五經通義：「池，施也。」是則「施」爲穿地通水之程。原注以爲「大尺」，非是。　章炳麟云：管子地員云：「夫管子之匡天下也，其施七尺。」此下所説，有「五施」、「四施」、「三施」、「再施」、「一施」、「六施」、「七施」、「八施」、「九施」、「十施」、「十一施」、「十二施」、「十三施」、「十四施」、「十五施」、「十六施」、「十七施」、「十八施」、「十九施」、

「二十施」，各爲名號，以示區別。其所謂「施」，必錐地入深之物，字當借爲「鉈」。説文：「鉈，短矛也。」方言：「『矛』謂之鍦。」其字作「鍦」。「酋矛常有四尺，夷矛三尋。」今但七尺，則爲短矛矣。以此錐地驗水，如今探井者之鑽地器也。（舊説「施」爲「大尺之名」，不知土之深者，固非尺所能量也。）其所説庚泥不可得泉，清商不可得泉，騂石不可得泉，是鑽之而無水者也。翔鳳案：鄭注：「『池』之言施也。」知此義則篇首从施入手，兼及五音之頻率，可得而説也。幅員先城池，次鄉村。古代立邑於高邱之上，土城之外突地爲池，灌以水，便於防守。「施」當爲「池」，穿地爲引申義。穿池愈深愈好，深淺不同，而氣温與頻率隨之不同。五音有宫商角徵羽之稱，三分損一、益一，即指頻率，周禮大師：「執同律以聽軍聲而詔吉凶。」史記齊世家正義引六韜：「律之音聲，可以知三軍之消息。」「律管十二，其要有五，宫商角徵羽，此其正聲也。」禁藏篇論謀攻，引六韜之文不少，合而觀之，穿池談及五音，由六韜來。郭沫若不知此義，以爲有意牽合五行，爲戰國農家之言，謬矣。孟子言「掘井九仞而不及泉」，與管子似異而實同。易井卦「改邑不改井」，井在邑中，池在城外，戰守時同樣發生作用。參患篇「攻城圍邑，主人易子而食之，析骸而爨之，則攻之自拔者也」，左傳「楚軍圍宋，析骸以爨，易子而食」，恰爲此種情況。然未言缺水，則當時普遍鑿有深井也。

〔二〕吴志忠云：「悉」，盡也；「徙」當爲「壤」字之誤，下文「白徙」同。王紹蘭云：謂有瀆之田，每歲皆徙易其人。即周禮「易田」、左氏傳「爰田」之法。孫詒讓云：「徙」當从吴校作「壤」，下文「付山白徒」，吳及丁校竝謂與「陛山白壤」同，是也。（竝詳校正。）「徒」、「徒」形相近，皆「壤」字傳寫之譌。「悉」當爲「息」，亦形近而誤。　張佩綸云：「徒田」，即周禮之「易田」。晉之爰田、秦之轅田、漢之代田本之。　翔鳳案：篇中有立邑之文，指邑中而言。說文：「瀆，溝也。一曰邑中曰溝。」孟子「死徒無出鄉」，注：「謂爰土易居，平肥磽也。」「悉徒」之義甚明，而諸人不知也。

〔三〕豬飼彦博云：或曰「手」當作「丰」，豐也。　陳奐云：「立」猶樹也。「后」與「厚」同。小雅傳曰：「手，取也。」言五種之穀其樹厚而取實也。尹注失之。　俞樾云：兩句傳寫誤倒，「其立后而手實」本在「五種」句前，總冒本篇。「五種無不宜」自與「其木宜蚖菕」云云相屬，乃專說五施之土。證以下文，其誤自見也。　孫詒讓云：此當作「其生後而先實」，「生」、「立」，「先」、「手」，竝篆文相近而誤。「后」與「後」聲同，古多通用。注及陳說竝謬。　章炳麟云：尹注：「謂立君以主之手，常握此地之實數也。」俞先生曰：「兩句傳寫誤倒。（下略）」先生此說，于文義可通矣。然立君豈專以辨別土宜乎？且「其」字之義，終有未順。竊謂此非誤倒。「立」借爲「粒」。詩思文「立我烝民」，箋云：「『立』當作『粒』。」此亦同矣。「后」借爲「厚」，如古文「厚」作「垕」之比。「厚」訓大，墨子經上：「厚，有所大也。」魯語：「不厚其棟。」解：「厚，大也。」「手」乃「扌」之誤字，「扌」古文「𠂹」。此承「五種無不宜」而言，言其粒厚大而其實垂。垂實者，嘉穀垂穗也。于五種中獨舉嘉穀者，猶下說「四施」之土云「五種無不宜，其麻白」，亦于五種中獨舉麻也。自唐人誤解當時已有手實法，以考民之年與地闊狹（見唐書食貨志），尹注遂襲其謬。而呂惠卿至以手實禍天下，説古可不慎哉！　翔鳳案：魯公子翬字后，「后」借爲「厚」也。此以立邑言，謂立處土厚，以手取之堅實也。陳説近之。

〔四〕劉績云：「蚖」恐作「杬」，出豫章，煎汁，藏果及卵不壞。「蕍」，律春切，恐作「榆」。「杜」，木名。詩：「有杕之杜。」　張佩綸云：「蚖蕍」即「杬棆」，假借字。爾雅釋木：「杬，魚毒；棆，無疵。」説文草部：「芫，魚毒也。」木部：「棆，毋杶也。」文選吳都賦「緜杬杶櫨」，劉逵注引異物志曰：「杬，大樹也，其皮厚，味近苦澀。剥乾之，正赤，煎訖以藏衆果，使不爛敗，以增其味，豫章有之。」爾雅、説文釋魚毒，草木殊類。郭景純及顏監急就篇注遂生違異。「杜」，甘棠，毛傳、爾雅、説文同。　翔鳳案：「杬棆」爲有用之木，張已言之。「杜」，甘棠也，其實味甘。釋名釋兵：「松櫝長三尺，其矜宜輕，以松作之也。」「松」兼建築及兵器之用。

〔五〕王紹蘭云：説文：「垶，赤剛土也。」禹貢「下土墳壚」，鄭注：「壚，疏也。」「歷彊」，尹注云：「歷，疏也；彊，堅也。」「肥」者，馬融注禹貢：「墳有膏肥也。」此土色赤，其性疏彊而肥，故亦五種無不宜矣。　張佩綸云：説文土部：「壚，剛土也。垶，赤剛土也。」尚書正義及韻會引作「壚，黑剛土也」。黑部：「齊謂黑爲黸。」釋名：「土黑曰盧，盧然解散也。」楚辭思古王逸注：「壚，黃黑色也。」齊民要術引氾勝之書：「春地氣通，可耕堅硬地，黑壚土。」顏注地理志：「壚，謂土之剛黑者也。」徧考諸書，無以壚爲赤色者。以下文音商水白證之，土亦不當赤色。疑涉下「赤棠」而衍。

〔六〕王紹蘭云：「布黄」，文選蜀都賦「黄潤比筒」，劉逵注：「黄潤，謂筒中細布也。」司馬相如凡將篇：「黄潤鮮美宜制襌。」楊雄蜀都賦：「筒中黄潤，一端數金。」「雚」當爲「萑」，説文艸部：「萑，薍也，从艸萑聲。」「薍，𦯬也。」「𦯬，萑之初生。一曰薍，一曰騅。『菼』、『𦯬』或從炎。」「蒹，萑之未秀者。」　翔鳳案：爾雅釋草：「雚，芄蘭。」「權，黄華。」郭注以爲牛芸草，蒿也，與茅同類。「雚」即「權」，王説非是。

〔七〕安井衡云：古本「唐」作「堂」，爾雅曰「自半以前虚之謂之堂」，「堂」、「唐」同音，故尹訓「虚脆」耳。　俞正燮云：「唐」與「廣」音義相近。莊子田子方篇「求馬唐肆」，釋文引司馬彪本作「廣肆」。此言「黄唐」，亦言黄壤之廣闊者。尹注以「唐」爲「虚脆」，於義不合。輕重甲篇言「唐園」，吕覽尊師篇言「唐圃」，亦謂廣大園圃也。　蔣超伯云：注「唐，虚脆也」，是「唐」字訓「虚」。莊子田子方篇「是求馬於唐肆也」，李頤云「唐，亭也」；司馬本作「廣肆」，云「廣庭也」，均非。「唐肆」，謂虚肆耳。　張佩綸云：廣雅釋詁：「溏，溏淖也。」通俗文：「和溏曰淖。」説文無「溏」字，即「唐」之孳乳也。溏，多汁也。淖，泥也。「黄唐」即禹貢「塗泥」，俞氏説誤。　翔鳳案：廣雅釋地：「塘，池也。」「唐」从口，即塘，爲凹下之處。有黄泥而凹下，不宜種植也。

〔八〕王紹蘭云：周語：「澤，水之鍾也。」説文：「澤，光潤也。」此二義皆不得言「縣」。蓋「澤」爲「瀑」之譌。説文：「瀑，疾雨也。一曰沫也。一曰瀑賈也。」馬融長笛賦「山水猥至，渹瀑噴沫」，猶後人所謂瀑布，亦云縣瀑矣。張佩綸云：周禮鄭注：「水鍾曰澤。」爾雅：「縣出，下出也。」其地污下，故霖潦直下鍾聚之。

〔九〕丁士涵云：「落」，「簩」之借字。説文：「杝，簩也。」廣雅：「簩，杝也。」安井衡云：「廧」、「墻」同。「行墻」之制未聞，豈木板爲障，可以遷移，故謂之「行墻」耶？張佩綸云：「廧」，古「墻」字。釋名：「廧，障也。」漢書鼂錯傳「爲中周虎落」，注引鄭氏曰：「虎落者，外蕃也，若今時竹虎也。」「落」，説文作「簩，杝也」。「行廧落」者，黍爲園圃也。翔鳳案：廣雅釋詁二：「行，陳也。」詩卷耳「置彼周行」，傳：「列也。」謂陳而列之也。

〔一〇〕張佩綸云：「置廧」當作「置廩」，周禮廩人注：「藏米曰廩。」廣雅釋詁：「潤，溼也。」其地潤溼，故不能立都邑、置倉廩也。翔鳳案：上文以籬落爲墻，此謂土墻也。説文：「墻，垣蔽也。」原在垣外，後築爲壖而作墻矣。

〔一一〕安井衡云：「黍秫」，穀也，不當列之草。二字必譌，未詳爲何字。俞樾云：管子原文疑當作「其草宜芧茅」，説文：「芧，草也，可以爲繩。」是「芧」與「茅」正同類也，「芧」字壞作「予」，校寫者因「予」字無義，見下文有「其草魚腸與蕕」、「其草蕌與蔞」之文，疑「予」、「與」古文通用，遂改作「與」，而本文又無他草，不得言「與」，乃據上文「唯宜黍秫」，妄加「黍秫」字耳。

張佩綸云：「黍」字衍。「秫」，當作「朮」。爾雅：「朮，山薊。」郭注：「今朮似薊，而生山中。」中山經曰：「首山，其陰多朮芫。」又云：「女几之山，其草多菊朮。」廣雅：「山薑，朮也。」 翔鳳案：此非黍稷之「黍」，詩黍離傳：「黍，穀名，大似蘆，高丈餘，穗黑色，實圓重。」「秫」爲稷之黏者，而黍高丈餘，北人謂之高粱。是「黍秫」與茅相類，非誤字矣。

〔一二〕王引之云：尹注以「擾桑」爲「柔桑」，非也。（豳風七月篇「爰求柔桑」，自謂求桑之穉者以養初生之蠶耳，非謂「柔桑」爲桑名也。）「櫄」、「擾」、「桑」三者，皆木名也。「擾」讀爲唐風「隰有杻」之「杻」，爾雅「杻，檍」，郭璞曰：「似棣，細葉，葉新生可飼牛。材中車輞，關西呼『杻子』。一名『土橿』。」西山經曰「英山，其上多杻橿」，是也。「擾」字古讀若狃，故與「杻」通。左傳「公山不狃」，論語作「弗擾」，是其證也。 王紹蘭云：一曰「擾」蓋「榎」之譌。説文「夏」作「夓」，與「夒」形近。爾雅釋木：「槐，小葉曰榎；大而皵、楸，小而皵、榎。」 翔鳳案：中山經「成侯之山，其上多櫄木」，注：「似樗樹，材中車轅。」「擾」即杻，王説是也。三木皆爲車材，王釋爲「榎」，則不類矣。

〔一三〕王念孫云：「黄而糗」，後漢書馮衍傳注引作「黄而有臭」，是也。上文云「其水白而甘」，下文云「其泉鹹」，又云「其水黑而苦」，則此文當作「其泉黄而有臭」，無取於糗也。尹注非。「流徙」上當有「水」字，下文云「斥埴，其泉鹹，水流徙」，是其證。 陳奐云：「有」字衍。「黄而臭」，與上下文「白而甘」、「黑而苦」同。「糗」乃「臭水」二字竝寫致誤耳。 王紹蘭云：

「糗」讀若臭味之臭，謂氣也。左氏僖四年傳「一薰一蕕，十年尚猶有臭」，「有臭」本兼薰蕕而言。……或曰「黄而有臭」，黄者土色，月令「中央土，其臭香」，「有臭」當屬香言，故月令又曰「水泉必香」也。　翔鳳案：説文：「糗，熬米麥也。」謂有焦黄之臭，非假字也。土黏滑易流徙也。

〔一四〕孫星衍云：後漢書馮衍傳注引作「其味鹹」。　翔鳳案：鹹水易裂，水流則徙也。

〔一五〕王紹蘭云：此禹貢沇州「厥土黑墳」之屬，「墳」言其肥，「埴」言其黏，義亦同也。

〔一六〕張佩綸云：爾雅釋草：「苹，蓱；其大者『蘋』。」又：「苹，藾蕭。」詩鹿鳴「食野之苹」，傳以爲「蓱」，箋以爲「藾蕭」，箋義爲長。此亦「藾蕭」，非水草也。王紹蘭説同。爾雅「蓧蓨」、「苗蓨」，郭注均未詳。説文「蓨，苗也」，「苗，蓨也」，小徐本無「蓨」字。詩我行其野「言采其蓫」，曾釗詩異同辨曰：「説文無『蓫』，釋文：『蓫，本又作蓄。』竊疑『蓄』當爲『苗』之譌。説文草部：『苗，蓨也，从草由聲。』竹部：『笛，从竹由聲。』周禮作『篴』，則从由从逐之字，古文可相通。許君采『苗』而不采『蓫』，猶竹部采『笛』而不采『篴』之例耳。齊民要術引詩義疏：『今之羊蹄似蘆菔，莖赤，煮爲茹，滑而不美，多噉令人下利。揚州謂之羊蹄，幽州謂之蓫，一名蓨。』」案：毛傳：「蓫葍，惡菜也。」説文：「𦱔，葍也。」「葍，𦱔也。」與「蓨苗」聯文，明是解毛詩之「蓫葍」，許君所見毛本當作「苗」，鄭箋始作「蓫」耳。段、桂、邵、郝諸説均同。惟王念孫以「蓫」有羊蹄之名，謂「堇，羊蹄也，即是苗蓨」，似失之臆。　翔鳳案：爾雅釋草「苹，藾蕭」，注：「今蘋蒿也。非草類，初生可食，與浮苹不同。」釋草「蓧蓨」、「苗蓨」，郭注：「未聞。」桂馥謂「蓧」即「蓨」之異文，引地理志「脩縣」顏音「條」爲證，亦以「蓫」與「蓨」、「苗」聲近爲説。此皆可食之野菜。

〔一七〕翔鳳案：爾雅釋木：「杜，赤棠，白者棠。」詩「有杕之杜」，傳云：「杜，赤棠也。」陸璣疏云：「『赤棠』與『白棠』同耳。但子有赤白美惡，子白色爲白棠，甘棠也，少酢滑美。赤棠子澀而酢無味。」然則白棠兼食用矣。一施至五施爲平原。

凡聽徵，如負豬豕，覺而駭〔一〕。**凡聽羽，如鳴馬在野**〔二〕。**凡聽宮，如牛鳴窌中**〔三〕。**凡聽商，如離羣羊**〔四〕。**凡聽角，如雉登木以鳴，音疾以清**〔五〕。**凡將起五音，凡首**〔六〕，凡首，謂音之總先也。**先主一而三之，四開以合九九**〔七〕，一而三之，即四也。以是四開合於五音，九也。又九①九之爲八十一也。**以是生黃鍾小素之首以成宮**〔八〕。素本宮八十一數，生黃鍾之宮，而爲五音之本。**三分而益之以一，爲百有八，爲徵**〔九〕。黃鍾之數本八十一，益以三分之一二十七，通前爲百有八，是爲徵之數。**不無有，三分而去其乘**〔一〇〕，**適足以是生商**。不無有，即有也。乘亦三分之一也。三分百八而去一，餘七十二，是商之數也。**有三分而**

①「九」字原作「凡」，據補注改。

復於其所，以是成羽〔二〕。三分七十二，而益其一分二十四，合爲九十六，是羽之數。有三分去其乘，適足以是成角〔三〕。三分九十六，去其一分，餘六十四，是角之數。

〔一〕劉績云：此言呼以聽土地之音，非謂他音皆然也。張登雲云：此言五土之民，語音合乎五音，所謂中乎五音之聲響，又似乎猪馬牛羊雉之鳴，各有不同也。今以五音想像合之，良然。可見古人譬物之精妙處。王紹蘭云：此謂聽一施之地，呼音中徵也。「徵」、「豕」、「駭」爲韻。張佩綸云：説文：「猪，豕而三毛叢居者。」言「豕」不必累言「猪」，「猪」字注文闌入。翔鳳案：説文：「豕，彘也。竭其尾，故謂之豕。」段注：「立部曰：竭者，負舉也。豕怒而豎其尾，則謂之豕。」「猪，豕而三毛叢居者」。「猪豕」即三毛叢居之豕，非重文。「負」爲舉其尾，爲人驚覺而駭。一字不誤，諸人未解耳。聽音知軍事吉凶，非泛説。

〔二〕秦蕙田云：詩「蕭蕭馬鳴」，輕摇上出，的是羽聲。（見五禮通考。）王紹蘭云：此謂聽再施之地，呼音中羽也。「羽」、「馬」、「野」爲韻。翔鳳案：羽音脣上取。

〔三〕王紹蘭云：此謂聽三施之地，呼音中宫也。「宫」、「中」爲韻。張佩綸云：説文：「窌，窖也。」翔鳳案：宫音，舌居中宫擬其音。

〔四〕王紹蘭云：此謂聽四施之地，其音中商也。「商」、「羊」爲韻。翔鳳案：商音口大張。

〔五〕朱熹云：「以鳴」下六字疑衍。李光地云：「牛鳴窌中」，言其洪大而深厚也。「離羣羊」，言其激揚而淒切也。「雉登木」，言其輕和而遠暢也。「猪豕覺而駭」，言其疾速而喧。「鳴鳥在樹」，言其嘈雜而細。樂記屬君、臣、民、事、物者以此。　豬飼彦博云：「音疾以清」四字衍。　王紹蘭云：此謂聽五施之地，呼音中角也。「角」、「木」爲韻，「鳴」、「清」爲韻。　黄佐云：「窌」，深空之窖。鳴窌之牛，其聲厚重。離羣之羊，其聲敏捷。登木之雉，其聲堅貞。駭負之豕，其聲迭起。鳴樹之鳥，其聲輕摇。　張佩綸云：黄、李均篤信朱子改「鳴馬在野」，而以「鳴鳥在樹」牽合爾雅、樂記爲解。不知審音之理，管書得之體驗，未可妄改。　陶鴻慶云：「以鳴音疾以清」六字，疑皆衍文。上文云「凡聽徵如負猪豕覺而駭，凡聽羽如鳴馬在野，凡聽宫如牛鳴窌中，凡聽商如離羣羊」，皆譬況之辭，無直言其音之理致者。「豕」、「駭」與「徵」爲韻，「野」與「羽」爲韻，「中」與「宫」爲韻，「羊」與「商」爲韻。此文不當獨異。故知「木」當與「角」爲韻。「以鳴音疾以清」六字，蓋注文而傳寫羼入正文者。校者於「鳴」字絶句，與「清」協韻，則與上文不類矣。「徵」、「羽」、「宫」、「商」四音，疑尹皆有注，今已全脱，惟此僅存耳。　翔鳳案：角音舌縮却。雉登木無音，「鳴」字不可少。予聞雉雊，雊即象其鳴聲，連叫一二聲，音短。「疾以清」不誤。

〔六〕章炳麟云：尹注「凡首謂音之總先也」，此説非是。「凡」字乃「風」之省借。「風」，即宙合所謂「君失音則風律必流」之「風」。「首」者，調也。凡樂之一調，詩之一篇，皆謂之「首」。古詩十九首，此詩篇曰「首」也。莊子養生主「乃中經首之會」，崔氏以爲樂章名。蓋「經」即釋樂

「角謂之經」之「經」，「經首」者，以角爲調也。此樂調曰首也。此「風首」，下文「黃鍾小素之首」，皆與「經首」義同。翔鳳案：下言五音計算，房注不誤。

〔七〕方苞云：「開」，推而衍之也，一分爲三，三分爲九，九分爲二十七，二十七分爲八十一，皆一而三之，如是者四，則適合黃鍾之數。王引之云：「主」當爲「立」，字之誤也。史記律書云：「置一而九三之以爲法。」「置一」即「立一」。錢塘云：「主一而三之」者，置一而三之也。「四開以合九九」者，置一而四三之也。三爲一開，九爲二開，廿七爲三開，八十一爲四開，故曰「以合九九」。則黃鍾之積也，其長爲百分尺之九十分，故漢志云「九十分」。（見淮南子天文訓補注。）翔鳳案：三分益一，三分損一，皆以分數計算，其整數必以一爲主，「主」字不誤。普通算工程，假定其數爲一。

〔八〕王紹蘭云：「小」之言少也。乾鑿度曰「太素者質之始」，鄭注：「太素者質始形也，諸所爲物皆成苞裹，元未分別。」按：「質始形」謂其素質渾淪，形象尚微，故稱「太素」。逮積微成著，一生二，二生三，三生九，九九八十一以生黃鍾，則太素之質漸分而少，即吕氏春秋古樂篇所謂「伶倫取竹，斷兩節間長三寸九分，吹之爲黃鍾之宮，曰舍少」者（「舍」字未詳。高誘注云「舍成舍矣」，亦未詳。御覽卷五百六十五引作「含」，説苑修文篇亦作「含」，然於高注不可通），故稱「小素」。黃鍾爲六氣元，爲萬物元，元者首也，故稱「小素之首」也。生黃鍾術曰：「數始於一，終於十，成於三。氣始於冬至，周而復生。神，生於無形，成於有形，然後數形而成聲。」

（史記律書）漢志曰：「黃鐘初九律之首。」皆其義矣。張佩綸云：廣雅釋詁三：「素，本也。」黃鐘之大數爲積分十七萬七千一百四十七，故八十一爲「小素」。翔鳳案：張釋「小素」是也。三之十一乘方，即張所述之數，由黃鐘生十一律，共十二律也。王説非是。

〔九〕翔鳳案：以三爲主，益一爲4/3，去一爲2/3。黃鐘八十一，三分益一，81×4/3＝108，得徵。

〔一〇〕丁士涵云：「不無」二字衍。「有」同「又」。下文「又三分」，其句例。張佩綸云：「不無有」，即有也，原注非是。「有三分」與下兩句一例，讀去聲。朱子鐘律篇去「不無」二字。玉海六同。然唐本實有「不無」二字，似不可去。翔鳳案：「不無有」，即上文所云五管盡不應，無有也。言所生之音，必有應，不無有也。諸人不知其義矣。以此三字，可證五音爲軍用。108×2/3＝72，得商。

〔一一〕翔鳳案：72×4/3＝96，得羽。

〔一二〕方苞云：「凡將起五音」至「以是成角」，疑本注語錯入本文，蓋承呼音中徵而言，五音之仿佛，下接墳延六施，意義始貫。更及律數之相生，則枝且贅矣。翔鳳案：96×2/3＝64，得角。五音計算，與史記、淮南核對，惟宮商角相同，其羽則爲四十八，徵爲五十四，上下相差一階，而比值却相同，管子爲殷文化，此舊算法也。齊世家正義所引六韜，當即此數，方氏文人，不能知此矣。又案：此節總論五音，以配軍事，非泛論音律也。周禮太師：「執同律以聽軍聲而詔吉凶。」史記齊世家正義引六韜：「律之音聲，可以知三軍之消息。」「天清靜無陰雲風雨，夜半遣輕騎往，至敵人之壘九百步，偏持律管橫耳大呼驚之，有聲應管，其來甚微。角管聲應，當以白虎；徵管聲應，當以玄武；商管聲應，當以勾陳；五管盡不應，無有商聲，當以青龍。」1×3×3×3×3＝81爲四開合九九。三分益一，81×4/3＝108，爲徵。三分去其乘，108×2/3＝72，生商。「有三分復於其所」爲七生，72×4/3＝96，成羽。「有三分去其乘」，96×2/3＝64，成角。小素以81對108言之，比淮南、史記、漢書者81爲小。「不無有」，非五音盡不應也。

墳延者六施〔一〕，六七四十二尺而至於泉。墳延，地名。下皆此類。陝之芳七施〔二〕，七七四十九尺而至於泉。祀陝八施〔三〕，七八五十六尺而至於泉〔四〕。杜陵九施，七九六十三尺而至於泉〔五〕。延陵十施，七十尺而至於泉〔六〕。環陵十一施，七十七尺而至於泉〔七〕。蔓山十二施，八十四尺而至於泉〔八〕。付山十三施，九十一尺而至於泉〔九〕。付山白徒十四施〔一〇〕，九十八尺而至於泉。中陵十五施〔一一〕，百五尺而至於泉。青山十六施，百一十二尺而至於泉。青龍之所居，庚泥不可得泉〔一二〕。庚，續。其處既有青龍居，又沙泥相續，故不可得泉也。赤壤勢山十七施，百一十九尺而至於泉。其下青商〔一三〕，不可得泉。青商，神怪之名。陘山白壤十八施〔一四〕，百二十六尺而至於泉。其下駢石，不可得泉。言有石駢密，故不可得泉。徒山十九施〔一五〕，百三十三尺而至於泉。其下有灰壤，不可得泉。高陵土山二十施〔一六〕，百四十尺而至於泉。山之上命之曰縣泉〔一七〕，其地不乾，其草如茅與走，如茅、走，皆草名。其木乃樠〔一八〕，樠，木名。鑿之二尺乃至於泉。山之上命曰復呂〔一九〕，其草魚腸與蕕，其木乃柳〔二〇〕，鑿之三尺而至於泉。山之上命之曰泉英〔二一〕，其草蘄白昌，其木乃楊〔二二〕，鑿之五尺而至於泉。山之材〔二三〕，材，猶旁也。其草兢與薔，音嗇，草名。其木乃格，鑿之二七十四尺而至於泉〔二四〕。山之側，其草藟與蔞〔二五〕，其木乃品榆〔二六〕，鑿之三七二十一尺而至於泉〔二七〕。

〔一〕張文虎云：「墳延」，即周官大司徒之「墳衍」，鄭注：「水厓曰墳，下平曰衍。」下文亦云「在隫在衍」。「延」、「衍」古通。夏緯瑛云：周官大司徒「一曰山林，二曰川澤，三曰丘陵，四曰墳衍，五曰原隰」，「墳延」即「墳衍」，介於丘陵與原隰之間，比平原稍高之蔓坡地。此下凡十四種土地，地勢逐一加高，水泉逐一加深，通可歸爲丘陵之地。

〔二〕俞樾云：「芳」當爲「旁」字之誤，與下文言「山之上」、「山之側」義同。戴望云：管子古本當是「方」字。「方」通作「旁」，虞書「方鳩僝功」，説文引作「旁逑孱功」，其證也。王紹蘭云：説文：「陜，隘也。」「芳」即「方」，「方」之言旁也。「陜之芳」，謂陜隘之旁。翔鳳案：「芳」从方聲，鄂西讀「芳」爲「方」。

〔三〕王紹蘭云：「祀」當爲「阬」，形之誤也。説文：「阬，塞也。」張佩綸云：上林賦：「赴隘陜之口。」漢書郊祀志：「行溪谷中，阸陜且百里。」翔鳳案：「祀」與「阸」形聲俱遠，無緣致誤。易損卦「巳事遄往」，虞本作「祀」，其本字當爲「巳」。以下文「敖山」，説文作「嶅」例之，當爲「屺」，字變作「峙」。峙出之陜，比陜旁爲高。

〔四〕翔鳳案：口算作「七八」，不作「八七」。古本作「八七」，强求一律，誤矣。

〔五〕王紹蘭云：漢書地理志右扶風「杜陵」下，師古引緜詩「自土沮漆」，齊詩作「自杜」。「杜」與「土」，方言有重輕。説文：「『杜』从木，土聲。」毛詩鴟鴞篇「桑土」，韓詩作「桑杜」，與「自土」作「自杜」正同。此九施之杜陵，亦是杜之言土，以其大阜純土，非土戴石、石戴土之比，因名「杜陵」矣。張佩綸云：「七九」當作「九七」。翔鳳案：張説誤，見上。

〔六〕王紹蘭云：史記吴世家「季札封于延陵」，「延陵」之名昉於此。翔鳳案：此「延陵」爲公名，非私名也。

〔七〕王紹蘭云：此謂陵形圜轉如環也。「環」之言還也，「還」之言營也。齊風還篇「子之還兮」，漢書地理志引齊詩作「子之營兮」。韓非子五蠹篇「自環者謂之私」，説文厶部引作「自營者爲厶」。爾雅釋丘「途出其右而還之，畫丘」，又云「水出其前而左，營丘」。……然則「環陵」猶漢書地理志北海郡之「營陵」矣。張佩綸云：吕氏春秋節喪注：「環，繞也。」

〔八〕王紹蘭云：謂山形曼延而長。北山經有「蔓聯之山」，此「蔓山」亦其比矣。張佩綸云：「蔓山」詳乘馬篇。

〔九〕王紹蘭云：「付」，「附」省。説文：「附，附婁，小土山也。從阜付聲。春秋傳曰：附婁無松柏。」（今本左氏傳作「部婁」；「部」，「附」借字。）徐言曰附婁，急言曰附。「付山」，蓋土山之小者。　翔鳳案：「付山」比「蔓山」更高，非小土山，乃附于山上也。

〔一〇〕丁士涵云：「徒」當爲「壤」，下文「陞山白壤」，是其證。　王紹蘭云：「徒」之言土也。説文作「辻」，從辵土聲。史記夏本紀述禹貢「雲夢土爲治」，漢書地理志引作「雲夢土作乂」。夏官職方疏引鄭尚書注：「其中有平土丘，水去，可爲作畎畝之治。」「其中」，即謂雲夢之中；「平土丘，水去，可爲治」，正用史記「土爲治」之説。……楚語「雲連徒洲」，韋昭注：「楚有雲夢，藪澤也。連，屬也。水中之可居曰洲，徒，其名也。」漢書地理志江夏郡有「雲杜縣」，「徒」、「土」、「杜」同聲。「白徒」即「白土」。　張佩綸云：王説是也。周禮大司徒：「辨十有二壤之物」，鄭注：「『壤』亦『土』也，變言耳。以萬物自生焉則言『土』，『土』猶吐也；以人所耕而樹蓺焉則言『壤』，壤，和緩之貌。」此言「白土」，下言「白壤」，變文。

〔一一〕張佩綸云：詩菁莪「在彼中陵」，毛傳：「中陵，陵中也。」　翔鳳案：「中陵」，陵中之高者。

〔一二〕丁士涵云：「青山」因青龍得名，依下文「庚泥」上脱「其下」二字。　王紹蘭云：説文：「青，東方色也。」淮南子地形訓：「青金八百歲生青龍，青龍入藏生青泉。」法言問神篇：「龍蟠于泥。」「庚泥」者，説文：「庚，萬物庚庚有實也。」其泥庚庚而實，故不可得泉。　孫詒讓云：「庚」當爲「唐」。上文云「黄唐無宜也」，注云：「唐，虚脆也。」此「唐泥」亦謂泥枯燥虚脆，故不可得泉也。注説非。顔昌嶢云：説文：「庚位西方，象秋時萬物庚庚有實也。」釋名釋天：「庚，堅强貌也。」然則「庚泥」謂堅實之泥，故不可得泉，不必改「庚」爲「唐」。「庚泥」下脱「其下」二字。翔鳳案：周禮職方氏「正東曰青州」，青山爲東方之山。「庚泥」以王、顔之説爲是。青泥乾則堅實也。

〔一三〕戴望云：宋本、朱本「清」作「青」。孫詒讓云：「埶」當爲「磝」，釋名釋山云：「山多小石曰『磝』。」張佩綸云：「赤壤埶山」，依上句例，當作「敖山赤壤」。爾雅釋山：「多小石磝。」釋名：「山多小石曰『磝』，磝，堯也，每石堯堯，獨處而出見也。」説文作「磝，山多小石也」。段玉裁曰：「魯有具敖二山，晉師在敖鄗之間，蓋皆以多小石得名。」「青」當作「𨸐」，説文阜部：「𨸐，𨸐商，小塊也。」翔鳳案：張説是，惟不必改爲「敖山赤壤」。

〔一四〕王紹蘭云：「陞」即「隧」之譌字，「隧」誤爲「陘」，「陘」又誤爲「陞」也。説文阜部：「隧，磊也。」石部：「磊，衆石也。」故下文云「其下駢石不可得泉」，因有隧山之稱矣。「駢」讀駢脅之駢。莊子駢拇篇「駢拇枝指」，釋文：「駢，廣雅云『竝』也，李頤云『併』也。」……隧山之下多石，其石兩兩幷連，故云「駢石」而「不可得泉」矣。唐蘭云：「陞」字字書所無，疑「陘」之譌。「巠」或書作「平」，誤作「坙」，又失上畫耳。上文「赤壤埶山」，孫詒讓讀「埶」爲磝，釋名「山多小石曰磝」爲證，甚是。此曰「陘山」，説文「陘，山絶坎也」，其義正合。翔鳳案：「陞」當本作「坐」，釋名：「坐，挫也，骨節挫詘也。」象挫詘之形，因其爲山，加阜成「陞」，不必改字。

〔一五〕王紹蘭云：「徙」，元本作「陡」，是也。説文無「陡」字，「陡」讀斗絶之斗，謂山勢斗然而起。漢書匈奴傳「匈奴有斗入漢地」，師古曰：「斗，絶也。」史記封禪書「成山斗入海」，索隱：「斗入海，謂斗絶曲入海也。」然則陡山形若成山矣。　張佩綸云：玉篇：「『陡』通作『阧』，峻也。」十九施及泉，山勢之陗陵可知。「成山斗入海」，論其地形，非論其山勢。王説似非。今以宋甲申本爲定，从「徒」爲是。下二十施之「土山」以類相从。「灰壤」之「灰」當作「炭」，説文「灰，死火餘㶳」，衆經音義引釋名作「炭亦㶳也」，是爲「灰」、「炭」傳寫易溷之證。趙岐孟子注「炭，墨也」，即水經注之「石炭」、「石墨」。山之下不應有灰，其爲石炭無疑。説文：「壤，柔土也。」禹貢疏引九章算法：「穿地穴爲壤。」穀梁傳范注：「齊、魯之間謂鑿地出土，鼠作穴出土皆曰壤。」穿土山至百三十三尺，蓋取石炭非取泉，故曰「其下炭壤不可得泉」。

翔鳳案：「徒」从辵从土，不从走，不能附會爲「陡」。廣雅釋詁四：「徒，袒也。」謂其上不生草木，袒露也。下有灰壤，爲白堊泥，介殼所化，非土也。

〔一六〕王紹蘭云：「高陵」純土無石，故曰「土山」。　張佩綸云：依上例，「泉下」挩「其下□□，不可得泉」二句。　翔鳳案：張説無據。

〔一七〕王紹蘭云：爾雅釋水：「沃泉縣出。縣出，下出也。」詩「洌彼下泉」，傳：「下泉，泉下流也。」疏引李巡曰：「水泉從上溜下出。」釋名：「縣出曰沃泉，水從上下，有所灌沃也。」此「縣泉」即謂「沃泉縣出」者。　何如璋云：爾雅釋水：「濫泉正出。正出，涌出也。沃泉懸出。

懸出，下出也。氿泉穴出。穴出，側出也。」又同出異歸曰肥泉，瀑布飛流曰立泉。五者乃天生之泉。此文自「縣泉」以下五者，則泉皆在山，伏於土中，以人力出之者，故必以草木爲驗而辨别其深淺。

夏緯瑛云：「縣泉」與崑崙之縣圃同例，當指高山之頂有泉處。此下五種山地，因其所言草木，可知其山之高度，蓋植物在山嶺地區，各有其垂直分佈也。「縣泉」海拔高度當在二千至三千公尺之間。「複嵔」與「泉英」在一千五百至二千公尺之間，「山之豺」在一千公尺左右，「山之側」在五百公尺以下。爲圖如下：

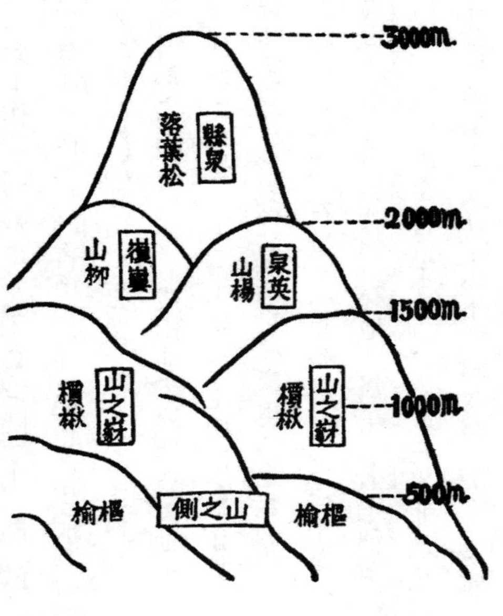

〔一八〕洪頤煊云：「走」非草名，疑「蓬」字之譌。　丁士涵云：「走」非草名，疑「莞」字誤。　俞樾云：「如茅」，疑即爾雅釋草所謂「茹藘、茅蒐」，非必二草也。　王紹蘭云：「如」即「茹」之省文。易泰初九「拔茅茹」，虞翻注：「茹，茅根。」神農本草：「茅根，一名茹根。」類聚卷八十二引易注：「茅，一名茹子。」是「茅」以根名，故得「茹茅」之稱矣。「走」蓋「疌」之壞字，「疌」即「萐」之省文。廣雅釋草：「烏萐，射干也。」……單偁之爲「萐」，省其文即爲「疌」耳。　張佩綸云：俞、丁説是也。莞，爾雅作「藿」，「走」乃「隹」之壞耳。　夏緯瑛云：「茹藘」、「茅蒐」乃一物之二名，即今茜草（Rubia CorbifoliaL.），生於平地或山麓，與此「如茅」當有别。「如茅」當爲禾木科植物，但不知爲何草耳。「走」殆即「蔖」，集韻謂「可苴履」，類今之烏拉草，殆莎草科高山植物。在海拔兩千公尺左右，山上森林邊際，常見禾本科或莎草科植物成片。「樠」，據説文爲「松心木」，从㒼聲之字多含赤義，則「樠」當即落葉松（Larix Gmelini var・Principis—Rupprechtii Pilger）。樹皮呈紅色，東北俗稱爲「紅松」。在兩千至三千公尺之高山上，常成純林。　翔鳳案：夏謂「走」即「蔖」，有理。爾雅釋草「蓾蔖」，郭注作「履苴草」。「蔖」本作「苴」，與祖同从且聲。履苴用以行走，而「蓾蔖」之合音爲「走」，音義均合，非偶然也。

〔一九〕王紹蘭云：上云「山之上命之曰縣泉」，下云「山之上命之曰泉英」，此「復呂」亦泉名也。　張佩綸云：淮南時則訓高注：「呂，旅也。萬物萌動于黄泉未能發見，所以旅旅。」玉篇：

「澓，復流也。」一説「吕」疑「回」之誤。文選七發「回翔青蔑」，注：「回，水復流也。」爾雅釋水「過辨回川」，郭注：「旋流。」説文：「淀，回泉也。」「復吕」當作「回復」。「吕」與「蓾」、「柳」爲韻，「復」亦韻。夏緯瑛云：「復吕」當即「複婁」。集韻：「複，山復也。」埤倉：「婁，山顛也。」「複婁」殆有重復層疊意。翔鳳案：説文：「吕，脊骨也。」篆文作「膂」。「吕」有山脊之義。復流於山脊之上，張説得其半，夏説非是。許維遹於「命」下加「之」字，拘泥，不可從。

〔二〇〕王紹蘭云：「魚腸」，竹類。初學記卷二十八引梁簡文脩竹賦「玉潤桃枝之麗，魚腸金母之名」。竹得稱草者，説文：「竹，冬生草也。」爾雅竹類皆列釋草。西山經「高山，其草多竹」，中山經「荆山，其草多竹；大堯之山，其草多竹；師每之山，其草多竹；夫夫之山，其草多竹」，皆其證也。説文：「蓾，水邊草也。」「柳，小楊也。」爾雅釋草「蓾，蔓于」，郭注：「多生水中，一名軒于。」釋木：「檉，河柳。旄，澤柳。楊，蒲柳。」夏緯瑛云：我國北部海拔一千五百至二千公尺之間，常有叢生灌木，其中多柳屬植物。翔鳳案：柳性耐寒，東北多楊柳，可以爲證。

〔二一〕張佩綸云：廣雅釋詁四：「英，美也。」白虎通封禪篇：「醴泉者，美泉也。」吕氏春秋本味篇：「伊尹曰：水之美者，高泉之山，其上有涌泉焉。」山海經中山經「高前之山，其上有水焉，甚寒而潛。帝臺之漿也」，郭注：「今河東解縣南檀道山上有水泉出停而不流，俗名爲盎漿，即此類也。」水經涑水注「鹽道山，翠柏蔭峯，清泉灌頂，郭景純云：世所謂盎漿也，發於上而潛于下矣。」」「英」與「泱」通。說文：「泱，滃也。」周禮「盎齊」，注：『盎』猶翁也，成而翁然蔥白色，如今酇白矣。」釋名：「盎，滃也，滃滃然濁色也。」「英」、「泱」、「盎」均央聲。「盎漿」即醴泉，此之「泉英」是也。　夏緯瑛云：「泉英」，當是英山之有泉者。爾雅釋山「再成英」，郭璞注：「兩山相重。」邢昺疏：「山形兩重者名英。」　翔鳳案：張説是。如夏説，則爲「英泉」而非「泉英」矣。

〔二二〕王紹蘭云：爾雅「薜，山蘄」，郭注：「廣雅曰：山蘄，當歸。當歸今似蘄而麤大。」「山蘄」一名薜，一名白蘄。葉似山鞠窮。七八月之間華，其色紫。名醫別録：「白昌，一名水宿，一名莖蒲。」陳藏器云：「一名昌陽，生水畔，人亦呼爲菖蒲，與石上菖蒲別，根大而臭。一名水菖蒲。」但本草經及吳普本草並云「菖蒲一名昌陽」，恐俱是大名，不分水石也。此云「山之上其草蘄白昌」，下云「其山之旁有彼黄䖟及彼白昌」，似生石上者亦名白昌也。　夏緯瑛云：我國北部山中，楊樹之最常見者有二：一爲小葉楊（Populus Cathayana Rehd.），生山溝中，又一爲山楊（Populus tremula var. Davibiana Schneid.）。此楊當是山楊，常成純林，生長於海拔一千五百至二千公尺之高處。

〔二三〕陳奂云：「山之材」當爲「山之側」，與下文「山之側」同。此兩言「山之側」，猶上文三言「山之上」也。　安井衡云：「材」讀爲齊，聲之誤也。齊，中也，謂半腹。　俞樾云：「材」字無義，疑「𠂹」字之誤，「𠂹」者，「垂」之古文，見說文我部。說文又曰「垂，遠邊也」，是「垂」有邊側之義。尹注訓「材」爲「旁」，正得其解，惜未得其字耳。張文虎云：陳君云「材」當爲「側」，是也。蓋「側」字壞文作「則」，譌爲「財」，三譌成「材」矣。「側」與「嗇」韻。王紹蘭云：「材」蓋「朴」之譌。玉篇「『朴』同『椒』」，則此謂山之椒也。楚辭離騷「馳椒丘且焉止息」，王逸注：「土高四墮曰椒。」漢書外戚傳「釋輿馬於山椒兮」，孟康曰：「山椒，山陵也。」廣雅釋丘：「四隤曰陵。」是孟康解「椒」爲「陵」，與「四墮曰椒」之義正合。然則「山之椒」，謂山四下隤阤處。文選月賦「菊散芳於山椒」，李善以「山椒」爲「山頂」，失之。張佩綸云：舊注「『材』猶旁也」，「材」無旁訓，乃「枝」之誤。莊子人間世「其可以爲舟者旁數十」，崔注：「旁，枝也。」此言山之分支，與山側異。陳、王說均非是。夏緯瑛云：「山之材」當是「山之𧮰」。𧮰，集韻云：「山在平林也。」「山在平林」，當是山由高處降至山麓地帶。翔鳳案：說文：「材，木挺也。」「挺」音同頂。「材」俗作「纔」，同「巉」。廣雅釋詁：「巉，高也。」高唐賦：「登巉巖而下望兮。」說文作「棧」，四川之棧道即在側矣。諸說俱非。

〔二四〕丁士涵云：「兢」疑「雚」字誤。「格木」未聞，或「拓」字誤。張文虎云：「兢」疑「苑」之譌。俞樾云：木無名「格」者，格乃「椵」之借字。爾雅釋木「櫠椵」，郭注以爲柚屬。說文木部「椵，木可作牀几」，徐鍇繫傳以爲梓屬。二者未詳孰是。此文以「格」爲「椵」，猶儀禮古文以「格」爲「嘏」，蓋古音相近，故得通用。王紹蘭云：「兢」蓋「蔙」之譌。說文：

「蘞，白蘞也。」篆文作「蘞」，今壞僅存「[illegible]」形，因誤爲「兢」矣。唐風葛生篇「蘞蔓于野」，疏引陸機疏云：「蘞似栝樓，葉盛而細，其子正黑，此燕薁，不可食。幽州人謂之烏服，其莖葉煮以哺牛，除熱。」神農本草：「白歛，一名兔核，一名白草。」名醫別録：「一名白根，生衡山，二月八月采根暴乾。」然則白以根言，黑以子言。……爾雅「蘠，虞蓼」，郭注：「虞蓼，澤蓼。」良耜疏引某氏曰：「蘠，一名虞蓼。」孫炎曰：「虞蓼是澤之所生，故爲水草也。」「格」當爲「楁」字之壞也。説文：「楁，木也，从木咎聲，讀若皓。」「楁」即爾雅釋木之「狄臧槔」，釋文引舍人本「槔」作「皋」，古「皋」、「咎」通用。許讀「楁」若皓，皓從告聲，古「皋」、「告」亦通用，明「楁」即「槔」也。樊光本正作「楁」。六書故以「楁」爲「烏臼」，亦取「楁」、「臼」聲同耳。孫詒讓云：上文云：「斥埴宜大菽與麥，其草宜萯雚，其木宜杞，見是土也，命之曰再施，二七十四尺而至於泉。」此「山之材」亦再施而至於泉，深淺正與彼同。此草宜兢蘠，丁校以「兢」爲「雚」之誤，是也。「蘠」當爲「菩」，亦即「萯」也。月令孟夏「王瓜生」，鄭注云：「今月令王萯生。」吕氏春秋孟夏紀作「王菩生」。穆天子傳云「爰有雚葦莞茅萯」，郭注云：「萯，今『菩』字。」皆其證也。「格」疑亦「杞」之誤。張佩綸云：「兢」、「矜」通。詩雲漢釋文：「『兢』本作『矜』。」左僖廿二年、宣十六年「戰戰兢兢」，釋文：「本作『矜』。」是其證。廣雅釋草：「矜，禽也。」王氏疏證未詳。佩綸疑「矜」即「芩」，詩鹿鳴傳：「芩，草也。」説文同，引詩「食野之芩」爲證。王、丁兩説似未諦。「格」當爲「落」，史記酷吏傳「置伯格長」，注：「徐廣曰：一作『落』。」古村落字亦作「格」，是其證。爾雅「樓落」，郭注：「可以爲杯器素。」詩「無浸樓薪」，鄭箋：「樓，落，木名也。」陸機疏：「今椰榆也，其葉如榆，其皮堅韌，剥之長數尺，可爲絙索，又可爲甑帶，其材可爲杯器。」夏緯瑛云：「兢」殆「薟」字之誤，「薟」，據集韻爲「豨薟」。「薔」，當即爾雅釋草「薔蘼、虋冬」之省稱，即今之麥冬。二者均爲低山植物。俞讀「格」爲「椵」，是也。但非柚屬之櫠椵，而是櫝楸之櫝，説文「椵木可爲牀几」者是也。此乃闊葉樹之梓屬植物，生長於海拔一千公尺左右。翔鳳案：「兢」如張説。「格」如俞説。

〔二五〕王紹蘭云：爾雅釋草「葍，䔰」，郭注：「大葉白華，根如指，正白，可啖。」又「葍，藑茅」，郭注：「葍，華有赤者爲藑，藑、葍一種耳。亦猶『菱，苕華』，黄白異名。」小雅我行其野篇「言采其葍」，傳：「葍，惡菜也。」箋：「葍，䔰也，亦仲春生，可采也。」齊民要術十引陸機疏：「河東、關西謂之葍，幽沇謂之燕葍，一名爵弁，一名藑。根正白，著熱灰中温噉之。饑荒可蒸以禦飢。漢祭甘泉或用之。其華有兩種，一種莖葉細而香，一種莖赤有臭氣。」説文：「葍，䔰也。」「䔰，葍也。」「藑茅，葍也，一名舜。」「舜，草也，楚謂之葍，秦謂之藑。」「蔞」，爾雅「購蔏蔞」，郭注：「蔏蔞，蔞蒿也，生下田，初出可啖。江東用羹魚。」詩漢廣傳：「蔞，草中之翹翹然。」説文：「蔞，草也，可以烹魚。」

〔二六〕王引之云：「品榆」當爲「區榆」。「區」與「榆」同類，故並言之。字本作「蓲」，或作「樞」，又作「櫙」，並讀如謳歌之謳。爾雅釋木「櫙荎」，郭注：「今之刺榆。」唐風山有樞傳「樞，荎也」，釋文：「竝烏侯反，本或作『蓲』。」爾雅疏引陸疏「其針刺如柘，其葉如榆，瀹爲茹，美滑於白榆」，是也。「區」字本有謳聲，故「蓲」通作「區」，今則脱「匚」字而爲「品」矣。夏緯英云：刺榆（Hemiptelea Davidii Planch.）乃灌木類，生於山麓或近山平地，華北多有之。

〔二七〕丁士涵云：此兩句與上文「鑿之二尺」，「鑿之三尺」，其數縣絶。「二七」、「三七」以施計，而不言二施、三施，與上文「墳延」以下之例又不同。必有脱文，無從是正。翔鳳案：此節所述，爲小坡、山及山頂。「墳」爲地之墳起者，即坡也。「陜」爲坡與相連處。再高爲陵，即大坡也。「杜陵」圓，「延陵」長形，「環陵」中凹。再大則爲山，「蔓山」長形，「附山」爲山上有山，「青山」爲赤石之山。「赤壤」「㔟山」則純赤矣。「陞山」部分挫出，「徒山」則祖露無草木。「高陵土山」，則大而且高矣。因爲陵形，故其上有泉，鑿石乃出，無脱文。

凡草土之道，各有穀造。謂此地生某草，宜某穀。造，成也。**或高或下，各有草土**〔一〕。**葉下於䕡**〔二〕，葉，亦草名。唯生葉無莖，在䕡之下。䕡，即鬱也，莊周所謂「鬱西」也。**䕡下於莧**〔三〕，**莧下於蒲，蒲下於葦，葦下於雚，雚下於蔞，蔞下於荓**〔四〕，**荓下於蕭，蕭下於薜，薜下於萑**〔五〕，**萑下於茅。凡彼草物，有十二衰**〔六〕，衰，謂草上下相重次也。**各有所歸。**謂短者生於高者之下。

〔一〕王紹蘭云：「穀」讀「穀則異室」之「穀」。王風大車篇傳：「穀，生。」爾雅釋言：「穀，生也。」

「造」讀「蓵雜」之「蓵」。説文：「蓵，草皃。」「草皃」之下本有「一曰蓵雜也」五字。今人言集，漢人多言雜。然則此文「穀造」，謂草木各有穀生之地，蓵雜之次。張佩綸云：周禮「土方氏以辨土宜土化之法而授任地者」，鄭注：「土宜，謂九穀植穉所適也；土化，地之輕重，糞種所宜用也。」草人「掌土化之法以物地，相其宜而爲之種」，鄭注：「土化之法，化之使美，若氾勝之術也，以物地占其形色爲之種，黄白宜以種禾之屬。」「草土之道」，即周禮土化之法。説文：「造，就也。」「草土」謂未耕之土，皆有道造就之，使宜穀也。「道」、「造」爲韻，「下」、「土」爲韻。姚永概云：「穀」當訓善。逸周書文傳篇「潤濕不穀，樹之竹葦莞蒲」，亦謂潤濕太甚，其木不善，但宜竹葦莞蒲也。「各有穀造」，言草之與土，各有善道造成之。章炳麟云：「穀造」者，謂衰次，即「或高或下」之謂也。「造」可借爲「次」，前于「鉤弦之造」下既明之矣。「穀」借爲「録」。古字「穀」、「禄」聲義相通。釋言「穀，禄也」，周禮天府司禄注「『禄』之言穀也」，淮南人閒訓「不穀親傷」，注「不穀，不禄也」，是其證。而「禄」、「録」聲義亦通。援神契云：「禄者，録也。」「穀」可通「禄」，則亦可借爲「録」。吳語「今大國越録」，解：「録，第也。」是「録次」謂第次，猶今言次第也。詩小戎傳：「粲，歷録也。」説文：「粲，車歷録束文也。」「次」亦取次第之義，而「彔」訓刻木彔彔，亦謂其文理相比次。皆可爲證。

翔鳳案：王説較勝，「草土」謂草與土宜。

〔二〕郝懿行云：中山經：「苦山有草焉，員葉而無莖，赤華而不實，名曰無條，服之不癭。」管子地員篇「葉下於蘾」，房注「葉，草名，唯生葉，無莖」，與此經合，即是物也。張佩綸云：爾雅「蒤，委葉」，郭注：「詩云以茠荼蓼。」王肅曰：「荼，陸穢。」説文無「蘾」字。原注：「『蘾』即『鬱』也，莊周所謂『鬱西』。」案：莊子至樂篇陸釋文引司馬注：「鬱栖，蟲名。」李譔注：「糞壤也。」無訓爲草者，僞房不根。集韻：「蘾，本作『鬱』，芳草也。」「芳草」，即周禮鬱人鄭注所謂「鬱金香草」，決非下土所生。説文：「鬱，叢木名。」詩「食鬱」，傳：「棣屬。」皆木類。惟説文草部：「菸，鬱也。」廣韻：「菸，臭草。」夏緯瑛云：「葉」生最低，當爲深水植物，殆即是荷。「蘾」當是「[illegible]」之省文，古「芰」字，今之「菱」。翔鳳案：「葉」從世得聲。荀子非相「接人則用抴」，「抴」、「接」同聲。是「葉」聲同「接」。説文：「萎，萎餘也。」關雎毛傳：「荇，接余也。」「葉」同「萎」，即水荇也。

〔三〕王念孫云：「莧」當爲「莞」。爾雅釋草「莞，苻蘺」，某氏曰：「本草云：白蒲一名苻蘺，楚謂之莞蒲。」小雅斯干篇「下莞上簟」，鄭箋曰：「莞，小蒲之席也。」釋文曰：「莞草叢生水中，莖圓，江南以爲席，形似小蒲而實非也。」莞似蒲而小，故曰「莞下於蒲」。若莧，則非其類矣。逸周書文傳篇曰：「潤濕不穀，樹之竹葦莞蒲。」穆天子傳曰：「爰有萑葦莞蒲。」此文云「莧下於蒲，蒲下於葦，葦下於雚」，則「莧」字明是「莞」字之譌。隸書「完」字或作「[illegible]」，形與「見」相似，故諸書中「莞」字多譌爲「莧」。（夬九五「莧陸夬夬」，虞注曰：「『莧』讀『夫子莧爾而笑』之『莧』。」「莧」即「莞」字之譌，故釋文云：「莧，一本作『莞』。」論語陽貨篇「夫子莞爾而笑」，釋文：「『莞』作『莧』。」楚辭漁父「漁父莞爾而笑」，「莞」一作「莧」。列子天瑞篇「老韭爲莞」，釋文：「『莞』一作『莧』。」文選辨亡論「莞然坐乘其敝」，李善本作「莧」。）翔鳳案：説文：「莞，艸也，可以作席。」朱駿聲謂「即今席子草也，叢生水中」，言正合。

〔四〕翔鳳案：説文：「荓，馬帚也。」桂氏義證：「李時珍同。此即蒿苹，謂其可爲馬刷，故名馬帚。」

〔五〕張文虎云：劉注：「『萑』音追，芫蔚草也，一作『蓷』。」案：「芫」乃「茺」之譌，詩「中谷有蓷」，釋文引韓詩云：「茺蔚也。」　張佩綸云：以本篇證之，四施之土草宜白茅與雚，三施之土草宜茅，再施之土草宜蕢雚，斯則下於茅者，乃雚而非萑。「葦下於雚」，誤以爲「雚」，淺人遂改此「雚」爲「萑」矣。今定「鬱」爲「蓷」，「萑」爲「雚」，「雚」爲「蘿」，庶幾折衷一是。　尹桐陽云：「萑」同「萑」，蓷也。舊注以爲「茺蔚」，則讀「萑」如蓷矣，其説誤。　夏緯瑛云：「茺蔚」，今之益母草（Leonurus SibiricusL.）。

〔六〕王紹蘭云：「衰」讀差等之差。左氏桓二年傳「皆有等衰」，杜注：「衰，殺也。」襄二十五年傳：「自是以衰。」淮南説山訓「上有三衰，下有九殺」，説林訓「大小之衰然」，高注：「衰，差也。」　夏緯瑛云：十二種植物，依其生地而言，各有等次。深水植物爲荷，其次爲菱，再次爲莞。又再次爲蒲，已是淺水植物。次於蒲者爲葦，水陸兩棲。次於葦者爲雚（小蘆葦），已生陸上。依次而蔞，而蕭，而荓（掃帚菜），而薜，而蓷（益母草），而茅，生地逐次乾旱。凡此所言，可視爲植物生態學。圖示如下：

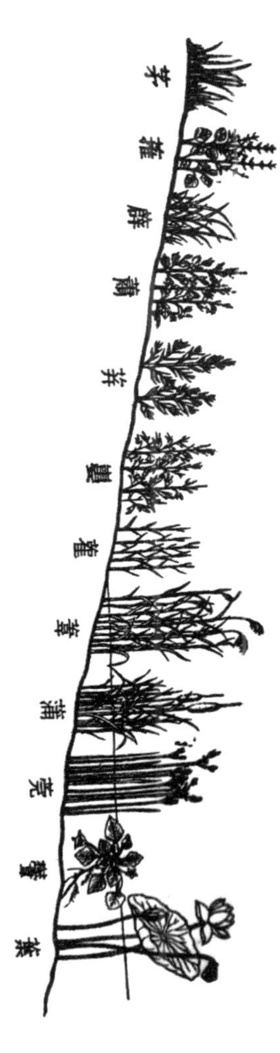

翔鳳案：夏氏所言，有科學精神，惟未知「葉」爲小荇耳。

九州之土，爲九十物。每州有常，而物有次。〔一〕

〔一〕王念孫云：「每州有常」，困學紀聞周禮類引作「每土有常」，是也。下文上土、中土、下土，各有三十物，故曰「每土有常，而物有次」，不當言「每州」也。此涉上文「九州」而誤。

羣土之長，是唯五粟。五粟之物，或赤，或青，或白，或黑，或黄。五粟五章〔一〕。五粟之狀，淖而不肕〔二〕，剛而不觳〔三〕，觳，薄。不濘車輪，濘，泥。不汙手足。其種大重、細重〔四〕、白莖、白秀，無不宜也。五粟之土，若在陵在山，在隫在衍〔五〕。其陰其陽〔六〕，盡宜桐柞，莫不秀長。其榆其柳，其檿其桑，其柘其櫟，其槐其楊，羣木蕃滋，數大條直以長。其澤則多魚。牧則宜牛羊。其地其樊〔七〕，俱宜竹箭，藻龜楢檀〔八〕，五臭生之。薜荔白芷，蘪蕪椒連〔九〕，五臭所校〔一〇〕。校，謂馨烈之氣。寡疾難老，士女皆好，其民工巧。其泉黄白，其人夷姤〔一一〕。夷，平也。姤，好也。言均善也。五粟之土，乾而不挌〔一二〕，挌，謂堅㮣也。湛而不澤〔一三〕，無高下，葆澤以處〔一四〕，言常潤也。是謂粟土。

〔一〕豬飼彥博云：下云「五沃五物，各有異則」，此疑作「五粟五物，各有异章」。王紹蘭云：「土」名「粟」者，説文：「㮚，嘉穀實也。孔子曰：『粟』之爲言續也。」此篇言土必以五者，洪範「五曰土」，「土爰稼穡」，是其義。張佩綸云：土宜五種，故即以「五粟」名之。書臯陶謨「五服五章」，左昭廿五年傳「五章以奉五色」，粟分五色，土亦五色也。翔鳳案：「唯五粟」獨好。豬飼説誤。

〔二〕劉績云：「肕」，如振切，堅也。張佩綸云：説文：「淖，泥也。」一切經音義十二引倉頡：「淖，深泥也。」廣雅釋詁一：「淖，溼也。」字林：「濡甚曰淖。」「肕」當作「𪏰」。説文：「䵒，黏也，春秋傳『不義不䵒』，或从刃作『𪏰』。」釋言：「𪏰，膠也。」淖易黏著，淖而不黏著，故能「不濘」、「不汙」。

〔三〕豬飼彥博云：「觳」、「埆」同，墝埆也。王紹蘭云：莊子天下篇「其道大觳」，郭注：「『觳』義與『埆』同。」張佩綸云：「觳」當作「㱿」，説文：「磬，确或从㱿。」任林圃云：此「剛」字與「淖」字對文，乃乾燥之意。齊民要術治墨法「寧剛不宜澤」，言擣墨時宜乾燥不宜濕潤也，以「剛」與「澤」對文，與此文義同。此言五粟之土，雖濕而有刧黏，雖燥而不轂瘠也。

〔四〕陳奐云：「重」，古「種」字。毛詩七月傳曰：「後孰曰重。」周禮内宰「穜稑之種」，釋文：「『種』本作『重』。」鄭司農曰：「先種後孰謂之『重』。」皆古文以「種」爲「重」之證。王紹蘭云：「種」當作「穜」，説文：「穜，埶也。」「重」，「種」之省，禾名也。説文：「種，先穜後孰也。」「詩曰黍稷種稑。」今詩省作「重」。張佩綸云：詩七月「黍稷重穋」，釋文：「説文禾邊作重是重穋之字，禾邊作童是穜藝之字，今人亂之已久。」「黍稷重穋」，七月、閟宮兩見。管子與毛詩故書合。呂氏春秋任地篇「種稑禾不爲稑，種重禾不爲重」，注云：「晚種早熟爲『稑』，早種晚熟爲『重』。詩云『黍稷重稑，稙穉菽麥』，此之謂也。」

〔五〕王紹蘭云：「隫」當爲「墳」，「墳」即「濆」之借字。説文水部：「濆，水厓也。」爾雅釋地：「墳莫大於河墳。」地官大司徒「墳衍」，鄭注：「水厓曰墳。」此皆借「墳」爲「濆」也。張佩綸云：周禮大司徒「辨其山林川澤邱陵墳衍原隰之名物」，鄭注：「積石曰山，大阜曰陵，水厓曰墳，下平曰衍。」「隫」當作「濆」，經典假「墳」爲之。

〔六〕王紹蘭云：説文：「陰，闇也，水之南，山之北也。」「陽，高明也。」爾雅釋山：「山西曰夕陽，山東曰朝陽。」穀梁僖二十八年傳：「水北爲陽，山南爲陽。」秋官柞氏賈疏引爾雅曰：「山南曰陽，山北曰陰。」邵氏爾雅正義云「蓋釋爾雅之舊說」，是也。

〔七〕張佩綸云：莊子則陽篇「鳥則休乎山樊」，釋文引李注：「傍也。」司馬注：「陰也。」淮南精神訓高注：「樊，崖也。」廣雅釋言：「樊，邊也。」

〔八〕安井衡云：古本「鼁」作「黽」。下文作「求黽」，注云：「竹類。」陳奐云：「俱宜竹箭，藻鼁楢檀」，以四字爲句。下文云「皆宜竹箭，求黽楢檀」，句正相同。「藻鼁」、「求黽」，皆誤字也。上一字皆「柔」字之誤。「藻」、「柔」形相近，「求」、「柔」聲相近，因而誤作「藻」，又誤作「求」。下一字乃「虌」字之誤，「虌」字減去上半之敝，遂誤作「黽」。「黽」隸變作「黾」，「鼁」隸變作「龟」，故又誤作「鼁」耳。爾雅、毛傳皆曰：「蕨，虌也。」「蕨」與「虌」一聲之轉。詩疏引舍人曰：「『蕨』一名『虌』。」齊民要術引陸機疏曰：「蕨，山菜也。」又曰：「周、秦曰蕨，齊、魯曰虌。」蓋虌、蕨同物。管子齊人，故呼「蕨」爲「虌」也。「楢」與「柔」文相對。山海經郭璞注曰：「楢，剛木，中車材。」詩鄭風傳曰：「檀，彊刃（古「忍」字）之木。」「彊忍之木」即剛木也。「柔虌，楢檀」，虌可食，故曰「柔虌」。檀中材，故曰「楢檀」。一爲草，一爲木也。尹注不能釐正，遂解下文之「求黽」謂「亦竹類」，連上「竹箭」爲句，其誤特甚。張文虎云：「求黽」、「藻鼁」皆有誤。爾雅釋木「『椋』即來」，說文同。郭注云「中車輞」，則亦堅木，與「楢檀」類。玉篇：「梾，椋也。」集韻：「梾，木名，古通作『來』。」疑「求」乃「來」字之譌，「藻」又「椋」字之譌也。「黽」、「鼁」二字，不知孰誤。王紹蘭云：「藻鼁」蓋即下文「求黽」之譌。「求」本作「茦」，「茦」誤爲「菓」，又誤爲「藻」。「黽」與「黿」，亦形近而訛也。（「求黽」説見後。）張佩綸云：王説非也。「藻」乃「櫙」之誤。爾雅：「櫙，荎。」「櫙」之誤「藻」，與上「櫙」之誤「品」正同。「黿」乃「穐」之壞。「穐」，「萩」省。左襄十八年傳：「伐雍内之萩。」史記貨殖傳：「河、濟之間，千樹楸，其人與千户侯等。」説文：「楸，梓也。」「檟，楸也。」陳奐以「藻黿」爲「柔鼈」，引毛傳「蕨，鼈也」爲證，謬甚。尹桐陽云：「黿」，「穐」之省文，萩也。「楢」，柔木也，工官以爲耎輪。翔鳳案：「黿」爲「楸」省，是也。左襄十八年傳「伐雍門之萩」作「萩」，則春秋時有楸矣。秋从𪚲省聲，其字不誤。「竹箭」與「藻楸」各爲一名。中山經「其祠，嬰用一藻玉」，注：「玉有五彩者也。」齊民要術謂「楸」有黄白二色，則「藻」謂其文也。中山經「崌山，其木多楢」，注：「剛木也。」中車材。尹説誤。

〔九〕張佩綸云：「薛荔」，離騷「貫薛荔之落蕊」，王逸注：「香草也。」廣雅：「白芷，其葉謂之藥。」爾雅釋草：「蘄茝，蘪蕪。」説文：「蘪，蘪蕪也。」「蘺，江蘺；蘪，蕪蘺。楚謂之『蘺』，晉謂之『虈』，齊謂之『茝』。」「茝，虈也。」「椒」，説文：「茮菉。」「連」，古「蘭」、「連」通。陳風澤陂篇「有蒲與蕳」，毛傳：「蕳，蘭也。」釋文：「韓詩作『蓮』。」鄭箋從韓。説文草部無「蕳」，其字作「葌」，解云：「草出吴林山。」衆經音義三引作説文：「葌，香草也。」中山經：「吴林之山，其中多葌草；洞庭之山，其草多葌、蘪蕪、芍藥、芎藭。」「蓮」，「蘭」借字。溱洧毛傳：「蕳，蘭也。」釋文：「韓詩：蕳，蓮也。」御覽引韓詩作「蕳，蘭也」。初學記引韓詩章句：「秉蘭，祓除不祥之故。」是借「蓮」爲「蘭」之證。爾雅「連異翹」，郭注引本草：「一名連草。」而今本草「一名蓮華」。王氏廣雅疏證、陳奂詩毛傳疏，説之甚詳。蓋「蓮」、「蘭」形聲並近也。

〔一〇〕豬飼彦博云：「校」疑當作「效」。王紹蘭云：「校」之言效也，曲禮鄭注：「效，猶呈也。」謂五臭之草，其香味所呈效，令人寡疾難老也。張佩綸云：「校」當爲「交」，淮南時則訓高注：「『交』讀如將校之校。」小爾雅廣言：「校，交也。」此言五臭交錯。翔鳳案：王説是。

〔一一〕豬飼彦博云：「垢」當作「垕」，古「厚」字。王紹蘭云：説文「夷，平也」，猶堯典「厥民夷」矣。女部無「姤」字，「姤」讀爲垕，「垕」即「厚」之古文。地理志謂「詩風曹國，其民猶有先王遺風，重厚多君子」，亦其比也。張佩綸云：易「姤」，虞作「遘」。「姤」、「逅」、「遘」、「媾」通。詩「不遂其媾」，傳：「媾，厚也。」衆經音義二十二引白虎通：「媾，厚也。」「媾」訓爲厚，不必改字。章炳麟云：尹注：「夷，平也；姤，好也。」此訓未的。「夷」者，釋言云：「悦也。」「姤」即「逅」。詩綢繆「見此邂逅」，傳：「邂逅，解説之貌。」此以「解」釋「邂」，以「説」釋「逅」。「説」即「悦」字也。然則「夷姤」皆謂悦，謂其人容顔悦暢也。翔鳳案：王、張説勝。

〔一二〕陳奂云：「挌」讀爲垎。禮記學記篇「發然後禁，則扞格而不勝」，注：「『格』讀如凍垎之垎。扞格，堅不可入之貌。」此「格」、「垎」通假之證。説文曰：「垎，水乾也。一曰堅也。」玉篇、廣韻皆曰：「垎，土乾也。」此「不垎」與「不澤」對文。下文曰「五沃之土，乾而不斥，湛而不澤」，「斥」與「坼」同，「不斥」猶「不垎」也。又下文曰「五㲋之狀，堅而不骼」，亦「垎」也。張佩綸云：舊注「格謂堅禦也」，疑尹注作「格，堅也」，淺人妄加「禦」字。「垎」當爲「垎」。説文：「垎，水乾也，一曰堅也。」釋名：「石，格也。堅，捍格也。」皆借「格」爲「垎」。翔鳳案：陳説較勝。

〔一三〕王紹蘭云：「湛」有滋潤之義。「澤」讀周頌載芟篇「其耕澤澤」之「澤」，鄭箋云：「土氣正達而和，耕之則澤澤然解散。」釋文：「『澤澤』音釋釋，爾雅作『郝』。」今案釋訓云「郝郝，耕也」，郭注云：「言土解。」「郝」、「澤」、「釋」三字音義同。然則此云「湛而不澤」，謂其土澤而不解散也。孫詒讓云：此土「葆澤以處」，則不當云「不澤」，且與「湛」義亦相近。「澤」當爲「釋」之借字。説文采部云：「釋，解也。」「湛而不澤」，言湛淫而不解釋也。下文「五沃之土」同。（史記孝武本紀「先振兵澤旅」，集解引徐廣云：「古『釋』字作『澤』。」是其證也。）

〔一四〕張文虎云：上句當作「無高無下」，「下」與「處」爲韻。王紹蘭云：「葆」即「保」之借字。月令「四鄙入保」，鄭注：「鄙，界上邑；小城曰保。」説文：「壔，保也。一曰高土也。」風俗通：「水草交厝，名之爲澤，澤者，言其潤澤萬物以阜民用也。」此云「葆澤以處」，蓋謂或築小域，或就高土，保守此水草交厝之澤以居處也。張佩綸云：詩傳：「保，安也。」吕覽盡數注：「葆，安也。」説文：「澤，光潤也。」言處此土既安且潤。王説「小城」既泥，「壔」一訓

「高土」，不能與「保」溷爲一解，尤誤。翔鳳案：王説是，即前文之立邑也。

粟土之次曰五沃。五沃之物，或赤，或青，或黄，或白，或黑。五沃五物，各有異則〔一〕。五沃之狀，剽忞橐土，蟲易全處。剽，堅也。忞，密也。橐土，謂其土多竅穴，若橐多竅，故蟲處之易全。忞剽不白，下乃以澤〔二〕。既堅密，故常潤濕而不乾白。此乃葆澤之地也。其種大苗、細苗，赨音形。莖、黑秀、箭長〔三〕。赨，即赤也。箭長，謂若箭竹之長也。五沃之土，若在丘在山，在陵在岡，若在陬。陵之陽〔四〕，其左其右，宜彼羣木，桐柞枎櫄〔五〕，及彼白梓，其梅其杏，其桃其李，其秀生莖起〔六〕。其棘其棠，其槐其楊，其榆其桑，其杞其枋，羣木數大，條直以長。其陰則生之楂藜〔七〕，其陽則安樹之五麻〔八〕。若高若下，不擇疇所。其麻大者如箭如葦，大長以美，其細者如雚如蒸，欲有與各〔九〕，大者不類〔一〇〕，欲有施與，則以麻之大而類也。小者則治，揣而藏之，若衆練絲〔一一〕。言細麻既治揣而藏，故若練絲。五臭疇生，疇，隴也。謂爲隴而種也。蓮與蘪蕪，藁本白芷〔一二〕。其澤則多魚，牧則宜牛羊。其泉白青，其人堅勁，寡有疥騷，終無痟酲〔一三〕。痟，首疾也。酲，酒病也。五沃之土，乾而不斥〔一四〕，斥，舄鹵。湛而不澤，無高下〔一五〕，葆澤以處，是謂沃土。

〔一〕王紹蘭云：説文：「則，等畫物也。」禹貢「咸則三壤成賦」，史記夏本紀集解引鄭注云：「三壤，上中下各三等也。」亦是以「等」釋「則」。此云「五沃五物各有異則」，明「五物」當差爲五等矣。

〔二〕王引之云：「蟲易全處」殊爲不詞。「易」當爲「豸」。「豸」與「易」篆文相似，故「豸」譌作「易」。爾雅曰：「有足謂之『蟲』，無足謂之『豸』。」漢書五行志：「蟲豸之類謂之『孽』。」孫詒讓云：「剽」即草人之「輕爂」。「怸」亦「息」之誤。（與上「悉徙」「悉」字同。「息」譌爲「悉」。「悉」從釆，與术形近，故又誤作「怸」。顏氏家訓書證篇云「史記作『悉』字，誤而爲『述』」，是其例也。）「橐土」，「橐」當讀爲蠹，以其蟲豸所生，故謂之「蠹土」。（「蠹」、「橐」古字通。蠹，說文䖵部：「蠹，從䖵橐聲。」周禮翦氏「掌除蠹物」，注云：「故書『蠹』爲『橐』，杜子春云『橐』當爲『蠹』」，是其證。）「澤」亦讀爲釋。注說並誤。張佩綸云：「易」或作「鳥」。釋名釋水：「洲，聚也，人及鳥物所聚息之處也。」釋邱：「澤中有邱曰都邱，言蟲鳥往所都聚也。」「全處」即都聚之謂。如王說，則「易」即「蜴」本字，不必改「豸」也。尹桐陽云：「易」，蜥易，在壁爲蝘蜓守宮也；在草爲蜥易榮蚖也。詩「胡爲蜥蜴」，說文引作「易」。翔鳳案：房注訓「剽」爲「堅」，「怸」爲「密」。然「蟲易全處」非堅土，「剽」當訓「輕」，與「票」爲火飛同義。說文無「怸」字，从术同「秫」，廣雅「秫，稬也」，義合。詳下文「五怸」。

〔三〕張文虎云：「赨」，尹注「音形」，「形」乃「彤」字之誤。鉉本說文「『赨』音徒冬切」，與「彤」同音。玉篇、廣韻、集韻並同。張佩綸云：說文：「赨，赤色也。」「箭長」，舊注「若箭竹之長」，謂稾稈也。稈，禾莖也，周禮稾人注：「箭幹謂之『稾』。」「箭」借禾稈長爲訓。此「稈」亦假箭爲稱，不必以竹箭喻也。翔鳳案：「秀」字斷句。

〔四〕翔鳳案：「若在陬」與「若在丘」同，「若」猶或也。「丘」、「山」、「陵」、「岡」、「陬」爲「五沃」。「陵」在陽，單就陵中言之。「陬」，阪隅也。然「陽」不與「岡」爲韻。

〔五〕張佩綸云：說文：「枎，扶疏四布也。」詩山有扶蘇傳：「扶蘇，扶胥小木也。」段氏詩小學：「此从釋文，無『小』字爲長。正義作『小木』，乃淺人用鄭説增字也。」説文注：「『枎』之言扶也，古書多作『扶疏』，同音假借也。上林賦『垂條扶疏』，劉向傳『梓樹上枝葉扶疏』，揚雄傳『枝葉扶疏』，吕覽『樹肥無使扶疏』，是則『扶疏』謂大木枝柯四布。『疏』通作『胥』，亦作『蘇』。」胡先生毛詩後箋曰：「佩觿引山有扶蘇與『扶持』別。是經字本亦作『扶』。埤雅引毛傳『扶蘇，扶胥木也』，是所見本尚無『小』字。惟傳既以『扶胥』爲木，似非僅柯條四布之謂。吕覽求人篇『東至榑木之地』，注云：『榑木，大木也。』『榑』亦作『扶』，淮南墬形訓：『扶木在暘州。』此『扶木』即搏桑，猶言大桑。管子地員『桐柞扶櫄』，『枎』自木名，緩言之曰扶蘇，急言之曰枎，『枎蘇』即『扶木』耳。」翔鳳案：説文：「叒，日初出東方湯谷所登榑桑，叒木也。」淮南天文訓作「扶桑」，是「扶」即「榑」。吕氏春秋求人篇「禹東至榑木之地」，五帝本紀作「蟠木」。漢書天文志：「晷長爲潦，短爲旱，奢爲扶。」鄭氏云：「『扶』當爲『蟠』，齊、魯之間聲如酺。」古無輕唇音，「扶」同「酺」，與「扶蘇」不相涉，張説誤。「櫄」即「杶」，材中車轅，見前。

〔六〕丁士涵云：「其」字，疑涉上下文而衍。王紹蘭云：此謂羣木華秀怒生，枝莖挺起也。

〔七〕安井衡云：古本「蔾」作「梨」。王紹蘭云：「樝」、「楂」古今字。説文：「樝，果似梨而酢。」「梨，果名。」是樝與梨爲二果也。内則言人君燕所加庶羞三十一物，楂二十八，梨二十九，鄭注：「謂楂爲梨之不藏者。」爾雅釋木「樝梨曰鑽之」，（内則亦有此文，「樝」借作「祖」。）郭注：「樝似梨而酢澀。」中山經「洞庭之山，其木多柤梨」，莊子天運篇「其猶柤梨」，御覽引韓子曰「夫樹楂梨橘柚者，食之則甘，臭之則香」，漢書司馬相如傳子虚賦有「樝梨」，張揖曰「樝似梨而甘」，與許、鄭説異。此皆「樝」、「梨」並稱也。翔鳳案：楂梨爲梨名，未接種，食之多渣。今尚有此名。

〔八〕王紹蘭云：「五麻」，一枲麻，二苴麻，三胡麻，四紵麻，五檾麻。陶鴻慶云：「則」字涉上而衍，「安」亦「則」也，見王氏引之經傳釋詞。下文「羣木安遂」，「羣藥安生」，「安」字並語辭。翔鳳案：山國軌「下安無怨咎」，内業「其外安崇」，管書以「安」爲「乃」。「則」爲衍文無證。

〔九〕王紹蘭云：「欲」當爲「各」，「各」當爲「名」，因下「名」字誤爲「各」，上「各」字又誤爲「欲」也。「與」猶以也，謂五麻及其種之細大各有以名也。尹注句解皆失之。戴望云：「各」、「名」疑皆「分」字之誤。謂細麻之中若萑若蒸，欲有人與之分別也。張佩綸云：「以」、「與」對文。祭義：「欲，婉順貌。」「有」，列子説符注：「『有』猶富也。」詩：「禾易長畝，終善且有。」「名」，釋名：「明也。」言細者既順且多，而又行列分明也。翔鳳案：「各」假爲「絡」，説文：「絡，麻未漚也。」段注：「陳風曰『東門之池，可以漚麻』，傳：『漚，柔也。』未漚者曰絡，猶生絲之未湅也。」與下「練絲」正合，可知古本改字之妄。廣雅釋詁三：「有，取也。」一字不誤。

〔一〇〕劉績云：「纇」當作「纇」，疵節也。言大麻疏美無疵節，小麻條理易治，故如練絲也。王念孫云：「纇」、「類」古字通。（昭十六年左傳「刑之頗類」，服虔讀「類」爲「纇」。二十八年「忿纇無期」，服本作「類」。老子「夷道若纇」，河上公本作「類」。）王紹蘭云：説文：「纇，絲節也。」「治」讀治絲之治。謂麻之大者既無節纇，其小者亦治而不分，故下云「若衆練絲」也。張佩綸云：劉説非也。廣雅釋詁：「似，類也。」釋言：「子，似也。」「不類」猶言不子。玉篇「無子曰苴，有子曰枲」，廣韻作「有子曰苴，無子曰枲」。王筠説文句讀曰：「艸部：『芓，麻母。一曰即枲，葩枲實也。』許君謂枲有子，廣韻宗此説。喪服傳『苴，麻之有蕡者也，牡麻者，枲麻也』，玉篇宗此説。元應調停其説曰：『枲，牡麻有子者也。』以牡鞠牡棒例之，有子不得曰牡。且毛傳『苴，麻子』，似儀禮是。」今以此篇證之，大者即牡麻，爲枲之牡者，無子。其細者或爲蕡，或爲芓，皆有子。足爲詩、禮、毛、許、篇、韻息爭矣。翔鳳案：王紹蘭説是也。

〔一一〕王紹蘭云：説文：「揣，一曰捶之。」「捶，以杖擊之也。」「練，湅繒也。」言漚麻者必捶之皆乾而後藏之，若湅繒之善也。齊民要術種麻篇引氾勝之書曰：「夏至後二十日，漚枲，枲和如絲。」　何如璋云：「枲」爲漂母之漂，言漂潎之。（張佩綸管子學引。）　張佩綸云：考工記㡛氏：「湅絲以涚水漚其絲，七日去地尺暴之，晝暴諸日，夜宿諸井，七日七夜，是謂水湅。」「枲」當作「終」（儀禮士喪禮「枲皆若是」，今文「枲」爲「終」。易雜卦傳「枲」，釋文：「荀作『終』。」）說文：「終，絿絲也。」「絿，急也。」「絿絲」當作「繆絲」，（从求之字往往作翏，如「璆琳」作「球琳」之類。）繆，枲之十絜也。此言藏枲如束湅絲耳。孟子「妻辟纑」，趙岐注：「練麻曰纑。」劉熙注：「練絲曰纑。」周禮考工記治絲枲並稱，是湅絲湅麻同法。

〔一三〕王紹蘭云：「五臭」僅言其四。據上文「五臭生之」，以「薜荔」、「白芷」、「蘪蕪」、「椒」、「連」爲五。此有「藁本」，無薜荔，無椒，是缺一草，蓋椒也。「連」即「蓮」之省文。「夫渠」之蓮，不得謂之香草。古「蕳」、「蓮」通用，陳風澤陂篇「有蒲與蕳」，毛傳：「蕳，蘭也。」（鄭風溱洧傳及御覽九百八十三引韓詩並同。）鄭箋：「『蕳』當作『蓮』。」溱洧釋文：「蕳，韓詩云：『蓮也。』」「蕳」可作「蓮」，明「蓮」可作「蕳」矣。說文艸部無「蕳」字，其字作「葌」，（鈕氏說文校録引左氏「大蒐於昌間」，公羊作「昌姦」，爲「葌」與「蕳」通之證。）解云：「艸出吳林山。」衆經音義三引說文並作「葌，香艸也」。（卷二、卷八、卷十二。）中山經：「吳林之山，其中多葌艸。」洞庭之山，其艸多葌、蘪蕪、芍藥、芎藭。」其叙次「葌」與「蘪蕪」諸香艸，正與此文叙次「蓮」與「蘪蕪」諸香艸略同，然則「連」即「蕳」、「葌」之借字矣。　張佩綸云：上言「五臭」，下止四草，

「與」字誤。 王紹蘭曰：「即椒也。」案「與」當爲「輿」。爾雅「藒車芞輿」，郭注：「藒車，香草，見離騷。」説文：「藒，芞輿也。」「芞，芞輿也。」「芞輿」但言「輿」，猶説文但言「芞」。上林賦「揭車衡蘭，藁本射干」，以「揭車」與「蘭」及「藁本」並稱，本此。 翔鳳案：張説是。

〔一三〕丁士涵云：「疥騷」即「疥瘙」也，古字假用。 王紹蘭云：説文：「癢，搔也。」「搔，刮也。」「刮，掊把也。」「騷」即「搔」之假借。周官疾醫「春時有痟首疾」，鄭注：「痟，酸削也；首疾，頭痛也。」説文：「痟，酸痟，頭痛。」「酲」，病酒也。小雅節南山篇「憂心如酲」，毛傳云：「病酒曰酲。」鄭箋：「今憂之，如病酒之酲矣。」 翔鳳案：説文：「疥，搔也。」李注登徒子好色賦則引作「瘙」。「騷」假爲「搔」，「瘙」爲後出字。

〔一四〕張佩綸云：禹貢鄭注：「斥謂地鹹鹵。」乾土易斥，「不斥」，所以爲沃土也。舊注：「斥，舄鹵。」陳奐曰：「『斥』與『坼』同，『不斥』猶不垎也。」似舊注義長。

〔一五〕張文虎云：「下」上當脱「無」字，上文云「若高若下，不擇疇所」，此云「無高無下，葆澤以處」，句法正同。 翔鳳案：「無高下」連下文爲句，與上同，無脱文。「無高無下」與「無高下」何以異乎？

沃土之次曰五位。五位之物，五色雜英〔一〕，各有異章。五位之狀，不塥不灰，塥，謂堅不相著。青怷以落音荅。及〔二〕。謂色青而細密，和落以相及也。其種大葦無，細葦無〔三〕，赨莖白秀。五位之土，若在岡在陵，在隫在衍，在丘在山，皆宜竹箭求黽求黽，亦竹類也。楢檀〔四〕。其山之淺，有蘢與斥〔五〕，蘢、斥，並古草名。羣木安逐〔六〕，條長數大〔七〕。安，和易。逐，競。長數，謂速長。其桑其松，其杞其茸〔八〕，茸，木名。種木胥容〔九〕，榆桃柳楝〔一〇〕。音煉。羣藥安生，薑與桔梗〔一一〕，小辛大蒙〔一二〕。大蒙，藥名。其山之梟〔一三〕，梟，猶顛也。多桔符榆〔一四〕。其山之末〔一五〕，有箭與苑〔一六〕。其山之旁，有彼黃蝱，及彼白昌〔一七〕。山藜葦芒〔一八〕，羣藥安聚，以圉民殃。其林其漉〔一九〕，其槐其楝，其柞其穀〔二〇〕，羣木安逐。鳥獸安施〔二一〕，施，謂有以爲生。既有麋麃，又且多鹿。其泉青黑，其人輕直，省事少食。言其性廉①，省事少食。無高下，葆澤以處，是謂位土。

〔一〕王紹蘭云：爾雅釋草：「木謂之華，草謂之榮，不榮而實者謂之秀，榮而不實者謂之英。」「華」、「榮」、「秀」、「英」，對文則異，散文則通。説文：「雜，五色相合。」「雜英」，謂草木英華五采相雜也。　張佩綸云：「位」無義，當作「湴」。廣韻鑑部：「埿，深泥也。湴，同上。」説文：「垽，澱也。」「澱，滓垽也。」「淤，澱滓濁泥。」「滓，濁也。」「黰謂之垽。」夢溪筆談：字書「湴」亦作「埿」。　翔鳳案：「位」無義，誠如張説，然釋爲「湴」亦不妥。非惟「湴」爲周時所無，而深泥亦不可以種植。下文屢言不若三土十分之幾，「三土」即指「五粟」、「五沃」、「五

①「廉」字原作「麋」，據補注改。

位」而言。「五位」乃上等土壤，決非深泥之湓也。「五粟」第一。說文引孔子：「『粟』之爲言續也。」「五粟」謂其可以繼續種植，比爰田爲佳。次爲「五沃」。說文：「茯，溉灌也。」魯語「沃土之民不材」，注：「肥美也。」第三則爲位土。春秋時無「位」字，春秋經「公即位」爲「公即立」。侈靡「長與短而位齊」及心術上之「位赶」，皆本爲「立」字，是知「位」本作「立」矣。詩思文「立我烝民」，箋云：「『立』當作『粒』。」書益稷「烝民乃粒」，本當作「立」，謂其乃能立身也。說文：「粒，糂也。」「糂，粒也。以米和羹也。」古文作「糝」，通語作糝雜。釋名釋飲食：「糝，黏也，相黏䵑也。」說文：「黎，履黏也。」「黎」與「立」聲近。然則「五位」謂黏土，乃上土也。「五粟」之特點爲五章，五色分明。「五沃」之特點爲各有異則，五色特著。「五位」之特點爲五色雜英，各有異章。而「粒」之訓糂，即有糝雜之義。犁從黎聲，論語「犁牛之子騂且角」，皇疏：「雜文也。」是「位」、「立」、「粒」、「糂」、「黎」爲一聲之轉，謂其土之黏而物爲雜色也。是「位」非無義也。

〔二〕王引之云：尹說甚謬。「落」與「灰」爲韻，「及」字蓋衍文耳。下文云「五隱之狀，黑土黑落，青怵以肥，芬然若灰」，亦以「落」、「灰」爲韻。孫詒讓云：「忞」亦當爲「息」。翔鳳案：「忞」訓煩，見前。「落」，房謂同「苔」。廣雅釋詁：「及，連也。」「落及」，苔連之也。

〔三〕安井衡云：下文云「上土三十種十二物」，若無細葦，種只有十一，「無」字當衍。王紹蘭云：「葦」疑爲「韋」，「韋」，赤色也。「無」、「䕨」聲之轉，此文借「無」爲「䕨」。古「無」與「微」

通，「微」與「眉」通，「眉」與「虋」通。說文：「虋，赤苗也。」齊民要術粱秫篇引爾雅「虋，赤苗」，犍爲舍人曰：「是伯夷、叔齊所食首陽艸也。」是讀「虋」爲薇。說文：「薇，从艸微聲。」邶風式微篇「微君之故」，毛傳：「微，無也。」然則「大韋無，細韋無」，即大赤虋、細赤虋矣。

孫詒讓云：此篇凡言其種者皆穀名，不當有葦。疑「葦無」當作「茦亾」，「亾」即「芒」之省，謂亾穀也。周禮稻人云「澤草所生，種之芒種」，鄭司農注云：「芒種，稻麥也。」說文麥部云：「麥，芒穀。」又來部云：「周所受瑞麥來麰，一來二縫，象芒束之形。」爾雅釋草云「茦，刺茦，亾」，猶許云「芒束」也。或云當作「萊無」，即來麰也。「萊」、「來」字通，與「葦」形近。「麰」、「無」一聲之轉，亦通。安井衡讀「無細葦」爲句，次「無」字又屬下「秫莖白秀」爲句，乖繆殊甚。戴校從之，疏矣。尹桐陽云：「葦」，薇也。「無」，蕪也。「葦無」，謂薇之茂生者。說文「薇，菜也」，則今野豌豆也。禮用以芼羹。爾雅「虋，赤苗」，犍爲舍人曰：「是伯夷、叔齊所食首陽草也。」蓋以「薇」即「虋」而爲赤苗倆矣。「虋」，一本作「亹」，聲讀如娓。詩生民「維穈維芑」，傳：「穈，赤苗。」釋文：「『穈』音門，爾雅作『亹』，同。郭亡偉反。」「葦無」即亡偉，「亹」之合音字。說文「穈，稻紫莖不黏者，讀若靡」，即此。本草「蘼蕪，一名薇蕪」，則香草冒苗名者。翔鳳案：說文：「無，豐也。商書曰：『庶草繁無。』」有無之無爲從亡無聲，楷書無法寫出，遂至不別，而加艸爲蕪。諸人不知「無」之本義，而多臆說也。

〔四〕張文虎云：上文「五粟」之土云「俱宜竹箭藻龜楢檀」，文句相同，疑此文之「求黽」即彼文之

「藻龜」，而皆有誤。（説已見上。）　王紹蘭云：「求」即「莍」之省文，爾雅釋木「椒榝醜莍」，郭注：「莍，萸子，聚生成房貌，今江東亦呼莍。」説文：「莍，茮榝實，裹如裘者。」亦作「梂」，唐風椒聊疏引李巡云：「椒、茮、萸皆有梂，梂，實也。」是「梂」即椒榝之屬也。「黽」即「要」之譌字。説文「漳，清漳出沾山大要谷」，今本漢書地理志上黨郡沾下譌作「大黽谷」，是其明證。然則「黽」當爲「要」，謂要棗也。釋木「邊，要棗」，郭注：「子細腰，今謂之鹿盧棗。」邵氏正義：「要棗，一名邊。」是「要」爲棗也。　張佩綸云：「莍」，萸子。「梂」，櫟實。不得以莍、梂爲木名。惟陸機疏：「棫，今人名謂白梂。」然與「要棗」亦不相類。疑「求黽」與「藻龜」皆「檻菽」之壞。（説見上。）　翔鳳案：「楢檀」爲車材之用。「黽」即「筤」，篾也，爲捆車之用，證明於下：漢書五行志「黽勉」作「閔勉」。爾雅釋草：「簢，筡中。」雷浚説文外編：「説文竹部無『簢』字。筤，竹膚也。『筡中』即『竹膚』之義之引伸。段氏玉裁曰：『肉薄好大者謂之筡中，如析去青皮而薄也。』段氏『筤』字注云：『竹膚曰筤，亦曰筍，見禮器。俗作「筠」。已析可用者曰篾，禮記注作「簚」。』韻補：『黽，叶名云切，音篾。』」後漢桓帝時童謠云：「寒素清白濁如泥，高第良將怯如黽。」譚苑醍醐云：「『泥』音涅。『黽』音篾，或音密。論語『涅而不緇』，屈原傳作『泥而不滓』，索隱曰：『泥，音涅。』則桓帝童謠『黽』讀爲篾矣。」説文：「楢，柔木也。工官以爲耎輪。」郭璞中山經注：「楢，剛木，中車材。」論衡狀留篇：「檀材彊勁，車以爲軸。」荀子勸學：「揉以爲輪，其曲中鉤。」古無鐵箍，以篾箍之，是知「黽」

即「筂」即「篾」，爲梱車之用。「求」爲「裘」之古文，詩桑扈「萬福來求」，「求」訓聚。「莍」、「梂」皆從聚得義。段玉裁謂「莍」與「捄」皆謂萸子聚生成房，俗語謂緐多叢聚曰一捄。「求黽」即叢聚之筂，「竹箭」、「求黽」、「㭰」、「檀」同爲車用。字統：「箭者竹之别形，大身小葉曰竹，小身大葉曰箭。」明乎上述諸義，則管子可貫通矣。

〔五〕丁士涵云：「斥」，「斤」字之誤。「斤」，「芹」省。「蘢」與「芹」，一水菜，一水草。俞樾云：尹注曰「蘢、斥，並古草名」，此「古」字殊爲無義，疑正文本作「有蘢古與斥」，注文本作「『蘢古』與『斥』並草名」，傳寫奪誤耳。爾雅釋草「紅，蘢古」，即此草也。王紹蘭云：禹貢「敷淺原」，説文：「原，水泉本也，從灥在厂下。」「山之淺」，謂泉出山下水原淺處，故「蘢」、「斤」皆水草。説文：「蘢，天蘥也。」亦省作「龍」。鄭風山有扶蘇篇「隰有游龍」，毛傳：「龍，紅草也。」鄭箋：「紅草放縱枝葉於隰中。」疏引陸機疏云「一名馬蓼，葉大而赤白色，生水澤中，高丈餘」，是也。亦名「蘢古」。釋草云：「紅，蘢古，其大者蘬。」舍人注：「『紅』名龍古，其大者名蘬。」（鄭風疏。）郭注：「俗呼紅草爲龍鼓，語轉耳。」「斤」即「芹」之省文。花齋本正文及注皆作「斤」，是也。各本作「斥」。張佩綸云：説文：「淺，不深也。」「蘢斥」，舊注：「蘢古、斥，並草名。」詩「隰有游龍」，毛傳：「龍，紅草也。」爾雅「紅，蘢古，其大者蘬」，郭注：「俗呼紅草爲『龍鼓』，語轉耳。」邵氏正義以管子之「蘢」即爾雅「蘢，天蘥」。下文「紅，蘢古，其大者蘬」，廣、名、郝氏説同。淮南地形訓「海閭生蘢屈」，高誘注：「屈蘢，游龍，鴻也。」

「斥」即「鴳」。莊子至樂篇「生於陵屯，則爲陵舄」，釋文引司馬注曰：「言物同水成而陸産，生於陵屯，化作車前，改名陵舄，一名澤舄，隨燥溼變也。」爾雅「蕍，舄」，郭注：「今澤瀉。」「芣苢，馬舄，馬舄，車前」，郭注：「今車前草。」毛傳同爾雅。説文：「芣苢一名馬舄，其實如李，令人宜子，周書所説。」詩釋文引韓詩「直曰車前，瞿曰芣苢」，文選注引韓詩章句：「芣苢，澤瀉也。」是以馬舄、澤瀉爲一，薛君之説而司馬氏衍之，非是。此舄生山淺處，乃馬舄，非澤瀉。俗本作「斤」，王氏、丁氏從之作「芹」，不知「斥」、「大」爲韻，「斤」則失其韻矣。

翔鳳案：非韻文，王、張説是。

〔六〕王念孫云：「安」，於是也。爾雅曰：「逐，彊也。」言羣木於是彊盛也。下文「羣藥安生」、「羣藥安聚」、「羣木安逐」、「鳥獸安施」，義並同也。説見幼官篇。翔鳳案：「逐」有競彊之義。

〔七〕孫星衍云：爾雅翼引「大」作「丈」。翔鳳案：「數」讀入聲。「丈」字乃以意改，非是。

〔八〕王紹蘭云：「茸」即「樅」之借字。史記司馬相如列傳「攢羅列聚，叢以蘢茸兮」，淮南子俶真訓「繽紛蘢蓯」，又云「譬若周雲之蘢蓯」，「蘢蓯」即「蘢茸」，是其證也。爾雅釋木：「樅，松葉柏身。」説文同。劉逵注蜀都賦、蘇林注漢書，以樅爲「柏葉松身」，非是。師古曰：「檜木乃柏葉松身耳。」張佩綸云：廣韻：「楫，木名，似檀。」

〔九〕丁士涵云：「種」，「橦」字之誤。「胥容」即「楈榕」之省。「橦」、「楈」、「榕」，凡三種木。張佩綸云：丁説是也。左思蜀都賦「布有橦華」，張揖云：「橦華柔脆，可績爲布。」廣韻：「橦，木名，花可爲布。」説文：「楈，木也，似栟櫚，皮可爲索。」司馬上林賦「留落胥邪」，史記作「胥餘」，郭注同説文。張衡南都賦作「楈枒」。「榕」，玉篇：「木名。」嵇含草木狀：「榕，葉如木麻，其蔭十畝。」王紹蘭説「胥容」同，惟不解「種木」爲異。翔鳳案：以「橦」、「楈」、「榕」爲三種木，不能夾一「木」字。説文：「種，先穜後孰也。」此用其本義，用秧苗耳。

〔一〇〕王紹蘭云：淮南時則訓「七月其樹楝」，高誘注：「楝實鳳皇所食，『楝』讀練染之練。」「楝」亦作「欄」，考工記「㡃氏湅帛以欄爲灰」，鄭注：「以欄木之灰，漸釋其帛也。」説文云：「欒木似欄，從木䜌聲。禮：天子樹松，諸侯柏，大夫欒，士楊。」木部無「欄」，蓋即以「欄」代「楝」，取其聲相近。欒木似楝，蓋亦楝屬。

〔一一〕王紹蘭云：「羣藥」猶言百藥。説文：「藥，治病草。」月令：「孟夏之月，聚畜百藥。」「薑」即「薑」之今字，説文：「薑，禦溼之菜也。」「桔，桔梗，藥名。」廣雅釋草：「犂如，桔梗也。」齊策：「今求柴胡桔梗於沮澤，則累世不得一焉。及之睪黍梁父之陰，則郄車而載耳。」莊子徐无鬼篇：「藥也其實堇也，桔梗也，雞廱也，豕零也，是時爲帝者也。」陶鴻慶云：「生」蓋「丰」字之誤。「丰」，盛也。與「松」、「茸」、「容」、「蒙」爲韻。篆文「丰」作「𡴀」，與「生」相似而誤。翔鳳案：陶説非是。

〔一二〕王紹蘭云：中山經「浮戲之山，其東有谷，因名曰虵谷，上多少辛」，郭注：「細辛也。」「虵山，其草多少辛。」御覽卷九百八十九引本草經：「細辛，一名小辛。」「大蒙」，爾雅釋草「蒙，王女」，郭注：「『蒙』即唐也，女蘿別名。」説文：「蒙，王女也。」「王」之言大也，故「蒙」又名「唐蒙」。詩「爰采唐矣」，毛傳：「唐蒙，菜名。」孔疏：「釋草『唐蒙、女蘿，女蘿、菟絲』，舍人曰：『唐蒙，一名女蘿；女蘿，又名菟絲。』孫炎曰『別三名』，郭璞曰『別四名』，則『唐』與『蒙』或幷或別，故三、四異也。以經直言『唐』，而傳言『唐蒙』也。頍弁傳曰『女蘿、菟絲，松蘿也』，則又名『松蘿』矣。釋草又云『蒙，王女』，孫炎曰：『蒙，唐也，一名菟絲，一名王女。』則通『松蘿』、『王女』爲六名。」按毛傳以「唐蒙」連讀，非訓「唐」爲「蒙」也。單稱「唐」，亦可單稱「蒙」，連稱則曰「唐蒙」。是以舍人、孫炎均不分「唐蒙」爲二。疏引「蒙，王女」，孫炎注又云「蒙，唐也」，與前注互異，殆今本誤倒其文耳。説文：「唐，大言也。」是「唐」有大義，則「唐蒙」即「大蒙」。

〔一三〕豬飼彥博云：「梟」當作「皋」，與「榆」協韻。爾雅「大陸曰皋」，謂山麓也。陳奐云：「梟」當爲「県」字之誤。説文曰：「県，到首也，賈侍中説，此斷首到県字。」段注曰：「廣韻引漢書『県首葅其骨』，今刑法作『梟』。」此「県」作「梟」，其誤正同。到首謂之「県」，故山顛亦謂之「県」。後人少見「県」，多見「梟」，遂改「県」爲「梟」矣。王紹蘭云：説文：「梟，不孝鳥也。」日至，捕梟磔之。从鳥頭在木上，故尹解「梟」爲「顛」矣。何如璋云：「梟」當爲「窵」，説文：「窵，窅深處也。」「山之窵」，乃山深處，對「山之淺」而言。張佩綸云：原

注：「『梟』猶顛也。」偏考字書，無訓「梟」爲「顛」者。文選永明九年策秀才文注：「『澆』與『澩』同。」頭陀寺碑文注：「『澩』爲『澆』，音義同。」荀子非十二子篇楊注：「『梟』與『澆』同。」疑「梟」即「堯」之借。白虎通：「『堯』猶嶢嶢也，至高之貌。」説文：「堯，高也。」「嶢，焦嶢，山高貌。」陳説引伸段注，實不可通。　翔鳳案：張説是。

〔一四〕王紹蘭云：説文「桔，直木也」，非木名。御覽引吳普曰：「桔梗，一名梗草。」名醫（別録）亦云。既可單稱「梗」，明亦可單稱「桔」矣。「符」者，唐本草：「水楊，一名蒲柳，一名萑符。」蘇頌曰：「爾雅『楊，蒲柳也』，左傳所謂『董澤之蒲』，又謂之萑符。」蒲柳，左氏單稱「蒲」，明「萑符」亦可單稱「符」，則「符」即蒲柳。　張佩綸云：「符」當作「苻」。釋草「苻，鬼目」，郭注：「今江東有鬼目草，莖似葛，葉員而毛，子如耳璫也，赤色叢生。」本草：「白英，一名穀菜。」別録：「一名白草。」唐本注：「鬼目，菜也。」「楡」，本草：「地楡，其葉似楡而長，初生布地，故名。」　翔鳳案：隸書艸、竹不分，張釋「符」爲「苻」，是也。

〔一五〕張佩綸云：淮南墬形訓「其人面末僂脩頸」，注：「『末』猶脊也。」左昭元年傳「風淫末疾」，杜注：「末，四支。」賈逵以「末疾」爲「首疾，風眩也」。案：説文「本上曰末」，則「末」當爲山之首脊，非山支也。　翔鳳案：張説是。

〔一六〕王念孫云：「箭」當爲「葥」。爾雅釋草曰「葥，王篲」，郭注：「王帚也，似藜，其樹可以爲埽篲，江東呼之曰落帚。」説文作「湔」，義同。爾雅又曰「葥，山莓」，郭注：「今之木莓也，實似藨莓而大，亦可食。」説文作「葬」，義同。草之名「莿」者有二，則未知此所謂「莿」者，爲王篲與？爲山莓與？惟與「苑」竝言之，則亦是草名，而非竹箭之箭，故知「箭」爲「莿」之譌也。「苑」與「菀」通，急就篇曰「牡蒙甘草菀藜蘆」，顔師古注：「菀，謂紫菀、女菀之屬。」張佩綸云：案郝氏爾雅義疏以「莿」爲山莓，蓋「王篲」説文作「湔」，「山莓」則爾雅與説文均作「莿」耳。

〔一七〕王紹蘭云：「䖟」，「蝱」省。詩載馳篇「言采其蝱」，傳：「蝱，貝母也。」正義引陸疏：「蝱，今藥草貝母也。其葉如栝樓而細小，其子在根下，如芋子，正白，四方連累相著有分解也。」爾雅釋草「莔，貝母」，郭注：「根如小貝，員而白華，葉似韭。」神農本草：「貝母味辛平，一名空草。」名醫別録：「一曰藥實，一名若花，一名苦菜，一名商草（「商」即莔之譌），一名勤母，生晉地。十月采根曝乾。」圖經：「貝母子，黄白色，如聚貝子，二月生，黄莖細。」廣雅謂之「貝父」。

〔一八〕王紹蘭云：詩「北山有萊」，齊民要術引陸疏曰：「萊，藜也，莖葉皆似菉王芻，今兖州人蒸以爲茹，謂之萊蒸。」「藜」、「萊」聲近。爾雅：「釐，蔓華。」説文：「萊，蔓華也。」「萊」正字，「釐」借字，「蔾」則今字。經典亦有作「藜」者，「孔子藜羹不糝」，「曾子蒸藜不孰」。詩人以爲北山有之，故謂之「山藜」矣。張佩綸云：説文：「藜，草也。」釋名：「土青曰黎，似藜草色也。」藜似藋，爾雅「拜，蔏藋」，郭注：「蔏藋亦似藜。」「竹，萹蓄」，郭注：「似小藜，赤莖節。」

廣雅「莘，藜也」，王氏疏證：「藜，藋之赤者也。」史記太史公自序正義：「藜似藋而表赤。」陳藏器本草：「藜心赤莖，大堪爲杖，入藥不如白藋。」史記留侯世家正義引孔文祥：「黄石公杖丹藜，履赤舃。」別一種名萊。「葦芒」，爾雅釋草：「芒，杜榮。」説文同。釋文：「『莣』亦作『芒』。」郭注：「今芒草似茅，可以爲繩索履屬也。」華嚴經音義上：「芒草，一名杜榮，西域既自有之，江東亦多此類。其形似荻，皮重若筍，體質柔弱，不堪勁用。」陳藏器曰：「芒，六七月生，穗如荻。」以其似荻，同得「葦芒」之名矣。

〔一九〕豬飼彦博云：當作「其棘其梀」。張文虎云：易屯六三「即鹿無虞」，釋文引王肅作「麓」，云：「山足。」「鹿」蓋「麓」之借字。疑此文本作「鹿」，誤增水旁。王紹蘭云：「漉」當爲「麓」，形聲之誤。穀梁僖十有四年傳：「林屬於山爲鹿。」周禮地官序官鄭注：「竹木生平地曰林，山足曰麓。」

〔二〇〕王紹蘭云：小雅鶴鳴篇「爰有樹檀，其下惟穀」，毛傳：「穀，惡木也。」正義引陸機疏云：「幽州人謂之穀桑，荆、揚人謂之穀，中州人謂之楮，殷中宗時桑穀並生是也。今江南人績其皮以爲布，又擣以爲紙，謂之穀皮紙，絜白光煇，其裏甚好。其葉初生可以爲茹。」説文：「穀，楮也。」何如璋云：「穀」，木名。説文：「楮也。」詩小雅「爰有樹檀，其下維穀」，陸機詩疏：「幽州人謂之穀桑，或曰楮桑，荆、揚、交、廣謂之穀，中州人謂之楮。江南人績其皮以爲布，又擣以爲紙。」爾雅翼「葉無瓣曰構」，埤雅「皮白者穀，皮斑者楮」，蓋一木三名。類篇：

「『轂』又音構。」

〔二〕王紹蘭云：「施」當爲「族」，形之誤也。此文「漉」、「轂」、「族」、「鹿」爲韻，若作「施」則失其韻。吴都賦「宗生高岡，族茂幽阜」，劉逵注「族，言族類繁多也」，是其義。　翔鳳案：「族」字義生。「施」訓施展。荀子臣道「爪牙之士施」，注：「謂展其材也。」禽獸有爪牙，義正合，不必附會韻文矣。

位土之次曰五蘟〔一〕。五蘟之狀，黑土黑菭，菭，地衣也。青怵以肥，芬然若灰〔二〕。芬①然，壤起貌。其種櫑葛〔三〕，秫莖黃秀；恚目〔四〕，恚目，謂殼實怒開也。其葉若苑〔五〕。苑，謂蘊結。以蓄殖果木〔六〕，不若三土三土，謂五粟、五沃、五位。以十分之二，言於三土十分，已不如其二分。餘放此。是謂蘟土。

〔一〕王紹蘭云：説文無「蘟」字，「蘟」當爲「隱」。淮南子墬形訓「東北薄州曰隱土」，高誘注：「氣所隱藏，故曰隱土也。」下文云「是謂蘟土」，蓋即墬形訓所本。然則淮南所見管子故書作「隱」矣。　何如璋云：「蘟」當爲「隱」，涉下而誤。「隱」，盛也；又幽伏也。列子湯問篇：「投諸渤海之尾，隱土之北。」淮南墬形：「東北薄州曰隱土。」後漢書張衡傳注：「東北咸州曰隱土。」隱土亦饒肥，但青黑一色。　翔鳳案：「蘟」爲隸書別體，悉土多心，蘟土多

① 「芬」字原作「芥」，據補注改。

艸，一也。

〔二〕安井衡云：「怵」、「悉」同。 汪繼培云：案此即禹貢所謂「黑墳」，馬融注：「墳，有膏肥也。」周禮艸人「勃壤用狐」，鄭康成注：「勃壤粉解者。」此云「芬然若灰」，亦與「粉解」相似。 孫詒讓云：「怵」亦「息」之誤，此蓋變「悉」爲「㥶」，又譌作「怵」也。「肥」，當從丁校爲「脃」。「芬」，「粉」之假字。周禮草人先鄭注云：「勃壤粉解者。」 張佩綸云：「芬」當爲「坋」，説文：「坋，塵也。」「灰，死火餘㶳也。」「㶳，灰㶳煤也。」素問：「黑如㶳者死。」「若灰」，狀土質兼狀土色。

〔三〕王紹蘭云：豆屬也。爾雅釋木「欇，虎櫐」，郭注：「今虎豆，纏蔓樹林而生，莢有毛刺。今江東呼爲欄欇。」中山經「卑山其上多櫐」，郭注：「今虎豆、貍豆之屬是也。」以其蔓延似葛，故名「櫑葛」，以其豆屬，故管子列爲九穀之種，而爾雅亦别於山櫐也。 張佩綸云：王説謬矣。虎櫐乃藤而非豆屬，古今注「虎豆似貍豆而大」，大觀本草「江東呼爲招豆藤」。爾雅穀附於草，豈有列於釋木者！「櫑葛」當作「䆀葛」。廣韻：「秳䆀，稻名。」説文：「𥢶，禾舉出苗也。」玉篇：「𥢶，長禾也。」曷部：「禾長也。」辥部：「長禾。」𥢶本狀禾長之貌，因而長禾即名之曰「𥢶」。

〔四〕王紹蘭云：「黄秀」，謂其吐華黄色。「恚目」，尹注云：「謂穀實怒開也。」按此即莊子所云「怒生」，如人怒目而視，其氣盛也。 張佩綸云：「恚目」，舊注「穀實怒開」，如人怒目而視，禾長則粒亦大矣。呂氏春秋審時篇：「得時之禾長稠長穗，大本而莖殺，疏機而穗大，其粟圓而薄糠，其米多沃而食之彊。」「恚目」正粟圓之狀也。許維遹云：「恚目」當作「以慈」，「恚」與「慈」形近而誤。「以」本作「㠯」，因「慈」誤爲「恚」，後人遂改「㠯」爲「目」而倒其文，以就其義耳。「秫莖黄秀以慈」，下文兩見，是其明證。「慈」者，猶言豐滿也。今齊東俗語，凡稱穀實豐滿者謂之「慈成」。任林圃云：許改非是。當以「恚目，其葉若宛」爲句。「恚目」，即爾雅釋草之「鬼目」，郭注所謂「今江東有鬼目草，莖似葛，葉員而毛，子如耳璫也，赤色叢生」。「宛」謂女宛紫宛之屬。「秫莖黄秀」，指櫑葛而言。「恚目其葉若宛」，言鬼目之葉如宛耳。「鬼目」亦菜，見三國志吳志。翔鳳案：任説是。上文亦「秀」字斷句。

〔五〕劉績云：「苑」同「欝」。王念孫云：「苑」，即上文「有箭與苑」之「苑」。尹注非。

〔六〕丁士涵云：「以」字衍，下文言「蓄殖果木」，凡十三句，皆無「以」字。翔鳳案：文意謂以隱土蓄殖果木，不若五粟、五位、五沃三土，「以」字安可衍耶？丁説誤，下文亦有「以」字。

蘟土之次曰五壤。五壤之狀，芬然若澤若屯土〔一〕。言其土得澤，則墳起爲堆，故曰屯土也。其種大水腸，細水腸〔二〕，秫莖黄秀，以慈忍，水旱無不宜也。忍，耐。蓄殖果木，不若三①土以十分之二，是謂壤土。

① 「三」字原無，據補注增。

〔一〕汪繼培云：説文云：「壤，柔土也。」周禮「墳壤用麋」，康成注：「墳壤，潤解。」與此「紛然若澤」義相似。王紹蘭云：「若屯土」者，説文中部：「屯，難也，象艸木之初生，屯然而難。从中貫一，一，地也，尾曲。易曰：『屯，剛柔始交而難生。』」然則「屯」之字從中貫一，一即地，地即土壤。本柔土而云「屯土」，明柔土中亦有剛土，正合易「剛柔始交」之義。張佩綸云：「土」字衍文。「若屯」者，周禮鄉師「巡其前後之屯」，注：「故書『屯』或謂『臀』，鄭大夫讀『屯』爲課殿，杜子春讀爲在後曰殿。」據此知「屯」可假「臀」，則「澱」亦可借「屯」。「若屯」之「屯」當讀爲澱。五壤之土，若鐘水之澤，若淤泥之澱，是以肥濡和美。孫詒讓云：「澤」亦當讀爲釋。此篇「五薀」云「芬然若灰」，「五剽」云「華然如芬以脆」，竝解「釋」之義。李哲明云：「芬」讀爲弅，聲假字。莊子有「隱弅之丘」，集韻：「隱弅，丘高出貌。」與注「壤起」意合。下「芬然若澤」、「華然如芬以脤」，並同。「脤」即「脣」字，亦有軒起之意。

〔二〕王紹蘭云：「水腸」，稻屬，拾遺記：「樂浪之東，有清腸稻。」「腸」謂稻實，實在稻中，稻中謂之腸，猶苗中謂之心矣。（爾雅釋蟲：「食苗心螟。」）是蓋水稻之屬，故受水腸之稱，或曰清腸。張佩綸云：王説是也。稻非水不生，故以「水腸」名之。以腸狀稻穗，如吕覽審時篇之以「馬尾」狀稻穗也。

壤土之次曰五浮〔一〕。**五浮之狀，捍然如米**捍，堅貌。其土屑碎如米。**以葆澤**〔二〕，**不離不坼**〔三〕。**其種忍蘟，**忍蘟，草名。**忍葉如藿，葉以長狐茸**〔四〕，草之狀若狐也。**黄莖黑莖**

黑秀，其粟大，無不宜也。蓄殖果木，不如三土以十分之二。

〔一〕王紹蘭云：「浮」讀「烝之浮浮」之「浮」，毛傳：「浮浮，氣也。」爾雅作「烰」，釋訓：「烰烰，烝也。」樊光引詩作「烰」。孫炎曰：「烰烰，炊之氣。」郭璞曰：「氣出盛。」此「五浮」，亦謂土氣上出，浮浮然盛矣。　何如璋云：詩「釋之叟叟，烝之浮浮」，毛傳：「浮浮，氣也。」釋，淅米也。周語：「陽氣俱烝，土膏其動。」此土陽氣烝達，如米之淅而氣烝達也。　張佩綸云：王說非是，何說近之而未盡也。「浮」當作「浡」，「浡」即周禮「勃壤也」。說文邑部：「郣，一曰地之起曰郣。」漢志「郣海」，漢書武帝紀作「敎海」，楊雄傳作「勃」，「敎」、「勃」皆「郣」之假借。周禮作「勃」，此作「浡」，亦皆「郣」之借。　任林圃云：張佩綸說近之而有未盡。「浮」字當讀若勃，「勃」爲碎細之意，故花粉曰勃。齊民要術種麻「穗勃，勃如灰」，「既放勃，拔去雄」，皆言花粉也。又齊民要術言和麪時所布之乾麪亦曰勃，今山東方言猶然，「勃」字讀如布。今山東方言呼土之極細碎者亦曰「布土」，蓋即浮土也。　翔鳳案：釋名釋言語：「浮，孚也，孚甲在上稱也。」如孚甲之稱而在上，與「捍然如米」合，諸説俱非。

〔二〕丁士涵云：「葆」字衍。「澤」讀潤澤之澤。言如米之中堅而外潤，是以「不離不坼」也。下文「芬焉若糠以脆」，「華然如芬以脤」，是其句例。　張佩綸云：丁說「『葆』字衍」，是也。「澤」、「釋」通。詩載芟「其耕澤澤」，箋：「土氣烝達而和，耕之則澤澤然解散。」詩正義作「釋釋」，引爾雅釋訓「釋釋，耕也」，舍人曰：「『釋釋』猶藿藿，解散之意。」今本爾雅作「郝郝」。

舊注：「捍，堅貌。其土屑碎如米。」「屑碎」正訓「釋」字，亦與「勃壤粉解」義合。「勃」，地之起者，自有烝達意。任林圃云：丁士涵、張佩綸兩説均非。此「葆」字不當删。「葆澤」即「保澤」，乃古代農家者言之術語，「澤」即雨澤、水澤之意，「葆澤」者，謂土壤對於水分之保持也。氾勝之書：「春氣未通，則土歷適不保澤。……後雪復藺之，則立春保澤。」同書種芋「以水澆之，足踐之令保澤」，均其例。丁釋爲「潤澤」已誤，張讀爲「釋」則更非。翔鳳案：房注「捍，堅貌，其土屑碎如米」，是也。「葆澤」見前，非誤字。

〔三〕王紹蘭云：五浮之土既如烝之浮浮，其質甚堅，又葆有水鍾之澤，譬若水火既濟，故其狀不華離，不踾坼也。翔鳳案：土砂混合，凝結頗堅，此土常見，不離不坼也。

〔四〕郝懿行云：管子地員篇云「其種忍蘟」，陶注本草「桔梗」云「葉名隱忍，可煮食之，療蠱毒」，是「隱忍」即桔梗。然别録「一名薺苨」，陶注則云：「薺苨非桔梗而葉甚相似。」今按：桔梗葉較薺苨橢長而不圓，華紫碧色，與薺苨又别，故陶注以别録爲非。蓋薺苨雖名「甛桔梗」，其實非一物也。郭云「似蘇有毛」，管子云「忍葉如藿葉以長」，二者復與桔梗異。類篇又謂「隱忍」菜名，似蕨。（見爾雅義疏。）丁士涵云：案上下文言其種某某，皆先言種，下言莖秀之色，然後釋物種之形狀，此亦當先言「黄莖黑秀」，下乃接「忍葉」以下九字。又案：此「忍蘟」與下文「櫑葛」皆不言大小，恐有闕文。如「忍蘟」、「櫑葛」各分大小，正合上土十二種之數。下土十二種：一大華、二細華、三青梁、四雁膳、五朱跗、六大菽、七細菽、八陵稻、九黑鵝、十馬夫、十一白稻，尚缺其一，或青粱亦當有大小故邪？　張文虎云：「忍蘟」，爾雅作「隱荵」，齊民要術同。　王紹蘭云：説文無「蘟」字，當作「隱」。　戴望云：上下文皆言其葉若某，此「忍葉」當爲「其葉」之誤。「忍」即「荵」之省文。「種」下蓋脱「隱」字。若讀「忍隱」爲句，則下「忍葉」不詞矣。　諸穀中無「隱忍」，爾雅釋草「蒡，隱忍」，郭璞注：「似蘇，有毛，今江東呼爲隱忍，藏以爲菹，亦可瀹食。」此非穀種，陶隱居謂是「桔梗之葉，可煮食」。然本草無桔梗名隱忍之文。郭云「似蘇」，明非桔梗葉矣。隱忍可瀹食，江東或用充糧，故以「其種」目之歟？「藋」當爲「萑」，已見前。「狐茸」，謂隱忍之葉如狐毛蒙茸然也。郭注「有毛」，與此正合。　孫詒讓云：「狐」疑「苽」之假字。「苽」或作「菰」，故譌爲「狐」。（玉篇草部云：「『菰』同『苽』。」）文選左思吳都賦云「穱秀菰穗」，「狐茸」即「菰穗」也。苽爲九穀之一（周禮大宰鄭注），此上文云「其種」，則不當爲草名。尹注失之。　安井衡「讀『以長狐茸』句」，尤繆。　張佩綸云：王説非是。邵氏、郝氏釋爾雅亦以管子「忍蘟」爲證，誤不始於王氏。邵氏云：「隱忍，管子云『忍蘟』，名可互稱。」郝亦云：「『隱忍』亦作『忍隱』。」王氏於其「種」下補「隱」字，義長。　今案：爾雅之「蒡，隱荵」，以説文證之，不如郭説。許書無「蒡」字，「荵，忍冬草」，是許所見爾雅與今本别。竊意爾雅之「蒡」，即許書之「䅭䅿」，「隱忍」即「䅭䅿」也。説文：「䅭䅿，穀名。」「䅿，䅭䅿也。」廣雅：「[illegible]䵚，䅭䅿，穄也。」篇、韻均以「䅭䅿」爲穄名。説文：「穄，䵚也。」衆經音義引倉頡篇：「穄，大黍也。」齊民要術引廣志：「穄有赤、白、黑、青、黄，凡五種。」呂氏春秋「飯之美者，陽山之穄」，高誘注：「穄，關西謂之穈，冀州謂之緊。」陳藏器本草拾遺：「穈、穄一物，性冷，塞北最多，如黍，黑色。」「䅭程」亦可稱「皇」，陸機七徵：「神皇奇稌。」陸機之但稱「皇」，猶爾雅之但稱「蒡」矣。「緊」从堅得聲得義，廣雅「忍，堅柔也」，知「忍」即是「緊」。上文五隱「黑土黑菭」，此之隱色黑，即穄之黑者。黄莖黑莖兩種，忍黄而隱黑矣。長葉狐茸，以穄證之均合。其粟大如黍，故倉頡篇曰「大黍也」。「䅭程」、「隱忍」均疊韻。「如」當作「若」。翔鳳案：本文「其粟大」，則爲穀類，以張説爲是。「藋」義見前，非誤。左僖五年傳「狐裘尨茸」，詩作「蒙」，如王説。

凡上土三十物〔一〕，種十二物。

〔一〕翔鳳案：左昭九年傳「事有其物」，注：「類也。」

中土曰五态〔一〕。五态之狀，廩焉如壏，壏，猶彊也。**潤濕以處〔二〕。其種大稷細稷，䅂莖黄秀，慈忍〔三〕，水旱細粟如麻。**其繁美若麻也。**蓄殖果木，不若三土以十分之三。**

〔一〕汪繼培云：此蓋即禹貢所謂「塗泥」也。「态」疑當作「埜」，「埜」即説文「垐」字，「垐」、「泥」聲相近。孫詒讓云：「态」亦當爲「息」。何如璋云：「态」，息也，謂土質明晰也。張佩綸云：「态」當爲「黎」。五黎，黑色小疏而黏。翔鳳案：前文定「态」爲「朮」，其義爲「稧」，案之本文全合。此地種大稷小稷，程瑶田九穀考：「稷，齋之大名也。黏者爲秫，北方謂之高粱，通謂之秫。秫又謂之蜀黍，高大似蘆。」「潤濕」即稧。因其種朮而名朮土，或术即以土得名，然則「怸」之爲「术」無疑矣。

〔二〕王紹蘭云：「如壏」，地官草人「糞種之法，彊檃用蕡」，鄭注：「彊檃，彊堅者。」釋文：「本又作『㙉』。」「壏」、「檃」、「㙉」三字，皆説文所不載，當以鄭注訓「檃」爲「彊堅」之「堅」，是其正字。何如璋云：「廩」者，如米之積也。「壏」，堅也。地官草人「凡糞種彊檃用蕡」，注：「彊檃，彊堅者。」釋文：「『檃』本作『㙉』。」言怸土之狀，廩然如米堅實也，以其能保澤，故恒潤濕以處。舊注以「壏」爲「强」，近之。朱氏榷以爲「濫」，非。張佩綸云：「廩」當爲「燣」。説文：「燣，寒也。」「壏」即説文之「濫」，「濫，一曰濡上及下也」，集韻引作「濡土也」。周禮借「檃」，即爾雅、説文之「濫泉」。詩采菽、瞻卬皆作「檻」。臨從峪省聲，血部：「峪，羊凝血也。」水部：「冰，水堅也。」考工記注：「凝，堅也。」性寒，則土濡而凝，故曰「如壏」。「潤溼以處」，斯即「小疏而黏」之證。王氏以「檃」爲「堅」，大誤。翔鳳案：「廩」本作「亩」，象屋形。「壏」，朱駿聲謂即「檻」，爲闌檻，言高地，俗作「坎」。「壏」爲名詞，故曰「如」。若釋爲「堅」，則不可通矣。「潤濕」即稉。諸説均誤。

〔三〕張佩綸云：「慈」上奪「以」字。

怸土之次曰五纑。音盧。**五纑之狀，彊力剛堅**〔一〕。**其種大邯鄲，細邯鄲**〔二〕，草名。**莖葉如扶櫄，**扶櫄，亦草名。**其粟大。**言其粒大。**蓄殖果木，不若三土以十分之三。**

〔一〕汪繼培云：「纑」即「壚」之借字。説文「壚，剛土也」，尚書釋文引作「黑剛土也」，字亦作

「盧」。釋名：「土黑曰盧，盧然解散也。」禹貢「下土墳壚」，鄭注：「壚，疏也。」周禮鄭注：「埴壚，黏疏者。」賈疏謂以「埴」爲「黏」，以「壚」爲「疏」，是「壚」有「疏」義。說文云：「纑，布縷也。」本篇下云：「五殖之狀，甚澤以疏。」「五殖之次曰五觳，五觳之狀婁婁然」，注：「婁婁，疏也。」「婁婁」即「縷縷」，是「纑」亦有疏義，故二字得通用也。王紹蘭云：淮南墬形訓「壚土人大」，高誘注：「『壚』讀纑繩之纑。」「壚」正字，「纑」借字，纑土之性雖疏，其狀則彊力剛堅，故許書解「壚」爲「黑剛土」，而淮南子又云「堅土人剛」，是其證矣。孫詒讓云：「纑」，「壚」之叚字。此即草人之「埴壚」也。說文土部云：「壚，黑剛土也。」玉燭寶典引四民月令云：「雨水中急，菑强土黑壚之田。」竝與此「彊力剛堅」義相應。（釋文字又作「盧」，詳前。）張佩綸云：「彊力」之「力」當作「刃」。詩釋文將仲子傳：「彊刃之木。」土性「彊刃剛堅」，與說文合。鄭、劉疏土解散，未諦。翔鳳案：說文云：「齊人謂黑爲『黸』。」其本字作「盧」。「彊刃」即彊纫，盧土彊而不纫。張說誤。

〔二〕王紹蘭云：此蓋稻粱之屬也。史記貨殖列傳曰：「邯鄲亦漳、河之間一都會也。」漢書溝洫志曰：「史起引漳水溉鄴，民歌之曰：決漳水兮灌鄴旁，終古舄鹵兮生稻粱。」決漳灌鄴，舄鹵尚生稻粱，則邯鄲在漳、河間，其地從古宜稻粱可知。莊子云「魯酒薄而邯鄲圍」，更知邯鄲酒厚，由於稻粱之善。其種有小大，古人因名爲大邯鄲、細邯鄲矣。何如璋云：邯鄲，古縣名，漢書地理志屬趙國，注：「邯，山名。鄲，盡也。邯山至此而盡也。城郭字从邑，故加邑作邯鄲。」大、細邯鄲者，殆亦禾稷之類，以邯鄲所出爲佳，因以爲名歟？張佩綸云：漢書地理志「沛郡鄲縣」，孟康曰：「音多。」史記音「多寒反」。「鄲」、「多」雙聲。說文：「甘，美也。」「移，禾相倚移也，从禾多聲。一曰移，禾名。」「移」即「邯鄲」也。詩「嘽嘽駱馬」，說文引作「痑痑駱馬」，是其證。夏小正「二月往耰黍禪」，傳：「禪，單也。」諸家皆以「往耰黍」爲句，而訓「禪」爲「單衣」，或改傳爲「盡也」，既與「大暑而種黍」之說相背，又與本傳「五月心中，種黍菽糜時也」自相戾。不知「禪」即「單」之借字。表記「衣服以移之」，鄭注：「『移』讀禾氾移之移。」「移」之借「移」，猶「禪」之借「單」矣。說文：「單，大也。」「黍單」言似黍而大，在爾雅則曰「众秫」。毛傳：「嘽嘽，众也。」爾雅釋詁：「众，多也。」知「甘單」即「众秫」。在周禮爲「丹秫」。「單」、「丹」音同。考工記「鐘氏染羽以朱湛丹秫」，鄭司農：「丹秫，赤粟。」博物志謂之「蜀黍」。釋獸「雞大曰蜀」，「蜀」有大意，在廣志謂之「胡秫」，「胡」亦大也，猶小正之曰「黍單」矣。廣雅謂之「藋粱木稷，如木如藋」，正與「甘單莖葉扶疏」合，故與稷相次。此即穀譜之高粱。字當作「甘單」，今作「邯鄲」者，水經注：「牛首水又東經邯鄲阜，張晏所謂『邯山在東城下』者也。單，盡也，邯山至此而盡，城郭從邑故加邑。」佩綸疑邯鄲本以產秫得名，因爲邑，故加邑旁，不因邯山而名。嘗怪釋爾雅者不解「众」，注說文者不及「移」，今姑就己意定之，以俟君子。

纑土之次曰五壏。五壏之狀，芬焉若糠以脃〔一〕。謂其地色黃而虛。**其種大荔、細**

荔〔三〕，青莖黄秀。蓄殖果木，不若三土以十分之三。

〔一〕丁士涵云：「肥」，必是「脆」字之誤。（草人注：「輕爂，輕脆者。」）尹注云「謂其地色黄而虚」，「虚」字正釋「脆」字。上文「五蔭青怵以肥」，亦當是「脆」字。汪繼培云：此即周禮所謂「强㯺用蕡」者也。康成讀「㯺」爲「堅」。釋文云「本又作『㙏』」，是古有兩訓。王紹蘭云：「芬」，説文作「岔」，解云：「艸初生，其香分布，从屮从分，分亦聲，『芬』或从艸。」是「芬」謂香之分布。「糠」，説文作「穅」，「穀皮也」。「康」或省，爾雅：「康，虚也。」康爲穀皮，故有虚義。此云「芬焉若糠以肥」，蓋五壚之土，中虚若康，而香且肥。是以周禮「彊㯺用蕡」，故書「墳」作「盆」，鄭司農云：「墳壤多盆鼠也。」盆鼠之多，殆以土虚香肥故歟？張佩綸云：玉篇：「壚，彊壚堅土。」廣韻：「壚，堅土。」説文作「穅，穀皮也」，爾雅：「康，虚也。」舊注「色黄而虚」，本此。按穀皮以狀其色與性，無虚意，虚則不肥，不當名爲「壚」矣。大戴禮記易本命「堅土之人肥」，注：「肥者，象地堅實。」陶鴻慶云：「肥」當爲「脆」字之誤。尹注云「謂其地色黄而虚」，正以「虚」釋「脆」字之義。上文「黄唐無宜也」，注云「唐，虚脆也」，是其證。翔鳳案：楊本「脆」字不從巴，趙本誤爲「肥」耳，楊本故是「脆」字。

〔二〕翔鳳案：説文：「荔，艸也，似蒲而小，根可作刷。」上下均爲粟名，荔不當例外。列仙傳：「寇先生者，宋人也。好種荔枝，食其葩實焉。」則荔可食矣。

壚土之次曰五剽。五剽之狀，華然如芬以脤〔一〕。謂其地色青紫若脤然也。其種大秬、細秬〔二〕，秬，黑黍。黑莖青秀。蓄殖果木，不若三土以十分之四。

〔一〕王繼培云：此即周禮「輕爂用犬」者也。康成注：「輕爂，輕脆者。」「爂」、「剽」古字通用，亦作「漂」，釋名云：「土白曰漂。漂，輕飛散也。」（説文糸部亦云：「縹，帛青白色。」是「縹」有白義，房注爲青色，誤矣。）戴望云：「脈」疑「振」字誤。孫詒讓云：此亦草人之「輕爂」也，當云「華然如粉以脃」。草人鄭司農注云「輕爂，輕脃者」，可證。「剽」、「爂」字通。（釋名字又作「漂」，亦見前。）「粉」、「芬」聲同。「脃」、「脈」形近，傳寫譌互。尹望文釋之，殊繆。張佩綸云：「脈」、「蜄」借字。周禮掌蜃〔注〕引春秋「天王使石尚來歸蜄」作「歸蜃」，脈之器以蜃飾同名焉。蜃謂飾墻使白之蜃也。今東萊用蛤，謂之叉灰。鄭司農云：「蜃可以白器，令色白。」秋官赤犮氏「以蜃炭攻之」，鄭注：「蜃，大蛤也。擣其炭以坋之，則走；淳之以灑，則死。」漂本白土，故土裂色如坋以蜃炭也。

〔二〕翔鳳案：房注：「秬，黑黍也。」説文謂一稃二米以釀。春官鬯人注云：「釀秬爲酒，秬如黑黍，一稃二米。」言如者以黑黍一米者多，秬爲正稱。二米則秬中之異，故言如以明秬有二等也。

剽土之次曰五沙。五沙之狀，粟焉如屑塵厲〔一〕。言其地粟碎，故若屑塵之厲。厲，踊起也。其種大萯、細萯〔二〕，萯，草名。白莖青秀，以蔓〔三〕。蓄殖果木，不如三土以十分之四。

〔一〕豬飼彥博云：「塵」字疑衍，「屑厲」與「糈糲」同。汪繼培云：「沙」、「粟」聲之轉，古亦通用。南山經「柜山多丹粟」，郭璞注：「細丹沙如粟也。」王紹蘭云：淮南子墬形訓「沙土人細」，高注云：「細，小也。」即此所謂沙土矣。張佩綸云：崔寔四民月令：「三月杏花盛，可耕白沙輕土之田。」「厲」，「糲」省。淮南精神訓「糲粢之飯」，高誘曰：「糲，粗也，讀賴恃之賴。」史記索隱引服虔：「麤米也。」翔鳳案：沙土比粒（位）土更細。

〔二〕劉績云：「萯」，房久切，小豆，四月生。王引之云：尹說「萯」爲「草名」，非也。此篇凡言其種某某者，皆指五穀而言。若草木，則於五穀之外別言之，不得稱種也。「萯」讀爲大雅「維秬維秠」之「秠」。爾雅曰「秬，黑黍秠，一稃二米」，郭注曰：「『萯』亦黑黍，但中米異耳。」上文云「其種大秬小秬」，此云「其種大萯小萯」，是「萯」即「秬」也。「萯」字从草負聲，「負」古讀若倍，（說見唐韻正。）聲與「秬」相近。「秬」之通作「萯」，猶「丕」之通作「負」也。（金縢「是有丕子之責于天」，史記魯世家「丕」作「負」。）月令「王瓜生」，鄭注曰：「今月令云『王萯生』。」呂氏春秋孟夏篇作「王菩生」。穆天子傳「爰有萑葦莞蒲茅萯」，郭注曰：「萯，今『菩』字，音倍。」中山經「萯山」，郭注曰：「『萯』音倍。」漢書宣帝紀「行幸萯陽宮」，李斐曰：「『萯』音倍。」東方朔傳「萯陽」作「倍陽」。是「萯」字古讀若倍，聲與「秬」相近，故字亦相通也。何如璋云：「萯」，說文：「王萯也。」禮月令「王瓜生」，注：「萆絜也，今月令曰『王萯生』。」夏小正云：「王萯秀。」是「萯」即瓜也。以土質言，沙土固宜瓜種。王（引之）以「此篇凡言其種某某者，皆指五穀而言」，謂舊注訓「萯」爲「草」者非，持論固當。但各種之中，亦有字形音義與穀類絶然不通者，愚意須兼瓜蔬之可食者言，較爲詳備。

〔三〕王紹蘭云：「白莖」，謂其枝莖色白，得西方之氣。鄭風野有蔓草毛傳：「蔓，延也。」張佩綸云：廣志「渠禾蔓生」，秬秠異名同實，渠禾即秬秠矣。

沙土之次曰五塥〔一〕。五塥之狀，累然如僕累〔二〕，僕，附也。言其地附著而重累也。不忍水旱。其種大櫻杞、細櫻杞〔三〕，木①名。黑莖黑秀。蓄殖果木，不若三土以十分之四。

〔一〕張佩綸云：説文石部：「碻，石地惡也。」段氏注：「管子『五塥』，『塥』疑同『碻』。」土部「垎」下段氏曰：「五塥，蓋謂堅垎。」案段説是也。許書以爲惡地，而管子列之中土，以其宜於櫻芑耳。翔鳳案：「塥」得義於「鬲」，漢書五行志「鬲門閉户」，義同「隔」，説文：「隔，塞也。」乃大堅塊如蝸牛之塞其處，故曰「石地惡」也。「堅垎」者，謂其堅而格也。孟子：「則地有肥磽。」説文：「磽，磐石也。」趙注謂「磽」爲「薄」，就其意言之耳。

〔二〕豬飼彦博云：山海經「青要之山多僕纍」，郭璞曰：「僕纍，蝸牛也。」洪頤煊云：山海經中山經「墠渚是多僕累」，郭璞注云：「僕累，蝸牛也。」此上下文「若糠以肥」、「如屑塵厲」、

①「木」字原作「水」，據補注改。

「如糞」、「如鼠肝」，皆舉物以喻其土。尹注非。王念孫云：洪説是也。「僕累」即爾雅之「蚹蠃」，聲相近矣。

〔三〕王念孫云：「穋」當爲「穋」，「杞」當爲「秬」，「穋」即「黍稷重穋」之「穋」。「秬」即「維糜維芑」之「芑」。（上文云「大重細重」、「大秬細秬」、「大萯細萯」，「重」即「重穋」之「重」，「萯」即「維秬維秠」之「秠」。）大荒南經「維宜芑苣穋楊是食」，郭注曰：「管子説地所宜云『其種穋秬黑秀』，皆禾類也。」是其證。尹注「木」名，亦「禾」名之譌。集韻「秬，禾名」，引管子「其種穋秬」，義本尹注也。張佩綸云：毛傳：「先熟曰穋。」周禮作「稑」，鄭司農云：「後種先熟謂之稑。」説文：「稑，疾孰也，或作『穋』。」「芑，白苗」，爾雅、詩傳同。「芑，白苗嘉穀也。」「穋」、「芑」是一種，蓋苗之疾熟者。翔鳳案：堅塊不耐水旱之地，故種其疾熟者，如近代早穀也。

凡中土三十物，種十二物。

下土曰五猶。五猶之狀如糞〔一〕。其種大華、細華〔二〕，草名。白莖黑秀。蓄殖果木，不如三土以十分之五。

〔一〕張佩綸云：左定六年傳「姑蕕」，釋文：「亦作『猶』。」僖四年傳「一薰一蕕」，杜注：「蕕，臭草也。」周禮内饔「牛夜鳴則庮」，鄭司農注：「庮，朽木臭也。」鄭注：「惡臭也。」惡臭如糞，故曰「五猶」。

〔二〕王紹蘭云：此謂黍也。小雅笙詩有「華黍」，故「黍」得「華」名。序云：「時和歲豐宜黍稷也。」兼言「稷」者，立句以見歲豐。其實篇名「華黍」，有黍無稷也。又有白華序云「孝子之絜白也」，此白華與華黍篇次相連，蓋即内則之「白黍」。彼舉實言，此舉華言，互文見義。何如璋云：「華」乃「黍」之別名，笙詩亡篇二曰白華，三曰華黍。禮曲禮「粱曰薌萁」，文選南都賦「華薌重秬」，此以「華」爲「黍」之證。南都賦注以「華薌」爲鄉名，殆非其指矣。又禮郊特牲「天子樹瓜華」，是「瓜」亦稱「華」也。又釋草「蕍華」，舍人注：「『蕍』一名『華』。」然蕍是草物，當以黍與瓜爲近。翔鳳案：説文：「華，榮也。」生葉，非謂其開花也。

猶土之次曰五弘。五弘之狀，如鼠肝〔一〕。其種青粱〔二〕，黑莖黑秀。蓄殖果木，不如三土以十分之五。

〔一〕安井衡云：諸本「弘」作「弘」，不成字，今從古本。宋翔鳳云：淮南墬形訓云「壯土之氣，御於赤天」，許慎注：「壯土，南方之土也。」彼言「壯土」，與此言「弘土」，是一事。「壯」、「弘」並「弦」字之訛。「弦」讀爲壙，古音同部，相假借也。廣韻二十文：「蕡，古文作『莀』。」「莀」从弓从邑無義，蓋「蕡」之古文當作「莀」，故廣雅釋器云：「蕡，弦也。」古讀「弦」如壙，則「弦」、「壙」、「蕡」可通用。禹貢兖、青、徐之土並言「壙」，以地卑。故「弦（誤弘）土」爲下土之次。豫州言「厥土惟壤，下土壙壚」。蓋北近雍、冀則「厥土惟壤」，故地員「壤土」爲上土也。南近揚、荆則「下土壙壚」，故地員「壚土」爲中土（「纑」、「壚」通），「弦（誤弘）土」爲下土也。

淮南以南方爲「弦（誤壯）土」，即禹貢豫州「下土墳壚」之義。汪繼培云：釋名：「土赤曰鼠肝，似鼠肝色也。」説文：「垟，赤剛土也。」周禮「騂剛用牛」，杜子春云：「謂地色赤而土剛强也。」「騂」即「垟」之假借，蓋即此所云「五弡」也。此「弡」字字書罕見，疑爲「强」字之壞。張佩綸云：汪説是也。此即上「壚歷彊肥」之「彊」。宋氏以「弦」爲墳土，僅恃廣雅孤證。廣雅「帥蕢，弦也」，集韻、類篇並引作「彈弲，弦也」。王氏疏證以「帥蕢」與「弦」義不近，此條必多脱文，不敢臆説。宋乃强爲之辭，誤甚。翔鳳案：凡碑之别體，其偏旁從爿者，寫作牜、作丬、作彳，未有作弓者，決非「壯」字。漢張遷碑「紘」作「弦」，漢景君碑「紘」作「弦」，其糸旁作弓。然則此乃「紅」字，故謂「狀如鼠肝」，謂紅色也。作「五弘」，其音同，因其爲土而寫作「弡」矣。淮南自作「壯」，與「弱土」對言，分爲南方北方。管書無方位也，作「紅」爲是。

〔二〕翔鳳案：「青梁」，房氏無注。素問：「東方曰青，其穀麥。」此麥湖北有之，色青而肥，呼爲米麥，與説文訓「梁」爲「米名」正合，乃作飯食，不可磨細爲麪也。

弡土之次曰五殖〔一〕。五殖之狀，甚澤以疏，離坼以臞埆〔二〕。其種鴈膳草名。**黑實〔三〕，朱跗黄實〔四〕。**跗，花足也。**蓄殖果木，不如三土以十分之六。**

〔一〕汪繼培云：「殖」即「埴」之假借。釋名云：「土黄而細密曰埴。埴，職也，黏昵如脂之職也。」説文「埴，黏土也」，「殖，脂膏久殖也」，二字音同而義亦近。

〔二〕丁士涵云：「甚」即上文「湛而不澤」之「湛」，謂土溼解散又極麤疏也。「疏」與「臞」字爲均。「墒」字衍。此或注文訓「臞」爲「墒」，文有脱落，因而致誤。孫詒讓云：「澤」亦當讀爲釋。張佩綸云：考工記鄭注：「『檝』讀爲『脂膏膱敗』之『膱』。」釋文引吕忱字林云：「膱，膏敗也。」亦作「膱」，廣雅云：「膱，臭也。」玉篇、廣韻皆云：「膱，油敗也。」禹貢「厥土赤埴墳，厥田惟上中」，「埴」爲黏土，不當列於下土。且曰黏，曰細密，亦與「疏」、「臞」不類。此「殖」字當用「脂膏膱敗」本訓。「湛澤以疏」，言雨水多則疏。「離坼以臞」，言旱則坼裂而臞。翔鳳案：「甚」可讀湛，然「甚」字自通。説文：「臞，少肉也。」爾雅釋言：「臞，瘠也。」二字義通。

〔三〕楊慎云：「菰」，管子謂之「雁膳」，以雁食之也。（見楊升庵外集。）程瑶田云：「苽」，一作「菰」，其實曰雕菰。司馬相如賦及周禮注皆曰「雕胡」，枚乘七發曰「安胡」，管子書謂之「鴈膳」，而曰「鴈膳黑實」。杜甫詩有「波漂菰米沈雲黑」之句，又云「秋菰成黑米」，皆言其穀黑也。（見九穀考。）何如璋云：「雁膳」即苽蔣也，「苽」亦作「菰」。説文：「苽，雕胡，一名蔣。」天官膳夫「食用六穀」，注：「苽，雕胡也。」「苽」亦稱粱，楚辭大招：「設苽粱只。」淮南原道「浸潭苽蔣」，注：「苽者，蔣實也，其米曰雕胡。」「膳」，説文：「具食也。」徐曰：「具備此食也。」「雁膳」者，或以菰米爲雁所食，因有此名歟？張佩綸云：程氏以「雁膳」爲「雕胡」，説本楊升庵外集，未足爲據。周禮食醫會膳食之宜，明曰「雁宜麥」，「魚宜苽」，管書多合周禮，豈其以魚膳而强名之爲「雁膳」耶？説文：「稞，穀之善者，一曰無皮穀。」周禮膳夫「『膳』之言善」，「膳」、「善」通。四民月令：「青稞麥與大麥同時熟，麪美，磨盡無麩。」此即説文所謂無皮稞爲穀之善者，且與大麥同，與雁味相宜，故名之曰「雁膳」。大麥之實近黑，賈疏兼大小麥言，失之。翔鳳案：黄梅有湖，雁宿蘆中，食菰，楊、程之説不誤，張氏不知而妄譏之也。

〔四〕張佩綸云：「朱跗」者，束晳補亡詩「白華絳趺，在陵之陬」，説文「絳，大赤也」，「絳趺」即「朱跗」。此種華白、趺朱而實黄，當是黄黍。內則「飯黍、稷、稻、粱、白黍、黄粱」，鄭注：「黍，黄黍也。」古今注：「穄，亦名『黄黍』。」九穀考以爲「黄糜」。尹桐陽云：「跗」同「粐」，米皮也，今所謂紅米粘，吳語謂之赤米。程大昌演繁露：「赤米俗呼紅霞米，田高卬者種之，以其早熟，且耐旱也。」

五殖之次曰五觳〔一〕。五觳之狀，婁婁然〔二〕，婁婁，疏①也。**不忍水旱。其種大菽、細菽，多白實。蓄殖果木，不如三土以十分之六。**

〔一〕王念孫云：「五殖」當爲「殖土」。例見上下文。汪繼培云：「觳」即「确」之假借。墨子親士篇：「墝埆者，其地不育。」説文作「磽确」。廣韻：「墝埆，瘠土。」五穀次於五殖，五殖臞

① 「疏」字原作「然」，據補注改。

瘠，則㲉爲瘠土可知。說文又作「塙」。王紹蘭云：說文石部「磽，礊石也」，「确，礊石也」，「礊，堅也」，是「磽」、「确」皆堅石，以之說土，足知其瘠而不忍水旱矣。張佩綸云：說文「确，礊也，字或从㱿作『㱿』」，段氏引此以「㲉」爲「㱿」之誤，是也。莊子天下篇「其道大㲉」，楊倞荀子注謂：「㲉，義與『瘠』同。」召南傳「獄，埆也」，釋文引盧植云：「相質㲉爭訟者也。」皆「㱿」可借「㲉」之證。翔鳳案：「㲉」比「塙」更低三等，不當與之相似。此字不見許書，當爲「从㱿角聲」，與「确」之「从石角聲」者不同而相似。「㲉」爲「确」之或體。謂其在山旁曲角之上而多石也，不種稻麥而種豆（菽）也。

〔二〕汪繼培云：「婁婁」即「縷縷」。張佩綸云：說文：「婁，空也。」史記滑稽傳「甌寠滿篝，汙邪滿車」，注：「甌寠，高地狹小之區。」「婁婁然」，正甌寠之狀。翔鳳案：此地貴州、鄂西多有之。圓石壘壘而漏水，故曰「婁婁然」。「婁」，中空也。

㲉土之次曰五鳧〔一〕**。五鳧之狀，堅而不骼**〔二〕**。**雖堅，不同骨之骼也。**其種陵稻，**陵稻，謂陸生稻。**黑鵝馬夫**〔三〕**。**皆草名也。**蓄殖果木不如三土以十分之七。**

〔一〕丁士涵云：「鳧」當爲「梟」字之誤。「鳧」，「澆」之假字。說文曰：「澆，薄也。」孫詒讓云：丁校非也。此「鳧」當爲「舄」，形近而誤。蓋即草人之「鹹潟」，鄭司農注云：「潟，鹵也。」字亦作「舄」。史記貨殖傳「潟鹵」，漢書溝洫志作「舄鹵」。下文云「鳧土之次曰五桀，五桀之狀甚鹵以苦」，此土與「五桀」相次，或當鹹而不甚苦與？張佩綸云：「鳧」當爲

「舄」。「五舄」與下「五桀」，即周禮之「鹹潟」也。又云：「鳬」字無義，乃「墝」字之壞。翔鳳案：此謂高地，與下澤之鹵不同。「鳬」當言其形象，說文：「鳬，舒鳬，鶩也。」此水鴨，狀其懸於山旁也。

〔二〕豬飼彥博云：「骼」疑作「垎」。陳奂云：「堅而不骼」，與「乾而不垎」同。張佩綸云：案上土與下土迥別。月令「掩骼」，鄭注：「骨枯曰骼。」蔡邕曰：「骨露曰骼。」高誘注淮南曰：「白骨曰骼。」地堅而不至如骨之枯，故尚可種植。翔鳳案：山地農民，多於青石之上布土以種，免土堅而無技骼，可種者少也。

〔三〕張文虎云：依注，則「陵」乃「陸」字之譌。內則「淳熬煎醢加于陸稻上」，正義云：「陸稻者，謂陸地之稻也。」王紹蘭云：內則「淳熬煎醢加于陸稻上」，「陸稻」即「陵稻」也。「黑鵝馬夫」蒙「陵稻」爲文，亦即「陵稻」之屬。齊民要術水稻篇「有烏陵稻」，蓋謂「陵稻」之烏者，又稱「秔有烏秔黑穬」，又稱「秫稻米有馬身秫」，是即「黑鵝馬夫」之類也。郭嵩燾云：三土各十二種，皆以五色論其莖秀。「五纑」言莖葉如扶櫰，其粟大，「五桀」言長狹不箸色，然亦皆詳其形質，則此「黑鵝馬夫」疑當爲「黑鄂黑跗」之譌。束晳補白華詩一曰「白華朱萼」，一曰「白華絳趺」。李善注：「『趺』與『跗』通。」集韻：「跗，足上也。」小雅棠棣篇「鄂不韡韡」，鄭箋：「承華者曰鄂，不當作『柎』。柎，鄂足也。」上文「黑實朱跗」以實言之，此文「黑鄂黑跗」以華言之。「鵝」與「鄂」一聲之轉。「馬」下楷書作四點，因以「黑」而譌「馬」也。尹注云「草名」，恐誤。何如璋云：「陵稻」即陸稻。六書故：「稻性宜水，亦有同類而陸種者，謂之陸稻。記曰『煎醢加於陸稻上』，今謂之旱稜。」又稻有名「烏稜」者，殆即「黑鵝」之類。正字通：「穇子生下濕地，山東、河南五月種，苗如茭黍，八九月抽莖，有三稜，結穗如粟，分數歧，内細子如黍粒，赤色，稃最薄，擣米爲麵，味澀，一名龍爪粟，俗呼鴨爪稗。」亦與「黑鵝」之名相似，足徵「黑鵝」是禾別種也。「馬夫」，「夫」與「秩」通。韻會：「秩，黑稻。」玉篇云：「再生稻。」此言「馬夫」，殆狼莠也。魯語「馬餼不過狼莠」，乃於下土種此，以備芻秣，因名「馬夫」歟？張佩綸云：王解「烏陵稻」謬，此水稻也，豈能溷入旱稻？案上文「斥埴宜大菽與麥」，「黑埴宜稻麥」，「五舄」正「斥埴」、「黑埴」之類，不應有稻而無麥菽。「馬夫」者，詩漢廣「言秣其馬」，傳：「秣，養也。」雲漢傳：「歲凶年穀不登，則趣馬不秣。」采菽「乘馬在廐，摧之秣之」，傳：「秣，粟也。」説文：「䬴，食馬穀也。」周禮太宰「芻秣之式」，注：「芻秣，養牛馬禾穀也。」韋昭吴語注：「秣，粟也。」禮記少儀皆云：「秣，穀馬也。」胡先生毛詩後箋：「秣，本以粟食馬之名目，而食馬之粟即謂之秣。」據此，「夫」或作「末」。秦策：「莝豆夾而馬食之。」「馬秣」者，亦豆屬。一説：「麩，麥屑皮。」「馬夫」正是麥屬。陶隱居本草注：「穬麥，此是令馬食者。」「黑鵝」者，承上大菽細菽而言，蓋大豆之黑者。説文：「鴈，鵝也。」「鵝，鴈也。」説苑：「齊景公菽粟食鳧雁，出而見殣。」齊人以菽爲鴈鵝之食，故即以「黑鵝」名之，殆方言也。尹桐陽云：「鵝」同「蛾」，蚍蜉也，形似蚍蜉而色黑，則今蕎麥，爾雅所謂

「莜，蚍虾」是。「馬夫」，即爾雅所謂「柱夫」也，一稱「摇車」，郭注：「蔓生，細葉，紫花，可食，今呼翹摇車。」蜀人以薇蕘爲車，謂之小巢菜，豌豆謂之大巢，巢即翹或摇之聲轉。墨子備城門篇「粃秠馬夫，謹收藏之」，即此。翔鳳案：「陵稻」爲旱稻，非水稻也，張誤會矣。

凫土之次曰五桀。五桀之狀，甚鹹以苦〔一〕**，其物爲下。其種白稻長狹**〔二〕**。**謂稻之形長而狹也。**蓄殖果木不如三土以十分之七。**

〔一〕汪繼培云：此即周禮所謂「鹹潟用貆」者也。禹貢「海濱廣斥」，康成注：「『斥』謂地鹹鹵。」說文：「鹵，西方鹽地，東方謂之『斥』，西方謂之『鹵』。」「斥」、「桀」音亦相近。張佩綸云：周禮掌戮注：「『辜』之言枯也，謂磔之。」說文：「桀，磔也。」「磔，辜也。」是「五桀」之義爲枯，枯則「鹹以苦」矣。郭沫若云：既言其「狀」，則不當單言其味。「甚鹹以苦」當爲「甚鹹似苦」，「苦」謂顆鹽也。周禮天官鹽人「苦鹽」，鄭注：「杜子春讀『苦』爲『盬』，謂出鹽直用，不湅治。」似盬，兼味與狀而言之。翔鳳案：說文：「桀，磔也。從舛在木上也。」詩君子于役「雞棲於桀」，「桀」象雞栅之形。此爲海邊之地不爲鹽田者，多架木以瀉水，於諸土爲最下，收成極少。

〔二〕王紹蘭云：御覽卷八百三十九引郭義恭廣志：「有蓋下白稻。」又云：「白漢稻，七月孰，此稻大且長，三枚長一寸，益州稻之長者，米長半寸。」此云「白稻長狹」，蓋即白漢稻而米長半寸者也。張佩綸云：「狹」當作「莢」。廣雅：「豆角謂之『莢』。」呂氏春秋審時篇：「得時之菽，其莢二七以爲族。」齊民要術引氾勝之種植書曰：「穫豆之法莢黑而莖蒼，輒穫無疑。」又引本草經：「大豆有長稍牛踐之名。」「長稍」即「長莢」矣。尹桐陽云：稻米色白如霜而味苦，周禮籩人「朝事籩實有白黑」，司農注：「稻曰白，黍曰黑。」「長狹」謂稻之形。

翔鳳案：稻無莢，以作「狹」爲是。形狀性質，與大麥同。

凡下土三十物，其種十二物。

凡土物九十，其種三十六。

弟子職第五十九

翔鳳案：管仲爲政，四民不使雜處，小匡「今夫士，羣萃而州處。閒燕，則父與父言義，子與子言孝，其事君者言敬，長者言愛，幼者言弟。旦夕從事於此，以教其子弟，少而習焉，其心安焉，不見異物而遷焉。」漢志以此簡編入孝經類者以此。然小匡所云「其父兄之教，不肅而成。其子弟之學，不勞而能」，士農工商皆有之，則四民皆有學，不獨士也。且於農云「其秀才之能爲士者，則是賴也」，是農有升學者矣。子産時，鄭人遊於鄉校，以議執政，已有遊學之風。論衡稱：「少正卯在魯，孔子之門三盈三虚，惟顏淵不去。」則私人講學，孔子之前已有之，以爲私學始於孔子者，誤也。齊稷下之學，宣王時復盛，則其盛在宣王之前，而由初立規模以至於盛，又非旦夕所能奏功，則管子時有弟子職，無可疑焉。

先生施教，弟子是則〔一〕。温恭自虚，必虚其心，然後有所容也。所受是極。極，謂盡其本原。見善從之，聞義則服。温柔孝悌，毋驕恃力。驕而恃力，則羝羊觸藩。志毋虚邪〔二〕，虚，謂虚僞。行必正直。游居有常，必就有德。顔色整齊，中心必式，式，法。夙興夜寐，衣帶必飭〔三〕。朝益暮習，小心翼翼。一此不解〔四〕，是謂學則。

〔一〕戴望云：風俗通義引「是則」作「則之」。

〔二〕宋翔鳳云：考工記韗人「穹者三之一」，注：「鄭司農云：『穹』讀爲『志無空邪』之『空』。」按此引弟子職文，「虚」作「空」是也。幼官言「處虚守靜」，心術言「唯聖人能得虚道」，則知此文必不言「虚邪」。　翔鳳案：房注「『虚』謂虚僞」，詩北門「其虚其邪」，以「虚」爲正。

〔三〕王筠云：離騷「何桀紂之昌披兮」，六臣注：「昌披，衣不帶貌。」

〔四〕王筠云：朱子本作「懈」，俗字。　翔鳳案：易雜卦傳「解，緩也」，詩烝民「夙夜匪解」，皆作「解」，不作「懈」，故王以爲俗字。「解」有數義，心散則懈矣。「懈」後出字。

少者之事，夜寐蚤作。既拚盥漱〔一〕，掃席前曰拚。盥，絜手。漱，滌口。執事有恪。攝衣共盥，謂供先生之盥器也。先生乃作。沃盥徹盥，謂既盥而徹盥器也。汎拚正席，汎拚，謂汎水而拚之。先生乃坐〔二〕。出入恭敬，如見賓客。危坐鄉師，顏色毋怍。怍，謂變其容皃。受業之紀，必由長始。先從長者教也。一周則然，其餘則否。謂始教一周，則從長始。一周之外則不然。始誦必作，其次則已。始誦而作，以敬事端也。至於次誦則不然。

〔一〕王筠云：「拚」，弗運反，借字也，本作「𡊅」，亦作「糞」。「汎」當作「汛」，説文「汛，灑也」，息晉切。「汛拚」者，灑掃也。翔鳳案：説文：「拚，拊手也。」段注：「不但言拊，言拊手者，謂兩手相拍也。」少儀「埽席前曰拚」，房注用此。

〔二〕安井衡云：據韻推之，「先生乃坐」下當脱一句。王筠云：元翰（許瀚）不以「坐」字爲韻者，據段氏列「坐」聲於十七部，列「乍」、「各」、「席」三聲於五部也。然本句與「先生乃作」爲儷語，謂盥具供奉齊備，先生始自卧中起也；講席已正，先生乃就席上坐也。本句自當用韻。「坐」、「作」又雙聲，雖「坐」、「作」爲韻者不見經典，而「坐」是會意字，字中無聲，安知非古音本不同於今邪？翔鳳案：今韻「作」、「坐」、「怍」諧叶，古代自有方音，段表爲當時官音，與齊之方音有殊也。

凡言與行，思中以爲紀。思合中和以爲綱①紀。古之將興者，必由此始〔一〕。必先中和，然後可興。後至就席，狹坐則起〔二〕。狹坐之人，見後至者則當起。若有賓客，弟子駿

①「綱」字原作「網」，據補注改。

作。迅起也。對客無讓，對客而讓，則有不足，故敬心。應且遂行。趨進受命，受先生命。所求雖不在，必以反命。求雖不得，必當反白。反坐復業，若有所疑，捧手問之。師出皆起。至於食時，先生將食，弟子饌饋。饋，謂選具其①食。攝衽盥漱，跪坐而饋。置醬錯食〔三〕，陳膳毋悖。凡置彼食，鳥獸魚鼈。必先菜羹，先菜後肉，食之次也。羹胾中別。胾，謂肉而細切。胾在醬前，遠胾近醬，食之便也。其設要方。其陳設食器要令成方也。飯是爲卒，既飯而食則卒也。左酒右醬〔四〕。左酒右醬，陰陽也。告具而退，捧手而立。三飯二斗〔五〕，三飯食必二毀斗也。左執虚豆〔六〕，右執挾匕〔七〕。匕者，所以載鼎實，故曰挾匕也。周還而貳，貳，謂再益。唯嗛之視。食盡曰嗛。同嗛以齒〔八〕，齒，類也。謂食者則以其所盡之類而進。周則有始。柄尺不跪，是謂貳紀〔九〕。豆有柄長尺，則立而進之，此②是再益之綱紀也。先生已食，弟子乃徹。趨走進漱，拚前斂祭〔一〇〕。既食畢，掃席前，并搜斂所祭也。先生有命，弟子乃食。以齒相要，坐必盡席〔一一〕。所謂食坐盡前。飯必捧擥〔一二〕，羹不以手。當以挾也。亦有據膝，毋有隱肘〔一三〕。隱肘則大伏也。既食乃飽，循咡覆手。咡，

① 「其」字原作「在」，據補注改。
② 「此」下原衍「已」字，據補注刪。

口也①。覆手而循之，所以拭其不絜也。**振衽掃席**〔一四〕，謂振其底衽，以拂席之汙。**已食者作。摳衣而降，旋而鄉席。各徹其餽，如於賓客**〔一五〕。賓客食畢，亦自徹也。**既徹并器，乃還而立**〔一六〕。并，謂藏去也。

〔一〕莊述祖云：「凡言與行」以下十八字，當在「師出皆起」之下，今本誤。陶鴻慶云：此當以「思」字絶句，「言」、「行」、「思」三字平列。尹注云「思合中和，以爲綱紀」，以「思中」二字連讀，非是。翔鳳案：言行皆思得其中，中庸「君子有九思」，「思」與「言」、「行」平列非是，陶讀誤。

〔二〕王筠云：「挾」，朱子本作「狹」，似誤。云「挾坐」者，蓋與「左右夾輔」之「夾」相似，與儀禮「婦人俠拜」之「俠」亦似。一席容四人，必以齒序坐，有後至者，前之坐者必起，於事爲便，且恐其狎習相慢也。言「挾坐則起」，而異席不起可知，所以別於敬師也。翔鳳案：古人席地而坐，膝着席而下其臀，日本尚有此俗。有後至就席者，若處狹則起而讓之，非必有人夾於兩旁也。作「狹」爲是。

〔三〕張文虎云：「錯」猶置也，下文云「凡置彼食」是也。朱本譌爲「醋」，惠氏天牧遂改爲「醯」，誤矣。翔鳳案：説文：「醋，客酌主人也。」醬醋字作「酢」，今互誤。古本改「錯」爲「醋」，

① 「也」字原無，據補注增。

謬。

〔四〕劉績云：禮，三飯乃食胾而辨殽，皆畢，又用酒以酳，用漿以漱，故言飯胾。而食終乃言酒漿，明在胾外也。「醬」蓋「漿」之誤。朱熹云：鄭注二禮兩引此文，皆作「漿」字。又此上文已云「胾在醬前」，則此「醬」不應復在胾外矣。今本誤也。洪頤煊云：「醬」當爲「漿」。曲禮「酒漿處右」，鄭注云「兩有之，則左酒右漿」，義本此。北堂書鈔一百四十四、太平御覽八百六十一引「醬」作「漿」。書鈔引注云「漿右尚漱也」，不知何人所撰。陶鴻慶云：尹注云：「既飯而食則卒也。」然此方言陳膳，不當言食卒，注非也。此承上「其設要方」而言，「卒」謂卒設也。陳膳之次，飯最在後，故曰「飯是爲卒」。又案：上文既云「胾在醬前」，此不當復及於「醬」，「醬」當作「漿」。説文：「漿，酢漿也。」經傳多以「酒漿」連文。禮記曲禮「酒漿處右」，鄭注云：「處羹之右，此言若酒若漿耳。兩有之，則左酒右漿。」是其證也。上言設食，此言設飲。翔鳳案：「卒」謂最後上飯也。

〔五〕洪亮吉云：穆天子傳注：「斗，斟水杓也。」御覽引通俗文：「木瓢爲斗。」或云：「斗」，古「豆」字。考工記「一獻而三酬」，則一豆矣。後魏書闞駰傳：「性能多食，一飯至三斗，乃飽。」莊述祖云：「二」當爲「貳」，「斗」當爲「豆」。周禮酒正「大祭三貳」，注：「鄭司農云：三貳，三益副之也。」曲禮「雖貳不辭」，注：「貳，謂重殽膳也。」「貳豆」，謂益所設之殽膳也。宋翔鳳云：「斗」當作「升」。王筠云：本句及注皆不知所謂。且此乃常食，非禮食，不知何以拘定「三飯」。翔鳳案：説文：「斗，十升也。」「抖，抅也。」「斗」即「抖」，爲今之飯勺，南方呼爲瓢。周時以盂爲食，飯器也。勺用以盛飯，且可添菜。下文「執虚豆」，知爲添菜之用。三飯而二次添菜，必二次倒空，是名「毁斗」也。

〔六〕豬飼彦博云：朱子（熹）曰：「執豆挾匕，視其不足者而增益之。但豆中物，而謂之『虚』，此不可曉耳。」愚案：「虚」疑當作「甗」，瓦器也。翔鳳案：説文：「豆，古食肉器也。」「執虚豆」，以備添肉食也。

〔七〕洪亮吉云：説文：「狹，俾持也。」釋名：「挾，夾也。」詩毛傳：「匕，所以載鼎實。」陸績易注：「匕者，棘匕，撓鼎之器。」莊述祖云：曲禮「羹之有菜者用梜，其無菜者不用梜」，注：「『梜』猶箸也。或謂箸爲梜提。」正義曰：「有菜者，謂鉶羹是也，以其有菜交横，非梜不可；無菜者，謂太羹湆也，直歠之而已。其有肉調者，犬羹兔羹之屬，或當用匕也。」朝夕常食無太羹，則菜羹用梜，肉羹用匕矣。王筠云：曲禮「羹之有菜者用梜」，其字從木。「匕」者，盛飯之柶也。少牢饋食禮曰「廩人概匕」，注曰：「匕，所以匕黍者也。」案：鄭云爾者，所以别於上文雍人所概之匕，乃載鼎實者也。本文言常食，上文錯食，既備設矣，安得又有鼎實可載乎？本文二句，爲下文六句張本，「左執虚豆」者，以備貳飯之時，用豆承匕，防匕外黏粒墮落也。「右執匕」者，所以挹取飯也。「挾」未詳，或「挾匕」即匕之異名乎，抑以箸撥匕中之飯於盂乎？俞樾云：尹注曰「匕者所以載鼎實，故曰『挾匕』」，此説非也。古時匕有二。儀禮士昏禮「匕俎從設」，鄭注曰：「匕所以別出牲體也。」此一匕也。少牢饋食禮「廩人概甑甗，匕與敦于廩爨」，注曰：「匕所以匕黍稷者也。」此又一匕也。說文匕部：「匕，相與比叙也，從反人，匕亦所以用比取飯。一名柶。」木部：「柶，匕也，所以取飯。」是「匕」之本義，爲取飯之匕，因別出牲體之具，爲用略同，故亦以匕名之。取飯之匕小，而別出牲體之匕大。易震彖辭「不喪匕鬯」注、詩大東篇「有捄棘匕」傳並云「匕所以載鼎實」，蓋皆別出牲體之匕也。尹氏因亦襲用其說。然管子此文言弟子爲先生設食之禮，豈必列鼎而食？則所謂「匕」者，自是取飯之匕。「挾」、「匕」蓋二物也。「挾」讀爲梜，禮記曲禮篇「羹之有菜者用挾」，鄭注曰：「『挾』，猶箸也。」然則梜也、匕也，正食時所必用者，雖疏食菜羹，不可無此二物。弟子執之，正其宜矣。翔鳳案：郭沫若謂「徵之古物，匕確有兩種。取鼎實之匕小，其首鋭。取飯之匕大，其首圓。飯匕謂之柶，亦謂之匙」，是也。

〔八〕劉績云：「齒」，次序也。如菜肉同盡，則先益菜，後益肉也。孫星衍云：周禮酒正司農注、賈公彦疏皆引此二句，「還」作「旋」，云「周旋而貳」者，欲副益酒尊之時。「嗛」謂不滿，唯酒尊不滿者，視之更益。莊述祖云：賈說非也。上云「豆」，又云「挾匕」，明所副益者是殽膳，非酒。杜子春特引以證「貳」爲「益」，非必謂副益酒尊也。俞樾云：尹注曰「『貳』謂再益」，「食盡曰嗛」，「齒，類也，謂食者則以其所盡之類而進」。尹氏此說，於「同嗛以齒」未得其義。「齒」者，年也，長幼之次也。「同嗛以齒」，以先生之齒言，猶下文「弟子乃食，以齒相邀」，以弟子之齒言也。蓋食盡則更益之，有同盡者，則以齒爲序。先生亦或非一人，自有長幼也。

王紹蘭云：周官酒正注杜子春引弟子職曰「周旋而貳」。「旋」、「還」古雖通用，據説文「旋，周旋旌旗之指麾也，從㫃從疋。疋，足也」，「還，復也」，則「周旋」字，「旋」爲正，「還」爲借。

王筠云：天官酒正有「三貳」、「再貳」、「一貳」，杜子春以「益」釋「貳」，又引本文曰「周旋而貳，唯嗛之視」。案：杜意以本文之貳飯證酒正之貳酒，乃賈疏誤解本文爲貳酒。又但主言師飲酒，則何須「周旋而貳」乎？惟所説「唯嗛之視」可從耳。曰：「『嗛』謂不滿，唯酒尊不滿者，視之更益。」案説文「嗛，口有所銜也」，無不滿意。此蓋借「嗛」爲「歉」也。襄二十四年穀梁傳「一穀不升曰嗛」，廣雅述此文「嗛」作「歉」。説文「歉，歉食不滿」，是也。「周旋而貳」者，師與客食，蓋即坐南面講授之席，席以西方爲上，師爲主人，坐當東首，數人共食，則不能堅立而益之，故必周還也。然食有遲速，視乎其先嗛者先貳之，此視亦非質言視。「唯嗛之視」，不令久待也。「同嗛以齒」，謂若有兩客同嗛者，則視其長幼而次第貳之，恐弟子由便，先貳其立處所近之客也。

〔九〕洪亮吉云：「貳紀」，謂增益菜羹之法。莊述祖云：少儀「取俎進俎不坐」，注：「以其有足，亦柄尺之類。」正義曰：「案管子書弟子職云『進柄尺』，謂爵豆之屬，是也。」今本脱「進」字。……考工記旊人「豆中縣」，鄭注：「縣，縣繩正豆之柄。」賈公彥曰：「豆柄，中央把之者，長一尺，宜上下直與縣繩相應。」……干寶易注：「柄，所以持物。」柄但據人所執持而言，進豆者執其中央，直者長尺，故曰「柄尺」也。　王紹蘭曰：少儀疏云「案管子書弟子職云『進柄尺』」，是唐時本「柄尺」上尚有「進」字，後人因篇中多四字成句，輒删去之。據本篇「思中以爲紀」，「古之將興者」，「所求雖不在」，「攘臂袂及肘」，「堂上則播灑」，「捧碗以爲緒」，以此例之，則「進柄尺不跪」，義至明顯。　尹注云「豆有柄長尺則立而進之」，似尹本亦有「進」字。　王筠云：「柄」者，匕之柄也。「不跪」者，承上文「跪坐而饋」言之。言設饌則跪，貳飯則不跪者，匕柄長尺，立固可及也。喪大記疏曰「匕柄六寸」，與此言「尺」不合，或器械異制，不必齊同也。「是謂貳紀」，通指上文八句而言，謂是乃貳飯之法紀也。　陶鴻慶云：「柄」謂斗柄，承上「三飯二斗」而言。尹注云「豆有柄，長尺則立而進之」，「豆」乃「斗」字之誤。　翔鳳案：坐時伸直其腰爲跪，其禮如今人之起立，非屈膝下跪也。

〔一〇〕戴望云：宋本「斂」作「板」，「板」爲「扱」字之誤。說見下。　洪亮吉云：古者每食必祭，「斂祭」者，斂攝所祭，不使人得踐履，所以廣敬。說文：「斂，收也。」廣雅釋詁：「斂，取也。」　莊述祖云：祭俎則於俎內，祭豆則於兩豆之間，斂祭在席前地，明所祭者豆也。所祭當斂之，其餘拚之而已。　翔鳳案：戴說是也。曲禮：「以箕自斂而扱之。」說文「皀」下云：「象嘉穀在裹中之形，匕所以扱之。」儀禮士冠禮注：「扱柶於醴中。」「扱」與「斂」同訓收。

〔一一〕朱熹云：所謂「食坐盡前」，恐污席也。　何如璋云：「盡席」，盡所坐之席。曲禮：「食坐盡前，虛坐盡後。」

〔一二〕洪亮吉云：「擥」當作「掔」，說文：「掔，手掔也。揚雄曰：『掔，握也。』」……曲禮「共飯不澤手」，鄭玄注：「禮飯以手。」明飯則以手，羹不以手也。莊述祖云：所謂「禮飯以手」，蓋指三飯言也。古者三飯必奉掔，飧則用器。說文：「盌，小盂也。」盌所以代掔，故謂之盌。方言曰：「椀，或謂之涓袂。」（太平御覽所引如此，廣雅作「梋袂」，皆俗字。）涓，絜也，以器代手，不使污箸其袂，故曰涓袂。王筠云：「擥」俗作「攬」，許本作「掔」，誤。「捧擥」者，食必以手，左捧之，右擥之也。說文：「擥，撮持也。」撮者，兩指撮也。曲禮「共飯不澤手」，注：「禮飯以手。」鄭君曰「禮飯」者，蓋謂常食不以手，爲下文「飯黍毋以箸」地也。然下文又曰「毋摶飯」，即是常食，且曰「羹不以手」，則飯必以手，明矣。翔鳳案：王說是。

〔一三〕豬飼彥博云：「亦」當作「毋」。「隱」亦據也。莊述祖云：禮運注：「隱，據也。」據膝則小俯，據肘則斜倚，近不敬。王筠云：「隱」讀如孟子「隱几而卧」之「隱」。翔鳳案：「亦」字不誤，據膝爲危坐。莊子繕性「危然處其所」，注：「獨正之貌。」

〔一四〕陶鴻慶云：尹注云「謂振其底衽，以拂席之污」，此臆說也。禮記曲禮「食坐盡前」，鄭注云：「爲污席。」然則食時污席，是爲非禮，底衽又非可以拂污，可知尹說之非矣。今案：上云「既食乃飽，循咡覆手」，下云「已食者作，摳衣而降」，此當既食之後，將作之前，必先提挈其衣，使衽邊離席，防作時足躡之，或同坐相壓而傾跌失容也。振衽以掃席爲度，故曰「振衽掃席」。

〔一五〕豬飼彦博云：「餽」、「饋」同，言徹己之食，其儀如徹賓客之饋也。　莊述祖云：玉藻「一室之人非賓客，一人徹」，注：「同事合居者也，賓客則各徹其饌也。」正義曰：「合居既無的賓主，故必少者一人徹饌也。」鄭彼注亦約此文言。「各徹其餽，如於賓客」者，謂此一室之人，雖非賓客，然弟子餕師之餘，始所饋者，終必各自徹之，不得如同事合居之人，使少者一人徹也。　王筠云：「饋」，朱子本作「餽」。「如於賓客」，謂上文饌饋章，師與客食，皆弟子徹之，此弟子自食，亦自徹之，不用童僕耳。原注云「賓客食畢，亦自徹其饌」，苟如是，則何以言「如」？　俞樾云：「於」猶爲也，見王氏經傳釋詞。「如於賓客」者，如爲賓客也。尹注曰「賓客食畢亦自徹也」，正見各徹其饋，與賓客同。

〔一六〕安井衡云：古本無此二句。　洪亮吉云：郭象莊子注：「拚者，除棄之謂也。」釋文：「拚，棄除也。」　莊述祖云：舊注云：「『拚』謂藏去也」，「去」、「弆」同。「拚」當作「屏」字，亦作「庰」，古文尚書「屏璧與珪」，傳：「屏，藏也。」廣雅：「庰，藏也。」

凡拚之道，實水于盤，次用泛灑。**攘臂袂及肘**〔一〕。恐濕其袂，且不便於事也。**堂上則播灑，室中握手。**堂上寬，故播散而灑。室中隘，故握手爲掬以灑①。**執箕膺揲**〔二〕**，厥中有帚。**揲，舌也。既灑水將掃之，故執箕以舌，自當置帚於箕中也。**入户而立，其儀不貸。執**

① 「灑」字原作「滿」，據補注改。

帚下箕，倚于户側。謂倚箕於户側也。凡拚之紀，必由奥始。西南隅也。俯仰磬折，拚毋有徹。徹，動也。不得觸動他物也。拚前而退，謂從前掃而却退也。聚於户内。謂聚其所掃之穢壤於户内也。坐板排之〔三〕，板穢時，以手排之也。以葉適己。適己，猶向己也。實帚于箕。先生若作，乃興而辭〔四〕。以拚未畢，故辭之令止也。坐執而立，坐執，謂獨坐執箕也。遂出弃之。既拚反立，是協是稽，協，合也。稽，考也。謂合考書義也。暮食復禮〔五〕。謂復朝之禮也。昏將舉火，執燭隅坐。錯總之法〔六〕，横于坐所。總，設燭之束①也。櫛之遠近〔七〕，乃承厥火。櫛，謂燭盡。察其將盡之遠近，乃更以燭承取火也。居句如矩〔八〕，句，謂著燭處。言居燭於句，如前燭之法。矩，法也。蒸閒容蒸。然者處下〔九〕，蒸細薪者②，蒸之閒必令容蒸，然燭者必處下以焚也。捧椀以爲緒〔一〇〕。緒，然燭燼也。椀，所以貯緒也。右手執燭，左手正櫛〔一一〕。有墮代燭〔一二〕，燒燭者有墮，即令其次代之也。交坐毋倍尊者。乃取厥櫛，遂出是去。

〔一〕洪亮吉云：高誘淮南王書注：「攘，却也。」鄭玄禮記注：「『攘』猶却也。」説文：「臂，手上

① 「束」字原作「東」，據補注改。
② 「者」字原作「著」，據補注改。

也。」廣雅釋親：「『肱』謂之臂。」　莊述祖云：却袂及肘爲「攘臂」，攘袂以羸臂也。張文虎云：「臂」字衍，不可通。注云「恐濕其袂」，是本無「臂」字。　翔鳳案：説文：「攘，推也。」「袂，袖也。」上推其臂之袖及於肘，房注謂「恐濕其袂，且不便於事」，是也。　疑「臂」字爲衍者誤。

〔二〕洪亮吉云：説文：「箕，簸也，从竹、其，象形。」鄭玄禮記注：「箕，去棄物。」詩毛傳：「膺，當也。」禮記少儀「執箕膺擖」，鄭玄注：「膺，親也；擖，舌也。」「擖」、「揲」音義並同。釋文：「擖，箕舌。」高誘淮南王書注：「『揲』讀揲脈之揲。」　莊述祖云：曲禮「凡爲長者糞之禮，必加帚於箕上」，注：「如是得兩手奉箕，恭也，謂初執而往時也。弟子職曰：『執箕膺擖，厥中有帚。』」少儀「執箕膺擖」，注：「膺，親也。擖，舌也。持箕將去，糞者以舌自鄉。」「揲」字本作「葉」，「揲」、「擖」皆假借字。士冠禮「加柶覆之，面葉」，注：「古文『葉』爲『擖』。」　王紹蘭云：曲禮「必加帚於箕上」，鄭注引弟子職曰：「執箕膺擖。」説文：「揲，閱持也。」「擖，刮也，一曰撻也。」以「箕」古本無正字，故皆假借用之。下云「以葉適己」，「葉」字近之。王筠云：（朱熹）原注：「『揲』，記注作『擖』，又作『葉』。」筠案：作「葉」是也，下文「以葉適己」可證。「揲」、「擖」皆借字。……士冠禮「加柶覆之，面葉」，注：「古文『葉』作『擖』。」柶之頭謂之葉，猶箕之舌謂之葉。詩：「維南有箕，載翕其舌。」　翔鳳案：王説是。「簸」爲後出之俗字，不能認爲假借，此不明六書之言也。

〔三〕豬飼彦博云：「板」當作「扱」。注同。少儀云：「以箕自鄉而扱之。」「扱」，收也。張文虎云：説文：「板，判也。」「判穢」無義，「板」蓋「扱」字之譌。曲禮「以箕自向而扱之」，鄭注：「『扱』讀爲吸，謂收糞時也。」「扱」與「板」形正相近，因悟上文「拚前斂祭」，宋本「斂」作「板」，「板」亦「扱」之譌，故注云：「既食畢，掃席前，並搜斂所祭也。」傳寫誤「扱」爲「板」，校者見「板」字不可通，因取注中「斂」字易之。不知仍「板」字之舊，尚可使讀者尋繹爲「扱」之譌，改爲「斂」字，則從此失真矣。又疑彼注「搜」字亦「扱」之誤。王筠云：許本「版」字，朱子本作「板」，俗字。原注「版穢時以手排之」，「版穢」者，蓋以板擁穢入箕也；「手排之」，慮浮埃之飛揚也。翔鳳案：「板」爲隸書別體，乃「扱」字，見前。

〔四〕莊述祖云：是時先生坐，故拚者亦反坐，而置箕於己所坐席前之地，俟先生作，然後起而致辭，白出棄之。俞樾云：「先生若作」者，先生謙，故爲之起也。弟子不敢當，故必辭。尹注謂「以拚未畢，故辭之令止」，此未達其旨。爲弟子者，豈宜以己拚未畢，而止先生之作乎？王筠云：蚤作章「先生乃作」，謂於卧内起著衣也。此「作」，蓋起立欲出户也。翔鳳案：説文：「作，起也。」非動作之作。

〔五〕洪亮吉云：「暮」當作「莫」。廣雅釋詁：「莫，夜也。」鄭玄禮記注：「莫，夕也。」「莫食」，夕食也。鄭玄周禮注：「飧，夕食也。」説文：「飧，餔也。」「餔，日加申時食也。」莊述祖云：毛詩「不夙則莫」，傳曰：「莫，晚也。」大夫士再飯，餔食亦可謂之「莫食」。洪云：「莫食，夕食也。周禮注：『飧，夕食也。』說文：『飧，餔也。』「飧」字从夕食會意，而告飽後勸食，亦謂之飧，以其皆用器，不用手也。言「復禮」者，蓋謂饌饋之禮，其奉擥以飯，或與朝食異歟？

翔鳳案：魏風傳曰：「孰食曰飧。」戴侗云：「飧，夕食也。古者夕則餕朝食之餘，故『孰食曰飧』。鮮薄不備禮者，因亦曰飧。」儀禮聘禮「寧夫朝服設飧」，注：「食不備禮曰飧。爲敬先生，暮食如朝禮也。」

〔六〕劉績云：別注：「總，束也。古者束薪以爲燭，故謂之總。其未然者，則横于坐之所也。」

莊述祖云：「總」，說文作「熜」，「然麻蒸也」。又云：「蒸，折麻中榦也。」言置總高下之法也。　丁士涵云：「總」，「熜」之假字。說文：「熜，然麻烝也。」「熜」者總也，說文：「總，聚束也。」廣雅：「爈，炬也。」　王筠云：「燭」、「總」、「蒸」者，一物也。以其既然而取明言之，謂之燭；以其成束而未然言之，謂之總。少儀謂之「燋」，燋，莊子作「爝」。說文：「熜，然麻蒸也。」「熜」蓋即此「總」。廣雅「爈，炬也」，又「熜」之異體。以其質言之，謂之「蒸」。說文：「蒸，析麻中榦也。」謂既析其皮爲麻，其内所餘之榦曰蒸也。一名菆，菆又作黀，中空而質脆薄，易然之物也。「錯總之法，横於坐所」者，「錯」，置也，弟子坐席之隅，總則錯置於坐前，席之長三尺三寸，若縱而錯之，必礙於師，故横之爲便。　翔鳳案：尹說是也。丁說含混，不可從。蓋「熜」爲「總」之孳乳字，非假借字也。

〔七〕洪亮吉云：說文：「櫛，梳比之總名也。」本作「楖」，禮記檀弓作「堲」，又作「即」。廣雅作

「⿰火節」，云：「炧也。」鄭司農考工記注：「『櫛』讀如巾櫛之櫛。」按下云「承火」，又云「左手正櫛」，則「櫛」蓋今之燭剪，所藉以取燼者。尹知章注以「櫛」爲「燭夷」，雖本廣雅，恐義尚未盡。王紹蘭云：孫伯淵云：「『櫛』當作『楖』，蓋剪搣燭燼也。」孫與人注云：「當作『堲』，聲之誤也。檀弓『夏后氏堲周』，鄭注引作『堲』，正義以爲『折燭之炎燼』，是也。」今按：說文：「櫛，梳比之總名也。」「垐，以土增大道上也。」「堲，古文『垐』，從土即。」虞書曰：「朕堲讒說殄行。」「堲」，疾惡也。「櫛」與「堲」皆非燭燼本義。古本作「堲」，今本作「櫛」，竝以聲同假借。以其本無正字，不得謂「櫛」爲聲誤也。檀弓鄭注「火孰曰堲」，此義爲近之。孔疏云：「折燭炎燼，名之曰堲。」以下文「正櫛」，鄭引作「折堲」證之，明「堲」爲「燭夷」，非「折燭夷」。如孔所言「堲」即是折，則「折堲」爲不詞矣。說文：「揤，捽也。」其義近「折」，非「堲」之謂。若用「揤」代「櫛」，解作剪滅燭夷，其誤與孔疏同。莊述祖云：「櫛」，檀弓作「堲」，注曰：「火爇（今本作「熟」，誤。）曰堲。」弟子職曰：「右手折堲。」正義曰：「以弟子職云『折燭之炎夷』，名之曰堲，故知是火爇者。廣雅作『⿰火即，炧也』。」皆據下「折堲」言，故謂之「炧夷」。若據「櫛之遠近，乃承厥火，居句如矩」三句細繹之，知不然也。……禮疏特就注所引「折堲」言之，故云「折燭之炎夷」。鄭固解「堲」爲「火爇」，未嘗解爲「夷」也。蓋燭本爲跋，燭末爲櫛。「櫛」，爇火處也，亦謂之「燋」。說文曰：「燋，所以然持火也。」周禮曰：「以明火爇燋也。」……則「櫛」非「夷」，明矣。曲禮「燭不見跋」，注：「跋，本也，燭本盡，則去之，嫌若夷多，有厭倦意也。」是燭盡則櫛與跋皆爲㶳矣。訓「櫛」爲炧，沿誤可知。上言置熜高下之宜，此言然楖遠近之適，謂燭未然處，去尊者坐所，須令適受火光所照，及斜直如鉤股之形，故曰「乃承厥火，居句如矩」。 王筠云：「櫛」、「緒」者，一物也。自其灼而未灰言之，謂之櫛，「櫛」者，燼也，「櫛」、「燼」疊韻字；自其當棄而言之，謂之緒，「緒」者，「餘也，「緒」、「餘」亦疊韻字。「櫛之遠近，乃承厥火」者，遠近即長短，緣乃承厥火，故云然也。所餘之蒸既無幾，少遲必灼其手，然或以其端之火而然未然之總，則其餘可惜，且非椀中所能容，放必酌其遠近，使未然之總之首，爲火所燎及，故曰「承」。 翔鳳案：說文：「主，鐙中火主也。」其轉音爲「即」爲「櫛」，而爲爇火之處矣。

〔八〕劉績云：别注：「句，曲也。舊燭盡，以新燭繼之，一横一直，其兩端相接之處，詘曲如矩。」 洪亮吉云：考工記冶氏：「倨句中矩。」「倨」、「居」同。詩正義：「句者，局也。」「句」謂著燭處。 莊述祖云：荀子「裾拘必循其理」，楊倞注：「『裾』與『倨』同，方也；『拘』讀爲鉤，曲也。」「居」、「裾」皆假借字。 王筠云：燭本向上以爲用，斯時未然之總必横執之，則如股矣；而櫛之本，參錯於總之間，以相持而爲固，則如句矣；一句一股，故曰「如矩」也。云「居句」者，即考工記磬氏之「倨句」，「倨」即股也。 爾雅釋畜「駮倨牙」，淮南本經訓作「居牙」，是「居」、「倨」同字之證。玉楖雕矢磬同爲刮磨之工，鄭注曰：「『楖』讀如巾櫛之櫛。」知「楖」即本篇「櫛」之古字。 陶鴻慶云：劉說較尹注爲勝，惟不及「居」字之義。「居」讀爲倨。漢書郅都傳「丞相條侯，至貴居也」，亦借「居」爲「倨」。「居句」，即考工記磬氏之「倨句」。新燭横者爲句，舊燭直者爲倨，故曰「居句如矩」。

〔九〕劉績云：别注：「蒸，細薪也。言稍寬其束，使其蒸間可以各容一蒸，以通火氣。又使已燃者居上，未然者居下，則火易然也。」洪亮吉云：鄭玄周禮注：「給炊及燎，麤者曰薪，細者曰蒸。」高誘淮南王書注：「薪小者曰蒸。」説文：「然，燒也。」……蒸間必容蒸者，防見跋即可以代然也。「處下」者，然火必自下始，如今之火炬也。王筠云：「蒸間容蒸」者，謂總本堅束，而又强使之容蒸，則彌堅，始可以「然者處下」而不墮，非如原注所云「少寬其束」也。又謂「蒸間各容一蒸」，亦未是，必以兩直束相接，乃可如彼所説；此固未然之總横，而將盡之櫛縱也，但分爲兩三分，使之互相挾持而已。陶鴻慶云：劉言製燭之法。此不言製燭之法，其説非也。「蒸間容蒸」者，謂新舊兩蒸接觸之處，如過相切近，則火氣不易傳達，故少寬讓，以間容一蒸爲度也。「然者在下」，「然」者指舊燭而言。尹注謂「然燭者必處下以焚」，亦非。

〔一〇〕莊述祖云：「奉椀」亦當爲「奉掔」。「掔」，俗字作「捥」，故訛作「椀」。説文：「緒，絲耑也。」韓詩外傳曰：「束藴請火。」説文：「緼，紼也。」……紼爲亂絲，是緒與緼皆殘餘滯積之亂絲。一人兩手奉麻蒸，一人用殘絲束之以爲熜。王筠云：然者既處下，則倏忽之間，未然者必然，櫛更無不然，其灰燼必墮矣，故以椀承之，所以斂其緒餘也。必捧之者，若以櫛就椀，則室中不明矣，惟「以爲」二字似有誤，所未詳也。然此爲無客而言，若有客，則曲禮所謂「燭不見跋」者是也。「跋」即「櫛」之本。孫詒讓云：莊氏謂「椀」當爲「捥」，即上文云「飯必捧擥」，是也。而訓「緒」爲以絲束熜，則近於皮傅，非管子之指。此「緒」當訓爲事。（爾雅釋詁云：「緒，事也。」）言執燭之儀頌，以奉擥爲事法也。「奉擥以爲緒」，與上云「凡言與行思中以爲紀」，文例略同。翔鳳案：王說是。

〔二〕王紹蘭云：「右手執燭，左手正櫛」，檀弓鄭注引弟子職曰「右手折堲」，是漢時舊本「正櫛」作「折堲」。既云「右手折堲」，可知左手執燭矣。孔疏引作「左手秉燭，右手折堲」。釋文引作「左手執燭，右手折堲」。是唐本與漢本同，惟「執」或作「秉」爲異，而漢本之爲「執」爲「秉」，不可知矣。今本左右互移，尹氏無注，蓋傳寫之譌耳。莊述祖云：執燭但用一手，故左執之，而右正櫛。禮記正義：「管子書有弟子職篇云『左手秉燭，右手正堲』，鄭云：『折堲』者，即是正除之義。」音義：「管子云『左手執燭，右手折即』，即，燭頭燼也。」（今本「左」、「右」互易，誤。）是陸德明亦以「即」爲燼，但據「折即」言之耳。秉燭用左手者，以折櫛當用右手也。「折」、「正」聲相近，「正櫛」即「折櫛」也。丁士涵云：廣雅：「㶿、𤎅，炧也。」說文：「炧，燭𤎅也。」尹注：「『櫛』謂燭盡。」「盡」與「𤎅」通。說文：「𤎅，火餘木也。」「堲」爲「㶿」借字，作「櫛」者誤。上文「櫛之遠近，乃承厥火」同。王筠云：「右手執燭」者，新然之總也。「左手正櫛」，一本作「左手折堲」，「正」讀如整，整理之也，謂櫛之餘皆剔去之，斯時之燭，復向上之舊矣。

〔二〕洪亮吉云：廣雅釋詁：「墮，脱也。」漢書集注：「墮，落也。」有墮，謂燭穗落也，即上所云「緒」也。　王紹蘭云：尹注謂：「燒燭者有墮，即令其次代之。」尹以上文「承火」爲「代燭」，此遂讀「墮」爲惰，謂人代人執燭也。據説文「灺，燭㶳也」，「灺」之言墮也，亦謂之「緒」。上云「奉盌以爲緒」，莊子讓王篇「其緒餘」，司馬彪注：「緒，殘也。」説文：「緒，絲耑也。」燭用麻蒸，其燒殘餘㶳猶見麻灰緒耑，故有「緒」稱。然則本其質謂之「緒」，舉其名謂之「灺」，指其實謂之「墮」，其未㶳墮而折之者謂之「堲」，皆指燭言。　莊述祖云：當讀「右手正櫛有墮」句，「代燭交坐」句，「墮」與「坐」叶，「緒」與「者」、「去」叶，各自爲韻。……「墮」是燭㶳，鄭斷章取「右手折堲」證「堲周」之義，其後遂循以絶讀。「櫛」謂之㶳，「墮」又謂之㶳，「緒」亦謂之㶳，辭義失之複矣。　曲禮「授立不跪，授坐不立」，注：「爲煩尊者俯仰受之。」謂於尊之前授受，彼此俯仰，恐煩尊者。執燭者既隅坐，則代之者亦必坐，故曰「交坐」。既詳坐立之恒，尤謹向背之戒，取櫛去之者，即「燭不見跋」意，言櫛不言跋，燭盡則殘跋，蒙上言之，故曰「櫛」。而「櫛」非「㶳」，益明矣。　俞樾云：尹注：「燒燭者有墮，即令其次代之也。」然則正文及注文「墮」字，並當作「惰」。大戴禮盛德篇：「無度量則小者偷墮。」是「墮」與「惰」古字通。　王筠云：「有墮代燭」者，「墮」，墜落也。餘燼既剔，即別有弟子代之執，既均勞逸，亦以便其棄櫛也。既有代者，則必交坐而受其燭，此當並受，不當訝受而倍師也。

郭嵩燾云：「有墮代燭」以「交坐無倍尊者」爲誼。上文「執燭隅火」，則在先生坐隅也。「代燭」者亦以坐隅，宜防其有倍尊者。集韻：「墮，毀也。」燭盡則毀滅，故須有代者而前，執燭者則取櫛以出也。俞氏釋「墮」爲「惰」，似專以「代燭」爲誼，恐失之。

先生將息，弟子皆起。敬奉枕席，問所何趾〔一〕。**俶衽則請，有常則否**〔二〕。俶，始也①。變②其衽席；則當問其所趾。若有常處，則不請也。**先生既息，各就其友。相切相磋，各長其儀**〔三〕。**周則復始，是謂弟子之紀。**

〔一〕洪亮吉云：虞翻易注：「趾，足也。」說文作「止」，云「問足何止」。鄭玄禮記注：「坐問鄉，臥問趾，因於陰陽。」莊述祖云：「所」當爲「雅」，說文作「疋」，引弟子職「問疋何趾」，又言：「古文以爲詩大疋字。」史記集解引韋昭曰：「雅，素也。」又引服虔曰：「雅，故也。」……鄭曲禮注「坐問鄉，臥問趾，因於陰陽」，謂奉枕席，先問雅素何趾也。王紹蘭云：說文：「疋，足也，弟子職曰：問疋何止。」「疋」、「所」古同聲，自可借所爲疋。說文無「趾」字，「止」即是。古本爲長。（「問疋何止」之「止」，讀「知其所止」之「止」。）問足所止何方，非趾之謂。王筠云：「所」，說文引作「疋」。「疋」，所菹切，足也。今本「疋」作「所」者，以雙聲譌也。

①「俶始也」三字原無，據補注增。
②「變」字原作「廢」，據補注改。

朱子本「何」字作黑釘者，蓋據内則曰「請何趾」，遂誤解「所」字，因删「何」字也。内則釋文作「止」。漢書刑法志「當斬左止」、「當斬右止」，顔注：「止，足也。」孟堅乃後漢人，猶不作「趾」，故説文不收。　翔鳳案：説文：「疋，足也。上象腓腸，下從止。弟子職曰：『問疋何止。』古文以爲詩大疋字。」章太炎謂「雅」得義於足迹，即疋記之疋。「疋」爲所菹切，故轉爲「所」。詩之大雅、小雅，乃王者之迹。雅非足，「問雅何止」則不通，莊説謬極矣。

〔二〕莊述祖云：鄭二禮注皆云：「衽，卧席也。」然據士昏禮「媵衽良席在東」，則「衽」當爲布席之稱。言弟子始爲先生布席，則當請也。曲禮「席南鄉北鄉，以西方爲上，東鄉西鄉，以南方爲上」，注：「布席無常，此其順之也。」亦約弟子職文。有常者或以南鄉北鄉爲常，或以東鄉西鄉爲常，變其衽席則無常，與俶衽皆當請也。　王筠云：「衽」是動字，乃鋪設枕席之名。士昏禮：「御衽於奥。」又案：内則「斂衾與簟，縣衾篋枕，斂簟而襡之」，是知晨則斂之，夜則衽之。上文蚤作章未嘗言斂，本文言「衽」，亦足以互見矣。　翔鳳案：爾雅釋詁「俶，始也」，音同頭，謂頭一次也。

〔三〕洪亮吉云：韋昭國語注：「長，益也。」張晏漢書注：「長，益也。」「儀」與「義」同，謂各增益其義藴也。曲禮云：「疑義相與晰。」　莊述祖云：釋詁曰：「儀，善也。」毛詩傳曰：「朋友以義切切節節然。」論語曰：「朋友切切偲偲。」「切磋」，長善之謂也。

言昭第六十亡

雜篇十一

脩身第六十一亡

雜篇十二

問霸第六十二亡

雜篇十三

牧民解第六十三亡

管子解一

翔鳳案：「解」有三種：牧民解、形勢解、立政九敗解、版法解，此以傳解經。墨子謂之「說」，如經說二篇是。此門弟子受學而記之。宙合非經言，自提自解，所解多古語，非解不明，爲一特例。明法在區言中，別有專篇以解之。法令多專名，亦非解不明，此則非經而近於經者也。

韓非有解老，與此相類。其儲說自提自解，與宙合相類。韓非解老云：「朝甚除也者，獄訟繁也。訟獄繁則田荒，田荒則府倉虛，府倉虛則國貧，國貧而民俗淫侈，民俗淫侈則衣食之業絶，衣食之業絶則民不得無飾巧詐，飾巧詐則知采文，知采文之謂服文采。獄訟繁，倉廩虚，而有以淫侈爲俗，則國之傷也，若以利劍刺之，故曰：『帶利劍。』」諸句平列，而「帶利劍」三字獨爲比喻，此爲後世文法所必無，而周則有之。其正喻夾寫在一處，如宙合篇「左操五音，左執五味」，爲最著之例。其散在各篇被人誤解者多矣。

管子校注卷第二十

形勢解第六十四

山者，物之高者也。惠者，主之高行也。慈者，父母之高行也。忠者，臣之高行也〔一〕。孝者，子婦之高行也。故山高而不崩，則祈羊至。主惠而不解，則民奉養。父母慈而不解，則子婦順。臣下忠而不解，則爵禄至。子婦孝而不解，則美名附。故節高而不解，則所欲得矣，解則不得。故曰：山高而不崩，則祈羊至矣。

〔一〕王念孫云：「臣之高行」，當依朱本作「臣下之高行」。下文「臣下」字凡七見。初學記人部上、御覽人事部五十九竝引作「臣下之高行」。翔鳳案：類書因父母子婦爲偶名而加「下」字，非是。管書非駢偶，句法不一致也。

淵者，衆物之所生也，能深而不涸，則沈玉至。主者，人之所仰而生也，能寬裕純厚而不苛忮〔二〕，則民人附。父母者，子婦之所受教也，能慈仁教訓而不失理，則子婦孝。臣下者，主之所用也，能盡力事上，則當於主。子婦者，親之所以安也，能孝弟順親，則當於親。故淵涸而無水，則沈玉不至。主苛而無厚，則萬民不附。父母暴而無恩，則子婦不親。臣下墮而不忠〔二〕，則卑辱困窮。子婦不安親，則禍憂至〔三〕。故淵不涸則所欲者至，涸則不至。故曰：淵深而不涸，則沈玉極。

〔一〕翔鳳案：説文：「忮，很也。」莊子達生：「雖有忮心，不怨飄瓦。」山木：「方舟而濟於河，雖有褊心而人不怒。」「忮」與褊急同義。説文：「急，褊也。」「苟，自急敕也。从羊省，从包省，从口」，與「苟」之從艸、句聲者不同。「苟忮」二字正可相連。若下文「苛而不厚」，「苛」與「厚」相反，自當作「苛」。郭沫若謂「苟」當作「苛」，誤矣。宋本之可貴，此其一也。

〔二〕王念孫云：「隨」，當依宋本作「墮」，「墮」與「惰」同，言怠惰而不盡其力也。上文云「臣下能盡力事上，則當於主」，正與此文相對。

〔三〕陶鴻慶云：以上文例之，「親」上當有「其」字，「禍憂至」下當有脱文，疑是「身」字。上文「厚」與「附」爲韻，「恩」與「親」爲韻，「忠」與「窮」爲韻，此當以「身」與「親」爲韻也。

天覆萬物，制寒暑，行日月，次星辰，天之常也。治之以理，終而復始。主牧萬民，治天下，莅百官，主之常也。治之以法，終而復始。和子孫，屬親戚，父母之常也。治之以義，終而復始。敦敬忠信，臣下之常也。以事其主，終而復始。愛親善養，思敬奉教，子婦之常也。以事其親，終而復始。故天不失其常，則寒暑得其時，日月星辰得其序。主不失其常，則羣臣得其義，百官守其事。父母不失其常，則子孫和順，親戚相驩。臣下不失其常，則事無過失，而官職政治。子婦不失其常，則長幼理而親疏和。故用常者治，失常者亂，天未嘗變其所以治也。故曰：天不變其常。

地生養萬物，地之則也。治安百姓〔一〕，主之則也。教護家事，父母之則也。正諫死節，臣下之則也。盡力共養，子婦之則也。地不易其則，故萬物生焉。主不易其利，故百姓安焉。父母不易其則，故家事辦焉。臣下不易其則，故主無過失。子婦不易其則，故親養備具。故用則者安，不用則者危，地未嘗易其所以安也。故曰：地不易其則。

〔一〕俞樾云：「治安」上當有「主」字。「主治安百姓」與「地生養萬物」相對，猶上文「主牧萬民」與「天覆萬物」相對也。翔鳳案：上釋「天不變其常」，發端有「天」字，此釋「地不易其則」，發端當有「地」字，故郭沫若説「上『地』字衍文」，非也。然文以地利爲主，故「天」以下可省，俞必加「主」字，亦非。「主不易其利」，此「利」指「治安百姓」，言之，趙本改爲「則」，以昭畫一，然「利」字較勝。

春者陽氣始上，故萬物生。夏者陽氣畢上，故萬物長。秋者陰氣始下，故萬物收。冬者陰氣畢下，故萬物藏。故春夏生長，秋冬收藏，四時之節也。賞賜刑罰，主之節也。四時未嘗不生殺也，主未嘗不賞罰也。故曰：春秋冬夏，不更其節也。

天覆萬物而制之，地載萬物而養之，四時生長萬物而收藏之，古以至今，不更其道。故曰：古今一也。

蛟龍，水蟲之神者也。乘於水則神立，失於水則神廢。人主，天下之有威者也，得民則威立，失民則威廢。蛟龍待得水而後立其神，人主待得民而後成其威。故曰：蛟龍得水而神可立也。

虎豹，獸之猛者也，居深林廣澤之中，則人畏其威而載之。人主，天下之有勢者也，深居則人畏其勢。故虎豹去其幽而近於人，則人得之而易其威〔一〕。人主去其門而迫於民，則民輕之而傲其勢。故曰：虎豹託幽而威可載也。

〔一〕陳奂云：「易」讀爲傷，説文曰：「傷，輕也。」

風，漂物者也。風之所漂，不避貴賤美惡。雨，濡物者也。雨之所墮，不避小大强弱。風雨至公而無私，所行無常鄉，人雖遇漂濡而莫之怨也。故曰：風雨無鄉而怨怒不及也。

人主之所以令則行、禁則止者，必令於民之所好，而禁於民之所惡也。民之情，莫不欲生而惡死，莫不欲利而惡害。故上令於生利人則令行，禁於殺害人則禁止。

令之所以行者，必民樂其政也，而令乃行。故曰：貴有以行令也。

人主之所以使下盡力而親上者，必爲天下致利除害也。故德澤加於天下，惠施厚於萬物，父子得以安，羣生得以育。故萬民驩盡其力而樂爲上用，入則務本疾作以實倉廩，出則盡節死敵以安社稷，雖勞苦卑辱而不敢告也。此賤人之所以亡其卑也〔一〕。故曰：賤有以亡卑〔二〕。

〔一〕安井衡云：「亡」讀爲忘。

〔二〕安井衡云：古本「亡」作「忘」；「卑」下有「也」字。

起居時，飲食節，寒暑適，則身利而壽命益。起居不時，飲食不節，寒暑不適，則形體累而壽命損。人惰而侈則貧，力而儉則富。夫物莫虛至，必有以也。故曰：壽夭貧富，無徒歸也。

法立而民樂之，令出而民銜之。法令之合於民心，如符節之相得也，則主尊顯。故曰：銜令者，君之尊也〔一〕。

〔一〕孫星衍云：形勢篇「令」作「命」，此涉上文而譌。

人主出言，順於理，合於民情，則民受其辭。民受其辭，則名聲章。故曰：受辭者，名之運也。

明主之治天下也，靜其民而不擾，佚其民而不勞。不擾則民自循，不勞則民自試。故曰：上無事而民自試。

人主立其度量，陳其分職，明其法式，以莅其民，而不以言先之，則民循正〔一〕。所謂抱蜀者，祠器也。故曰：抱蜀不言，而廟堂既脩〔二〕。

〔一〕安井衡云：古本「循」作「脩」。翔鳳案：「循」字是。

〔二〕宋翔鳳云：徐侍郎頲曰：「『祠』即『治』字。公羊春秋莊八年『甲午祠兵』，穀梁及左氏並作『治兵』。公羊雖以『治』爲『祠』，然傳及注但言『習戰』，義仍同『治』。惟陸氏音義云『祠，祭也』，是望文附會。」按徐説極是。公羊作「祠」，是齊人語。解管子者亦齊人，故云「祠器」。説文：「辭，訟也，從𤔔，『𤔔』猶理辜也。𤔔，理也。重文『𤔲』，籀文『辭』从司。」按此知「治」與「𤔲」義相近，「治」可通作「𤔲」。公羊春秋及管子「祠」字當爲「𤔲」，形聲相近誤爲「祠」。故鄭駁異義謂公羊「祠兵」爲誤字也。周禮大祝「一曰祠」，注：「鄭司農云『祠』當爲『辭』。」知「祠」亦通「辭」。廣雅：「蜀，弌也。」方言：「蜀，一也，南楚謂之『獨』。」管子之「抱蜀」，即老子之「抱一」。「抱蜀」以爲治國之器，老子「抱一爲天下式」，「式」亦「器」義。今傳尹知章注，襲形勢解之文而删「抱」字，但云「蜀者，祠器也」，讀者紛然，遂莫得其解。近見影宋本管子第一卷，後載音釋「『蜀』音猶」，「猶」字顯係「獨」字之誤，知音釋出尹注前矣。戴望云：此文當據尹注形勢篇作「所謂蜀者，祠器也」，衍「抱」字。蓋尹所見本無「抱」字也。宋謂尹所删削，似非。蔣超伯云：祭祀之禮，王祼以圭瓚，諸侯亞祼以璋瓚。詩大雅：「濟濟辟王，髦士奉璋。」爾雅：「璋，大八寸謂之琡。」説文「琡」作「璹」，云：「玉器也，讀若淑。」形勢解所謂「抱蜀者，祠器也，故曰『抱蜀不言而廟堂既脩』」，「抱蜀」謂奉璋也，本是「璹」字，借「蜀」字耳。翔鳳案：「抱蜀」即「抱燭」，詳形勢篇。

將將鴻鵠，貌之美者也。貌美，故民歌之。德義者，行之美者也。德義美，故民樂之。民之所歌樂者，美行德義也，而明主鴻鵠有之〔一〕。故曰：鴻鵠將將，維民歌之。

〔一〕王念孫云：「美行」當爲「美貌」。「美貌」謂鴻鵠，「德義」謂明主，竝見上文。今作「美行」者，涉上文「行之美者」而誤。翔鳳案：於鴻鵠爲美貌，於人主爲美行。鴻鵠爲比，以美行爲主，王説誤矣。

濟濟者，誠莊事斷也〔一〕。多士者，多長者也。周文王誠莊事斷，故國治。其羣臣明理以佐主，故主明。主明而國治，竟内被其利澤。殷民舉首而望文王，願爲文王臣。故曰：濟濟多士，殷民化之。紂之爲主也，勞民力，奪民財，危民死，冤暴之令加於百姓，憯毒之使施於天下，故大臣不親，小民疾怨。天下畔之，而願爲文王臣者，紂自取之也。故曰：紂之失也。無儀法程式，蜚搖而無所定，謂之蜚蓬之問〔二〕。蜚蓬之問，明主不聽也。無度之言，明主不許也。故曰：蜚蓬之問，不在所賓。

〔一〕俞樾云：詩泮水篇「實始翦商」，毛傳云：「翦，齊也。」鄭箋云：「斷也。」正義謂：「『齊』即斬斷之義。」此文以「誠莊事斷」釋「濟濟」，即此義。可見古詩説，故特表出之。

〔二〕孫星衍云：「蜚」，古「飛」字。後漢書明帝紀注引作「飛」字，下俱同。形勢篇作「飛」字。

道行則君臣親，父子安，諸生育。故明主之務，務在行道，不顧小物。燕爵，物之小者也。故曰：燕爵之集，道行不顧。

明主之動靜得理義，號令順民心，誅殺當其罪，賞賜當其功，故雖不用犧牲珪璧禱於鬼神，鬼神助之，天地與之，舉事而有福。亂主之動作失義理，號令逆民心，誅殺不當其罪，賞賜不當其功，故雖用犧牲珪璧禱於鬼神，鬼神不助，天地不與，舉事而有禍。故曰：犧牲珪璧，不足以享鬼〔一〕。

〔一〕安井衡云：古本「鬼」下有「神」字。孫星衍云：形勢篇「牲」作「牷」。

主之所以爲功者，富强也。故國富兵强，則諸侯服其政，鄰敵畏其威。雖不用寶幣事諸侯，諸侯不敢犯也。主之所以爲罪者，貧弱也。故國貧兵弱，戰則不勝，守則不固。雖出名器重寶以事鄰敵，不免於死亡之患。故曰：主功有素，寶幣奚爲！

羿，古之善射者也，調和其弓矢而堅守之，其操弓也，審其高下，有必中之道，故能多發而多中。明主猶羿也，平和其法，審其廢置而堅守之，有必治之道，故能多舉而多當。道者，羿之所以必中也，主之所以必治也。射者，弓弦發矢也〔一〕。故曰：羿之道，非射也。

〔一〕王引之云：「弓」當爲「引」，此涉上文兩弓字而誤。翔鳳案：射以弓弦發矢，省「以」字，改「引」非。

造父，善馭馬者也〔二〕，善視其馬，節其飲食，度量馬力〔三〕，審其足走，故能取遠道而馬不罷。明主猶造父也，善治其民，度量其力，審其技能，故立功而民不困傷。故術者，造父之所以取遠道也，主之所以立功名也。馭者，操轡也。故曰：造父之術，非馭也。

〔二〕王念孫云：羿，善射者也；造父，善馭者也，文同一例。「馭」下「馬」字，涉下文而衍。太平御覽工藝部三引此無「馬」字。翔鳳案：魯東野稷以善馭聞。馬力盡矣，而猶求馬不已，顏淵知其將敗。重在善馭馬，「馬」字不可少。王知其一不知其二也。御覽不足據。

〔三〕孫星衍云：太平御覽引作「量其馬力」。俞樾云：此本作「度量其力」，承上文「善視其馬」而言，不必言「馬」也。下文説明主善治其民，亦云「度量其力」，不言「民力」，可證此文「馬力」之誤。翔鳳案：「馬力」二字重要，東野稷是其例，俞説非是。

奚仲之爲車器也〔一〕，方圜曲直，皆中規矩鈎繩。故機旋相得，用之牢利，成器堅固。明主猶奚仲也，言辭動作皆中術數，故衆理相當，上下相親。巧者，奚仲之所以爲器也，主之所以爲治也。斲削者，斤刀也。故曰：奚仲之巧，非斲削也。

〔一〕王念孫云：「器」字，涉下文兩「器」字而衍。藝文類聚舟車部、太平御覽車部二引此皆無「器」字。俞樾云：「車器」二字不詞。據下文云「巧者奚仲之所以爲器也」，則此文亦當作「奚仲之爲器也」，「車」字蓋後人妄加耳。藝文類聚及御覽引此文並作「奚仲之爲車」，蓋反以「器」字爲衍而删之。考工記曰：「一器而工聚焉者，車爲多。」「車」亦「器」也。此文以作「器」爲長。翔鳳案：老子「天下神器」，王注：「器，合成也。」今謂之零件。其方圓曲直，各件不同，故下云「爲器」。王説誤矣。

民，利之則來，害之則去。民之從利也，如水之走下，於四方無擇也。故欲來民者，先起其利，雖不召而民自至。設其所惡，雖召之而民不來也。故曰：召遠者，使無爲焉。

莅民如父母，則民親愛之。道之純厚，遇之有實〔一〕，雖不言曰吾親民，而民親矣。莅民如仇讎，則民疏之。道之不厚，遇之無實，詐僞並起，雖言曰吾親民，民不親也。故曰：親近者，言無事焉。

〔一〕安井衡云：古本「有」作「真」。翔鳳案：「有實」與下文「無實」相承，謂有實惠也。若作

「真實」，則下文當云「虛妄」，古本誤。

明主之使遠者來而近者親也，爲之在心，所謂夜行者，心行也。能心行德，則天下莫能與之爭矣。故曰：唯夜行者獨有之乎〔一〕。

〔一〕翔鳳案：「乎」，四川口語作「嗎」，乃決定詞。古本誤認爲詰問而改爲「也」，謬。

爲主而賊，爲父母而暴，爲臣下而不忠，爲子婦而不孝，四者，人之大失也。大失在身，雖有小善，不得爲賢。所謂平原者，下澤也，雖有小封，不得爲高。故曰：平原之隰，奚有於高！

爲主而惠，爲父母而慈，爲臣下而忠，爲子婦而孝，四者，人之高行也。高行在身，雖有小過，不爲不肖。所謂大山者，山之高者也，雖有小隈，不以爲深。故曰：大山之隈，奚有於深！

毁訾賢者之謂訾，推譽不肖之謂譽。爲劇切。訾、譽之人得用，則人主之明蔽，而毁譽之言起。任之大事，則事不成而禍患至。故曰：訾譽之人，勿與任大。

明主之慮事也，爲天下計者，謂之譕臣〔一〕，譕臣則海内被其澤。澤布於天下，後世享其功，久遠而利愈多。故曰：譕臣者，可與遠舉。

〔一〕戴望云：「臣」，「巨」字之誤，下同。說詳本篇。 翔鳳案：「譕」即「蹠」字，詳本篇。

聖人擇可言而後言，擇可行而後行。偷得利而後有害，偷得樂而後有憂者，聖人不爲也。故聖人擇言必顧其累，擇行必顧其憂。故曰：顧憂者，可與致道。小人者，枉道而取容，適主意而偷説，備利而偷得〔一〕。如此者，其得之雖速，禍患之至亦急，故聖人去而不用也。故曰：其計也速，而憂在近者，往而勿召也。

〔一〕王念孫云：「備」當爲「循」，隸書「循」字作「㣥」，「備」字作「偹」，二形相似而誤。（荀子勸學篇「聖心備焉」，「備」誤作「循」。）俞樾云：「備」字無義，疑「苟」字之誤。「苟」誤作「茍」，因誤爲「備」矣。禮記表記篇「安肆日偷」，鄭注曰：「偷，苟且也。」是「偷」與「苟」同義。「苟利」即「偷得」也。翔鳳案：廣雅釋詁四：「備，究也。」窮究於利而偷得之，文義正合，王、俞改字非是。

舉一而爲天下長利者，謂之舉長。舉長則被其利者衆，而德義之所見遠。故曰：舉長者，可遠見也〔一〕。

〔一〕戴望云：元本「見」下有「者」字。

天之裁大，故能兼覆萬物。地之裁大，故能兼載萬物。人主之裁大，故容物多而衆人得比焉。故曰：裁大者，衆之所比也。

貴富尊顯，民歸樂之，人主莫不欲也。故欲民之懷樂己者，必服道德而勿猒也，而民懷樂之。故曰：美人之懷，定服而勿厭也。

聖人之求事也，先論其理義，計其可否。故義則求之，不義則止。可則求之，不可則止。故其所得事者，常爲身寶。小人之求事也，不論其理義，不計其可否。不義亦求之，不可亦求之。故其所得事者，未嘗爲賴也。故曰：必得之事，不足賴也。

聖人之諾已也，先論其理義，計其可否。義則諾，不義則已。可則諾，不可則已。故其諾未嘗不信也。小人不義亦諾，不可亦諾。言而必諾，故其諾未必信也。故曰：必諾之言，不足信也。

謹於一家則立於一家，謹於一鄉則立於一鄉，謹於一國則立於一國，謹於天下則立於天下。是故其所謹者小，則其所立亦小。其所謹者大，則其所立亦大。故曰：小謹者，不大立。

海不辭水，故能成其大。山不辭土石，故能成其高。明主不厭人，故能成其衆。士不厭學，故能成其聖。飺疾移切。嗛食皃。者，多所惡〔一〕也。諫者，所以安主也。食者，所以肥體也。主惡諫則不安，人飺食則不肥。故曰：飺食者，不肥體也。

〔一〕陳奐云：此與下三「飺」字皆當作「訾」，涉下「食」字而誤從食耳。形勢篇正作「訾」。姚永概云：「飺」當是古字，故尹注云：「疾移切，嗛食貌。」陳奐乃據形勢篇改爲「訾」，過矣。

言而語道德忠信孝弟者，此言無棄者。天公平而無私，故美惡莫不覆。地公平而無私，故小大莫不載。無棄之言，公平而無私，故賢不肖莫不用。故無棄之言者，參伍於天地之無私也。故曰：有無棄之言者，必參之於天地矣。

明主之官物也，任其所長，不任其所短，故事無不成，而功無不立。亂主不知物之各有所長所短也，而責必備。夫慮事定物，辯明禮義，人之所長，而蝚蝯上如由切。下于元切。之所短也。緣高出險，蝚蝯之所長，而人之所短也。以蝚蝯之所長責人，故其令廢而責不塞。故曰：墜岸三仞，人之所大難也，而蝚蝯飲焉〔一〕。

〔一〕安井衡云：古本作「蝯蝚」。孫星衍云：形勢篇作「猿猱」。爾雅釋獸：「蝯蝚善援。」説文：「蝯善援。」字皆作「蝯」。「蝯」字當從犬旁作「猨」。翔鳳案：爾雅釋獸「猱蝯善援」，上字從犬，下字從虫，不誤。説文：「蝚，蛭蝚，至掌也。」此水蛭，不能作「蝚」，明矣。

明主之舉事也，任聖人之慮〔一〕，用衆人之力，而不自與焉，故事成而福生。亂主自智也〔二〕，而不因聖人之慮，矜奮自功，而不因衆人之力，專用己而不聽正諫，故事敗而禍生。故曰：伐矜好專，舉事之禍也。

〔一〕豬飼彦博云：「聖」當作「衆」，下同。翔鳳案：説文：「聖，通也。」猶今言聰明。任聰明人之思慮，用衆人之力以行之，衆人不必皆聰明也。「聖」非誤字。

〔二〕戴望云：「也」字衍。翔鳳案：亂主自作聰明，與「任聖人」相反。郭沫若謂「自智」上奪「伐能」二字，非是。

馬者，所乘以行野也，故雖不行於野，其養食馬也，未嘗解惰也。民者，所以守戰也，故雖不守戰，其治養民也，未嘗解惰也。故曰：不行其野，不違其馬。

天生四時，地生萬財，以養萬物而無取焉。明主配天地者也，教民以時，勸之以耕織，以厚民養，而不伐其功，不私其利。故曰：能予而無取者，天地之配也。

解惰簡慢，以之事主則不忠，以之事父母則不孝，以之起事則不成。故曰：怠倦者，不及也。

以規矩爲方圜則成，以尺寸量短長則得〔一〕，以法數治民則安。故事不廣於理者，其成若神。故曰：無廣者疑神。

〔一〕翔鳳案：卜居：「尺有所短，寸有所長。」

事主而不盡力則有刑，事父母而不盡力則不親，受業問學而不加務則不成。故朝不勉力務進，夕無見功。故曰：朝忘其事，夕失其功。

中情信誠則名譽美矣，脩行謹敬則尊顯附矣。中無情實則名聲惡矣，脩行慢易則汙辱生矣。故曰：邪氣襲内，正色乃衰也。

爲人君而不明君臣之義以正其臣，則臣不知於爲臣之理以事其主矣〔一〕。故曰：君不君，則臣不臣。

〔一〕戴望云：元本無「於」字。俞樾云：「不知」下不當有「於」字，乃衍文也。下文云「爲人父而不明父子之義，以教其子而整齊之，則子不知爲人子之道以事其父矣」，「不知」下亦無「於」字，可證。翔鳳案：理甚多，臣非不知，所不知者，爲臣之理耳。「於」字不誤。當然，「於」字亦可省，而以下文畫一校之，則不可也。

爲人父而不明父子之義以教其子而整齊之，則子不知爲人子之道以事其父矣〔一〕。故曰：父不父，子不子。

〔一〕安井衡云：古本「不父」下有「則」字。翔鳳案：論語「君不君，臣不臣，父不父，子不子」，則春秋時不用「則」字，古本非是。

君臣親，上下和，萬民輯，故主有令則民行之，上有禁則民不犯〔一〕。君臣不親，上下不和，萬民不輯，故令則不行，禁則不止。故曰：上下不和，令乃不行。

〔一〕丁士涵云：「上有禁」亦當作「主有禁」，與「主有令」對文。「主」、「民」二字正釋「上」、「下」也。翔鳳案：「上」字承「上下和」，不必改。

言辭信，動作莊〔一〕，衣冠正，則臣下肅。言辭慢，動作虧，衣冠惰，則臣下輕之。

故曰：衣冠不正，則賓者不肅。

〔一〕翔鳳案：古語云「動容」或「容止」，未見有「動止」之文，郭沫若據古本改「作」爲「止」，非是。「動作虧」，古本與宋本同，則古本「動止莊」乃誤字耳。

儀者，萬物之程式也。法度者，萬民之儀表也。禮義者，尊卑之儀表也。故動有儀則令行，無儀則令不行。故曰：進退無儀，則政令不行。

人主者，温良寬厚則民愛之，整齊嚴莊則民畏之。故民愛之則親，畏之則用。夫民親而爲用，主之所急也。故曰：且懷且威，則君道備矣。

人主能安其民，則事其主如事其父母〔一〕，故主有憂則憂之，有難則死之。主視民如土則民不爲用，主有憂則不憂，有難則不死。故曰：莫樂之則莫哀之，莫生之則莫死之。

〔一〕王念孫云：「事其主」上脱「民」字，當依羣書治要補。下文云「則民不爲用」，正與此文相對。

翔鳳案：此句承「人主」來，「民」字可省。

民之所以守戰至死而不衰者，上之所以加施於民者厚也。故上施厚則民之報上亦厚，上施薄則民之報上亦薄。故薄施而厚責，君不能得之於臣，父不能得之於子。故曰：往者不至，來者不極。

道者，扶持衆物，使得生育而各終其性命者也。故或以治鄉，或以治國，或以治天下。故曰：道之所言者一也，而用之者異。聞道而以治一鄉，親其父子，順其兄弟，正其習俗，使民樂其上，安其土，爲一鄉主幹者，鄉之人也。故曰：有聞道而好爲鄉者，一鄉之人也。

民之從有道也，如飢之先食也，如寒之先衣也，如暑之先陰也。故有道則民歸之，無道則民去之。故曰：道往者其人莫來，道來者其人莫往。道者，所以變化身而之正理者也。故道在身，則言自順，行自正，事君自忠，事父自孝，遇人自理。故曰：道之所設，身之化也。

天之道，滿而不溢，盛而不衰。明主法象天道，故貴而不驕，富而不奢，行理而不惰，故能長守貴富，久有天下而不失也。故曰：持滿者與天。明主，救天下之禍、安天下之危者也。夫救禍安危者，必待萬民之爲用也，而後能爲之。故曰：安危者與人。

地大國富，民衆兵强，此盛滿之國也。雖已盛滿，無德厚以安之，無度數以治之，則國非其國，而民無其民也〔一〕。故曰：失天之度，雖滿必涸。

〔一〕戴望云：元本「無」作「非」。翔鳳案：「無其民」爲民無有，管書屢以民流亡爲説，則

「無」非誤字。

臣不親其主，百姓不信其吏，上下離而不和，故雖自安必且危之。故曰：上下不和，雖安必危。

主有天道以禦其民，則民一心而奉其上，故能貴富而久王天下。失天之道，則民離畔而不聽從，故主危而不得久王天下。故曰：欲王天下而失天之道，天下不可得而王也。

人主務學術數，務行正理，則化變日進，至於大功，而愚人不知也。亂主淫佚邪枉，日爲無道，至於滅亡而不自知也。故曰：莫知其爲之，其功既成。莫知其舍之也，藏之而無形〔一〕。

〔一〕安井衡云：經言作「其道既得，莫知其爲之，其功既成，莫知其釋之，藏之無形，天之道也」，此脱首尾各一句，而「釋之」下衍「也」字，「藏之」下衍「而」字，又解「莫知其釋之」爲淫泆無道之事，謬甚。古本「舍」作「釋」。翔鳳案：凡「故曰」皆爲古語，多有韻。本篇「其道既得」與「天之道也」二句，承上「聞道」來，非古語，當然削去，非奪文也。古語作「釋」，以今語解之作「舍」，言各有當。古本作「釋之」，妄矣。

古者三王五伯，皆人主之利天下者也，故身貴顯而子孫被其澤。桀、紂、幽、厲，皆人主之害天下者也，故身困傷而子孫蒙其禍。故曰：疑今者察之古，不知來者視之往。

神農教耕生穀，以致民利。禹身決瀆，斬高橋下〔一〕，以致民利。湯、武征伐無道，誅殺暴亂，以致民利。故明王之動作雖異，其利民同也。故曰：萬事之任也，異起而同歸〔二〕，古今一也。

〔一〕豬飼彦博云：「斬」當作「塹」。「橋」當作「墧」，同「墝」，土高也。丁士涵云：「橋」當爲「撟」，廣雅：「撟，取也。」方言：「撟捎，選也，自關而西，秦、晉之間，凡取物之上謂之『撟捎』。」郭注：「此妙擇積聚者也。」説文同。淮南要略篇「覽取撟掇」，高注：「撟，取也。」「斬高」者，隨山刊木也。「撟下」者，從下取之也。俞樾云：「斬」讀爲鏨。説文曰：「鏨，小鑿也。」「橋」者，「喬」之假字。詩「山有橋松」，釋文引王肅云：「橋，高也。」「斬高橋下」，竝以治河言。「斬高」謂鑿龍門也，「橋下」即太史公所謂「北載之高地，過降水至于大陸」者也。

翔鳳案：俞説是也。

〔二〕安井衡云：經言「任」作「生」，古本「起」作「趣」。王念孫云：形勢篇作「萬事之生也，異趣而同歸」，是也。「生」、「任」，「趣」、「起」，皆字形相近而誤。翔鳳案：舜典「而難任人」，「任」，古文作「壬」。是「生」誤作「壬」，再寫爲「任」。「起」與「趣」則聲形並近而誤，王説是。

棟生橈不勝任，則屋覆而人不怨者，其理然也。弱子，慈母之所愛也，不以其理衍下瓦，則必母笞之〔一〕。故以其理動者，雖覆屋不爲怨。不以其理動者，下瓦必笞。故曰：生棟覆屋，怨怒不及。弱子下瓦，慈母操箠。

〔一〕王念孫云：宋本無「動者」二字，是也。太平御覽刑法部十五引此亦無。此涉下文兩「動者」而衍。安井衡云：「不以其理動者」六字，與下相涉而衍。許維遹云：王説是。今本「理」下「衍」字，蓋校者注「衍」字於「動者」旁，後人删去「動者」，而「衍」字又混入正文。「必」，當從趙本作「慈」。翔鳳案：易繫辭「大衍之數五十」，鄭注：「演也。」蒼頡篇：「演，引也。」長笛賦「有所搖演」，注：「引也。」「衍」假爲「引」，謂手引而下瓦，「衍」非誤字。許以「衍」爲混入，誤。「則必母笞之」與「則母必笞之」同。古人有此倒文，趙本改「必」爲「慈」，非是。

行天道，出公理，則遠者自親。廢天道，行私爲，則子母相怨。故曰：天道之極，遠者自親。人事之起，近親造怨。

古者武王地方不過百里，戰卒之衆不過萬人，然能戰勝攻取〔一〕，立爲天子，而世謂之聖王者，知爲之之術也。桀、紂貴爲天子，富有海内，地方甚大，戰卒甚衆，而身死國亡〔二〕，爲天下僇者，不知爲之之術也。故能爲之，則小可爲大，賤可爲貴。不能爲之，則雖爲天子，人猶奪之也。故曰：巧者有餘，而拙者不足也。

〔一〕俞樾云：「能」與「而」古字通，「然能戰勝攻取」，即「然而戰勝攻取」也。下文「桀、紂貴爲天子，富有海内，地方甚大，戰卒甚衆，而身死國亡，爲天下僇者」，羣書治要作「然而身死國亡」，此文正與彼對，一作「然能」，一作「然而」，文異而義同。韓詩外傳「貴而下賤，則衆弗惡也；富能分窮，則窮士弗惡也」，崔駰大理箴「或有忠能被害，或有孝而見殘」，「能」、「而」互用，古書往往有此。

〔二〕王念孫云：羣書治要「而身死」上有「然」字，當據補。「然而」者，如此而也。古書中若是者多矣。翔鳳案：「而」字已足，「然而」爲戰國之文，不必加。

明主上不逆天，下不壙地，故天予之時，地生之財。亂主上逆天道，下絶地理，故天不予時，地不生財。故曰：其功順天者，天助之。其功逆天者，天違之。古者武王，天之所助也，故雖地小而民少，猶之爲天子也。桀、紂，天之所違也，故雖地大民衆，猶之困辱而死亡也。故曰：天之所助，雖小必大。天之所違，雖大必削〔一〕。

〔一〕戴望云：元本作「雖成必敗」。翔鳳案：「雖大必削」，與「雖小必大」相對成文，非韻文，可正言之也。

與人交，多詐僞，無情實，偷取一切，謂之烏集之交。烏集之交，初雖相驩，後必相咄〔一〕。故曰：烏集之交，雖善不親。

〔一〕孫星衍云：意林引「咄」作「吐」。翔鳳案：文選曹植贈白馬王彪詩注：「説文：『咄，叱也。』」謂叱怒之義，與「驩」相反，非誤字。

聖人之與人約結也，上觀其事君也，内觀其事親也，必有可知之理，然後約結。約結而不襲於理，後必相倍。故曰：不重之結，雖固必解。道之用也，貴其重也。

明主與聖人謀，故其謀得；與之舉事，故其事成。亂主與不肖者謀，故其計失；與之舉事，故其事敗。夫計失而事敗，此與不可之罪。故曰：毋與不可。

明主度量人力之所能爲而後使焉，故令於人之所能爲則令行，使於人之所能爲則事成。亂主不量人力，令於人之所不能爲，故其令廢；使於人之所不能爲，故其事敗。夫令出而廢，舉事而敗，此强不能之罪也。故曰：毋强不能。

狂惑之人，告之以君臣之義、父子之理、貴賤之分不信〔一〕，聖人之言也而反害傷之，故聖人不告也。故曰：毋告不知。

〔一〕安井衡云：「信」字句。「害傷」猶毁短也。

與不肖者舉事則事敗，使於人之所不能爲則令廢，告狂惑之人則身害。故曰：

與不可，强不能，告不知，謂之勞而無功。

常以言翹明其與人也，其愛人也，其有德於人也。以此爲友則不親，以此爲交則不結，以此有德於人則不報。故曰：見與之友，幾於不親。見愛之交，幾於不結。見施之德，幾於不報。四方之所歸，心行者也。

明主不用其智，而任聖人之智〔一〕；不用其力，而任衆人之力。故以聖人之智思慮者，無不知也。以衆人之力起事者，無不成也。能自去而因天下之智力起，則身逸而福多〔二〕。亂主獨用其智，而不任聖人之智〔三〕；獨用其力，而不任衆人之力，故其身勞而禍多。故曰：獨任之國，勞而多禍。

〔一〕豬飼彦博云：「聖」當作「衆」。　翔鳳案：「聖」字不誤，見前。

〔二〕陶鴻慶云：「起」字不當有，蓋涉上文「以衆人之力起事者」而衍。「則」下當有「其」字，與下文「故其身勞而禍多」相對。

〔三〕安井衡云：諸本「聖」作「衆」，古本作「聖」。　王念孫云：當作「聖人」，此涉下文「不任衆人之力」而誤。

明主内行其法度，外行其理義。故鄰國親之，與國信之。有患則鄰國憂之，有難則鄰國救之。亂主内失其百姓，外不信於鄰國，故有患則莫之憂也，有難則莫之救也。外内皆失，孤特而無黨，故國弱而主辱。故曰：獨國之君，卑而不威。

明主之治天下也，必用聖人而後天下治。婦人之求夫家也，必用媒而後家事成。故治天下而不用聖人，則天下乖亂而民不親也。求夫家而不用媒，則醜恥而人不信也〔一〕。故曰：自媒之女，醜而不信。

〔一〕戴望云：元本「則」下有「身」字。翔鳳案：「身」字爲元本臆加。

明主者，人未之見而有親心焉者，有使民親之之道也，故其位安而民往之。故曰：未之見而親焉，可以往矣。

堯、舜，古之明主也，天下推之而不倦，譽之而不猒，久遠而不忘者，有使民不忘之道也，故其位安而民來之。故曰：久而不忘焉，可以來矣。

日月，昭察萬物者也。天多雲氣，蔽蓋者衆，則日月不明。人主猶日月也，羣臣多姦立私，以擁蔽主，則主不得昭察其臣下，臣下之情不得上通，故姦邪日多而人主愈蔽。故曰：日月不明，天不易也。

山，物之高者也，地險穢不平易，則山不得見。人主猶山也，左右多黨比周，以壅其主〔一〕，則主不得見。故曰：山高而不見，地不易也。

〔一〕王引之云：「多」當爲「朋」，字之誤也。（古文「多」字作「肕」，形與「朋」相似，故「朋」誤爲

「多」，説見秦策公仲侈下。）立政九敗解曰：「人主聽羣徒比周，則羣臣朋黨，蔽美揚惡。」荀子臣道篇曰：「朋黨比周，以環主圖私爲務。」韓子孤憤篇曰：「朋黨比周以弊主。」飾邪篇曰：「羣臣朋黨比周，以隱正道、行私曲。」齊策曰：「夫從人朋黨比周，莫不以從爲可。」皆其證也。翔鳳案：「多」不誤，見立政九敗解。

人主出言，不逆於民心，不悖於理義。其所言足以安天下者也，人唯恐其不復言也。出言而離父子之親，疏君臣之道，害天下之衆，此言之不可復者也，故明主不言也。故曰：言而不可復者，君不言也。

人主身行方正，使人有理，遇人有禮〔一〕，行發於身而爲天下法式者，人唯恐其不復行也。身行不正，使人暴虐，遇人不信，行發於身而爲天下笑者，此不可復之行，故明主不行也。故曰：行而不可再者，君不行也。

〔一〕王念孫云：「使人有理」，謂使之必以道也；「遇人有禮」，謂待之必以禮也。賈子曰「遇之有禮，故羣臣自喜」，是也。今本「理」、「禮」二字互易，則非其指矣。

言之不可復者，其言不信也。行之不可再者，其行賊暴也。故言而不信則民不附，行而賊暴則天下怨。民不附，天下怨，此滅亡之所從生也，故明主禁之。故曰：凡言之不可復，行之不可再者，有國者之大禁也。

管子校注卷第二十一

管子解三

立政九敗解第六十五

翔鳳案：立政篇有三本四固等九目，此解其九敗一目，知子目爲當時所固有，爲講授之用，乃學制也。

人君唯毋聽寢兵〔一〕，則羣臣賓客莫敢言兵。然則内之不知國之治亂，外之不知諸侯强弱，如是則城郭毀壞，莫之築補，甲弊兵彫〔二〕，莫之脩繕。如是則守圉之備毀矣。遼遠之地謀，邊竟之士脩〔三〕，百姓無圉敵之心。故曰：寢兵之説勝，則險阻不守。

〔一〕宋翔鳳云：「毋」當作「毌」，讀爲習貫之貫（俗作「慣」）。下文並同。有作「無」字、「勿」字者，並以「毌」誤「毋」，「毋」又訛「無」、「勿」也。戴望云：「毋」爲發聲語助之詞，周、秦諸子中不可枚舉，説詳見王氏伯申經傳釋詞。「毋聽」，聽也。宋説蓋誤。翔鳳案：爾雅釋詁「哉」與「無」同詁「閒」。説文：「哉，言之閒也。」「無」與「哉」同爲語詞，「無」古讀「模」，口語作「麽」作「嗎」。詩大雅「無念爾祖，聿修厥德」，爲「念爾祖嗎」。川人以「嗎」爲決定語，如

「要得嗎」，是。舊説「無念，念也」，等於不釋矣。貨殖列傳「寧爵無刁」，集解謂「爲刁氏作奴乎」。「無刁」即「刁乎」，口語「刁嗎」，乃希望而決定之詞。周語「無亦擇其柔嘉」爲「亦擇其嘉嗎」，左隱十一年傳「無寧兹許公復奉其社稷」爲「寧兹許公復奉其社稷嗎」，皆決定詞。推之大雅「有周不顯」爲「有周顯否」，「否」與「嗎」同。此種詞句，古皆爲倒句，非王引之所謂發聲語助也。

〔二〕戴望云：中立本作「甲兵弊彫」，與上文「城郭毁壞」對。翔鳳案：「弊」借爲「敝」，敗也。甲爲衣，故可言敗。「彫」借爲「凋」。荀子子道「勞苦彫萃」，注：「傷也。」兵爲器，故可言傷殘。古本誤認「兵」爲士兵而改爲「甲兵弊彫」，非是。

〔三〕翔鳳案：韓非内儲説七術：「謀者，疑也。」釋名釋飲食：「脯又曰脩。脩，縮也，乾燥而縮也。」遼遠之地，疑其遠而不設備，邊境之士畏縮。

人君唯毋聽兼愛之説，則視天下之民如其民，視國如吾國，如是則無幷兼攘奪之心，無覆軍敗將之事〔一〕。然則射御勇力之士不厚禄，覆軍殺將之臣不貴爵，如是則射御勇力之士出在外矣。我能毋攻人，可也，不能令人毋攻我。彼求地而予之，非吾所欲也。不予而與戰，必不勝也〔二〕。彼以教士，我以敺衆；彼以良將，我以無能，其敗必覆軍殺將。故曰：兼愛之説勝，則士卒不戰。

〔一〕戴望云：下文兩言「覆軍殺將」，則此「敗」字當爲「殺」之字誤。翔鳳案：着眼在「吾」

字。吾無兼幷攘奪，亦無覆軍敗將之事。「殺將」，殺敵人之將，或爲敵所殺。「其敗必覆軍殺將」，「敗」與「殺」合言之，分析如此，戴說誤。

〔二〕安井衡云：古本「不」下有「能」字。翔鳳案：古本因上文「非吾所欲也」爲五字而加「能」字配之，非是。

人君唯無好全生，則羣臣皆全其生，而生又養生。養何也〔一〕？曰：滋味也，聲色也，然後爲養生。然則從欲妄行，男女無別，反於禽獸〔二〕。然則禮義廉恥不立，人君無以自守也。故曰：全生之說勝，則廉恥不立。

〔一〕豬飼彥博云：疑當作「主養生，養生何也」。姚永概云：「而生又養生養何也」不成辭，此文當作「而又養生，養生何也」乃順。下文曰「滋味也，聲色也，然後爲養生」，可證。翔鳳案：言羣臣皆全其生，又養之也。白虎通云：「性，生也。」下「生」字假爲「性」。孟子：「食色，性也。」滋味聲色以養其性，何謂不成辭耶？

〔二〕戴望云：元本、朱本「反」作「及」。翔鳳案：「反於禽獸」爲獸性復發。古本作「及」，謬矣。

人君唯無聽私議自貴，則民退靜隱伏，窟穴就山，非世間上〔一〕，輕爵禄而賤有司。然則令不行，禁不止。故曰：私議自貴之說勝，則上令不行。

〔一〕翔鳳案：廣雅釋詁三：「閒，覗也。」覗上之隙而非議之。

人君唯無好金玉貨財，必欲得其所好，然則必有以易之〔一〕。所以易之者何也？

大官尊位，不然則尊爵重禄也。如是則不肖者在上位矣。然則賢者不爲下〔二〕，智者不爲謀，信者不爲約，勇者不爲死。如是則敺國而捐之也。故曰：金玉貨財之説勝，則爵服下流。

〔一〕劉績云：「易」，謂易金玉貨財以官爵也。安井衡云：據上下文，「然」字當衍。翔鳳案：「然則」，謂既然如此，則……。安井但知爲轉折詞而衍之，誤矣。

〔二〕安井衡云：古本「下」作「力」。翔鳳案：賢者鄙不肖，不甘居其下，「不爲下」三字不誤。古本改爲「力」，則指君言，與「不肖」無涉，謬。

人君唯毋聽羣徒比周，則羣臣朋黨，蔽美揚惡，然則國之情僞不見於上。如是則朋黨者處前，寡黨者處後〔一〕。夫朋黨者處前，賢不肖不分，則爭奪之亂起，而君在危殆之中矣〔二〕。故曰：羣徒比周之説勝，則賢不肖不分。

〔一〕王念孫云：「朋」當爲「多」，下「朋黨」同。「多」與「寡」正相對。「多」、「朋」字形相似，又涉上文「朋黨」而誤。

〔二〕俞樾云：此數語尚有闕文，當云：「夫多黨者處前，寡黨者處後，則賢不肖不分，賢不肖不分，則爭奪之亂起，而君在危殆之中矣。」今本脱二句，則文義不備。翔鳳案：原文自明，俞説反覺言有枝葉。爭奪之亂者爲不肖，非賢者與之爭奪也。

人君唯毋聽觀樂玩好則敗。凡觀樂者，宮室臺池，珠玉聲樂也〔一〕。此皆費財盡力，傷國之道也。而以此事君者，皆姦人也。而人君聽之，焉得毋敗！然則府倉虛，蓄積竭，且姦人在上，則壅遏賢者而不進也。然則國適有患，則優倡侏儒起而議國事矣，是敺國而捐之也。故曰：觀樂玩好之説勝，則姦人在上位。

〔一〕丁士涵云：「觀樂」下，當依上文補「玩好」二字。「宮室臺池」，觀樂也；「珠玉聲樂」，玩好也。俞樾云：此釋上文「觀樂玩好」，不當專舉「觀樂」而釋之；疑本作「凡觀樂者，宮室臺池，玩好者，珠玉聲樂也」，傳寫奪三字。翔鳳案：以觀樂爲玩好。丁、俞平列，非是。無奪文。

人君唯毋聽請謁任譽〔一〕，則羣臣皆相爲請，然則請謁得於上，黨與成於鄉。如是則貨財行於國，法制毀於官，羣臣務佼而求用〔二〕，然則無爵而貴，無祿而富。故曰：請謁任譽之説勝，則繩墨不正。

〔一〕安井衡云：古本「譽」作「舉」，經言亦作「舉」。王念孫云：「唯毋聽請謁任舉」者，「唯聽請謁任舉」也。「毋」，語詞。説見墨子尚賢篇。翔鳳案：説文：「譽，偁也。」譽美而保舉之也。

〔二〕豬飼彦博云：「佼」當作「交」，後皆倣此。王念孫云：「求用」上當有「不」字。明法篇曰：「以黨舉官，則民務佼而不求用。」解曰：「羣臣相推以美名，相假以功伐，務多其佼，而不爲主用。」是其證。翔鳳案：「佼」爲管書專用字。求君用故無爵而貴，無禄而富。明法解就臣言，此就君言，言各有當，王説非。

人君唯無聽諂諛飾過之言則敗。奚以知其然也？夫諂臣者，常使其主不悔其過，不更其失者也，故主惑而不自知也。如是則謀臣死，而諂臣尊矣〔一〕。故曰：諂讒飾過之説勝，則巧佞者用。

〔一〕王念孫云：「謀」當爲「諫」。八觀篇云「諫臣死而諛臣尊」，是其證。「諫臣」與「諂臣」正相對，無取於「謀臣」也。此因字形相似而誤。（白虎通義引禮保傅曰「大夫進諫」，今賈子保傅篇及漢書賈誼傳「諫」竝作「謀」。淮南主術篇「耳能聽而執正進諫」，高注：「『諫』或爲『謀』。」）翔鳳案：「謀臣」爲主謀國之臣，不諫亦可死。謀臣位尊，諫臣有時爲位卑之臣，不必以彼校此。或作「諫臣」，或作「法臣」，非必一致也。

版法解第六十六

管子解四

版法者，法天地之位，象四時之行〔一〕，以治天下。四時之行，有寒有暑，聖人法之〔二〕，故有文有武。天地之位，有前有後，有左有右，聖人法之，以建經紀。春生於左，秋殺於右，夏長於前，冬藏於後。生長之事，文也。收藏之事，武也。是故文事在左，武事在右。聖人法之，以行法令，以治事理。凡法事者，操持不可以不正〔三〕。操持不正，則聽治不公。聽治不公，則治不盡理，事不盡應。治不盡理，則疏遠微賤者無所告詘。事不盡應，則功利不盡舉。功利不盡舉，則國貧。疏遠微賤者無所告詘，則下饒〔四〕。故曰：凡將立事，正彼天植。天植者，心也。天植正，則不私近親，不孽疏遠。不私近親，不孽疏遠，則無遺利，無隱治。無遺利，無隱治，則事無不舉，物無遺者。欲見天心，明以風雨。故曰：風雨無違，遠近高下各得其嗣。

〔一〕王念孫云：「版」字，涉上「版法解」而衍。「法天地之位」云云，乃釋「法」字，非釋「版法」二字。諸解皆不釋篇名，故知「版」爲衍文也。鈔本北堂書鈔刑法部上，陳禹謨本删去。藝文類聚刑法部、御覽刑法部四引此皆無「版」字。翔鳳案：説文：「法，刑也。」七法：「尺寸也，繩墨也，規矩也，衡石也，斗斛也，角量也，謂之法。」此爲廣義之法，非刑法也。正篇：「制斷五刑，各當其名。如四時之不貣，如星辰之不變，如宵如晝，如陰如陽，如日月之明，曰法。」此爲狹義之法。解云：「象四時之行，以治天下。有寒有暑，聖人法之。」顯爲狹義之法，乃法之書於版者。論語「式負版者」，孔注：「邦國之圖籍。」此爲民法。漢時有三尺法，則二尺八寸之版爲刑法。「版法」兼此二者。本篇所解爲「版法」，非一般之法，王説非是。

〔二〕陶鴻慶云：「有寒有暑」上，當有「有生有殺」四字。下文云「春生於左，秋殺於右，夏長於前，冬藏於後。生長之事，文也；收藏之事，武也」，即承此而申説之。脱此句則文義不完。翔鳳案：文武法寒暑，生殺乃法天地之位，陶説誤。

〔三〕豬飼彦博云：「法」當作「立」。李哲明云：此當作「凡法者」，「事」字疑涉上下文而衍。翔鳳案：承上「以行法令，以治事理」，非誤字。

〔四〕洪頤煊云：「饒」當作「撓」，屈也。俞樾云：「饒」當爲「譊」。説文：「譊，恚呼。」金廷桂云：周禮「豫州其畜宜六擾」，釋文：「徐邈、劉昌宗讀『饒』。」則「饒」、「擾」古通。此句從上文「治不盡理」言，當以作「擾」爲是，不必作「撓」。翔鳳案：「嶢」字不見字書，碑文亦未見，當爲「饒」之别體。禮記曲禮「不饒富」，謂不僥倖求福。其本字爲「憢」，幸也。中庸：「小人行險以徼幸。」無所告愬則下行險，諸説均誤。幼官南鄉，故左爲東爲春，右爲西爲秋，前後仿此。

萬物尊天而貴風雨。所以尊天者，爲其莫不受命焉也。所以貴風雨者，爲其莫不待風而動，待雨而濡也。若使萬物釋天而更有所受命，釋風而更有所仰動，釋雨而更有所仰濡，則無爲尊天而貴風雨矣。今人君之所尊安者，爲其威立而令行也。其所以能立威行令者，爲其威利之操，莫不在君也。若使威利之操不專在君，而有所分散，則君日益輕，而威利日衰，侵暴之道也。故曰：三經既飭，君乃有國。

乘夏方長，審治刑賞，必明經紀。陳義設法，斷事以理，虚氣平心，乃去怒喜。若倍法棄令而行怒喜，禍亂乃生，上位乃殆。故曰：喜無以賞，怒無以殺。喜以賞，怒以殺，怨乃起，令乃廢。驟令而不行，民心乃外。外之有徒，禍乃始牙。衆之所忿，寡不能圖。冬既閉藏，百事盡止，往事畢登，來事未起〔一〕。方冬無事，慎觀終始，審察事理。事有先易而後難者，有始不足見而終不可及者，此常利之所以不舉，事之所以困者也。事之先易者，人輕行之，人輕行之，則必困難成之事。始不足見者，人輕棄之，人輕棄之，則必失不可及之功。夫數困難成之事，而時失不可及之功，衰耗之道也。是故明君審察事理，慎觀終始，爲必知其所成，成必知其所用，用必知其所利害。爲而不知所成，成而不知所用，用而不知所利害，謂之妄舉。妄舉者，其事不成，其功不立。故曰：舉所美必觀其所終，廢所惡必計其所窮。凡人君者，欲民之有禮義也。夫民無禮義，則上下亂而貴賤爭。故曰：慶勉敦敬以顯之，富禄有功以勸之，爵貴有名以休之。

〔一〕王念孫云：宋本「畢」作「必」，古字假借也。今本作「畢」者，後人不知古字而改之。翔鳳案：楊本作「畢」，畢與未對，「必」乃誤字，王説非是。

凡人君者，欲衆之親上鄉意也，欲其從事之勝任也〔一〕。而衆者不愛則不親，不親則不明，不教順則不鄉意〔二〕。是故明君兼愛以親之，明教順以道之，便其勢，利其備，愛其力，而勿奪其時以利之。如此，則衆親上鄉意，從事勝任矣。故曰：兼愛無遺，是謂君心。必先順教，萬民鄉風。旦暮利之，衆乃勝任。

〔一〕王念孫云：「從事之勝任」，「之」字涉上句而衍。「從事勝任」與「親上鄉意」對文。下文云「如此則衆親上鄉意，從事勝任矣」，是其證。翔鳳案：「親上鄉意」爲對文，「從事」而能「勝任」，非對舉，「之」字不可少。王不顧事理而爲偶句，誤甚。

〔二〕俞樾云：「不親則不明」句當爲衍文，上下文均無此意。且下文曰「明教順以道之」，是「明」屬君不屬民，故知此句衍文也。「不教順則不鄉意」下尚有闕文。據下文當曰「不利則不勝任」。翔鳳案：「鄉」同「嚮」，「順」同「訓」，見前。詩黄鳥「不可與明」，箋：「信也。」不親則不信，非誤字。

治之本二：一曰人，二曰事。人欲必用，事欲必工。人有逆順，事有稱量。人心逆則人不用，失稱量則事不工。事不工則傷，人不用則怨。故曰：取人以己，成事以質〔一〕。成事以質者，用稱量也；取人以己者，度恕而行也。度恕者，度之於己也。己之所不安，勿施於人。故曰：審用財，慎施報，察稱量〔二〕。故用財不可以嗇，用力不可以苦。用財嗇則費，用力苦則勞矣。奚以知其然也？用力苦則事不工，事不工而數復之，故曰勞矣〔三〕。用財嗇則不當人心，不當人心則怨起，用財而生怨，故曰費。怨起而不復反，衆勞而不得息，則必有崩阤堵壞之心〔四〕。故曰：民不足，令乃辱，民苦殃，令不行。施報不得，禍乃始昌。禍昌而不悟，民乃自圖。

〔一〕戴望云：中立本「質」作「貿」，誤。翔鳳案：莊子庚桑楚「因以己爲質」，注：「主也。」周禮詛祝「以質邦國之劑信」，注：「正也，成也。」爲「準」之借，所謂稱量也，用知古本作「貿」之謬。

〔二〕丁士涵云：「財」下脱「力」字。「慎施報」，指用力言。「察稱量」，指用財言。下文「用財」、「用力」對舉，此不當專言「用財」。翔鳳案：「察稱量」即指力言，丁説非是。

〔三〕陶鴻慶云：「矣」字衍。涉上文「用力苦則勞矣」而誤。下文「故曰費」下無「矣」字，可證。翔鳳案：「矣」字可有可無，縱筆寫時有增減，陶説非是。

〔四〕尹桐陽云：「阤」同「陊」，小崩也。「堵」同「屠」，廣雅云：「壞也。」周語：「聚不阤崩。」文選西京賦：「吳嶽爲之阤堵。」翔鳳案：説文：「阤，小崩也。」「阤」義同「弛」，其崩者以力拖開，故曰「小崩」。其壞者堵塞之，故曰「堵壞」。若訓「堵」爲「屠」，則已壞而又屠之，不近人情矣。

凡國無法則衆不知所爲，無度則事無機〔一〕。有法不正，有度不直，則治辟。治辟，則國亂。故曰：正法直度，罪殺不赦。殺僇必信，民畏而懼。武威既明，令不再行。

〔一〕孫星衍云：藝文類聚五十四、太平御覽六百三十八引「機」俱作「儀」。洪頤煊云：任法篇：「故聖君置儀設法而固守之。」又云：「置儀設法以度量斷者，上主也。」禁藏篇：「法者，天下之儀也。」形勢解：「法度者，天下之儀也。」此作「機」字，誤。翔鳳案：孟子「上無道揆也，下無法守也」，與此義近。「揆」訓「度」。後漢李固傳注：「機，衡也。」「衡」義同「度」，則「機」非誤字。

凡民者，莫不惡罰而畏罪。是以人君嚴教以示之，明刑罰以致之〔一〕。故曰：頓卒台倦以辱之〔二〕，罰罪有過以懲之，殺僇犯禁以振之。

〔一〕翔鳳案：説文：「致，送詣也。」易象傳：「君子以致命遂至。」論語：「事君能致其身。」戴侗云：「致，推之底至也。」非誤字。

〔二〕戴望云：宋本「怠」作「台」，古字也。翔鳳案：「台」古讀怡。説文：「台，説也。」即「怡」。漢書王莽傳「舜讓於堯不台」，史記五帝本紀作「不懌」，徐廣曰：「今文尚書作『不怡』。」侈靡「此百姓之怠生」，以「怠」爲「怡」。此則真爲「怠」矣。

治國有三器，亂國有六攻。明君能勝六攻而立三器則國治〔一〕，不肖之君不能勝六攻而立三器故國不治。三器者，何也？曰：號令也，斧鉞也，禄賞也。六攻者，何也〔二〕？親也，貴也，貨也，色也，巧佞也，玩好也。三器之用，何也？曰：非號令無以使下，非斧鉞無以畏衆〔三〕，非祿賞無以勸民。六攻之敗，何也？曰：雖不聽而可以得存，雖犯禁而可以得免，雖無功而可以得富。夫國有不聽而可以得存者，則號令不足以使下。有犯禁而可以得免者，則斧鉞不足以畏衆。有無功而可以得富者，則祿賞不足以勸民。號令不足以使下，斧鉞不足以畏衆，祿賞不足以勸民，則人君無以自守也。然則明君柰何？明君不爲六者變更號令，不爲六者疑錯斧鉞，不爲六者益損祿賞。故曰：植固而不動，奇邪乃恐。奇革邪化，令往民移。

〔一〕王念孫云：當依治要作「故國治」，與下「故國不治」對文。翔鳳案：「則」字以形勢言，「故」字以事理言，此處用「則」字義勝。

〔二〕王念孫云：「何也」下脱「曰」字，當依治要補。上下文「何也」下皆有「曰」字。

〔三〕孫星衍云：羣書治要引「畏」作「威」，下同。李哲明云：「畏」讀爲威，「威」與「勸」對文。禮中庸「不賞而民勸，不怒而民威於鈇鉞」，是其的證。古「畏」與「威」字通。書皋陶謨「天明畏自我民明威」，「威」、「畏」通用。下文明法解亦「威」、「勸」對舉。可見後兩「畏衆」之「畏」同。

凡人君者，覆載萬民而兼有之，燭臨萬族而事使之，是故以天地日月四時爲主爲質以治天下。天覆而無外也，其德無所不在；地載而無棄也，安固而不動，故莫不生殖。聖人法之，以覆載萬民，故莫不得其職姓〔一〕。得其職姓，則莫不爲用。故曰：法天合德，象地無親。日月之明無私，故莫不得光。聖人法之，以燭萬民，故能審察，則無遺善，無隱姦。無遺善，無隱姦，則刑賞信必。刑賞信必，則善勸而姦止。故曰：參於日月四時之行，信必而著明。聖人法之，以事萬民〔二〕，故不失時功，故曰伍於四時。

〔一〕俞樾云：「得職」猶得所也。漢書趙廣漢傳「小民得職」，注曰：「得職，各得其常所也。」此文以「職姓」連文，甚爲不詞。疑管子原文止作「莫不得其職」，而佗本或有作「得其姓」者，「姓」乃「性」之假字，言得其性也，亦與「得職」同義，而後人誤合之，遂作「得其職姓」耳。明法解篇「孤寡老弱，不失其所職」，「所職」二字亦爲不詞，蓋亦一本作「所」，一本作「職」，而誤合之。翔鳳案：説文：「職，記微也。」爲表誌之誌。左隱八年傳「天子建國，因生以賜姓」，得姓則有幟誌矣。生活尚爲後一義，觀下文「生殖」可知。

〔二〕豬飼彦博云：「事」猶使也。翔鳳案：吴大澂説文古籀補：「古文『事』、『使』爲一字，象手執簡立於㫃下，史臣奉使之義。此『事』之最古者。小子師敦『乙未饗事』，亦釋饗使。」

凡衆者，愛之則親，利之則至。是故明君設利以致之，明愛以親之。徒利而不愛，則衆至而不親。徒愛而不利，則衆親而不至。愛施俱行〔一〕，則説君臣，説朋友，説兄弟，説父子。愛施所設四〔二〕，固不能守。故曰：四説在愛施〔三〕。

〔一〕丁士涵云：「愛施」當作「愛利」，下文同。翔鳳案：論語：「博施濟衆。」施所以利之，非誤字。

〔二〕戴望云：元本作「愛施所施設」。翔鳳案：説文：「設，施陳也。」「愛施所設四」者，指君臣、朋友、兄弟、父子也。非誤文。下文「四説」甚顯明。

〔三〕劉績云：當作「悦衆在愛施」。翔鳳案：「説」字承上所設者四，「四」字不可少。

凡君所以有衆者，愛施之德也。愛有所移〔一〕，利有所并，則不能盡有。故曰：有衆在廢私。

〔一〕豬飼彦博云：「移」當作「私」。翔鳳案：移易而不能保常，不能有衆，「移」非誤字。

愛施之德，雖行而無私。内行不脩，則不能朝遠方之君。是故正君臣上下之義，飾父子兄弟夫妻之義，飾男女之别，别疏數之差，使君德臣忠〔一〕，父慈子孝，兄愛弟敬，禮義章明，如此則近者親之，遠者歸之。故曰：召遠在脩近。

〔一〕丁士涵云：「德」乃「惠」字誤，形勢解「惠」、「忠」、「愛」、「孝」四字兩見。翔鳳案：「君德臣忠」，爲君以德臨民，不必改爲「惠」，且「惠」與「德」亦無大差别也。

閉禍在除怨。非有怨乃除之，所事之地常無怨也。凡禍亂之所生，生於怨咎。怨咎所生〔一〕，生於非理。是以明君之事衆也必經，使之必道，施報必當，出言必得，刑罰必理。如此，則衆無鬱怨之心，無憾恨之意。如此，則禍亂不生，上位不殆。故曰：閉禍在除怨也。

〔一〕戴望云：藝文類聚三十八引「咎」下有「之」字。

凡人君所以尊安者，賢佐也。佐賢則君尊、國安、民治，無佐則君卑、國危、民亂。故曰：備長存乎在賢〔一〕。

〔一〕安井衡云：古本「備」作「脩」，經言亦作「脩」。戴望云：元本「存」作「在」。許維遹云：趙本「在」作「任」，本篇同，今據正。翔鳳案：爾雅釋詁：「在，察也。」文王世子「必在視寒暖之節」，注：「察也。」「長」謂長上。大射儀「若賓若長」，注：「孤卿之尊者。」淮南脩務訓「遂爲天下備」，注：「猶用也。」用卿大夫在察賢，趙本不知其義而改之，許據以訂正，非是。

凡人者，莫不欲利而惡害。是故與天下同利者，天下持之；擅天下之利者，天下謀之。天下所謀，雖立必隳。天下所持，雖高不危。故曰：安高在乎同利。

凡所謂能以所不利利人者，舜是也〔一〕。舜耕歷山，陶河濱，漁雷澤，不取其利，以教百姓，百姓舉利之。此所謂能以所不利利人者也。所謂能以所不有予人者，武王是也。武王伐紂，士卒往者，人有書社。入殷之日，決鉅橋之粟，散鹿臺之錢，殷民大說。此所謂能以所不有予人者也。

〔一〕丁士涵云：此節及下節忽入問對語，與此篇文不類，疑亡篇中之錯簡也。翔鳳案：承上文「高安在乎同利」而申言之，總結前述明君、不肖之君，以紂與武王爲例。下文所述桓公對語，又爲全篇之總結，非釋某一二句而已。問篇之「制地君曰」一段與此相類，此講述者申其餘意。論語記孔門問答之詞，而篇末「堯曰咨爾舜」一章，則在問答之外，蓋平常所誦習者。不明此意，以爲錯簡，謬矣。

桓公謂管子曰：「今子教寡人法天合德，合德長久。合德而兼覆之，則萬物受命。象地無親，無親安固。無親而兼載之，則諸生皆殖。參於日月，無私葆光。無私而兼照之，則美惡不隱。然則君子之爲身，無好無惡，然已乎？」管子對曰：「不然。夫學者所以自化，所以自撫〔一〕。故君子惡稱人之惡，惡不忠而怨妬，惡不公議而名當稱〔二〕，惡不位下而位上，惡不親外而內放。此五者，君子之所恐行，而小人之所以亡，況人君乎！」

〔一〕俞樾云：「撫」當作「橅」，「橅」即「模」字。說文：「模，法也。」「所以自撫」，言以學自爲模範。

翔鳳案：説文：「撫，安也。一曰循也。」晉語「撫而注之」，注：「拊也。」義爲拊循。「撫」有不合。

〔三〕趙用賢云：「當」，一作「常」。　翔鳳案：莊子天下「公而不當」，即此「當」字，「攩」之借。説文：「攩，朋羣也。」此非韻文，古本不知其義而改爲「常」，誤。

管子解五

明法解第六十七

明主者，有術數而不可欺也〔一〕，審於法禁而不可犯也，察於分職而不可亂也。故羣臣不敢行其私，貴臣不得蔽賤，近者不得塞遠，孤寡老弱不失其所職〔二〕，竟内明辨而不相踰越。此之謂治國。故明法曰：所謂治國者，主道明也。

〔一〕俞樾云：「有」字乃「明」字之誤。「明」字之下又奪「於」字。當云「明主者明於術數而不可欺也」，與下文「審於法禁而不可犯也，察於分職而不可亂也」，文誼一律。　翔鳳案：此以八股文校古書，謬。下文同。

〔二〕王念孫云：治要無「所」字，是也。「不失其職」者，爾雅曰「職，常也」，言孤寡老幼皆有所養，而不失其常也。漢書武帝紀：「賜年九十以上及鰥寡孤獨帛人二匹，絮三斤；八十以上米人三石，有寃失職，使者以聞。」師古曰：「職，常也。失職者，失其常業及常理也。」宣帝紀「其加賜鰥寡孤獨高年帛，毋令失職」，竝與此「失職」同義。加一「所」字，則義不可通。翔鳳案：「所」字不誤。郭沫若謂「所重者非其職，乃在其所職」，是也。

明主者，上之所以一民使下也。私術者，下之所以侵上亂主也〔一〕。故法廢而私行，則人主孤特而獨立，人臣羣黨而成朋。如此則主弱而臣强，此之謂亂國。故明法曰：所謂亂國者，臣術勝也。

〔一〕王念孫云：「明主」當爲「明法」，「明法」與「私術」相對成文。下文「法廢而私行」，即承此「法」字而言。今本涉上下文「明主」而誤。

明主在上位，有必治之勢，則羣臣不敢爲非。是故羣臣之不敢欺主者，非愛主也，以畏主之威勢也。百姓之爭用，非以愛主也，以畏主之法令也。故明主操必勝之數，以治必用之民。處必尊之勢，以制必服之臣。故令行禁止，主尊而臣卑。故明法曰：尊君卑臣，非計親也，以勢勝也。

明主之治也，縣爵禄以勸其民，民有利於上，故主有以使之。立刑罰以威其下，下有畏於上，故主有以牧之。故無爵禄則主無以勸民，無刑罰則主無以威衆，故人臣之行理奉命者，非以愛主也，且以就利而避害也。百官之奉法無姦者，非以愛主也，欲以愛爵禄而避罰也〔一〕。故明法曰：百官論職，非惠也，刑罰必也。

〔一〕王念孫云：「愛」字，當依朱本作「受」，二字形相似，又涉上「愛主」而誤。「罰」上，當據上下文補「刑」字。翔鳳案：禮記表記「愛莫助之」，注：「猶惜也。」百官已有爵禄，但愛惜之而不肯放棄，非新受之也。

人主者，擅生殺，處威勢，操令行禁止之柄，以御其羣臣，此主道也。人臣者，處卑賤，奉主令，守本任，治分職，此臣道也。故主行臣道則亂，臣行主道則危。故上下無分，君臣共道，亂之本也。故明法曰：君臣共道則亂。

人臣之所以畏恐而謹事主者，以欲生而惡死也。使人不欲生，不惡死，則不可得而制也。夫生殺之柄，專在大臣而主不危者，未嘗有也。故治亂不以法斷，而決於重臣。生殺之柄，不制於主，而在羣下，此寄生之主也。故人主專以其威勢予人，則必有劫殺之患。專以其法制予人，則必有亂亡之禍。如此者，亡主之道也。故明法曰：專授則失。

凡爲主而不得行其令，廢法而恣羣臣，威嚴已廢，權勢已奪，令不得出，羣臣弗爲用，百姓弗爲使，竟内之衆不制，則國非其國，而民非其民。如此者，滅主之道也。故明法曰：令本不出謂之滅〔一〕。

〔一〕戴望云：元本、朱本無「本」字，是。翔鳳案：「本」在「不」上，不可移動。口語有「本重」之説，俗作「笨」。説文：「笨，竹裏也。」變本末爲裏外，其引申義。令笨不出也，非誤字。

明主之道，卑賤不待尊貴而見，大臣不因左右而進，百官條通〔一〕，羣臣顯見。有罰者，主見其罪。有賞者，主知其功。見知不悖，賞罰不差，有不蔽之術，故無壅遏之患。亂主則不然，法令不得至於民，疏遠鬲閉而不得聞。如此者，壅遏之道也〔二〕。故明法曰：令出而留謂之壅。

〔一〕洪頤煊云：「條」讀曰倏。漢書周勃傳「乃封爲條侯」，地理志「條」作「脩」。任法篇「羣臣脩通輻輳以事其主」，即其證。翔鳳案：漢書地理志「屮繇木條」，注：「條，條暢也。」條暢涵達，與「壅遏」義反。若作「脩」，則不類矣。

〔二〕丁士涵云：「壅遏」當爲「壅主」，下文言「塞主之道」，是其例。翔鳳案：承上「壅遏之患」而言，非誤字。

人臣之所以乘而爲姦者，擅主也。臣有擅主者，則主令不得行，而下情不上通。人臣之力，能鬲君臣之閒，而使美惡之情不揚聞，禍福之事不通徹，人主迷惑而無從悟。如此者，塞主之道也。故明法曰：下情不上通謂之塞。

明主者，兼聽獨斷，多其門户。羣臣之道，下得明上，賤得言貴，故姦人不敢欺。

亂主則不然，聽無術數，斷事不以參伍，故無能之士上通，邪枉之臣專國，主明蔽而聰塞，忠臣之欲謀諫者不得進。如此者，侵主之道也。故明法曰：下情上而道止，謂之侵。

人主之治國也，莫不有法令，賞罰具。故其法令明，而賞罰之所立者當〔一〕，則主尊顯而姦不生。其法令逆，而賞罰之所立者不當，則羣臣立私而壅塞之，朋黨而劫殺之。故明法曰：滅塞侵壅之所生，從法之不立也。

〔一〕豬飼彦博云：「具故」當作「是故」。戴望云：「具」上當脱「之」字。陶鴻慶云：「賞罰具故其法令明」八字爲句。其下當重「其法令明」四字，屬下讀之，與「其法令逆」云云，文正相對。翔鳳案：儀禮士相見「以食具告」，注：「猶辨也。」

法度者，主之所以制天下而禁姦邪也，所以牧領海内而奉宗廟也。私意者，所以生亂長姦而害公正也，所以壅蔽失正而危亡也。故法度行則國治，私意行則國亂。明主雖心之所愛，而無功者不賞也。雖心之所憎，而無罪者弗罰也。案法式而驗得失，非法度不留意焉。故明法曰：先王之治國也，不淫意於法之外。

明主之治國也，案其當宜，行其正理〔一〕。故其當賞者，羣臣不得辭也。其當罰者，羣臣不敢避也。夫賞功誅罪，所以爲天下致利除害也。草茅弗去則害禾穀，盜賊弗誅則傷良民。夫舍公法而行私惠，則是利姦邪而長暴亂也。行私惠而賞無功，則是使民偷幸而望於上也。行私惠而赦有罪，則是使民輕上而易爲非也。夫舍公法，用私意，明主不爲也〔二〕。故明法曰：不爲惠於法之内。

〔一〕王念孫云：當從治要作「案賞罰行其正理」，下文「當賞當罰」，即承此句而言。今本涉下文「其當賞者」而誤，又脱一「罰」字，衍一「宜」字。俞樾云：羣書治要作「案賞罰行其正理」，此非原文也。「案其當宜，行其正理」，兩句相對成文。「當」猶正也，廣韻：「正，正當也。」「正」可謂之「當」，「當」亦可謂之「正」。漢書李尋傳「當賀良等執左道，亂朝政」，注曰：「當，謂處正其罪名。」素問六節藏象論「當其時則甚也」，注曰：「當，謂正直之年也。」是「當」與「正」同也。「宜」通作「誼」，周官肆師職注引鄭司農曰「古者書『儀』但爲『義』，今書所謂『義』爲『誼』」，是「誼」者古「義」字，「宜」乃「誼」之省耳，故曰「仁者人也，義者宜也」。「仁」、「人」古通用，則「義」、「宜」亦通用。「案其當宜」，猶案其正義，與下句「行其正理」一律。王氏念孫反謂當從治要本，誤也。翔鳳案：説文：「當，田相值也。」廣雅釋詁：「當，直也。」漢書刑法志「以其罪名當報上」，注：「處斷也。」路温舒傳「奏當之成」，注：「謂處其罪也。」「當」不訓「正」，明矣。王固失之，俞亦未爲得也。

〔二〕王念孫云：「私意」，當依朱本作「私惠」，義見上下文。羣書治要亦作「私惠」。此作「私意」者，涉上文兩「私意」而誤。翔鳳案：上文「夫舍公法而行私惠」，此又引言之，當以意字爲是，否則複矣。

凡人主莫不欲其民之用也。使民用者，必法立而令行也。故治國使衆莫如法，禁淫止暴莫如刑。故貧者非不欲奪富者財也，然而不敢者，法不使也。强者非不能暴弱也，然而不敢者，畏法誅也。故百官之事，案之以法，則姦不生。暴慢之人，誅之以刑，則禍不起。羣臣並進，筴之以數，則私無所立。故明法曰：動無非法者，所以禁過而外私也。

人主之所以制臣下者，威勢也。故威勢在下則主制於臣，威勢在上則臣制於主。夫蔽主者，非塞其門，守其户也，然而令不行，禁不止，所欲不得者，失其威勢也。故威勢獨在於主則羣臣畏敬，法政獨出於主則天下服德〔一〕。故威勢分於臣則令不行，法政出於臣則民不聽。故明主之治天下也，威勢獨在於主，而不與臣共；法政獨制於主，而不從臣出。故明法曰：威不兩錯，政不二門。

〔一〕王念孫云：「服德」，當依朱本作「服聽」，字之誤也。「服聽」猶言服從。燕策及史記淮陰侯傳竝云「天下服聽」，是也。下文「法政出於臣，則民不聽」，正與此文相反。且「聽」與「敬」爲韻。翔鳳案：德與威並行，政出於臣，則德不在主，而不聽從，非誤字。

明主者，一度量，立表儀，而堅守之，故令下而民從。法者，天下之程式也，萬事之儀表也。吏者，民之所懸命也。故明主之治也，當於法者賞之，違於法者①誅之。故以法誅罪，則民就死而不怨；以法量功，則民受賞而無德也。此以法舉錯之功也〔一〕。故明法曰：以法治國，則舉錯而已。

〔一〕戴望云：「功」乃「方」字誤。翔鳳案：就死不怨，受賞無德，是爲舉錯之功，「方」字不合。

明主者，有法度之制，故羣臣皆出於方正之治，而不敢爲姦。百姓知主之從事於法也，故吏之所使者，有法則民從之，無法則止。民以法與吏相距，下以法與上從事，故詐僞之人不得欺其主，嫉妬之人不得用其賊心，讒諛之人不得施其巧，千里之外不敢擅爲非。故明法曰：有法度之制者，不可巧以詐僞。

權衡者，所以起輕重之數也。然而人不事者，非心惡利也，權不能爲之多少其數，而衡不能爲之輕重其量也。人知事權衡之無益，故不事也。故明主在上位，則官不得枉法，吏不得爲私。民知事吏之無益，故財貨不行於吏。權衡平正而待物，

① 「賞之違於法者」六字原無，據補注增。

故姦詐之人不得行其私。故明法曰：有權衡之稱者①，不可欺以輕重。尺寸尋丈者，所以得短長之情也。故以尺寸量短長，則萬舉而萬不失矣。是故尺寸之度，雖富貴衆强不爲益長，雖貧賤卑辱不爲損短，公平而無所偏，故姦詐之人不能誤也〔一〕。故明法曰：有尋丈之數者，不可差以長短。

〔一〕丁士涵云：「誤」，「試」字之譌。翔鳳案：説文：「誤，謬也。」「謬，狂者之妄言也。」「誤」從吳得聲義，「吳」訓大言。詩絲衣「不吳不敖」，何承天音「胡化切」。今作「哈」。「誤」謂説大話誑人，非譌字也。

國之所以亂者，廢事情而任非譽也。故明主之聽也，言者責之以其實，譽人者試之以其官。言而無實者誅，吏而亂官者誅。是故虚言不敢進，不肖者不敢受官。亂主則不然，聽言而不督其實，故羣臣以虚譽進其黨；任官而不責其功，故愚汙之吏在庭。如此，則羣臣相推以美名，相假以功伐，務多其佼〔一〕，而不爲主用。故明法曰：主釋法以譽進能，則臣離上而下比周矣。以黨舉官，則民務佼而不求用矣。

〔一〕安井衡云：諸本「交」作「佼」，古本作「交」。

① 「者」字原作「若」，據補注改。

亂主不察臣之功勞，譽衆者則賞之；不審其罪過，毁衆者則罰之。如此者，則邪臣無功而得賞，忠正無罪而有罰。故功多而無賞，則臣不務盡力；行正而有罰，則賢聖無從竭能。行貨財而得爵禄，則汙辱之人在官。寄託之人不肖而位尊，則民倍公法而趨有勢。如此，則慤愿之人失其職，而廉潔之吏失其治。故明法曰：官之失其治也，是主以譽爲賞，而以毁爲罰也。

平吏之治官也，行法而無私，則姦臣不得其利焉，此姦臣之所務傷也。人主不參驗其罪過，以無實之言誅之，則姦臣不能無事貴重而求推譽〔一〕，以避刑罰而受禄賞焉。故明法曰：喜賞惡罰之人，離公道而行私術矣。

〔一〕俞樾云：「姦臣」當作「人臣」，蓋人主以無實之言誅人，則人臣皆事貴重以求免，非必姦臣也。涉上文兩云「姦臣」而誤。翔鳳案：自好者旁言以避禍，何必事權貴乎？俞説非也。

姦臣之敗其主也，積漸積微，使主迷惑而不自知也。上則相爲候望於主，下則買譽於民。譽其黨而使主尊之，毁不譽者而使主廢之，其所利害者，主聽而行之。如此，則羣臣皆忘主而趨私佼矣。故明法曰：比周以相爲慝，是故忘主死佼以進其譽。

主無術數則羣臣易欺之，國無明法則百姓輕爲非。是故姦邪之人用國事，則羣臣仰利害也。如此，則姦人爲之視聽者多矣，雖有大義，主無從知之〔一〕。故明法曰：佼衆譽多〔二〕，外内朋黨，雖有大姦，其蔽主多矣。

〔一〕豬飼彦博云：「大」當作「不」。王念孫云：廣雅曰：「俄，衺也。」古者「俄」、「義」同聲，故「俄」或作「義」。安井衡云：「大義」解大姦，王説可從。戴望云：「義」，「俄」之借字。説詳王氏尚書述聞。翔鳳案：「義」同「我」，詳侈靡篇。由「我」假爲「俄」，王説是也。

〔二〕孫星衍云：明法篇「佼」作「交」。

凡所謂忠臣者，務明法術，日夜佐主，明於度數之理以治天下者也。姦邪之臣，知法術明之必治也，治則姦臣困而法術之士顯，是故邪之所務事者〔一〕，使法無明，主無悟，而己得所欲也。故方正之臣得用，則姦邪之臣困傷矣。是方正之與姦邪不兩進之勢也。姦邪在主之側者，不能勿惡也〔二〕。惟惡之，則必候主閒而日夜危之。人主不察而用其言，則忠臣無罪而困死，姦臣無功而富貴。故明法曰：忠臣死於非罪，而邪臣起於非功。

〔一〕王念孫云：朱本及治要「邪」上皆有「姦」字，當據補。上下文皆言「姦邪」。翔鳳案：

「姦邪」非平列，乃姦而邪者。「治則姦臣困」，無「邪」字，則下文不能有「姦」字矣。王説非是。

〔二〕王念孫云：「惡也」，當依治要作「惡之」，下文曰「惟惡之，則必候主閒而日夜危之」，三「之」字文義相承。翔鳳案：「也」字是，與上句「也」字呼應。

富貴尊顯，久有天下，人主莫不欲也。令行禁止，海内無敵，人主莫不欲也。蔽欺侵凌，人主莫不惡也。失天下，滅宗廟，人主莫不惡也。忠臣之欲明法術，以致主之所欲，而除主之所惡者，姦臣之擅主者有以私危之，則忠臣無從進其公正之數矣。故明法曰：所死者非罪，所起者非功，然則爲人臣者重私而輕公矣。

亂主之行爵禄也，不以法令案功勞；其行刑罰也，不以法令案罪過，而聽重臣之所言。故臣有所欲賞〔一〕，主爲賞之；臣欲有所罰，主爲罰之，廢其公法，專聽重臣。如此，故羣臣皆務其黨重臣而忘其主，趨重臣之門而不庭。故明法曰：十至於私人之門，不一至於庭。

〔一〕丁士涵云：當作「臣欲有所賞」，與「臣欲有所罰」對文。翔鳳案：郭沫若謂「下文『臣欲有所罰』當作『臣有所欲罰』，丁校適反」，是也。

明主之治也，明於分職而督其成事，勝其任者處官，不勝其任者廢免，故羣臣皆竭能盡力以治其事。亂主則不然，故羣臣處官位，受厚禄，莫務治國者，期於管國之重而擅其利，牧漁其民以富其家〔一〕。故明法曰：百慮其家，不一圖國。

〔一〕王念孫云：「牧」當爲「收」，説見侈靡篇。安井衡云：牟利於民，如蒭夫之於牧，漁人之於魚，窮其力而取之。

明主在上位，則竟内之衆盡力以奉其主，百官分職致治以安國家。亂主則不然，雖有勇力之士，大臣私之，而非以奉其主也；雖有聖智之士，大臣私之，非以治其國也。故屬數雖衆，不得進也；百官雖具，不得制也。如此者，有人主之名而無其實。故明法曰：屬數雖衆，非以尊君也。百官雖具，非以任國也。此之謂國無人。

明主者，使下盡力而守法分，故羣臣務尊主，而不敢顧其家。臣主之分明，上下之位審，故大臣各處其位，而不敢相貴。亂主則不然，法制廢而不行，故羣臣得務益其家。君臣無分，上下無别，故羣臣得務相貴。如此者，非朝臣少也，衆不爲用也。故明法曰：國無人者，非朝臣衰也。家與家務相益〔一〕，不務尊君也；大臣務相貴，而不任國也。

〔一〕丁士涵云：元本無「與家」二字，依文義似衍。「家務相益」，與「大臣務相貴」對文。

人主之張官置吏也，非徒尊其身，厚奉之而已也，使之奉主之法，行主之令①，以治百姓而誅盜賊也。是故其所任官者大，則爵尊而禄厚；其所任官者小，則爵卑而禄薄。爵禄者，人主之所以使吏治官也。亂主之治也，處尊位，受奉禄，養所與佼〔一〕，而不以官爲務。如此者，則官失其能矣。故明法曰：小臣持禄養佼，不以官爲事，故官失職〔二〕。

〔一〕陶鴻慶云：依前後各節，「亂主之治也」當作「亂主則不然」。今本涉上下文「明主之治也」屢見而誤耳。「處尊位」上當有「羣臣」二字。前節云「亂主則不然，故羣臣處官位，受厚禄，莫務治國者」，與此節文正相似。翔鳳案：「奉」即「俸」，各本作「厚」。漢書高帝紀：「列侯幸得餐邑奉錢。」左昭六年傳「奉之以仁」，注：「養也。」「奉」字較近於原文，作「厚」者，依尊位改之耳。

〔二〕劉績云：經作「故官失其能」。

明主之擇賢人也〔一〕，言勇者試之以軍，言智者試之以官。試於軍而有功者則舉之，試於官而事治者則用之。故以戰功之事定勇怯〔二〕，以官職之治定愚智。故勇怯

①「令」字原作「今」，據補注改。

愚智之見也，如白黑之分。亂主則不然，聽言而不試，故妄言者得用；任人而不言〔三〕，故不肖者不困。故明主以法案其言而求其實，以官任其身而課其功，專任法，不自舉焉。故明法曰：先王之治國也，使法擇人，不自舉也。

〔一〕豬飼彦博云：「賢」字衍。翔鳳案：擇其勇智而勝於人者，非專擇其德，「賢」字不可少。「賢」爲多材也。

〔二〕孫星衍云：羣書治要引「功」作「攻」。

〔三〕翔鳳案：「任人」者，必先言其任務期望效驗等，以責其成，亂主不如此。下文「以前言督後事」，可證。古本作「不官」，誤。

凡所謂功者，安主上，利萬民者也。夫破軍殺將，戰勝攻取，使主無危亡之憂，而百姓無死虜之患，此軍士之所以爲功者也。奉主法，治竟内，使强不凌弱，衆不暴寡，萬民驩盡其力，而奉養其主，此吏之所以爲功也。匡主之過，救主之失，明理義以道其主，主無邪辟之行，蔽欺之患，此臣之所以爲功也。故明主之治也，明分職而課功勞，有功者賞，亂治者誅。誅賞之所加，各得其宜，而主不自與焉。故明法曰：使法量功，不自度也。

明主之治也，審是非，察事情，以度量案之。合於法則行，不合於法則止。功充其言則賞，不充其言則誅。故言智能者，必有見功而後舉之。言惡敗者，必有見過而後廢之。如此，則士上通而莫之能妬〔一〕，不肖者困廢而莫之能舉。故明法曰：能不可蔽，而敗不可飾也。

〔一〕豬飼彥博云：「士」上脱「賢」字。　翔鳳案：賢者少而中材多，中材亦須上通，非脱賢字。

明主之道，立民所欲，以求其功，故爲爵禄以勸之；立民所惡，以禁其邪〔一〕，故爲刑罰以畏之。故案其功而行賞，案其罪而行罰。如此，則羣臣之舉〔二〕，無功者不敢進也；毁，無罪者不能退也。故明法曰：譽者不能進，而誹者不能退也。

〔一〕豬飼彥博云：「立」當作「廢」。　翔鳳案：後漢郎顗傳「主名未立，多所收捕」，注：「猶定也。」「定民所欲」，「定民所惡」，非誤字。

〔二〕豬飼彥博云：「舉」當爲「譽」，言有虛譽而無實功之臣。　翔鳳案：黨其無功者，舉而進之，言其可試用。無功者不能譽爲有功，「舉」非誤字。

制羣臣，擅生殺，主之分也。縣令仰制，臣之分也。威勢尊顯，主之分也。卑賤畏敬，臣之分也。令行禁止，主之分也。奉法聽從，臣之分也。故君臣相與，高下之處也，如天之與地也。其分畫之不同也〔一〕，如白之與黑也。故君臣之閒明別，則主尊臣卑。如此，則下之從上也，如嚮之應聲；臣之法主也，如景之隨形。故上令而下應，主行而臣從。以令則行，以禁則止，以求則得，此之謂易治。故明法曰：君臣之閒，明别則易治〔二〕。

〔一〕丁士涵云：「分」當爲「介」，説文：「介，畫也。」翔鳳案：説文：「分，别也。从八从刀，以刀分别物也。」有分劃之義。不必改爲「介」。

〔二〕劉績云：經作「君臣之間明别，明别則易治也」。

明主操術任臣下，使羣臣効其智能，進其長技。故智者効其計，能者進其功，以前言督後事所効，當則賞之，不當則誅之。張官任吏治民，案法試課成功，守法而法之〔一〕，身無煩勞而分職〔二〕。故明法曰：主雖不身下爲，而守法爲之可也。

〔一〕陶鴻慶云：下「法」字當爲「治」字之誤，此解明法篇「不身下爲而守法爲之」之義，「爲」亦「治」也。翔鳳案：「守法而法之」，第二「法」字爲動詞，與「春風風人，夏雨雨人」、「入其門而無人門焉者，入其閨而無人閨焉者」相類，非誤字，陶説謬。

〔二〕丁士涵云：「分職」下有脱文。陶鴻慶云：「分職」下當有「明」字。「分」音扶問反，前節云「明主之治也，明於分職，而督其成事」，又云「明主之治也，明分職而課功勞」，皆其證。翔鳳案：有分職則不煩勞，不必加「明」字。若分職明則功效著，非徒不煩勞而已。

巨乘馬第六十八

翔鳳案：輕重十九篇，内有自輕重甲至輕重庚七篇，而巨乘馬至國准十二篇亦以「輕重」名，其分别何在，從無有説明者。實則甲至庚爲輕重九府，合爲一篇，劉向所校爲八十篇，予於序論已論之矣。「九府」民間無有，易代而後，合而編之，綴於全書之末，題以共名。丁士涵云：「匡」疑當作「國」，俗書作「国」。形近而譌。何如璋云：「臣」字，宋本作「巨」。「巨」字無義，後人乃改爲「臣」。按「臣」亦費解，當是「筴」之誤，本文有「筴乘馬之數求盡」句，可證。張佩綸云：山至數篇「行幣乘馬之數奈何」，注：「即臣乘馬所謂『篋乘馬』者，『臣』猶實也。『篋』者，以幣爲篋，而洩重射輕。」通典食貨十二引注「臣」均作「筐」。以意定之。「筴」誤作「篋」，「篋」又誤作「筐」，展轉爲「匡」、爲「臣」、爲「巨」。「巨乘馬」當作「筴乘馬」，始與篇中「筴乘馬」相應。龐樹典云：「巨」，元本、朱本作「匡」，他本或作「臣」。宋紹興刊本山至數篇中亦作「臣」。山至數注曰：「『臣』猶實。」「臣」無訓「實」之義，而「巨」亦不可訓「實」，是「匡」字爲近。故通典引舊注「臣」均作「筐」。「筐」，篋也。「匡乘馬」即「篋乘馬」也。丁氏疑「匡」爲「國」之壞字，非。翔鳳案：「乘馬」之義詳第五篇，即計數之碼也。説文：「巨，規巨也，从工，象手持之。榘，或从木、矢。矢者，其中正也。」「巨」即規矩之矩。「巨乘馬」即「矩乘馬」，有法度之乘馬也。「臣」爲「巨」之隸書别體。魏司馬景和妻墓誌「矩」作

「矩」，隋呂胡墓誌作「矩」，「臣」及「臣」皆「巨」字，「匡」則「臣」之變矣。諸説均誤。趙本作「臣乘馬」不誤，然趙本人不能解。山至數有「矩券」，乃鐵證也。

桓公問管子曰：「請問乘馬。」管子對曰：「國無儲在令〔一〕。」桓公曰：「何謂國無儲在令？」管子對曰：「一農之量壤百畝也，春事二十五日之内〔二〕。」桓公曰：「何謂春事二十五日之内？」管子對曰：「日至六十日而陽凍釋，七十日而陰凍釋〔三〕。陰凍釋而杌稷〔四〕，百日不杌稷，故春事二十五日之内耳也〔五〕。今君立扶臺〔六〕，五衢之衆皆作。君過春而不止〔七〕，民失其二十五日，則五衢之内阻棄之地也〔八〕。起一人之繇，百畝不舉。起十人之繇，千畝不舉。起百人之繇，萬畝不舉。起千人之繇，十萬畝不舉。春已失二十五日，而尚有起夏作〔九〕，是春失其地，夏失其苗，秋起繇而無止〔一〇〕，此之謂穀地數亡。穀失於時〔一一〕，君之衡藉而無止〔一二〕。民食十伍之穀，則君已藉九矣〔一三〕。有衡求幣焉〔一四〕，此盜暴之所以起，刑罰之所以衆也。隨之以暴，謂之内戰。」桓公曰：「善哉！」

〔一〕安井衡云：國無儲蓄，在政令失宜。張佩綸云：爾雅釋詁：「在，察也。」月令注：「令，謂時禁也。」王制：「國無九年之蓄曰不足，無六年之蓄曰急，無三年之蓄曰國非其國也。」無儲察令，重農制用之要。翔鳳案：國蓄：「民有餘則輕之，故人君斂之以輕。民不足則重之，故人君散行之以重。故君必有什倍之利，而財之櫎可得而平也。」又云：「凡輕重之大利，以重射輕，以賤泄平。萬物之滿虚，隨財準平而不變，衡絶則重見。」「輕重」爲國家專賣政策，保持經濟之平衡，是必有經濟計劃，即爲「乘馬」。輕重之數，以穀爲基準，奪農時則歉收，故桓公「問乘馬」，管子答以「國無儲在令」。穀之儲蓄不足，由於穀地數亡。安井之説是也。

〔二〕張佩綸云：「量」當作「糧」。説文：「糧，穀食也。」言農夫終歲之穀食係于百畝，而百畝之收穫係乎春事二十五日之内。聞一多云：「量」字不誤。山權數篇曰「地有量」，又曰「地量百畝，一夫之力也」，義與此同。翔鳳案：合耕種言之，爲二十五日，今之農事尚然。

〔三〕俞樾云：七十日陰凍釋而秇稷，至百日而止，則尚有三十日，乃云「春事二十五日之内」，義不可通。疑管子原文本作「七十五日而陰凍釋」，後人但取「六十日」、「七十日」兩文相對，而不顧其數之不合，遂妄删「五」字耳。易乾鑿度曰「天氣三微而成一箸」，鄭注曰：「五日爲一微，十五日爲一箸，故五日成一候，十五日成一氣。」然則日至六十日得三微一箸者二，七十五日又得三微一箸者一。以周書時訓篇言之，日至六十日而陽凍釋，是爲驚蟄，七十五日而陰凍釋，是爲雨水。若作「七十日」，則不相當矣。故知其誤也。張佩綸云：「陽凍釋」、「陰凍釋」者，説文：「陽，高明也。陰，闇也，水之南，山之北也。」説凍解惟此篇及夏小正最有體驗。正月先言「寒日滌凍塗」，傳曰：「滌也者，變也，變而煖也。凍塗也者，凍下而澤上多也。」又曰「農及雪澤」，「言雪澤之無高下也」。彼言上下漸釋，此言陽陰漸釋，義同。翔鳳案：幼官以十二日爲節氣，六十日爲冬至後第三節氣，小卯已過。春八節，七十日爲第六節，正當小卯。俞以「驚蟄」、「雨水」釋之，以爲誤而加「五」字，誤矣。張釋陰陽爲山之南北，是也。

〔四〕劉績云：「秇」同「埶」。別本作「種」。言七十日陰凍釋，埶稷，若百日則過時不埶矣。是秇種惟在二十五日之内。龐樹典云：「杌」當作「秇」，「秇」古「埶」字。古人穀種稷最先，故遂以名官，祭祀尚之。唐蘭云：「秇」，宋本作「杌」。今按本當作「枳」，見卜辭，「藝」之本字也。翔鳳案：「杌」從木，兀聲，當爲「樹」之別體，其聲同也。廣雅釋地：「樹，種也。」周禮大司徒：「以教稼穡樹埶。」楊本不從禾，則非「秇」，後人以意改之也。唐所説之「枳」，與説文木部「槸」相同，乃「槷」字，非「藝」也。

〔五〕丁士涵云：「耳」乃「畢」字誤。張佩綸云：「耳也」之「也」疑衍。翔鳳案：樹稷不能到百日，故春事即在此二十五日之内。孟子盡心「焉耳矣」，「耳」爲「而已」之合音，非誤字。

〔六〕張佩綸云：「扶臺」未聞，漢志琅邪郡邞縣，豈以地名「臺」歟？章炳麟云：「扶」蓋「蒲」之假借。如「匍匐」字或作「蒲伏」（左昭十三年傳），或作「扶伏」（左昭廿一年傳），是「蒲」、「扶」相通之證。釋名釋宫室曰：「草圓屋曰蒲，蒲，敷也。總其上而敷下也。」此豈僭爲清廟茅屋，上圓法天，復立靈臺，以觀天文之制，猶其欲行封禪之侈心歟？　尹桐陽云：「扶臺」，謂扶邑之臺。　前漢書地理志琅邪有邞，水經注作「扶」。說文：「邞，琅琊縣。」　翔鳳案：「扶臺」於農事有關而又防礙農事，可由此得其線索。　輕重甲「管子有扶身之士五萬人」，又曰「今每戰輿死扶傷」，又曰「重籍於民」，與「衡藉」於民相合。「扶臺」爲訓練扶身之士而築，寓兵於農。　於農忙立扶臺，則春失其地，夏失其苗。　諸說均誤。

〔七〕安井衡云：古本「君」作「若」。

〔八〕張佩綸云：「五衢之内」疑當作「五鄉」，涉上「五衢」而誤。「阻」當作「租」。說文：「租，田賦也。」「五衢之衆皆作」，言工作之民充塞衢路也。「衢」非耕耘之地，「五衢之内阻棄之地」不辭。　立政篇「分國以爲五鄉」，五鄉之内，民皆不能耕，則田賦棄之地矣。　聞一多云：「阻棄」當爲「菹萊」，字之誤也。　國准篇「彼菹萊之壤，非五穀之所生也」，輕重乙篇「菹萊、鹹鹵、斥澤，山間堁壘不爲用之壤」，「菹萊」謂菹澤草萊（輕重甲篇「山林菹澤草萊」）不耕之地也。此云「菹萊之地」，猶二篇云「菹萊之壤」。　二篇「萊」字今並作「菜」，王念孫定爲「萊」之誤。　本篇「萊」誤爲「棄」，猶二篇之誤爲「菜」矣。　翔鳳案：「扶臺」爲險阻，在「五衢之内」，義至平易，何用他求？　此地不妨農産，重在用千萬人之繇役而奪農時。　釋「阻棄」爲「菹萊」，與「五衢之内」不合。　改「衢」爲「鄉」，亦誤。

〔九〕安井衡云：「作」謂繇役。　張佩綸云：「有起夏作」、「有衡求幣」之「有」，均讀爲又。

〔一〇〕張佩綸云：「秋」下疑脱「失其麥」三字。公羊莊七年何注：「苗者，禾也。生曰苗，秀曰禾。」月令：「仲秋之月，乃勸種麥，毋或失時。」漢書食貨志董仲舒説上曰：「春秋它穀不書，至於麥禾不成則書之，以此見聖人於五穀最重麥與禾也。今關中俗不好種麥，是歲失春秋之所重而損生民之具也。」以經説參詳，應補「失其麥」三字，於義始足。翔鳳案：秋收穀，麥爲次要。下文明言「穀失於時」，而張謂「失其麥」，誤矣。

〔一一〕戴望云：元本「於」作「其」。張佩綸云：「穀」上當脱「五」字。翔鳳案：穀有五穀、六穀、九穀、百穀之異名，張何以定爲脱「五」字耶？陋矣。

〔一二〕丁士涵云：「衡」讀爲「横」。下同。安井衡云：「衡」，官名。周有川衡、林衡，齊以名税斂之官，蓋取其平也。「藉」、「籍」通，斂也。翔鳳案：「衡」爲輕重之平。「衡籍」者，爲保持平衡而籍之。

〔一三〕安井衡云：民食不足，出什五之息以貸於富者，故云「食什五之穀」也。云君已税九，則齊時税什四矣。蓋此篇戰國間學管氏者所作，因其所見立説，非桓公之時實税什四也。張佩綸云：「民食十伍之穀」當作「民食穀之十則君已藉九」，言十籍其九，民無餘食也。聞一多云：「伍」疑當作「一」。君藉什之九，則民食什之一也。翔鳳案：十籍其九，「伍」字横梗於中，此不可通者。「什」爲什保，「伍」爲參伍，指組織而言。民衆互相依賴爲生活之穀，君藉其九，即十之九也。周禮小宰「八成」，「一曰聽政役以比居」，先鄭云：「比居，謂伍藉也。比地爲伍，因内政。寄軍令，以伍藉發軍起役者，平而無遺脱也。」度地：「常以秋歲末之時閲其民，案家人比地，定什伍口數。」是其證矣。諸説均誤。

〔一四〕豬飼彦博云：「有」、「又」同。「衡」、「横」同。安井衡云：「有」，又也。諸本「幣」作「弊」，今從朱本作「幣」。翔鳳案：楊本作「幣」，是也。「衡」義同上。

筴乘馬之數求盡也〔一〕。彼王者不奪民時，故五穀興豐。五穀興豐，則士輕禄，民簡賞〔二〕。彼善爲國者，使農夫寒耕暑耘，力歸於上，女勤於纖微，而織歸於府者〔三〕，非怨民心，傷民意，高下之筴，不得不然之理也。」桓公曰：「爲之柰何？」管子曰：「虞國得筴乘馬之數矣。」桓公曰：「何謂筴乘馬之數？」管子曰：「百畝之夫子之筴，率二十七日爲子之春事〔四〕，資子之幣。春秋子穀大登〔五〕，國穀之重去分〔六〕。謂農夫曰：幣之在子者，以爲穀而廩之州里。國穀之分在上，國穀之重再十倍〔七〕。謂遠近之縣，里邑百官，皆當奉器械備〔八〕。曰：國無幣，以穀准幣。國穀之横，一切什九〔九〕。還穀而應穀〔一〇〕，國器皆資，無藉於民。此有虞之筴乘馬也〔一一〕。」

〔一〕王念孫云：「筴」上當有「管子曰」三字。安井衡云：「求」當爲「未」字之誤。張佩綸云：此上管子未言「筴乘馬」，而桓忽求盡筴乘馬之數，而後乃言何謂筴乘馬之數，錯脱顯然。龐樹典云：今匡乘馬自篇首「桓公問」至「桓公曰善哉」，蓋問乘馬之文，而亦不全，後人妄移置於此。翔鳳案：此省「曰」字。山權數「管子對曰：有。曰：軌守其數」，增一「曰」字。或增或省，無定法也。承上言乘馬之數當求盡，非謂未盡。諸人不明「乘馬」之義，以爲錯簡，謬矣。

〔二〕安井衡云：「簡」，傲也，謂輕之。

〔三〕王念孫云：當依事語篇作「女勤於緝績徽織，功歸於府」。説文曰：「緝，績也。」「績，緝也。」連言之，則曰「緝績」。陳風東門之池箋曰「於池中柔麻，使可緝績作衣服」，是也。「徽織」即徽識，（「徽」，説文作「微」。「識」，今作「幟」。）周官司常注曰：「徽識，旌旗之細也。」「識」或作「織」，小雅六月篇「織文鳥章」，箋曰「織，徽織」，是也。「功歸於府」與「力歸於上」對文。今本脱「緝績功」三字，「徽」誤作「微」，又衍「纖」、「而」二字。（「纖」即「織」字之誤而衍者。）王何如璋云：「織歸於府」謂布縷之征。緝績乃女工至纖至微之事，故謂「勤於纖微」。王云：「當依事語篇作『女勤於緝績徽織，功歸於府』。」按春秋説題辭：「麻之爲言微也，陰精寖密，女作纖微也。」女工纖微，義更圓足，何必據彼改此？翔鳳案：何説是。

〔四〕王引之云：「七」當爲「五」。上文曰「一農之量，壤百畝也，春事二十五日之内」，是也。古「五」字作「×」，與「七」相似，故「五」譌爲「七」。陶鴻慶云：「爲子之春事」二句上當有「曰」字，因與「日」字相亂而誤奪也。此告農夫辭。下文「謂農夫曰：幣之在子者以爲穀而廩之州里」，與此文相應。蓋春則資之以幣，秋則準幣以還穀，故爲此令以預戒之。翔鳳案：「二十七日」，以三九計之。説苑謂桓公之時，有以「九九」見者，此齊人之習慣也。上句「子」字，趙本作「予」。書泰誓「勗哉夫子」，指士兵而言，即農夫也。「夫子」二字爲名詞，下句「子」字乃省稱，知趙本作「予」爲誤字。

〔五〕王念孫云：「春秋」當爲「泰秋」，此涉上文「春事」而誤。「泰秋」即秋也，見山國軌、山至數二篇。其輕重乙、輕重丁二篇竝作「大秋」。（「大」與「泰」同。）　聞一多云：通典食貨十二引山國軌篇注曰：「泰，當也。」　任林圃云：「泰秋」即「大秋」，謂秋穀登場之時也，山東方言謂五月麥熟之際爲「麥秋」，八月諸穀熟爲「大秋」。　翔鳳案：「穀」包稷麥稻粱等言之，春秋均收，何但云「泰秋」耶？誤矣。

〔六〕安井衡云：「分」，半也。「去分」，減半也。　何如璋云：「分」，半也。言穀之重價減其半也。　馬元材云：「國穀」，指國境以内所有之穀而言。輕重甲篇作「國粟」。其他「國器」（筴乘馬、山至數）、「國銅」（山權數）、「國幣」（山至數）、「國財」（山至數、地數），皆仿此。　翔鳳案：「重」謂輕重之數，非物價也。春秋繁露：「春秋分者，陰陽相平也。」「分」，古讀「半」。

〔七〕安井衡云：農夫既納穀償財，平分一國之穀，其半在上，於是穀價之貴，再十倍於秋成之日；秋成前穀貴，至此復貴，故曰「再」。　何如璋云：「分」亦半也。「重再十倍」，「十」當作「一」，言穀之半藏於上，故其價重一倍也。「十」則大相懸矣。　張佩綸云：國穀之分在上，新穀皆斂於上，則其權自上採之矣。「再十倍」當作「稱十倍」，即山國軌「穀坐長而十倍」也。　翔鳳案：説文「再，一舉而二也。」「爯，并舉也。」釋言：「偁，舉也。」三字義近。張以山國軌爲證，是也。下文釋其「十倍」之原因。

〔八〕翔鳳案：「奉器械備」，猶言備奉器械，此倒句也。孟子「百工之所爲備」。提高穀價，以穀準備而賞之。

〔九〕安井衡云：國蓄「櫎」字凡三出，詳玩文意，皆謂時價，即漢儒所謂月平也。蓋「櫎」、「横」同，「横」與「衡」通，衡，平也。展轉相訓，「櫎」有平義。時價一定無高低，故謂時價爲「櫎」耳。　何如璋云：「櫎」者物價之限，韻會「櫎」與「横」同。「横」即「衡」也。　張佩綸云：「國穀之櫎一切什九」，即山國軌所謂「國幣之九在上，一在下」也。　許維遹云：説文木部：「櫎，所以几器。」「几器」猶庋藏之器，引申爲量名，而本書由量名變爲穀價之名，山至數篇、山國軌篇以「市櫎」連文，「市櫎」即市價也。又以「鄉櫎」、「市准」相對，「櫎」與「准」類相從也。至云「鄉穀之櫎若干，請以穀視市櫎而庚子牛馬」，則「櫎」爲穀價明矣。此云「國穀之櫎一切什九」，意謂國穀之價值，一律上取什分之九，即山國軌篇所云「環穀而應假幣，國幣之九在上，一在下」也。　聞一多云：許説「櫎」爲穀價名，至確。然竊疑「櫎」之爲穀價，與凡穀之價不同。説文：「榷，水榷，横木所以渡也。」淮南子繆稱篇高注：「獨梁，一木之水榷也。」引申爲榷筦之榷。漢書武帝紀「初榷酒酤」，韋昭注曰：「以木渡水曰榷，謂禁民酤釀，獨官開置，如道路設木爲榷，獨取利也。」車千秋傳「自以爲國家興榷筦之利」，師古注曰：「榷，謂專其利使入官也。」是「榷」即今所謂政府專賣。「榷」、「櫎」聲義俱近。「櫎」本訓橫木，而「櫎」與「橫」通，故「榷」一曰「櫎」。管書言「櫎」，蓋謂政府專賣穀類之價格也。

翔鳳案：「櫎」爲「胡廣反」，房於國蓄、山至數注均音「古莫反」。聞謂其爲「榷」之借，「即今所謂政府專賣」，是也。漢書平帝紀「吏在位二百石以上，一切滿秩如真」，注：「一切者，權時之事，非經常也。」後漢張敏傳：「夫輕侮之法，先帝一切之恩，不有成科班之律令也。」「一切」爲權時，兩漢常語。「一切什九」，權時定爲什九。古之一切，變爲權且，一切之合音爲「且」也。今之「一切」則爲一律，有均平之義，周時則作「壹是」。大學：「自天子至於庶人，壹是皆以修身爲本。」

〔一〇〕丁士涵云：當作「還穀而應幣」。山國軌篇曰：「然後調立環乘之幣。」又曰：「上無幣有穀，以穀准幣，環穀而應筴。」（「以穀准幣」即是國筴，故「應幣」謂之「應筴」。）又曰：「貲家假幣，皆以穀准幣，直幣而庚之。穀爲下，幣爲上。百都百縣軌據，穀坐長十倍，環穀而應假幣。」是其證。「還」與「環」同。郭沫若云：丁校非是。「還穀而應穀」不誤。「還穀」者，指假幣於民而使之以穀價還。「應穀」者，指以穀代幣，購置器械以備公用。承上兩事而言，故下文結之以「穀器皆資，無藉於民」。言穀物與器用皆足，而不增加稅藉。「穀器皆資」，「穀」字原作「國」，因音近而訛。丁所引山國軌篇「貲家假幣」云云，乃富家向官家假幣，官家以賤價之穀代幣而與之，預約以幣償還其穀。及穀貴，富家乃不得不准貴穀之價而償幣，故曰「環穀而應假幣」。丁未得其解。

〔一〕姚永概云：臣乘馬篇末曰「此有虞氏之筴乘馬也」，乘馬數篇首曰「桓公問管子曰『有虞筴乘馬已行矣』」，其文銜接，當是一篇，甚明。史記「太史公曰『吾讀管氏牧民、山高、乘馬、輕重、九府』」，注引劉向別録云「九府書民間無有，山高一名形勢」，亦不言乘馬有二篇二名。然則臣乘馬、乘馬數，乃後之編管子者妄分，而妄爲立名，非太史公及劉向所讀者矣。翔鳳案：輕重九府共七篇，乘馬二篇，以簡册而分之，姚不知此也。史記言篇名，非言篇數。虞國爲晉獻公所滅，齊桓時尚存。管子言「虞國」，又言「有虞」，當爲虞舜之後。史記五帝本紀黄帝「迎日推筴」，堯典觀察中星以定日策，知有虞之策爲舊制，故管子稱之。

乘馬數第六十九　　管子輕重二

桓公問管子曰：「有虞筴乘馬，已行矣。吾欲立筴乘馬，爲之奈何？」管子對曰：「戰國脩其城池之功，故其國常失其地用。王國則以時行也。」桓公曰：「何謂以時行？」管子對曰：「出准之令，守地用人筴〔一〕，故開闔皆在上，無求於民。朝國守〔二〕，分上分下，游於分之閒而用足〔三〕。王國守始〔四〕，國用一不足則加一焉〔五〕，國用二不足則加二焉，國用三不足則加三焉，國用四不足則加四焉，國用五不足則加五焉，國用六不足則加六焉，國用七不足則加七焉，國用八不足則加八焉，國用九不足則加九焉，國用十不足則加十焉。人君之守高下，歲藏三分，十年則必有五年之餘〔六〕。若歲凶旱水泆〔七〕，民失本則〔八〕，脩宮室臺榭，以前無狗、後無彘者爲庸〔九〕。故脩宮室臺榭，非麗其樂也〔一〇〕，以平國筴也〔一一〕。今至於其亡筴乘馬之君，春秋冬夏不知時終始，作功起衆，立宮室臺榭，民失其本事，君不知其失諸春筴，又失諸夏秋之筴數也〔一二〕。民無饘賣子，數也〔一三〕。猛毅之人淫暴〔一四〕，貧病之民乞請。君行律度焉，則民被刑僇而不從於主上，此筴乘馬之數亡也。乘馬之准，與天下齊准。彼物輕則見泄，重則見射〔一五〕。此鬭國相泄，輕重之家相奪也。至於王國，則持流而止矣〔一六〕。」桓公曰：「何謂持流？」管子對曰：「有一人耕而五人食者，有一人耕而四人食者，有一人耕而三人食者，有一人耕而二人食者。此齊力而功地，田筴相員。此國筴之時守也〔一七〕。君不守以筴，則民且守於上〔一八〕，此國筴流已〔一九〕。」

〔一〕何如璋云：「地用」，地力之所生。「人筴」，人食之所資。　翔鳳案：何説是也。計口授糧，餘則歸公。

〔二〕翔鳳案：考工匠人「國中九經九緯」，注：「城内也。」周禮士師「三曰國禁」，注：「城中也。」

楚辭遠逝「朝四靈於九濱」，注：「召也。」春秋繁露諸侯：「朝者，召而問之也。」「朝國守」者，召城内而守之也。「王」借爲「暀」，俗作「旺」。莊子養生主「神雖王，不善也。」古本誤認爲王霸之王，改「朝」爲「霸」，謬矣。

〔三〕丁士涵云：當作「上下游於分之間而用足」。「分」字涉上下文而衍；「上下游於分之間」，即下文所謂「乘馬之准與天下齊准也」。何如璋云：「上分」句，謂上守國穀之半也。仍半，乃散之百姓，故下游於分之間而地力之用既足矣。翔鳳案：「分」，半也。半上半下，遊於兩半之間，其義極明，諸説均誤。

〔四〕俞樾云：下文「國用，一不足則加一，二不足則加二」云云，是乃無策之甚者，何以謂之「王國」？疑「王國」乃「亡國」之誤。上文云：「出准之令，守地用人筴，故開闔皆在上，無求於民。霸國守，分上分下，游於分之間而用足。」夫「無求於民」者，上也；「游於分之間而用足」者，次也。然則此爲最下矣，「亡國」之誤無疑也。何如璋云：「王國守始」，「始」者事之始，如以三十年之通制國用，即「守始」之指，下文言「歲藏三分」，乃引申此義。俞曰「王」爲「亡」，非。「一不足則加一焉」十句，「不足」指歲歉，「加」者，加給以所守之穀以濟國用之不足。豐則守，歉則加，所謂「王國以時行」也。若上文改「王」字爲「亡」，則「加」字當作加徵解，殊失本指。管子之貴輕重者，以積爲散，以利窮甿，非橫暴之謂。陶鴻慶云：俞氏以「王國」爲「亡國」，是也。「守始」二字義不可曉，疑「始」爲「加」字之誤。下文「國用一不足則加一焉，國用二不足則加二焉，國用三不足則加三焉」，乃至「加四」、「加五」、「加六」、「加七」、「加八」、「加九」、「加十」，是舍加賦外無他策也，故曰「亡國守加」。「亡國守加」與上文「出準之令守地」、「霸國守分」，文同一例。翔鳳案：「王」同「旺」，見前。早有蓄積，故隨時加一分、二分乃至十分，可以取給。「十年有五年之餘」，非加賦於民。何說是，改字者非。

〔五〕豬飼彥博云：「加」疑當作「假」，貸也。安井衡云：「一不足」至「十不足」，謂歲饑而用不足，王者策國，守之未饑之始，下文所云「歲藏三分」是也。國儲既實，故歲饑而用不足，加之如其數，雖至十不足，未嘗困乏也。堯水九年，湯旱七年，亦以此術支之耳。翔鳳案：國語鄭語「將使侯淫德而加之焉」，注：「遺也。」即謂借「加」爲「假」，豬飼說是也。

〔六〕王引之云：「五」當爲「三」。歲藏十分之三，至十年則餘三十分，每十分而當一年，故三十分而爲三年之餘也。張佩綸云：王制「三年耕，必有一年之食；九年耕，必有三年之食。以三十年之通制國用，雖有凶旱水溢，民無菜色」，與此意合。

〔七〕李哲明云：「泆」讀爲溢，同聲通用字。一切經音義：「溢，古文『泆』同。」又禹貢「溢爲滎」，史記夏本紀引「溢」作「泆」，皆其例。

〔八〕陶鴻慶云：「民失本」下當有「事」字。下文云「立宮室臺榭，民失其本事」，是其證。翔鳳案：本事爲農業，此謂守其分，非本事也。「則」字屬上爲句，「則」訓等畫物，謂分畫也，不當加「事」字。

〔九〕何如璋云：「前無狗後無彘」，乃小民之最困者，故特興土木之功，俾窮甿以力自食。「庸」猶傭也。地官司徒「荒政弛力」，而此僱役，蓋弛者弛有業之息，庸者庸無業之窮。後世以工代賑，即仿此法。故宮室之修非以爲樂，乃以平上下之筴也。張佩綸云：「前無狗，後無彘」，謂門無狗，牢無彘。「傭」，史漢均作「庸」。周勃傳注「取庸苦之不與錢」，注：「庸，賃也。」聞一多云：國蓄篇：「歲適美，則市糶無予，而狗彘食人食。」蓋有餘食以分狗彘，是猶未甚貧，若狗彘都無，則貧已甚矣。如此者，賃之以修宮室臺榭而給之食。此以工代賑之法也。

〔一〇〕尹桐陽云：「麗」同「⿰麗見」，觀也。淮南精神「今高臺層榭，人之所麗也」，注以「麗」爲「美」，誤。立政篇曰：「觀樂玩好之說勝。」墨子七患：「苦其徒役以治宮室觀樂。」

〔一一〕聞一多云：「筴」疑當爲「災」。翔鳳案：「國筴」即「國策」，非誤字。

〔一二〕翔鳳案：老子：「善數不用籌策。」說文：「數，計也。」謂有定數可計。

〔一三〕張佩綸云：各本作「數矣」者是。如漢書蕭何傳「跳身遯者數矣」，「會上乏絕者數矣」。聞一多云：「子」下挩「者」字。山權數篇「民之無⿰米亶賣子者」，亦有「者」字。言民無食，屢賣其子也。翔鳳案：「數」謂歷數氣數。說文無「⿰米亶」字，作「饘」，同一字也。周謂之饘，宋謂之餬，比稀飯尤次一等。

〔一四〕聞一多云：「人」疑當作「民」。「猛毅之民」與下「貧病之民」對舉。此謂民之强者流爲盜賊，弱者流爲乞丐也。翔鳳案：管子之「民」多同「氓」，或作「萌」，與「人」不同，非誤字。

〔一五〕翔鳳案：「射」如射覆之射，豫測物價之行爲。「泄」，散也。山權數「而天下不吾洩矣」，「洩」同「泄」。

〔一六〕翔鳳案：持其流轉之數而止也。

〔一七〕張佩綸云：「此齊力而功地田筴相員」當作「齊功力而地田相員」。呂覽脩務注：「齊，等也。」詩傳：「員，均也。」即地均，言等其功力之勤惰，均其田地之肥磽。李哲明云：「地」字絶句，「功」讀爲攻，治也。説在禁藏篇「功戰」下。「圓」，當從宋本作「員」。「員」，數也，謂以筴通田之數也。作「圓」非。翔鳳案：説文：「田，陳也，樹穀曰田。」書禹貢「厥田爲中中」，鄭注：「據人功作力，競得而田之，則謂之田。」可知「齊力而功」之義。「地」訓萬物所陳列，非必能樹穀者。田地有別，田養人多，地較少，故一人耕而所食不同，田地以筴均調之。「時守」承「時行」言。張改竄原文，非也。

〔一八〕張佩綸云：「上」當作「下」。

〔一九〕翔鳳案：「已」，止也。「流」即持流之流，「流已」，止而不流也。「已」非虚字。

桓公曰：「乘馬之數盡於此乎？」管子對曰：「布織財物，皆立其貲。財物之貲與幣高下，穀獨貴獨賤〔二〕。」桓公曰：「何謂獨貴獨賤？」管子對曰：「穀重而萬物

輕，穀輕而萬物重〔二〕。」公曰：「賤筴乘馬之數奈何〔三〕？」管子對曰：「郡縣上臾之壤守之若干，間壤守之若干，下壤守之若干〔四〕。故相壤定籍而民不移〔五〕，振貧補不足，下樂上。故以上壤之滿，補下壤之衆〔六〕。章四時，守諸開闔〔七〕，民之不移也，如廢方於地〔八〕。此之謂筴乘馬之數也。」

〔一〕翔鳳案：國家掌握穀物，平衡物價，此「乘馬」之要義。

〔二〕翔鳳案：言一般物價之趨勢。

〔三〕王念孫云：「賤」字，涉上文「獨貴獨賤」而衍。下文云「此之謂筴乘馬之數也」，無「賤」字。尹桐陽云：「賤」同「踐」，行也。説文：「躔，踐也。」方言云：「行也。」翔鳳案：釋名釋言語：「賤，踐也。卑下見踐履也。」房説是也，未得其證耳。

〔四〕劉績云：「間」，上下之間，中算也。陳奐云：「臾」，古「腴」字。「上腴之壤」，猶膏腴之地耳。「間」猶中也。張佩綸云：「臾」，朱本作「腴」。班固西都賦：「華實之毛，則九州之上腴焉。」周禮「辨十有二壤之物」，禹貢「上上」至「下下」九等，而終言「咸則三壤」。任林圃云：杜佑通典：「春秋時列國相滅，多以其地爲縣，則縣大而郡小，故傳云『上大夫受縣，下大夫受郡』（周書作雒篇「千里百縣，縣有四郡」），縣邑之長曰宰、曰尹、曰公、曰大夫，其職一也。至於戰國則郡大而縣小矣，故甘茂謂秦武王曰：『宜陽大縣，名曰縣，其實郡也。』」管子書多成於戰國、秦、漢間人，僅據「郡縣」並稱，尚不能斷定本書必成於秦、漢以後。

〔五〕聞一多云：「籍」通「藉」。齊語「相地而衰征則民不移」，「衰」，差也，謂定其等差。「定藉」猶衰征矣。（荀子王制篇：「相地而衰政（征）。」）孫毓棠云：「相壤定籍」，言視其土地之肥嶢而定其租籍之差等也。齊語「相地而衰征」，韋昭注：「視地之美惡及所生出以差征賦之輕重也。」　翔鳳案：説文：「籍，簿也。」即田册，與「藉」無關。聞説非是。

〔六〕豬飼彦博云：「衆」當作「缺」。　俞樾云：「衆」字義不可通。疑本作「補下壤之虚」，「虚」與「滿」相對。國蓄篇曰「萬物之滿虚」，又曰「守歲之滿虚」，竝其證也。隸書「虚」字或作「亞」，故誤爲「衆」耳。　尹桐陽云：「衆」同「盅」，虚也。　翔鳳案：上壤少，下壤衆。以上壤之豐滿者，補衆多之下壤。「衆」字不誤。

〔七〕馬元材云：「章」，當讀如鹽鐵論錯幣篇「吳王擅障海澤」及園池篇「公家有障假之名」之「障」，謂障而守之也。輕重甲篇「章」字，義與此同。　翔鳳案：「章」假爲「彰」，謂明示也。堯典：「平章百姓。」古籍無以章爲障者，馬説非是。

〔八〕豬飼彦博云：「廢」猶置也，「方」謂方物。孫子曰：「方則止，圓則行。」　丁士涵云：「廢」古通置。公羊宣八年傳注：「廢，置也；置者，不去也。齊人語。」　張佩綸云：説文：「方，併船也。」置舫於水則能移，置於陸則不能移。　翔鳳案：儀禮聘禮「不及百名書於方」，注：「板也。」中庸「布在方策」，注：「版也。」謂置乘馬之版於地，即事取喻也。古者席地而坐，就地布算。方圓之方，乃不轉，非不移也。

問乘馬第七十亡

管子校注卷第二十二

管子輕重四

事語第七十一

張佩綸云：戰國策劉向别録：「中書本號，或曰國策，或曰短長，或曰事語。」此篇亦名事語，疑子政校中秘書時，以事語之述六國時事，近於國策者入國策，而其述齊桓時事，類於管子者入管子，故仍以事語名篇。其爲戰國游士依託管子無疑。翔鳳案：詩公劉「于時語語」，傳：「論難曰語。」就事論難曰事語，或曰論語。若一國之事，則爲國語。論語、國語皆爲春秋時作，而事語獨出於戰國耶？張説不顧事理如此。此篇與山至數合看，爲比舊説更好之數。

桓公問管子曰：「事之至數可聞乎？」管子對曰：「何謂至數？」桓公曰：「秦奢教我曰〔一〕：『帷蓋不脩，衣服不衆，則女事不泰〔二〕。俎豆之禮不致牲〔三〕，諸侯太牢，大夫少牢。不若此，則六畜不育。非高其臺榭，美其宮室，則羣材不散〔四〕。』此言何如？」管子曰：「非數也。」桓公曰：「何謂非數？」管子對曰：「此定壤之數也。彼天子之制，壤方千里，齊諸侯方百里，負海子七十里，男五十里〔五〕，若胷臂之相使也，故淮、徐疾羸不足，雖在下也，不爲君憂。彼壤狹而欲舉與大國爭者〔六〕，農夫寒耕暑芸〔七〕，力歸於上，女勤於緝績徽織，功歸於府者，非怨民心，傷民意也。非有積蓄，不可以用人；非有積財，無以勸下。泰奢之數，不可用於危隘之國〔八〕。」桓公曰：「善。」

〔一〕姚永概云：字作「秦」，後「泰奢之數不可用於危隘之國」，字又作「泰」。此篇之「泰奢」、「佚田」皆是寓名，非實有其人也。作「秦」乃誤字。翔鳳案：「秦奢」自是人名，莊子有「秦佚」，與下文「泰奢」謂過奢不同也。此爲秦奢之教，下爲「泰奢之數」，「數」與「教」相同。楚有伍奢，亦以「奢」爲名。以秦奢爲寓名，非是。

〔二〕尹桐陽云：「女事」，女工也，一曰女紅。「泰」，通也。翔鳳案：荀子議兵：「用財欲泰。」西京賦：「心奓體泰。」「泰」謂擴大，謂女事不能繁榮也。

〔三〕豬飼彦博云：「不」當爲「必」。戴望云：「不」字衍。

〔四〕劉績云：此云上用之，則下爲之。翔鳳案：「材」謂木材。上列二種，皆有召致之者。論語「致遠恐泥」，「君子學以致其道」，皇疏皆云：「至也。」中庸「致中和」，注：「行之至也。」管子之黨，國家之財，隨壤地大小而不同，故言此至而非數。

〔五〕宋翔鳳云：釋言：「齊，中也。」釋地「距齊州以南」，「齊」亦訓中。此「齊諸侯」爲中國諸侯，對下文「負海子」爲蠻夷之子也。俞樾云：内業篇「節適之齊」，尹注曰：「齊，中也。」

「齊諸侯」者，中諸侯也，謂中國之諸侯也。與下文「負海子」相對，「負海」則非中國矣。輕重乙篇作「仳諸侯」，「齊」、「仳」一聲之轉，猶「鰿魚」之爲「鯊魚」也。張佩綸云：趙注以「負海」屬下，非是。宋氏從而爲之辭，謬甚。輕重乙篇「東方之萌，帶山負海，北方之萌，衍處負海」，史記春申君列傳「齊南以泗水爲境，東負海，北倚河，而無後患」，漢書地理志「太公以齊地負海舄鹵，少五穀而人民寡」，「負海」自指齊言。此言齊方百里而負海，比子男則有餘，比天子則不足，乃危隘之國，不可以太奢也。尹桐陽云：「齊」，衆也。爾雅作「黎」。

翔鳳案：「齊」訓中，然非中國之簡稱，與「仳諸侯」相類。詩小雅「仳仳彼有屋」，傳：「仳仳，小也。」謂衆小諸侯。爾雅釋詁：「黎，衆也。」詩桑柔「民靡有黎」，傳：「齊也。」書西伯戡黎，大傳作「耆」。「耆」、「齊」同音，可知「黎」之爲「齊」，乃同聲之假借也。尹說不誤，特其言太簡，不能令人深信耳。

〔六〕俞樾云：「舉」衍文，蓋即「與」字之誤而衍者。翔鳳案：說文：「舉，對舉也。」晉語「舉而從之」，注：「起也。」謂起而對抗，「舉」字不誤。

〔七〕翔鳳案：小國壤狹，欲與大國競財用，竭農夫女工之力，徒然無濟。「非怨民心，傷民意也」，「也」同「耶」，乃歎傷之詞。

〔八〕翔鳳案：此謂用度量力，不可泰奢。「泰」同「太」。老子「去甚去泰」，即其義。「非有積蓄，不可以用人；非有積財，無以勸下」，行輕重之法，量入爲出，不可泰奢。「隘」謂壤小。說文：「危，在高而懼也。」謂無力而徒鋪張場面。

桓公又問管子曰：「佚田謂寡人曰：『善者用非其有，使非其人〔一〕。何不因諸侯權以制天下〔二〕？』」管子對曰：「佚田之言非也。彼善爲國者，壤辟舉則民留處，倉廩實則知禮節。且無委致圍，城肥致衝〔三〕。夫不定内，不可以持天下。佚田之言非也。」管子曰：「歲藏一，十年而十也。歲藏二，五年而十也。穀十而守五，綈素滿之，五在上。故視歲而藏〔四〕，縣時積歲〔五〕，國有十年之蓄。富勝貧〔六〕，勇勝怯，智勝愚，微勝不微〔七〕，有義勝無義，練士勝歐衆〔八〕，凡十勝者盡有之〔九〕。故發如風雨，動如雷霆，獨出獨入，莫之能禁止，不待權與〔一〇〕。故佚田之言非也。」桓公曰：「善。」

〔一〕張佩綸云：「用非其有，使非其人」，淮南主術訓以爲武王事，蓋古有此語，而佚田稱之。（下文）「壤辟舉則民留處，倉廩實則知禮節」，牧民篇語。輕重各篇每舉經言一二語，推暢其義，説苑所引管子亦多此例，此足爲子政校管中外雜收不能別擇之一證。尹桐陽云：商君書錯法：「明主者用非其有，使非其民。」此「人」即「民」耳。淮南主術作「人」，同。聞一多云：「善者」，猶言善爲國者。國蓄篇：「故善者執其通施以御其司命。」又：「故善者委施於民之所不足。」輕重甲篇：「故善者重粟之賈。」

〔二〕王紹蘭云：「權以」二字連讀。「以」猶與也，古多通用。「權以」猶權與也。輕重甲篇「數欺諸侯者無權與」，即其證。因諸侯之權，即謂「用非其有」；因諸侯之與，即謂「使非其人」。管子答以「善爲國者不待因諸侯之權與」，正對「權以」之文。若讀「因諸侯權」爲句，「以制天下」爲句，則管子但云不待「權」可矣，何必贅言「與」乎？ 翔鳳案：王説是也。詩江有汜「不我以」，箋：「猶與也。」儀禮鄉射禮「主人以賓揖」，注：「與也。」下文即作「權與」。「與」爲多人相助，「權」爲叢生之物，故可合用。爾雅釋草：「權，黄華。」釋木：「權，黄英。」「權」從藋聲，與灌木同義，「黄英」、「黄華」，謂小時黄葉叢生也。聞訓爲助，非是。

〔三〕劉績云：「委」，委積也，無食則人欲圍而取之。「脃」，不堅也。「衝」，衝車也，城不堅則人思毁之。 張佩綸云：「肥」當作「嶏」。説文：「嶏，崩也。」（列子黄帝篇釋文：「肥，皮美切。」説文、字林皆作「嶏」。又作「圮」，皆毁也。） 馬元材云：「肥」，即山至數篇「古者輕賦税而肥籍斂」之「肥」。 丁士涵云：「古『俷』字，薄也。」（説詳上）其説是也。 史記三王世家燕王策云「毋俷德」，徐廣曰：「俷，一作『菲』。」孔文祥曰：「菲，薄也。」趙氏逕改爲「脃」，失其義矣。 翔鳳案：地員「芬焉若糠以肥」，乃「脃」之别體，仍爲「脃」字也。説文：「脃，小耎易斷也。」字本作「脃」，省其上則爲「肥」矣。「俷」乃俗體也。張、馬説誤。

〔四〕馬元材云：「視歲而藏」，即視其歲之上中下，而決定其所應斂藏之數。如李悝平糴法「上熟糴三舍一，中熟糴二舍一，下熟中分之」，是其例矣。

〔五〕何如璋云：「縣時」猶曠日也。縣而積之，則國有十年之蓄矣。 張佩綸云：「縣」，遠也。

「縣時」疑即累時。聞一多云：荀子性惡篇：「加日縣久。」

〔六〕何如璋云：「富勝貧」以下十二句見兵法篇，大同小異，與本文不屬。疑「十年之蓄」下原脱數句，後人乃雜湊兵法之文以足其數也。翔鳳案：有十年之蓄，則富可以勝貧，以下相因而下。何誤矣。

〔七〕豬飼彦博云：「微」疑當作「能」，七法曰：「以能擊不能。」安井衡云：「微」讀爲孅。孅，善也。尹桐陽云：「微」，精妙也。翔鳳案：「微」假爲𧡺，伺也。史記游俠列傳：「解使人微知賊處。」指軍事而言。

〔八〕翔鳳案：「歐」同「敺」。漢書食貨志：「令歐民而歸之。」

〔九〕豬飼彦博云：「十」當作「六」，不然上文缺四勝。安井衡云：「十」猶全也。言十勝無一敗者，藏穀中盡有之。張佩綸云：「十勝」止言六勝。案：樞言篇「七勝」與此大同小異，疑「十」當作「七」，挩去一句耳。此駁佚田「因諸侯」之説。馬元材云：共止六勝而曰「十勝」者，舉其全而言，亦猶七法篇之「十戰十勝」、「百戰百勝」也。翔鳳案：説文：「十，數之具也。」安井與馬説是也。不必附會成十數。

〔一〇〕丁士涵云：「待」當爲「恃」，「輿」，宋本作「與」，是也。「不恃與國」，正與上文「桓公曰何不因諸侯權以制天下」意相對。「因」，依也；「恃」，亦依也，二字同義。翔鳳案：「權與」義見上。古本不知其義，改「與」爲「輿」，依爾雅釋詁而改之，不知其不可通也。管子用「權與」

頗多，詳七法章炳麟説。七法不改，幼官不改，輕重甲不改，獨此篇改之，可謂盲動矣。

管子輕重五

海王第七十二

馬元材云：「海王」當作「山海王」。「山海」二字，乃漢人言財政經濟者通用術語。鹽鐵論中即有十七見之多。本篇中屢以「山海」並稱。又前半言鹽，後半言鐵。鹽者海所出，鐵者山所出。正與史記平準書所謂「齊桓公用管仲之謀，通輕重之權，徼山海之業，以朝諸侯。用區區之齊，顯成霸名」及鹽鐵論輕重篇文學所謂「管仲設九府徼山海」之傳説相符合。「王」即輕重甲篇「故爲人君而不能謹守其山林菹澤草萊，不可以立爲天下王」之「王」，謂以壟斷山海之利權而王天下也。尹注釋「海王」爲「以負海之利而王其業」者，非。翔鳳案：「王」讀旺，與前篇「王國」相同，所謂海王之國也。煮鹽之術，衆所共知。采鑛之術，別有專篇。前半言鹽，後半但言鐵官之數，而其術則具於地數，分言之，不在一處，故此篇非並言山海，馬不知其義也。

桓公問於管子曰：「吾欲藉於臺雉〔一〕，何如？」管子對曰：「此毀成也。」「吾欲藉於樹木。」管子對曰：「此伐生也。」「吾欲藉於六畜。」管子對曰：「此殺生也。」「吾欲藉於人，何如？」管子對曰：「此隱情也。」桓公曰：「然則吾何以爲國？」管子對曰：「唯官山海爲可耳〔二〕。」桓公曰：「何謂官山海？」管子對曰：「海王之國，謹正鹽筴〔三〕。」海王，言以負海之利而王其業。桓公曰：「何謂正鹽筴？」正，税也。管子對曰：「十口之家十人食鹽，百口之家百人食鹽。終月，大男食鹽五升少半，少半，猶劣薄也。大女食鹽三升少半，吾子食鹽二升少半〔四〕。吾子，謂小男小女也。此其大曆也〔五〕。曆，數。鹽百升而釜〔六〕。鹽十二兩七銖一黍十分之一爲升，當米六合四勺也。百升之鹽，七十六斤十二兩十九銖二纍。爲釜，當米六斗四升。今鹽之重升加分彊〔七〕，釜五十也。分彊，半彊也。今使鹽官税其鹽之重，每一升加半合爲彊而取之，則一釜之鹽得五十合而爲之彊。升加一彊，釜百也。升加二彊，釜二百也。鍾二千，十釜之鹽，七百六十八斤。爲鍾，當米六斛四斗是也①。十鍾二萬，百鍾二十萬，千鍾二百萬。萬乘之國，人數開口千萬也。舉其大數而言之也。開口，謂大男大女之所食鹽也。禺筴之，商日二百萬〔八〕，禺，讀爲偶。偶，對也。商，計也。對其大男大女食鹽者之口數而立筴，以計所税之鹽。一日計二百萬合，爲二百鍾。十日二千萬，一月六千萬。萬乘之國正九百萬也〔九〕。萬乘之國，大男大女食鹽者千

① 「也」字原無，據補注增。

萬人，而稅之鹽一日二百鍾，十日二千鍾，一月六千鍾也。今又施其稅數以千萬人如九百萬人之數，則所稅之鹽一日百八十鍾，十日千八百鍾，一月五千四百鍾。**月人三十錢之籍**〔一○〕**，爲錢三千萬。**又變其五千四百鍾之鹽而籍其錢，計一月每人籍錢三十，凡千萬人，爲錢三萬萬矣。以籍之數而比其常籍，則當一國而有三千萬人矣。**今吾非籍之諸君吾子**〔一一〕**，而有二國之籍者六千萬。**諸君，謂老男老女也。六十已上爲老男，五十已上爲老女也。既不籍於老男老女，又不籍於小男小女，乃能以千萬人而當三千萬人者，蓋鹽官之利耳。鹽官之利既然，則鐵官之利可知也。鹽官之利當一國而三萬人，鐵官之利當一國而三萬人焉，故能有二國之籍者六千萬人耳。其常籍人之數猶在此外。**使君施令曰『吾將籍於諸君吾子』，則必囂號。今夫給之鹽筴**〔一二〕**，則百倍歸於上**〔一三〕**，人無以避此者，數也。**

〔一〕王引之云：「臺」爲宮室之名，「雉」乃築牆之度。（定十二年公羊傳曰：「五板而堵，五堵而雉。」坊記鄭注曰：「雉，度名也，高一丈長三丈爲雉。」）「臺雉」二字意義不倫，偏考諸書，無以「臺雉」竝稱者。國蓄篇曰：「夫以室廡藉謂之毀成。」輕重甲篇曰：「寡人欲藉於室屋。」以此例之，「臺」下之字亦當爲宮室之名，「雉」蓋「䠶」之譌也。「䠶」與「射」同（見說文），即「榭」字之假借。（楚語「榭不過講軍實」，劉逵吳都賦注引作「射」。郙敦銘「王格于宣射」，即宣十六年春秋之成周宣榭也。）古字偏旁或左右互易，（如「猶」或作「猷」、「獨」或作「獸」、

「鶉」或作「鶉」、「虺」或作「虮」、「鄰」或作「隣」之類是也。）則「躲」字亦可作「鴺」，形與「雉」相似，因譌爲「雉」矣。乘馬數、事語、地數、輕重甲諸篇言「臺榭」者屢矣，則此亦當然。爾雅曰：「闍謂之臺，有木者謂之榭。」張文虎云：「臺雉」疑誤。輕重甲篇作「室屋」，國蓄篇作「室廡」，其文與此大同。「臺」與「室」形近，又「屋」字古文作「臺」，與「臺」字尤易相混。

姚永概云：「藉」字，當從下文一例作「籍」，下同。翔鳳案：「藉」，下文作「籍」，謂登册而歛之也。隸書「艸」、「竹」不分，如、荅、茥、莁、蕳、薵、苻等皆從「竹」而寫爲「艸」。「藉」非誤字，姚不知也。王改「雉」爲「榭」，振振有辭，世有毀已成之臺榭而避税者乎？且臺榭惟富人有之，所籍有限也。公羊定十年傳：「五堵而雉。」板築以堵計，詩所謂「築室百堵」，其圍垣則以雉計。大村聚户而居，築土垣防盜，上有堞，即雉，今北方尚多有之，税之則民毀。説文「庌，廡也。周禮曰：『夏庌馬。』」鄭謂「所以庇馬者也」，亦非正室。王説非是。管仲相桓公霸諸侯，齊國富强，不容疑者。其富强即爲鹽鐵之利，鹽鐵論輕重云：「修太公、桓、管之術，總一鹽鐵。」

〔二〕何如璋云：「官山海」者，設官於山以筦鐵，設官於海以課鹽也。左傳（昭二十年）「山林之木，衡鹿守之；海之鹽蜃，祈望守之」，殆山海之舊官歟？馬元材云：「官」即「管」字之假借。史記平準書「浮食奇民欲擅管山海之貨」，鹽鐵論復古篇「往者豪强大家得管山海之利」，又貧富篇「食湖池，管山海」，皆作「管」，可以爲證。一作「筦」，平準書：「桑弘羊爲大農丞筦諸會計事。」或作「斡」，上引平準書「管山海之貨」，漢書食貨志即作「斡」。此謂山海天地之藏，如鹽鐵及其他大企業非「編户齊民所能家作」者，均應歸國家所有，由國家經營管理之。

〔三〕李哲明云：注云「正，税也」，是「正」字與「征」同。「正」、「征」古字通用。馬元材云：「正」即「征」，此處當訓爲征收或征集，與征税意有别。地數篇「君伐菹薪，煮沸水爲鹽，正而積之三萬鍾」，輕重甲篇：「正而積之，十月始正，至於四月，成鹽三萬六千鍾」，「正」之義可見。蓋本書所言鹽政，主由國家專賣，鹽場不止一地，鹽工不止一人，故不得不「正而積之」。此即「正鹽」之義矣。聞一多云：「正」讀爲征。「正鹽筴」，謂征收鹽税之筴。

〔四〕陳奂云：地數篇曰「凡食鹽之數，嬰兒二升少半」，則「吾子」謂嬰兒也。「吾」讀爲蛾。學記曰「蛾子時術之」，鄭君注曰：「蛾，蚍蜉也，蚍蜉之子，微虫耳。」「吾子」即蛾子，皆幼稚之稱。下文及國蓄篇「吾子」凡三見，尹注皆同。安井衡云：正字通云：「古本管子『吾子』作『童子』。」蓋謂唐以前之本。如尹本則仍作「吾子」，故注云「謂小男小女」，若作「童子」，不須注也。蓋「吾」即伊吾，童子語多伊吾，故謂童子爲「吾子」。正字通多妄説，未足信也。俞樾云：尹注曰：「吾子，謂小男小女也。」然則「吾」當讀爲牙。後漢書崔駰傳注曰：「童牙，謂幼小也。」「吾子」即牙子，其作「吾」者，「牙」、「吾」古同聲，猶騶吾之或爲騶牙矣。太玄勤次三曰「羇角之吾，其泣呱呱」，義與此同。集韻有「玡」字，音牙，云「吳人謂赤子曰孲玡」，蓋即「牙」字而加子旁耳。張佩綸云：太玄勤次三「羈角之吾，其泣呱呱，小得繈扶」，宋衷注：「羈角，謂童幼也。」王涯注：「吾者，吾吾然無所歸之貌。」疑太玄之「吾」即本此。「吾子」謂羈角之童幼。疑「吾」與「牙」通。後漢崔駰傳達旨曰「甘羅童牙以報趙」，注：「童牙，謂幼小也。」翔鳳案：「吾」俗讀娃，烏鴉切，脣音。「牙」俗讀岈，牙音。義同音異，非一字也。

〔五〕翔鳳案：房注：「曆，數。」「曆」爲説文所無，本作「歷」，訓過。古之造歷者，數其時日，故曰數。

〔六〕張文虎云：依下注，一釜之鹽「七十六斤十二兩十九銖二累」，百分之，則此當云「十二兩六銖九累一黍十分之二爲升」。蓋傳寫脱誤。張佩綸云：説文：「升，十龠也。」「斗，十升也。」「斛，十斗也。」不言釜，即爲斛。廣雅：「四升曰豆，四豆曰區，四區曰釜，釜十曰鐘。」則釜但六斗四升，不得曰「百升而釜」。左氏昭三年傳「齊舊四量：豆、區、釜、鐘。四升爲豆，各自其四以登於釜，釜十則鐘。陳氏三量，皆登一焉，鐘乃大矣」，杜注：「以舊量之釜六斗四升，陳氏以五升爲豆，四豆爲區，四區爲釜，則區二升，釜八斗，鐘八斛。」陸德明釋文：「本或作『五豆爲區，五區爲釜』者，謂加舊豆區爲五，亦與杜注相會，非於五升之豆又五五而加也。」三升皆非百升而釜，以下文「升加分强釜五十，升加一强釜一百」之數折算，如百升爲釜，則直云加半加一，不得爲强，必半分有强、一錢有强，始合五十、一百之數，則此「釜」仍是六斗四升之釜。就一釜析之爲百，截畸就整，以便下文起算，蓋析釜之數爲百升以合加錢之數，非合升之數百而爲釜也。馬元材云：本書量名計有「鏂」、「釜」、「鍾」、「升」、「斗」、「石」等字。「鏂」即「區」。左氏昭三年傳晏子云：「齊舊四量：豆、區、釜、鍾。四升爲豆，各自其四以登於釜，釜十則鍾。陳氏三量，皆登一焉，鍾乃大矣。」杜注：「登，加也。加一，謂加舊量之一也。以五升爲豆，四豆爲區，四區爲釜，則區二斗，釜八斗，鍾八斛。」陸德明釋文：「本或作『五豆爲區，五區爲釜』者，謂加舊豆區爲五，亦與杜注相會，非於五升之豆又五五而加。」據此，則齊制實爲以四進及以十進並行之法。陳氏之制稍有變更。然皆與「百升而釜」之數不符。考輕重甲篇：「齊西之粟釜百泉，則鏂二十也。齊東之粟釜十泉，則鏂二錢也。請以令籍人三十泉，得以五穀菽粟決其籍。若此，則齊西出三斗而決其籍，齊東出三釜而決其籍。」知本書每釜爲五鏂，乃陳氏之制，而非齊之舊制。惟其算法與杜注異。以意推之，本書當是以四升爲豆，五豆爲鏂，五鏂爲釜。如此則一鏂二十升，一釜一百升，恰合「百升而釜」之數。且與一釜百泉，三斗三十泉之數亦無衝突。翔鳳案：齊以釜爲單位，詳輕重篇。考工陶人「爲甗，實二釜」，注云：「量六斗四升。」㮚人注同。與房注「當米六斗四升」相合，亦與豆、釜、區皆以四進相合。以四升爲豆起算。鹽之百升，以其重量，以秤計之，十二兩七錢一黍十分之一爲升，如房注所云，乃以衡折爲量，諸人未悟及也。

〔七〕安井衡云：「分」，半也。「彊」讀爲繦，「繦」與「繈」通，錢貫也，因遂稱錢爲「繦」。「繈」或作

「鏹」，俗字也。鹽價之貴，升增半錢，一釜百升，適得五十錢之贏也。張文虎云：尹注「每一斗」，「斗」當作「升」。黄鞏云：「强」同「繦」。一强一錢，分强半錢也。聞一多云：附加之價曰「彊」。小爾雅廣詁：「强，益也。」九章算術：「凡有餘贏命曰『强』。」翔鳳案：國蓄「歲適凶，則市糴釜十繦而道有餓民」，則「釜十繦」爲最高之價。一釜六斗四升，計加半强，則釜加三十二繦矣，不合理。聞説是也。

〔八〕豬飼彦博云：「禺」、「偶」同，謂加二也。「商」，謂所加之税也。言大數千萬，一日食鹽千鍾，故升加二錢而取之，則得二百萬錢也。安井衡云：「禺」、「偶」同，「偶」，合也。大男食鹽，月五升少半，大女三升少半，吾子二升少半；一家十口，假令大男女四人，吾子六人，一家月所食，爲三斗一升三合三勺三撮，十分之，人日得一合有奇。以合算萬乘之國日所食之鹽，適盡千鍾，是商利比舊日增二百萬之贏也。

〔九〕豬飼彦博云：當作「千乘之國正人百萬也。」揆度曰：「千乘之國爲户十萬户，爲開口百萬人。」「正人」，謂正數之人也，國蓄曰「以正人藉」，是也。王引之云：「正」與「征」同。「萬乘之國正」絶句，「萬乘之國正」，常征也，欲言征鹽策之善，故以常征相比校也。「九百萬也」者，「九」當爲「人」，篆書「人」字作「ㄦ」，與「九」相似而誤。揆度篇曰：「萬乘之國，爲户百萬户，爲開口千萬人，爲當分者百萬人。」是萬乘之國雖有開口千萬人，其「當分」之人但有百萬，萬乘之國征，但征其「當分」之人百萬，故曰「萬乘之國征，人百萬」也。「月人三十錢之籍，爲錢三千萬」者，「當分」之人每月籍其錢人各三十。輕重丁篇曰「請以令籍人三十泉」，是也。一人三十錢，百萬人則當爲錢三千萬，故曰「月人三十錢之籍，爲錢三千萬」也。「今吾非籍之諸君吾子，而有二國之籍者六千萬」者，言一國之常征，每月但有三千萬錢而已。今吾之征鹽策也，不待明發號令籍之諸君吾子，而每月自有六千萬錢（上文曰「一月六千萬」），倍於一國三千萬之籍，是有二國之籍也，故曰「今吾非籍之諸君吾子，而有二國之籍者六千萬」也。尹不知「九百萬也」爲「人百萬也」之譌，又不知「爲錢三千萬」乃百萬人一月之籍，故其説皆不確。　俞樾云：隸續載張休崖涘銘「行ㄦ過兹」，「人」作「ㄦ」，與「九」相似。王氏訂「九」爲「人」字之誤，是也。以「正」屬上句，則似未得，「正人」二字連文。國蓄篇曰：「以正人籍，謂之離情，以正户籍，謂之養贏。」是「正人」、「正户」，當時有此名目。尹彼注云：「正數之人若丁壯也。」此「正人」之義，亦當與彼同。揆度篇曰「萬乘之國爲户百萬户，爲開口千萬人，爲當分者百萬人」，是萬乘之國「正人」止百萬而已，故曰「正人百萬也」。

翔鳳案：「正」字上當據趙本補「國」字。「九」當作「人」，王、俞二説是也。

〔一〇〕宋翔鳳云：當作「月人三錢之籍」，「十」字衍。　馬元材云：「三十錢之籍」，只是著者假設之詞。考秦、漢皆有口賦之制，董仲舒云「秦口賦之利，二十倍於古」，其實數已不可詳。漢代口賦則自三歲至五十四歲，每年納二十錢。武帝時加爲二十三錢。後有司請再加爲三十錢，但未施行。故征和四年輪臺詔云：「前有司奏欲益民錢三十助邊用，是重困老弱孤獨也。」本篇及輕重丁篇兩言籍三十錢，與有司奏請之數適相符合。本篇對「正人籍」極力反對，謂正鹽贏利非任何收入所能比擬。不僅按年計算之口賦不足相較，即令每月人籍三十錢，所得亦不過三千萬，恰爲正鹽收入之一半而已。張德鈞云：馬言漢代口賦之制有誤。據漢書昭帝紀如淳注引漢儀注云：「民年七歲至十四，出口賦錢人二十三，二十錢以食天子，其三錢者，武帝加口錢以補車騎馬。」如淳注高帝紀引漢儀注又云：「民年十五以上至五十六，出賦錢，人百二十爲一算，爲治庫兵車馬。」是征口賦，年歲實自七歲至十四歲，名義則爲「以食天子」。過十四歲，由十五歲至五十六歲，則爲算賦，錢爲百二十，名義乃是「治庫兵車馬」。由於武帝勤於征伐，經用不足，始於口賦增收三錢。其征自人三歲起者，似亦始於武帝，至元帝世亦革，固非漢代之常制。如貢禹傳云：「禹以爲古民亡賦算，口錢起武帝，征伐四夷，重賦於民，民産子，三歲則出口錢；故民重困，至於生子輒殺，甚可悲痛。宜令兒七歲，去齒，乃出口錢，年二十迺算。……天子下其議，令民産子七歲乃出口錢，至此始。」至輪臺詔所云「欲益民錢三十助邊用」者，王先謙漢書補注引徐松曰：「惠紀應劭注：『漢律：人出一算，算百二十錢，唯賈人與奴婢倍算。』今口增三十，是百五十爲一算。其時有司有此奏而未行，故蕭望之傳：『張敞曰：先帝征〔四夷，兵〕行三十餘年，百姓猶不加賦。』」是增三十錢乃就算賦言，非謂口賦。算賦本爲治庫兵車馬，故邊用不足，有司得奏請增益之。翔鳳案：此「人」非國蓄之「正人」，諸君吾子在外，丁壯爲百萬人。而萬乘之國有千萬，籍十分之一。國蓄謂「以正人籍，謂之離情」，不言征之也。「離情」與此篇「隱情」相當，一謂脱離民情，一謂隱蔽人情而不知也。

〔一一〕張佩綸云：「諸君」，「諸」、「都」通。禹貢「被孟諸」，史記作「孟都」，是其證。昭二十七年左氏傳「左司馬沈尹戌帥都君子，與王馬之屬以濟師」，杜注：「都君子，在都邑之士有復除者。」疏引賈逵同。此「諸君」即「都君子有復除者」，其人不在正籍。以鹽筴加價則有復除者亦無不食鹽。注以爲「老男老女」，非是。翔鳳案：釋名：「妾謂夫之嫡妻曰女君，夫爲男君。」房注「諸君謂老男老女」，不誤。「諸君吾子」猶言大人小孩。國蓄「男女諸君吾子」，可爲確證。張釋爲「都君」，誤甚。

〔一二〕洪頤煊云：「今」當作「令」。王念孫云：通典正作「令」。又案：下文「今鍼之重加一也」，「今」亦「令」之譌。上文云「令鹽之重升加分彊」，文義正與此同。翔鳳案：「今鹽之重升加分彊」，楊本作「今」不作「令」。王説非，通典乃誤字。

〔一三〕俞樾云：「百」字衍文。上云「月人三十錢之籍，爲錢三千萬，今吾非籍之諸君吾子也，而有二國之籍者六千萬」，是國之常征止三千萬，鹽策之利得六千萬，適加一倍，故曰「倍歸於上」。若作「百倍」，則太多矣。蓋後人不察文義而妄加之。陶鴻慶云：「百」當爲「自」之誤，言不必籍於諸君吾子而自然得其倍數也。淮南天文訓：「故人臂修四尺，（今本作「人修八尺」，從王氏雜志改。）尋自倍，（案謂兩臂相求，自得倍數。）故八尺而爲尋。」史記高祖功臣年表叙：「小國自倍，富厚如之。」漢書食貨志：「上孰其收自四，餘四百石；中孰自三，餘三百石；下孰自倍，餘百石。」文例並與此同。俞氏以「百」字爲後人妄加，非是。聞一多云：陶謂「百」爲「自」之誤，是也，其解「自」義爲「自然」則誤。「自」當訓自己，謂某數自己，實不定之辭，與今算學之X同。「倍」猶二也。食貨志「自四」、「自三」、「自倍」，猶言四乘X、三乘X、二乘X也。「自」既等於X。故「自倍」亦可省言「倍」。翔鳳案：説文：「白，此亦『自』字也。」「百，古文『百』，从自。」「百」所從之「白」即「自」，金文象鼻形。從古文則「百」與「自」爲一字，陶、聞以爲誤字，尚隔一層。

「今鐵官之數曰〔一〕：一女必有一鍼一刀，若其事立。若，猶然後。耕者必有一耒一耜一銚，若其事立。大鋤謂之銚，羊昭反。行服連軺輂者〔二〕，必有一斤一鋸一錐一鑿，若其事立。不爾而成事者，天下無有。軺，羊昭反。輂，居玉反。者〔二〕，大車駕馬。今鍼之重加一也，三十鍼一人之籍〔三〕。鍼之重，每十分加一分爲彊而取之，則一女之籍得三十鍼也矣。刀之重加六，五六三十，五刀一人之籍也。刀之重，每十分加六分以爲彊而取之。五六爲三十也，則一女之籍得五刀。耜鐵之重加七〔四〕，三耜鐵一人之籍

① 「任」字原作「作」，據補注改。

也。耜鐵之重，每十分加七分以爲彊而取之，則一農之籍得三耜鐵也。其餘輕重，皆准此而行。其器彌重，其加彌多。然則舉臂勝音升。事，無不服籍者。」桓公曰：「然則國無山海不王乎？」管子曰：「因人之山海，假之名有海之國雖無海而假名有海，則亦雖無山而假名有山。讎鹽於吾國〔五〕，彼國有鹽，而糶於吾國，爲集耳。釜十五〔六〕，吾受而官出之以百。受，取也。假令彼鹽平賈釜當十錢者，吾又加五錢而取之，所以來之也。既得彼鹽，則令吾國鹽官又出而糶之，釜以百錢也。我未與其本事也，與，用也。本事，本鹽也。受人之事，以重相推〔七〕。以重推，謂加五錢之類也。推，猶度也。此人用之數也〔八〕。」彼人所有，而皆爲我用之。

〔一〕尹桐陽云：漢鹽官凡二十八郡，鐵官凡四十郡，蓋用管子法也。馬元材云：「鐵官」之名始於秦時。漢書食貨志董仲舒云：「至秦，鹽鐵之利二十倍於古。」史記自叙：「司馬靳孫昌，昌爲秦主鐵官，當始皇之時。」至漢武帝元狩六年用東郭咸陽、孔僅之策，舉行天下鹽鐵，郡置鐵官。不出鐵者則置小鐵官，實行鐵器國營，禁止私鑄。犯者鈦左趾，没入其器物。及桑弘羊主政，又大加推廣，全國鐵官達四十八處之多。翔鳳案：通觀輕重各篇及史記，管子時有鐵無疑。鐵採於山，必有管理者，即官矣。

〔二〕許維遹云：「連」讀爲輦。周禮「巾車連車組輓」，釋文：「『連』亦作『輦』。」鄉師注：「故書『輦』作『連』。」管書多古文，故「輦」作「連」。尹注「輦名」，亦讀「連」爲輦。「輂」，別本作「輦」，非。王念孫已訂正矣。聞一多云：漢書淮南衡山濟北王傳「以輂車四十乘反谷口」，今譌作「輦」，史記正作「輂」。莊子讓王篇「民相連而從之」，「連」讀爲輦。翔鳳案：「連」即「輦」，而又改「輂」爲「輦」，其謬可知。房注不誤。周禮鄉師「正治其徒役，與其輂輦」，故書「輦」作「連」，可以證矣。

〔三〕豬飼彦博云：言每一鍼加價一錢而征之，則三十鍼而得三十錢，是當一人一月之籍也。下皆倣此。聞一多云：「也」字當移在「籍」下，今本倒置。翔鳳案：「也」字不必下移。

〔四〕王引之云：「七」當爲「十」。上文曰「月人三十錢之籍」，謂每一人月有三十錢之籍也。令每一耜鐵籍之加十錢，三耜鐵則三十錢，而當每月一人之籍矣。故曰「耜鐵之重加十，三耜鐵一人之籍也」。上文「令鍼之重加一也，三十鍼一人之籍；刀之重加六，五六三十，五刀一人之籍也」，皆以三十錢當一人之籍，是其例也。尹説非。翔鳳案：金文「七」作「十」，二字相亂也。詳金文編。

〔五〕丁士涵云：案當讀「之」字絶句。「名」與「命」同。説文：「名，自命也。」七法篇：「名者，所以命事也。」周語：「言以信名」，注：「名，號令也。」「有」乃「負」字誤，事語篇曰：「負海子七十里。」負海之國多鹽，今之讎於吾國，即所謂「因人之山海假之」也。安井衡云：國無鹽鐵，買諸他邦而鬻之，是假有鹽鐵之名也。一説：「名」當爲「各」，下屬爲句。張佩綸云：「假之」，義若春秋（桓公元年）「鄭伯以璧假許田」之「假」。公羊傳曰：「假之何？易之也。易之則其言假之何？爲恭也。」穀梁傳曰：「假不言以，言以非假也。非假而曰假，諱易地也。」太公賜履雖至東海，而桓公之世萊夷未滅，其能盡徼山海之利以鹽鐵立富强之基者，萊已私屬於齊，故得假之以爲利也。　翔鳳案：釋詁：「讎，匹也。」假爲「讎」。「集」字從「雥」，有三隹，「霍」從「雔」聲，音與「雜」近，而「雜」從集，則「雔」、「集」聲近相假。古本作「售」，非是。

〔六〕王引之云：「十五」當爲「五十」。「釜五十」者，升加分也，「出之以百」者，升加一也。上文曰「鹽百升而釜，令鹽之重升加分彊，釜五十也，升加一彊，釜百也」，「分」者半也。「有海之國讎鹽於吾國」，每升加錢之半，十升而加五錢，百升而加五十錢，故「釜五十」也。吾國受而使鹽官出之，則倍其數而升加一錢，十升而加十錢，百升而加百錢，故「以百」也。若作「釜十五」，則與「出之以百」多寡不相因矣。尹說非。　張佩綸云：「釜十五」當作「釜五十」，彼國加分彊，則吾國加一彊，此非獨收榷鹽之利，亦兼防利之流於鄰國，故必受而官出之。

翔鳳案：「釜十五」，謂十而價其半，以倍出之，則五十得百也。

〔七〕翔鳳案：淮南説林訓「類不可必推」，注：「猶知也。」「知」與「度」義近。

〔八〕聞一多云：「用」當爲「因」，與「人」字互易。上文「因人之山海假之」，即此所謂「因人之數」。

馬元材云：「人用」當作「用人」。通考十五引即作「用人」。

國蓄第七十三

張佩綸云：漢書食貨志所引與此篇文義前後違舛。「歲有凶穰，故穀有貴賤，令有緩急，故物有輕重」四語，爲一篇之綱，次於「萬乘之國必有萬金之賈，千乘之國必有千金之賈」前，於義爲長。惟「利有所并也，穀有所藏也」，鹽鐵論與本篇合。而班書前引太公九府，後言景王大錢，而中引國蓄，轉於立幣通施之説節而不書，斯可異也。此篇既恐有錯互，班書亦苦非全文，既不敢妄爲改定，竊發其端，以俟君子。馬元材云：漢書食貨志記管子輕重之法，而所引用則僅爲本篇之文。通典食貨八記錢幣，食貨十二記輕重，其關於管子部分之材料，本篇十九皆被採録。

國有十年之蓄〔一〕，而民不足於食，皆以其技能望君之禄也〔二〕。君有山海之金，而民不罪於用〔三〕，是皆以其事業交接於君上也。故人君挾其食，守其用〔四〕，據有餘而制不足，故民無不累於上也〔五〕。五穀食米，民之司命也〔六〕。黄金刀幣，民之通施也〔七〕。故善者執其通施，以御其司命，故民力可得而盡也〔八〕。夫民者信親而死利，海内皆然。民予則喜，奪則怒，民情皆然〔九〕。先王知其然，故見予之形，不見奪之理〔一〇〕。與可使由之，不可使知之。故民愛可洽於上也〔一一〕。洽，通也。租籍者，在工商曰租籍。所以彊其兩反。求也。租税者，所慮而請也〔二〕。在農曰租税。慮，猶計也。請，求也。王霸之君，去其所以彊求，廢其所慮而請〔三〕，故天下樂從也。

〔一〕何如璋云：通典食貨十二引此有「管子曰：夫富能奪，貧能予，乃可以爲天下」三句，在「國有十年之蓄」上，當是原文，宋刻脱去者。張佩綸云：「夫富能奪，貧能予，乃可以爲天下」三句，見揆度篇，無注。如杜氏（通典）（引有注）置之國蓄篇首，則與下文貧富予奪相應。任林圃云：何如璋説是。但「乃可以爲天下」句下，通典尚引有尹注「富者能奪，抑其利，貧者能贍，恤其乏，乃可爲君」，今本脱。「國有十年之蓄」句下，有尹注「用之蓄積，常餘十年」，今本亦脱。

〔二〕戴望云：朱本「皆」上有「是」字，與下文一例。張佩綸云：宋本、趙本「皆」上無「是」字，通典食貨十二引同。今據元本、朱本增。

〔三〕張佩綸云：宋本作「不罪於用」，誤。鹽鐵論本議篇「大夫曰：管子云：國有沃野之饒而民不足於食者，器械不備也；有山海之貨而民不足於財者，商工不備也。文學曰：國有沃野之饒而民不足於食者，工商盛而本業荒也；有山海之貨而民不足於財者，不務民用而淫巧衆也」，疑即引此文。「金」字不如「貨」字義括。許維遹云：趙本、纂詁本「罪」作「足」。鹽鐵論本議篇引作「有山海之貨，而民不足於財者」。輕重乙篇作「君有山海之財，而民用不足者」，是其所據本亦作「足」。當據改正。翔鳳案：釋名釋天：「金，禁也。」釋兵：

「金，禁也，爲進退之禁也。」荀子正論「金舌弊口」，注：「或讀爲噤」。則「山海之金」爲「山海之禁」矣，義比「貨」爲强，張不知也。「金」既爲「禁」，則民擅自開採有罪。然而民用之者，乃以事業交接於君上。「罪」字亦不誤，鹽鐵論改爲「足」，取其便於言説，非管書本然也。

〔四〕尹桐陽云：「挾」，篋也。收山海以爲官有。鹽鐵論錯幣：「人主積其食，守其用。」翔鳳案：齊挾穀以爲輕重，於山海無關，尹誤。

〔五〕王念孫云：通典食貨十二引此「累」作「繫」。又引尹注云：「食者民之司命，言人君唯能以食制其事，所以民無不繫於號令。」今本「繫」譌作「累」，又全脱尹注。張佩綸云：「累」、「繫」義同。于省吾云：類書每臆改古籍，不可爲據。「累」本有繫義，不必改爲「繫」。禮記儒行「不累長上」，注：「累，猶繫也。」下云「列陣繫累獲虜」，「繫累」連語，「累」亦「繫」也。

〔六〕聞一多云：「食」爲「飱」之壞字。「飱」，古文「粒」字。孟子滕文公上篇：「樂歲粒米狼戾。」翔鳳案：五穀加工則爲食米，黄金加工則爲刀幣，皆就原料成品合言之。聞説誤。

〔七〕何如璋云：「通施」猶通移也，謂金幣爲百姓交易流通之用也。荀子儒效「若夫充虚之相施易也」，楊注「『施』讀曰移」，可證。「以御司命」，所謂以幣守穀也，下山權數、山至數等篇詳言其義。

〔八〕張佩綸云：「民力可得而盡」，猶盡力溝洫之意，非竭民之財力也。

〔九〕張佩綸云：「民情皆然」當作「人情皆然」。宋本以唐諱「民」爲「人」，凡遇「人」皆改爲「民」，致有此誤。　翔鳳案：上下文皆爲「民」，作「民」者是。

〔一〇〕張佩綸云：通典注：「『予』音與。見，賢徧反。」「不見奪之理」，舊注「與可使由之，不可使知之」，通典注無「與」字。此「與」字即「音與」之與，僞房注誤刊於此。　翔鳳案：房注以「與」訓「予」，非音。

〔一一〕孫星衍云：通典十二引作「民憂」，此「愛」字誤。　翔鳳案：後漢班固傳「重熙而累洽」，注：「浹也。」作「愛」字是。

〔一二〕豬飼彦博云：輕重乙曰「租籍者君之所宜得也，正籍者君之所强求也」，「租籍」當從彼作「正籍」。「正」、「征」同。「征籍」，謂籍於室樹人畜也。「强求」，君求之也。「慮請」，下請之也。　丁士涵云：「租藉」疑當作「征藉」。輕重乙篇曰「故租籍君之所宜得也，正籍者君之所强求也」，「正」與「征」同，「正籍」即征籍，「租籍」即租税也。今本作「租籍」者，涉下文「租税」而誤。　翔鳳案：「籍」是增一層，「租藉」是于原租之外又增一層，即額外再征的，所以説是强求。

〔一三〕豬飼彦博云：「廢」當作「歛」，輕重乙曰「亡君廢其所宜得，而歛其所强求」，正與此反。　丁士涵云：「廢」讀曰置。置者，不去也。　翔鳳案：農商租税，不可缺少。言去言廢，皆不合理。細思上文，彊求爲額外增加，則「慮而請」爲計慮而請，可免者免之，諸説未考也。

「廢」同「發」，開發也。

利出於一孔者，凡言利者，不必貨利，慶賞威刑皆是。其國無敵。出二孔者，其兵不詘〔一〕。詘與屈同。屈，窮也。出三孔者，不可以舉兵。出四孔者，其國必亡。先王知其然，故塞民之養，養，利也，羊向反。隘其利途〔二〕。故予之在君，奪之在君，貧之在君，富之在君。故民之戴上如日月，親君若父母。

〔一〕安井衡云：「孔」，穴也，猶言門。「出於一孔」，專出於君也。「二孔」，君與相也。「三孔」、「四孔」，則分出於臣民矣。何如璋云：「於」字衍，與下三句一律。「孔」猶空也。商君農戰：「民見上利之從一空出也，則作壹。作壹則民不偷營，民不偷營則力多，力多則國强。」又靳令「利出一空者其國無敵，利出二空者國半利，利出十空者其國不守」，本此。張佩綸云：爾雅釋詁：「孔，間也。」案：「一孔」，幣也；「二孔」，穀也；「三孔」，并於大賈蓄家；「四孔」，流於諸侯。韓子飾令篇：「利出一孔者，其國無敵；利出二孔者，其兵半用；利出十孔者，民不守。重刑明民，大制使人則上利。」商君書靳令篇「利出一空者其國無敵，利出二空者國半利，利出十空者其國不守」，本此。「十空」無義，通典選舉五劉秩論引商鞅說秦孝公作「利出一孔者王，利出二孔者强，利出三孔者弱」。馬元材云：商、韓字句與此大同小異，而其意義則有别。商、韓所謂「利出一孔」者，蓋欲一民於農戰，乃從政治軍事上立言者也。此則謂一切天財地利及其他由賤買貴賣之各種奇入旁利均應由國家獨佔之，不使人民自由經營，乃從經濟上立言。蓋即所謂國家壟斷經濟政策者也。

〔二〕何如璋云：「塞」猶充也。塞其養，民乃足。隘其途，利乃一。張佩綸云：「養」讀如字，取也。詩「遵養時晦」，毛傳：「養，取。」通典選舉六：禮部員外郎沈既濟議曰：「管子曰：『夫利出一孔者，其國無敵；出二孔者，其兵不詘；出三孔者，不可以舉兵；出四孔者，其國必亡。先王知其然，故塞人之養，隘其利途，使人無游事而一其業也。』而近代以來，禄利所出，數千百孔，故人多歧心，疏瀉漏失，而不可轄也。夫入仕者多，則農工益少，農工少則物不足，物不足則國貧，是以言入仕之門太多。」案此篇利孔本與禄利無涉，沈既濟之言，則發揮旁通，實有至理。通典注殆本於此，非尹氏之舊也。聞一多云：「養」字無義，疑「羡」之譌。鹽鐵論錯幣篇「禁溢羡，厄利塗」，語意本此。尹注「養，利也」，亦當作「羡，利也」。周禮小司徒「以其餘爲羡」，司農注：「羡，饒也。」秦策「西有巴蜀漢中之利」，高注：「利，饒也。」是「羡」、「利」義同，故尹訓「羡」爲「利」。翔鳳案：説文：「養，供養也。」原自供養，則當取締，故注讀「羊向反」。改爲「羡」字，誤。

治。是故萬乘之國，有萬金之賈。千乘之國，有千金之賈。然者何也？國多失利，則臣不盡其忠，士不盡其死矣。歲有凶穰，故穀有貴賤。令有緩急，故物有輕重〔二〕。然而人君不能治，故使蓄賈游市〔三〕，乘民之不給，百倍其本〔四〕。分地若一，彊者能

凡將爲國，不通於輕重，不可爲籠以守民〔一〕。不能調通民利，不可以語制爲大

守。分財若一，智者能收。智者有什倍人之功，以一取什。愚者有不賡本之事〔五〕。賡，猶償也。音庚。然而人君不能調，故民有相百倍之生也〔六〕。夫民富則不可以祿使也，貧則不可以罰威也。法令之不行，萬民之不治，貧富之不齊也。

〔一〕何如璋云：「籠」者包舉之義，又鳥檻曰籠。莊子庚桑楚篇：「以天下爲之籠則雀無所逃，是故湯以庖人籠伊尹，秦穆公以五羊之皮籠百里奚，是故非以其所好籠之而可得者無有也。」此乃以鳥喻民。馬元材云：吴汝綸點勘本即依通典校删「爲籠」二字。此乃輕重之家常用術語，必不可删。「爲籠以守民」與「語制爲大治」互爲對文。前者指國家專利而言，後者指均平社會之財富而言。

〔二〕劉績云：别注：「上令急於求米則民重米，緩於求米則民輕米，所緩則賤，所急則重也。」

〔三〕張佩綸云：師古曰：「『畜』讀曰蓄。蓄賈，謂賈人之多蓄積者。」聞一多云：漢書食貨志下引作「畜賈游於市」，師古注曰：「『畜』讀曰蓄。蓄賈，謂賈人之多蓄積者。」食貨志上載鼂錯説「而商賈……日游都市，乘上之急，所賣必倍」，與此文「蓄賈游市，乘民不給，百倍其本」語意大同。

〔四〕劉績云：别注：「給，足也，以十取百。」

〔五〕張文虎云：「賡」與「庚」、「更」通。後山國軌篇亦作「庚」。史記平準書「悉巴蜀租賦不足以更之」，集解：「韋昭曰：更，續也。或曰：更，償也。」「償」、「續」義亦相因。顏昌嶢云：尹説是也。山國軌篇「視市樻而庚子牛馬」，尹注：「庚，償也。」此「賡」字與「庚」同。檀弓下篇「請庚之」，鄭注：「庚，償也。」

〔六〕丁士涵云：此當作「故民利有百倍之失也」。上文曰「然而人君不能治，故使畜賈游市，乘民之不給，百倍其本」，此言智者之多取利，以致愚者之不償本，故民利有百倍之失矣。下文曰「夫民利之時失，而物利之不平也」，是其證。今文「利」誤「相」，又倒置「有」字下，「失」又誤「生」，遂不可讀矣。安井衡云：「生」，産也。人君不能調和貧富而均一之，故民産至有相百倍者也。顔昌嶢云：丁説非是。此言智者有十倍之利，愚者至不能償本，人主若不能調濟之，則民之生事有相百倍之遠矣。言貧富懸殊也。翔鳳案：説文：「生，進也。」此用其本義，謂懸殊進至百倍也。

且君引錣錣，籌也，丁劣反。**量用**〔一〕，**耕田發草，上得其數矣**〔二〕。**民人所食，人有若干步畝之數矣。計本量委**委，積也。**則足矣**〔三〕，**然而民有飢餓不食者，何也？穀有所藏也。**言一國之内，耕墾之數，君悉知之①。凡人計口授田，家族多少，足以自給，而人乏於食者，謂豪富之家收藏其穀故也②。**人君鑄錢立幣**〔四〕，**民庶之通施也，**錢幣無補於飢寒之用，

① 「之」字原無，據補注增。
② 「也」字原無，據補注增。

人君所立以均制財物，通交有無，使人之所求，各得其欲。人有若干百千之數矣〔五〕。然而人事不及、用不足者，何也？利有所并藏也〔六〕。民事，謂常費也。言人之所有，多少各隨其分而自足，君上不能均調其事，則豪富并藏財貨，專擅其利，是故人常費不給，以致匱乏。然則人君非能散積聚，鈞羨餘也。不足，分并財利〔七〕，而調民事也，則君雖彊本趣耕，本，謂務農。趣，讀爲促。而自爲鑄幣而無已〔八〕，乃今使民下相役耳〔九〕，惡能以爲治乎〔一〇〕！言人君若不能權其利門，制其輕重，雖鑄幣無限極而與人，徒使豪富侵奪貧弱，終不能致理也。惡，音烏。

〔一〕翔鳳案：説文：「錣，合箸也。」其合用系，則箸爲叕。説文：「叕，綴聯也。」「箸，飯攲也。」箸必傾側用之，故曰「飯攲」。淮南人間訓「愚人之思叕」，注：「短也。」「叕」象短箸聯綴之形，用以進食，故「啜」訓嘗。廣雅釋器：「『筴』謂之箸。」筴乘馬義通於「箸」，而「箸」亦所以爲籌。箸用爲籌以計算，史記留侯世家：「張良曰：『臣請藉前箸爲大王籌之。』」以下歷陳一不可，二不可，以至八不可。張良、劉邦進食，共用四箸，而一至八爲〡〢〣〤〥〦〧〨，四箸足用數馬即爲籌馬，此「錣」爲「籌」之説也。

〔二〕豬飼彥博云：「土」一作「上」，輕重甲作「躬犁墾田，耕發草土，得其穀矣」，未詳孰是。翔鳳案：得數與得穀不同，則「上」不必改爲「土」。

〔三〕安井衡云：「本」，謂田所生；「委」，末也，謂人所食。言一人食若干步畝所生之粟，自有定數。計田所生之本，量人所食之末，則其用自足矣。翔鳳案：荀子天論「彊本節用」，注：「『本』謂農桑。」下文「彊本趣耕」，注：「『本』謂務農。」計農所入，量其委積，安井説非。

〔四〕王念孫云：「人君」當爲「今君」。此與上文「君引錣量用」云云，皆指桓公而言，非泛言人君也。今作「人君」者，涉上下文「人君」而誤。尹注非。通典食貨八所引亦誤。輕重甲篇正作「今君鑄錢立幣」。翔鳳案：下文有「人君」，王説非是。

〔五〕孫星衍云：通典八引作「人有若干百十之數矣」。王念孫云：「若干」二字，涉上文「人有若干步畝之數」而衍。上文步畝之數無定，故言「若干」，此既云「人有百十之數」（舊本「十」譌作「千」，據輕重甲篇及通典引改），則不得更言「若干」矣。通典所引已誤，輕重甲篇無「若干」二字。顔昌嶢云：王説誤。此「若干百千」之數，與上文「若干步畝之數」同爲無定之詞。「若干」二字非衍文。「百千」，蓋成數名，猶言若干百若干千也。言人君鑄錢立幣，以爲民庶交通轉移之用，而人亦各有若干千百之錢矣；然而日用不足者，幣爲豪富所幷也。

〔六〕安井衡云：古本無「藏」字。洪頤煊云：漢書食貨志作「利有所幷也」，通典八引作「利有所藏也」，無「幷」字。王念孫云：「藏」字，涉上文「穀有所藏」而衍。「幷」與「幷」同，（弟子職篇曰「既徹幷器」，輕重丁篇曰「大夫多幷其財而不出」，史記吴王濞傳曰「願幷左右」，「并」皆與「屏」同。）「屏」即「藏」也。上言「穀有所藏」，此言「利有所并」，互文耳。漢書食貨志引此正作「利有所并也」。輕重甲篇曰「有餓餒於衢閭者何也，穀有所藏也」，又云「民有賣子者何也，財有所并也」，（鹽鐵論錯幣篇亦云：「交幣通施，民事不及，物有所并也；計本量委，民有飢者，穀有所藏也。」）則「并」下本無「藏」字，明矣。據尹注云「豪富并藏財貨」，則所見本已衍「藏」字。通典引尹注「并藏財貨」，則所見即是尹本，而又於正文内删去「并」字，尤非。　翔鳳案：兼并而藏之，「藏」字不可少。

〔七〕張佩綸云：輕重甲作「分并財」，又「桓公問於管子曰，今欲調高下，分并財，散積聚」，「利」字衍。　翔鳳案：分并其財利，非分并其財，「利」字不可少。

〔八〕吴志忠云：「自」疑「日」字誤。　尹桐陽云：「雖强本趣耕而自爲」，「爲」同「鑼」，相屬。字一作「鈹」，廣雅釋地：「鈹，耕也。」淮南精神訓注：「臿，三輔謂之鍤。」説文：「鍦，臿屬。」則字或以「鍦」爲之。

〔九〕安井衡云：「今」當爲「令」，字之誤也。　翔鳳案：鑄幣之權，操之政府，故曰「自」，非誤字。尹釋穿鑿。

〔一〇〕張佩綸云：通典食貨十二引管子此篇作「惡（音烏）能以爲理」，注云：「人君不能散豪富之積，均有餘以贍不足，雖務農事，督促播殖，適所以益令豪富驅役細人，終不能治理，所謂須有制度於其間，兼輕重之術。」

歲適美，則市糶無予〔一〕，而狗彘食人食。歲適凶，則市糴釜十繦〔二〕，而道有餓民。然則豈壤力固不足，而食固不贍也哉〔三〕？夫往歲之糶賤，狗彘食人食，故來歲之民不足也。物適賤，則半力而無予〔四〕，民事不償其本。物適貴，則什倍而不可得，民失其用。然則豈財物固寡，而本委不足也哉？夫民利之時失而物利之不平也。故善者委施於民之所不足，操事於民之所有餘。夫民有餘則輕之，故人君斂之以輕。民不足則重之，故人君散之以重。斂積之以輕，散行之以重，故君必有什倍之利，而財之橫古莫反。可得而平也〔五〕。

凡輕重之大利，以重射輕，以賤泄平〔六〕。萬物之滿虚〔七〕，隨財准平而不變〔八〕。衡絶則重見。人君知其然，故守之以准平。使萬室之都必有萬鍾之藏，藏繦千萬〔九〕。使千室之都必有千鍾之藏，藏繦百萬。春以奉耕，夏以奉芸〔一〇〕，耒耜械器鍾鑲糧食畢取贍於君〔一一〕。故大賈蓄家不得豪奪吾民矣。然則何？君養其本謹也〔一二〕。春賦以斂繒帛，夏貸以收秋實，蓋方春蠶，家闕乏而賦與之，約收其繒帛也。方夏，農人闕乏，亦賦與之，約取其穀實也。是故民無廢事，而國無失利也。人之所乏，君悉與之，則豪商富人不得擅其利。

〔一〕豬飼彦博云：「予」，買也。俞樾云：方言：「予，讎也。」此「予」字當訓爲讎，「讎」即售字。説文新附：「售，賣去手也。」詩抑篇箋云「物善則其售賈貴」，釋文云：「『售』本作『讎』。」蓋古「售」字即以「讎」爲之。此言「無予」，即無售也，猶詩云「賈用不售」矣。下文云「穀賤則以幣予食，布帛賤則以幣予衣」，言穀賤則以幣售食，布帛賤則以幣售衣也。兩「予」字亦當訓讎。

〔二〕安井衡云：古本「糴」作「糶」。翔鳳案：「糴」爲買入，「糶」爲賣出，作「糶」非是。

〔三〕聞一多云：「力」字，涉下文「半力」而衍。翔鳳案：「壤力」即「地力」，聞説非。

〔四〕俞樾云：「無予」之義，已見上矣。「半力」二字義不可通，疑「半分」之誤。下文云「物適貴，則什倍而不可得」，「半分」與「什倍」正相對。輕重乙篇「十倍而不足，或五分而有餘」，以「五分」與「十倍」相對，義與此近。吴汝綸云：「半力」當作「半價」。張佩綸云：詩烝民「威儀是力」，箋：「力，猶勤也。」「半力而無予」，言得賈僅及其力之半，斯不償其本矣。「半」、「倍」對文。翔鳳案：張説是。「半力」即人力之半價，故謂不償其本。

〔五〕豬飼彦博云：「横」同「衡」，謂財物之價。安井衡案：「横」，月平也，君從輕重而斂散之，故月平無太貴賤也。漢世常平倉之法，蓋本於此矣。翔鳳案：「横」即「衡」。説詳巨乘馬篇。

〔六〕陶鴻慶云：輕重相劑，正取其平，「以賤泄平」，義難通矣。疑「平」當作「貴」。「以重射輕，以賤泄貴」，二句相互爲義。下節云「夫物多則賤，寡則貴，散則輕，聚則重」，亦以輕重貴賤對言，可證也。……作「平」者，涉下文「准平」而誤。　翔鳳案：太賤泄之便平，謂推銷也。陶說誤。

〔七〕翔鳳案：「滿」本作「盈」，避漢諱而改。

〔八〕豬飼彥博云：「財」當作「時」。　張佩綸云：「隨財」之「財」當作「時」，漢志可證。（漢書食貨志下引此篇文，有「凡輕重斂散之以時則準平」一語。）　翔鳳案：輕重以準平其財，財字不誤，時爲次要也。

〔九〕洪頤煊云：通典十、太平御覽八百二十三引「繦」俱作「鏹」。說文無「鏹」字，漢書食貨志作「繦」。　尹桐陽云：「都」，前漢書食貨志作「邑」，下同。文選蜀都賦「藏繦巨萬」，李善注：「『藏繦』，管子之文。」　任林圃云：通典食貨十二及册府元龜五百二引亦作「邑」，下同。又「藏繦千萬」下，通典有注：「六斛四斗爲鍾。繦，錢貫。」

〔一〇〕黄鞏云：「芸」，食貨志作「耘」。　任林圃云：通典食貨十二引此文「奉」字注云：「『奉』謂供奉。」據漢書食貨志乃顔師古注。

〔一一〕洪頤煊云：「鍾饟」當作「種饟」。漢書食貨志引此作「種饟」。師古曰：「種，五穀之種也。」山國軌篇尹注亦作「種饟糧食」。　宋翔鳳云：宋本作「鍾」，是也。「糧」，宋本作「粮」，當是「粻」字。　聞一多云：顔師古云：「種，五穀之種也。『饟』字與『餉』同，謂餉田之具也。」（見漢書食貨志注。）如顔說，則饟與糧食何異？　今案：字當作「穰」。爾雅釋草釋文引三蒼「瓤，瓜中子也」，正字通「『穰』與『瓤』通，凡果實中之子曰孚穰」，是草木之子在瓜曰瓤，在禾曰穰。「種穰」即種子耳。翔鳳案：説文：「饟，周人謂餉曰『饟』。」段注：「周頌曰『其饟伊黍』，正周人語也。釋詁曰：『饁、饟，饋也。』」「饟」謂餉田。釋名釋形體：「鍾，聚也。」周語：「澤，水之鍾也。」「鍾饟」謂聚人送食，非誤字，作「種」乃誤耳。

〔一一〕戴望云：「何」字，即「則」字之誤而衍者。李哲明云：「君」疑當爲「目」，古「以」字，形似而訛。「本謹」當作「本委」。「本委」者，勤於本務所委積之物也，互見上下文。下文云「彼人君守其本委，謹而男女」，「謹」字涉此而衍。傳寫者併「本委謹」於此文，又不刊「謹」而刊「委」，因致誤耳。翔鳳案：説文：「謹，慎也。」常義。「何，儋也。」商頌「百禄是何」，「何天之休」，「何天之龍」，傳皆訓「任」，引申爲感荷。而「荷」本爲荷花，相習日久，忘「何」與「荷」之本訓，紛紛改字，怪事也。

凡五穀者，萬物之主也。穀貴則萬物必賤，穀賤則萬物必貴。兩者爲敵，則不俱平。故人君御穀物之秩相勝〔一二〕**，而操事於其不平之閒。**秩，積也。食爲人天，故五穀之要可與萬物爲敵，其價常不俱平，所以人君視兩事之委積，可彼此相勝。輕重於其閒，則國利不散也。**故萬民無籍，而國利歸於君也。夫以室廡籍，謂之毁成。**小曰室。大曰廡，音武。是使人毁壞廬室。**以六畜籍，謂之止生。**畜，許救反。是使人不競牧養也。**以田畝籍，謂之禁耕。**是止其耕稼也。**以正人籍，謂之離情。**正數之人，若丁壯也。離情，謂離心也。**以**

正户籍，謂之養羸〔二〕。羸，謂大賈畜家也。正數之户，既避其籍，則至浮浪，爲大賈蓄家之所役屬，增其利耳。五者不可畢用，故王者偏行而不盡也〔三〕。故天子籍於幣，諸侯籍於食。中歲之穀，糶石十錢〔四〕。大男食四石，月有四十之籍。大女食三石，月有三十之籍。吾子食二石，月有二十之籍。歲凶穀貴，糶石二十錢，則大男有八十之籍，大女有六十之籍，吾子有四十之籍〔五〕。六十爲大男，五十爲大女。吾子，謂小男小女也。按古之石，准今之三斗三升三合。平歲每石税十錢，凶歲税二十者，非必税其人，謂於操事輕重之閒，約收其利也。是人君非發號令收穡而户籍也〔六〕。彼人君守其本委謹，而男女諸君吾子無不服籍者也。嗇，斂也。委，所委積之物也。謹，嚴也。言人君不用下令税斂於人，但嚴守利途，輕重在我，則無所逃其税也。

〔一〕張榜云：「秩」宜作「迭」。王念孫云：「秩」讀爲迭，迭，更也。穀貴則物賤，穀賤則物貴，是穀與物更相勝也。集韻「迭」、「秩」竝徒結切，聲相同，故字相通。尹注非。宋翔鳳云：「秩」，次也，謂穀物以次第相勝。翔鳳案：房注、宋訓「秩」爲次第，是也。穀與物互爲貴賤，有時連年穀貴物賤，有時連年物貴穀賤。年數多少不一定，非必互爲更迭也。然而有秩序，穀賤之後必貴，穀貴之後必賤，物亦如此。「秩」、「迭」同音，未聞同義。

〔二〕姚永概云：「以正人籍」，計口而籍之也。計口則人無免者，故曰「離情」。「以正户籍」，計户而籍之也。計户則大户口多者利矣，故曰「養贏」。郭沫若云：海王篇「藉於人，此隱情也」，輕重甲篇「藉於萬民，是隱情也」，彼二篇言「隱情」，此言「離情」，「離」與「隱」可爲互訓。蓋隱則離，離則隱矣。意謂使人絶離情欲也。又「贏」當爲「嬴」，五藉均言其害。姚以「大户口多者利」解之，然於貧户，則不問口之多少而更益其貧，故曰「養贏」也。翔鳳案：姚、郭二説義相反而皆有之。廣雅釋詁三「嬴，過也」。此訓兼二義而有之。

〔三〕張佩綸云：孟子曰「有布縷之征，粟米之征，力役之征，君子用其一，緩其二，用其二而民有殍，用其三而父子離」，即「五者不可畢用」之意。「偏行」，通典（食貨十二）作「徧行」，非是。翔鳳案：「偏」別體作「徧」，常見。

〔四〕宋翔鳳云：案管子所言，皆以錢幣御輕重之法。古者錢重，故「中歲之穀糶石十錢」，言有錢十可糴穀一石。輕重丁篇曰：「齊西水潦而民飢，齊東豐庸而糴賤」；又言「齊西之粟釜百泉（即錢字），則鏂二十也，齊東之粟釜十泉，則鏂二錢也。請令籍人三十泉，得以五穀菽粟決其籍，若此，則齊西出三斗而決其籍，齊東出三釜而決其籍。」案「籍」通「藉」，借也。蓋齊西釜百泉，以三十泉借人，而取其三斗，則泉散下而可糴；齊東釜十泉，以三十泉借人，而取其三釜，則粟收於上而糴平。然後劑其多少，則貴者可賤，賤者可貴，所謂輕重之權也。注謂每石取其利十泉，所説大謬。漢書食貨志李悝亦言「粟石三十錢」，時蓋用大泉，而未鑄輕泉，故貴重若此。後秦鑄筴錢，則米至石萬錢矣。趙充國傳「民守保不得田作，今張掖以東粟石百餘」，師古注：「謂其直錢之數，言其貴。」充國傳又云「今城湟中穀斛八錢」，此言其賤。可知漢時穀直與春秋大略相等，無過石百錢者也。山至數篇言「彼諸侯之穀十，使吾國穀二十，則諸侯穀歸吾國矣；諸侯穀二十，吾國穀十，則吾國穀歸於諸侯矣」，亦謂穀石則十錢或二十錢也。安井衡云：上文云「歲適凶，則市糴釜十繦」，然則中歲十石之價，不止十錢，蓋亦謂所加之邪贏，故名「藉」耳。

〔五〕任林圃云：通典食貨十二引此文有注「六十爲大男，五十爲大女，吾子爲小男小女也」十八字。

〔六〕丁士涵云：「收」疑「畝」字誤。翔鳳案：說文：「穡，穀可收曰穡。」於穀可收時即收之。丁不明古訓而疑爲「畝」，謬矣。

一人廩食，十人得餘〔一〕。十人廩食，百人得餘。百人廩食，千人得餘。夫物多則賤，寡則貴。散則輕，聚則重。人君知其然，故視國之羨不足而御其財物。穀賤則以幣予食，布帛賤則以幣予衣。視物之輕重，而御之以准，故貴賤可調，而君得其利〔二〕。前有萬乘之國，而後有千乘之國，謂之抵國。前有千乘之國，而後有萬乘之國，謂之距國。壤正方，四面受敵，謂之衢國〔三〕。以百乘衢處，謂之託食之君〔四〕。千乘衢處，壤削少半。萬乘衢處，壤削太半〔五〕。何謂百乘衢處託食之君也？夫以百乘衢處，危懾圍阻千乘萬乘之閒〔六〕。夫國之君不相中〔七〕，舉兵而相攻，必以爲扞格蔽圉之用。有功利不得鄉〔八〕。大臣死於外，分壤而功。列陳係纍獲虜〔九〕，分賞而禄。是壤地盡於功賞，而稅臧殫①於繼孤也〔一〇〕。是特名羅於爲君耳〔一一〕，無壤之有。號有百乘之守，而實無尺壤之用，故謂託食之君。然則大國内款，小國用盡，何以及此〔一二〕！曰：「百乘之國，官賦軌符〔一三〕。乘四時之朝夕〔一四〕，御之以輕重之准，然後百乘可及也。千乘之國，封天財之所殖〔一五〕，械器之所出，財物之所生，視歲之滿虚而輕重其禄〔一六〕，然後千乘可足也。萬乘之國，守歲之滿虚，乘民之緩急，正其號令，而御其大准，然後萬乘可資也〔一七〕。

〔一〕何如璋云：「廩」，積也。一人積之，十人得仰其餘。百人千人視此。言儲蓄之要也。張佩綸云：「廩」，「稟」之誤。説文：「稟，賜也。」此就上農夫食九人計之。一人之賜穀，十人得餘；十人之賜穀，百人得餘；百人之賜穀，千人得餘。一説：「廩」，藏也。此釋上穀有所藏。言一人所藏之食，散之則十人得餘；十人所藏之穀，食百人得餘；百人所藏之穀，食千人得餘。翔鳳案：「賜」與「藏」二義，張説不能自定。急就篇「稟食縣官帶金銀」，顔

①「殫」字原作「彈」，據補注改。

注：「稟食縣官，官給其食也。」王氏補注：「稟，賜穀也。」則「廩」假爲「稟」無疑。漢初習管子，多用其義。張引説文脱「穀」字，亦誤。

〔二〕劉績云：通典注：「穀賤則以幣與食，布帛賤則以布帛與衣者，與當爲易，隨其所賤而以幣易取之，則輕重貴賤由君上也。」張佩綸云：通典食貨十二引管子此篇云：管子曰「夫物多則賤」至「則君得其利」下有「則古之理財賦未有不通其術焉」。注「穀賤以幣與食，布帛賤以幣與衣者，『與』當爲『易』，隨其所賤而以幣易取之，則輕重貴賤由君上也。周易損卦六五云『或益之十朋之龜，弗克違，元吉』，沙門一行注曰：『十朋者，國之守龜象社稷之臣，能執承順之道，以奉其君，龜之爲物則主人之重寶，爲國之本。損而奉上則國以之存，損而益下則人以之存。明於法則調盈虛，御輕重中和之要，若伊尹、太公、管仲之所執。夫龜者上達神祇之情，下乃不言而信於人也，斯故往者用之爲幣。』則一行深知其道矣」百餘字。劉績本引通典注「穀賤」至「由君上也」三十七字補，王懷祖雜志未引。

〔三〕張佩綸云：輕重甲篇：「桓公欲賞死事之後曰：吾國者，衢處之國。」地數篇：「夫齊，衢處之本，通達所出也。」翔鳳案：「抵國」、「距國」、「衢國」，各以一字爲形容詞，「距」爲離距，可畏者在後。廣雅釋詁：「抵，推也。」以手推之，可畏者在前。「衢」則瞿然四顧，四面有敵矣。

〔四〕張佩綸云：輕重丁篇：「然則吾非託食之主耶？」

〔五〕安井衡云：萬乘之削多於千乘，壤廣，力不能周也。　陶鴻慶云：「少半」、「太半」當互易。上文云「以百乘衢處謂之託食之君」，明國愈小則削愈易也。　翔鳳案：安井説是。下文「功賞」、「繼孤」，國愈大愈困也。

〔六〕張佩綸云：論語「子路率爾而對曰：千乘之國攝乎大國之間」，包氏曰：「攝，攝迫乎大國之間也。」　聞一多云：「危」當作「厄」，字之誤也。事語篇「秦奢之數不可用於厄隘之國」，「厄」亦誤作「危」。「厄」、「阨」通，「阨」、「隘」同。荀子禮論篇「不至于隘懾傷生」，「厄懾」即「隘懾」也。「厄懾」猶夾持也。「厄懾圍阻千乘萬乘之間」，猶言夾持包圍於大國之間耳。　翔鳳案：説文：「危，在高而懼也。」與「憐」義近。「攝」訓引持，「懾」訓失氣，義不相同，二説俱誤。

〔七〕豬飼彦博云：「國」上疑脱「四」字。「中」猶和也，言四方之國不相和。　王念孫云：「夫國」當爲「大國」，此涉上「夫」字而誤。「大國」即千乘萬乘之國。「不相中」，不相得也。（史記封禪書「康后與王不相中」，索隱引三倉云：「中，得。」）　翔鳳案：不相得而相攻，大國小國同，改「夫」爲「大」，非是。

〔八〕劉績云：「鄉」，一作「享」。　豬飼彦博云：「卿」當作「慶」，幸也。　宋翔鳳云：「鄉」當讀爲饗，亦通「享」。言有功利而已不得享受其功利也。　翔鳳案：卜辭、金文「卿」與「鄉」爲一字。尚書大傳「百工相和而歌卿雲」，即慶雲也。

〔九〕張佩綸云：輕重甲篇「臣不爲忠，……士不死其列陳」，「大臣執於朝，列陳之士執於賞」，皆「列陳」與「大臣」對舉，「列陳」即「列陳之士」。聞一多云：「陳」讀爲陣。

〔一〇〕安井衡云：古本「臧」作「藏」。許維遹云：「臧」，古「藏」字。「殫」，亦盡也。

〔一一〕張佩綸云：廣雅釋詁一：「羅，列也」。

〔一二〕豬飼彦博云：「及」猶足也，下曰「百乘可及」。尹桐陽云：「内款」，内空也。翔鳳案：説文：「及，隶也。」猶追及也。「及」有補救之義。

〔一三〕馬元材云：「軌符」，謂合於客觀需要之適量借券，亦即合於山國軌篇所謂「軌程」之借券，内容實包括借錢與借物二種。其非國家所發行者，則不謂之「軌符」而但言「符」。輕重乙篇所云「百符而一馬」，是也。

〔一四〕安井衡云：「朝夕」猶貴賤也。物從四時而貴賤，故云「四時之朝夕」也。何如璋云：「朝夕」猶上下也。尹桐陽云：「朝夕」猶漲落也，今字作「潮汐」。文選枚叔上書諫吴王「游曲臺，臨上路，不如朝夕之池」，蘇林曰：「以海水朝夕爲池。」

〔一五〕安井衡云：「封」者，專利自私，不與民共之也。「天財」，財之不假人功而生者，金銀珠玉竹石草木之屬皆是也。何如璋云：「天財」之「財」爲「材」，方與下文不複。荀子彊國「其國險塞，形勢便，山林川谷美，天材之利多，是形勝也」，可證。「天財所殖」三句，謂山澤有利者封禁而守之，以所出之財物與歲之滿虚相乘。尹桐陽云：「封」，界也。爲界而使民不敢侵。地數篇曰：「苟山之見榮者，君謹封而祭之。」翔鳳案：孟子：「封疆之界。」尹説是也。

〔一六〕安井衡云：「滿虚」猶豐凶也。「輕重其禄」者，蓋准幣賦之。張佩綸云：周禮天府「若祭天之司氏司禄」，注：「『禄』之言穀也。」論語孔、鄭注、詩毛傳、鄭箋：「穀，禄也。」「輕重其禄」，所謂諸侯籍於穀也。

〔一七〕王引之云：「資」乃「澹」之誤字，説詳下山權數篇「相困揲而耆」條下。翔鳳案：國策秦策「資臣萬金」，注：「給也。」説文：「給，相足也。」何必改爲「澹」乎？

玉起於禺音虞。氏〔一〕，金起於汝漢，珠起於赤野，東西南北距周七千八百里〔二〕，水絶壤斷，舟車不能通。先王爲其途之遠，其至之難，故託用於其重，以珠玉爲上幣，以黄金爲中幣，以刀布爲下幣。三幣握之則非有補於煖也，食之則非有補於飽也，先王以守財物，以御民事，而平天下也〔三〕。今人君籍求於民，令曰十日而具，則財物之賈什去一。令曰八日而具，則財物之賈什去二。令曰五日而具，則財物之賈什去半。朝令而夕具，則財物之賈什去九。先王知其然，故不求於萬民，而籍於號令也。

〔一〕何如璋云：「禺」古通「虞」，當即小匡之西虞，殆今于闐地。山海經「夸父不量力，欲追日景，逮之於禺谷」，注：「禺淵，日所入也。今作『虞』。」　許維遹云：禺氏即月氏，以産玉稱，見山海經海内東經。御覽珍寶部九引「氏」下有「山」字，蓋據揆度篇增。　翔鳳案：王國維云：「周末月氏故居，蓋在中國之北，逸周〔書〕王會解：『伊尹獻令，列禺氏於正北。』穆天子傳：『己亥，至于焉，居禺知之平。』『禺知』亦即『禺氏』。其地在雁門之西北，黄河之東，與『獻令』合。此二書疑皆戰國時作，則戰國時之月氏，當在中國正北。史記大宛列傳始云：『月氏居敦煌、祁連間。』則已是秦、漢間事。又云：『月氏爲匈奴所敗，乃遠去，過宛，西擊大夏而臣之。遂都嬀水北，爲王庭。其餘小衆不能去者，保南山羌，號小月氏。』考月氏爲匈奴所敗，當漢文帝四年，而其西居大夏，則在武帝之初。然則月氏既敗於匈奴以後，徙居大夏以前，果居於何處乎？近日東西學者均以爲在伊犂方面，其所據者，大宛列傳中單于言『月氏在吾北』一語也。然單于之言未必審方位。即以伊犂當之，亦在匈奴之西，不得云『北』也。」案：管子國蓄篇云：『玉起於禺氏。』地數篇云：『玉起於牛氏邊山。』揆度篇云：『北用禺氏之玉。』又云：『玉起於禺氏之邊山，此度去周七千八百里。』又輕重甲篇云：『禺氏不朝，請以白璧爲幣乎？崑崙之虚不朝，請以璆琳琅玕爲幣乎？』又云：『懷而不見於抱，挾而不見於掖，而辟七金者，白璧也。然後八千里之禺氏可得而朝也。簪珥而辟千金者，璆琳琅玕也。然後八千里之崑崙之虚可得而朝也。』輕重乙篇云：『金出於汝、漢之右衢，珠出於赤野之末光，玉出於禺氏之旁山。此皆距周七千八百餘里。』皆以禺氏爲産玉之地。余疑管子輕重諸篇漢文、景間所作，其時月氏已去敦煌、祁連間而西居且末、于闐間，故云『玉起於禺氏』也。蓋月氏西徙，實由漢書西域傳之南道，其餘小衆留保南山，一證也。其踰葱嶺也，不臣大宛、康居而臣大夏，二證也。（西域傳：「南道西踰葱嶺，則東爲月氏、安息。」）其遷徙之迹與大夏同，（大唐西域記：「于闐尼壤城東行四百餘里，有覩火邏故國。」）三證也。則月氏東去敦煌、祁連間之後，西居大夏之前，其居必在且末、于闐間，從可知也。以前從無留意於管子之紀事者，故略綴數語以記之。」

〔二〕安井衡云：揆度篇「北用禺氏之玉」，則禺氏在北，赤野蓋在崑崙虚之西，此二者未詳遠近。汝、漢近在荆、徐之間，與周相距固無七千八百里之遠，舟車相通，未嘗水絶壤斷。大抵輕重諸篇，尤多妄論，皆不足辨也。張佩綸云：通典食貨八作「七八千里」。聞一多云：「周」，圓周也。「距周」，謂自圓心至圓周之距離，算學家所謂半徑者是也。翔鳳案：周髀算經「其周七十一萬四千里」，注：「匝也。」大荒西經：「有山而不合，名曰不周。」聞説是也。

〔三〕劉績云：通典引此「天下也」下有「是以命之曰衡，衡者使物一高一下，不得有調也」，注：「若五穀與萬物平，則人無其利，故設上中下之幣而行輕重之術，使一高一下，乃可權制利門，悉歸於上。」

山國軌第七十四

何如璋云：「山」字無義，當是「官」字。文中桓公問「官國軌」，可證。官者，設官治事以立軌數也。張佩綸云：說文：「軌，車徹也。」華嚴經音義上引國語賈注：「軌，法也。」左氏隱五年傳：「講事以度軌量謂之軌。」此言國用皆有法，如車之有徹。通篇但言「國軌」，未嘗專指山國，與「山權數」、「山至數」之「山」字均不可解。翔鳳案：管子多用聲訓。如心術上「金心在中不可匿」，國蓄「君有山海之金」，「金」訓爲禁。戒篇「門傅施城」，「門」訓爲捫。幼官「五舉而務輕金九」，「九」訓爲「勼」。凡諸家之視爲錯字，予以聲訓解，文從字順，其例不少，此亦聲訓也。説文：「山，宣也。宣氣散，生萬物。」侈靡：「能與化起而王用，則不可以道山也。」舊説以爲誤字，不知乃訓爲「宣」也。「山國軌」即「宣國軌」，「山權數」、「山至數」含義同。輕重甲：「藉於鬼神。」「聖人乘幼，與物皆宜。」漢書賈誼傳文帝受釐，坐宣室。至夜半前席，問賈生鬼神之事。是「山」之爲「宣」，於幼官有關。神權時代，天子居山，大海環之。桓公伐楚，楚子謂君處北海，寡人處南海。當時無海，乃用古代遺言。山與海對，山即陸。篇中所言之田地，亦可稱爲山也。其意義爲多方面，故以「山」題篇名。

桓公問管子曰：「請問官國軌〔一〕。」管子對曰：「田有軌，人有軌，用有軌，鄉有軌，人事有軌，幣有軌，縣有軌，國有軌。不通於軌數，而欲爲國，不可。」桓公曰：

「行軌數奈何？」對曰：「某鄉田若干？人事之准若干？穀重若干？曰：某縣之人若干？田若干？幣若干而中用？穀重若干而中幣〔二〕？終歲度人食，其餘若干？曰：某鄉女勝事者終歲績，其功業若干？以功業直時而櫎古莫反。之〔三〕，終歲，人已衣被之後〔四〕，餘衣若干？別羣軌，相壤宜。」桓公曰：「何謂別群軌，相壤宜？」管子對曰：「有莞蒲之壤，有竹前檀柘之壤〔五〕，有氾下漸澤之壤〔六〕，有水潦魚鼈之壤。今四壤之數，君皆善官而守之，則籍於財物，不籍於人。畝十鼓之壤〔七〕，君不以軌守，則民且守之。民有過移長力〔八〕，不以本爲得，此君失也。」

〔一〕翔鳳案：「軌」爲車轍。賈子道術：「緣法循理謂之軌。」此引申義。齊策「車不得方軌」，注：「車兩軌間爲軌。」「軌」者兩跡並行。輕重之數，國家制定，是爲「國軌」；宣布軌宜，是爲「山國軌」。

〔二〕翔鳳案：「中」讀去聲，當也，應也。

〔三〕安井衡云：「直」，當也。　翔鳳案：太玄「罔直蒙酋冥」，注：「『直』之言殖也。」廣雅釋詁二：「殖，積也。」「直」訓「積」，即上文「若干」之意。　安井說非是。

〔四〕翔鳳案：承上女績言之。

〔五〕金廷桂云：周禮春官巾車「木路前樊鵠纓」，注：「『前』讀爲翦。」集韻「箭」或作「翦」。　釋名釋兵：「翦，刀翦進也。所翦稍進前也。」又：「箭，進也。」莊子人間世「且幾有翦乎」，釋文：「崔本作『前』。」然則「前」與「翦」、「箭」本通用。

〔六〕尹桐陽云：「氾」，汙也。漢孔彪碑：「皭然氾而不俗。」「漸」，濕也。「澤」，潤也。穆天子傳：「天子北還，釣于漸澤，食魚于桑野。」六韜戰車：「氾下漸澤，黑土黏埴者，車之勞地也。」　聞一多案：方言三：「氾、浼、潤、洼，洿也。自關而東或曰洼，或曰氾。」廣雅釋詁三：「氾，污也。」「氾」爲污穢之污，亦爲污下之污。此與山至數篇「有氾下多水之國」，「氾下」皆謂污下也。

〔七〕張佩綸云：鄭禮記注「量鼓，量器名」，釋文：「樂浪人呼容十二石爲鼓。」案：陸氏所引乃樂浪一隅之稱，不足以槩周、秦之世；畝收十鼓，極言其地之腴、獲之厚。

〔八〕王念孫云：「過」當爲「通」。地數篇、輕重甲篇作「通移」，國蓄篇作「通施」，「施」與「移」同。

翔鳳案：呂氏春秋貴當「田獵之獲，常過人矣」，注：「過，猶多也。」「移」與「力」皆指經濟言，「移」爲財富轉移，「力」則財力也。超過其本，故「不以本爲得」。無誤字。

桓公曰：「軌意安出？」管子對曰：「不陰據其軌皆下制其上。」桓公曰：「此若言何謂也〔一〕？」管子對曰：「某鄉田若干？食者若干？某鄉之女事若干？餘衣若干？謹行州里曰：『田若干？人若干？人衆，田不度食若干〔二〕？』曰：『田若干？餘食若干？』必得軌程。此調之泰軌也〔三〕。然後調立環乘之幣〔四〕。田軌之有餘於其人食者，謹置公幣焉。大家衆，小家寡〔五〕。山田閒田曰〔六〕：終歲其食不足於其人若干？則置公幣焉，以滿其准。重歲豐年〔七〕，五穀登。謂高田之萌〔八〕，曰：『吾所寄幣於子者若干，鄉穀之櫎若干，請爲子什減三〔九〕。』穀爲上，幣爲下。高田撫閒田。山不被穀，十倍山田，以君寄幣，振其不贍，未淫失也〔一〇〕。高田以時撫於主上，坐長加十也。女貢織帛〔一一〕，苟合于國奉者，皆置而券之〔一二〕。以鄉櫎市准〔一三〕，曰：『上無幣，有穀，以穀准幣。』環穀而應筴，國奉決。穀反准，賦軌幣。穀廩，重有加十〔一四〕。謂大家委貲家曰：『上且脩游〔一五〕，人出若干幣。』謂鄰縣曰：『有實者，皆勿左右〔一六〕。不贍，則且爲人馬假其食〔一七〕。』民鄰縣四面皆櫎〔一八〕，穀坐長而十倍。上下令曰：『貲家假幣，皆以穀准幣，直幣而庚之。』穀爲下，幣爲上〔一九〕。百都百縣軌據，穀坐長十倍〔二〇〕。環穀而應假幣。國幣之九在上，一在下。幣重而萬物輕，斂萬物，應之以幣。幣在下，萬物皆在上，萬物重十倍。府官以市櫎出萬物，隆而止〔二一〕。國軌：布於未形，據其已成。乘令而進退，無求於民，謂之國軌。」

〔一〕聞一多云：「此若」複語，「若」亦「此」也。地數篇「此若言可得聞乎」，輕重丁篇「此若言曷謂也」，墨子尚賢篇「此若言之謂也」，節葬篇「以此若三聖王者觀之」，又「以此若三國者觀之」，荀子儒效篇「此若（今譌作「君」，从王念孫校改）義信乎人矣」，禮記曾子問「以此若義也」，史記蘇秦傳「王何不使辯士以此若（今譌作「苦」，从王改）言説秦」，皆「此若」二字並用。翔鳳案：小爾雅廣詁：「若，汝也。」莊子齊物論用之極多。「此若言」爲倒句，即「若此言」。「若」指人，「此」指事。聞説誤。

〔二〕安井衡云：「人衆，田不度食若干」，人衆而田少，穀不布所食若干也。 俞樾云：「不度食」當作「不足食」，涉上文「終歲度人食若干」而誤也。下文云「終歲其食不足於其人若干」，可證。 張佩綸云：「人衆」句，「田不度食若干」，言農女皆衆，則田不度其食若干，但計其所餘之食若干。此「人衆」與下「大家衆，小家寡」對勘自明。大學所謂「爲之者衆，食之者寡」也。 翔鳳案：人多而田少，則調查其田、人若干，人衆而揣度其食不足若干。若田多人少之處，則不必揣度矣。事先計劃，非事後核實，故曰「度」。王制：「度地居民。」

〔三〕豬飼彦博云：「調」疑當作「謂」。 翔鳳案：「泰軌」即大軌。各地物價不同，「國軌」則合全國而調和之。「調」字不誤。

〔四〕安井衡云：「環」，繞也。「乘」，因也。「環乘之幣」，即臣乘馬幣穀相准之法也。 馬元材云：「環乘」猶言統籌。「環乘之幣」，謂統籌所得之貨幣數據，即山至數篇所謂「布幣於國，幣爲一國陸地之數」之意。 翔鳳案：合全國而計算其流通量。

〔五〕張佩綸云：「田軌」，上文所謂「田有軌」也。 陶鴻慶云：「謹置公幣焉」，「置」當爲「寄」，涉下文「則置公幣焉」而誤也。「謹寄公幣」者，謂以公幣暫寄於民，而以大家小家別其多寡，故下文云「重歲豐年五穀登，謂高田之萌曰：吾所寄幣於子者若干」云云，即承此而言。蓋高田有餘食，則寄幣於民爲歛穀之備；間田、山田食不足，則置幣於公以爲振贍之需也。此誤作「置」，則非其旨矣。郭沫若云：「置」字不誤，預置之，亦猶寄也。不應改字。

〔六〕丁士涵云：「山田」上脱「謂」字，下文「謂高田之萌曰」。安井衡云：「間田」，中田也。聞一多云：丁説非是。「曰」即「田」之誤而衍。翔鳳案：此「曰」字承上「州里」而向「山田」、「間田」者聲明，下文「曰」字向「高田之萌」聲明，聞未解也。

〔七〕安井衡云：「重歲」，比年也。翔鳳案：史記春申君列傳「王無重世之德」，注：「猶累世也。」高田收成少，必累歲豐收乃告之。安井説得之，而無其證。

〔八〕劉績云：「萌」，田民也。翔鳳案：「萌」或作「甿」，同「氓」。外來之流民，故僅得種高田。

〔九〕安井衡云：「横」，時價也。豐年穀賤，爲減寄幣什分之三，欲多致穀也。張佩綸云：「什減三」，謂以所寄公幣，歸幣十之七，歸穀十之三，豐年穀賤，准價必輕，以備凶歲出之。馬元材云：即政府將貸款本利按十分之七折穀收回，其餘三分則仍責令其以貨幣償還之。

〔一〇〕丁士涵云：當讀「高田撫間田」句，「不被穀十倍」句，衍「山」字，「山田以君寄幣」句。「撫」，抵也。以高田抵間田，間田之不被穀者相去十倍也。山田不被穀，更不止十倍，故寄幣以振之。下文云「周岐山至於峥丘之西塞丘者，山邑之田也，布幣稱貧富而調之」，是其證。下文又云「周壽陵而至少沙者，中田也，振之以幣」，是中田亦寄公幣。上文云「山田間田曰：終歲其食不足於其人若干，則置公幣以滿其准」，是其證。「失」，古「佚」字。張佩綸云：説文：「撫，安也，一曰循也。」以高田之所得，撫安閒田。「被」，覆也。山不能覆穀之處，其苦更十倍山田，則以公幣振之，視山田之惠未爲過當。呂覽古樂高注：「淫，過也。」顔昌嶢云：「山不被穀」，「山」字衍文，是也。「間田」即「中田」也。「撫」訓安撫、撫卹之撫，下文「三壤已撫而國穀再十倍」，與此「撫」字同義。「高田」，即乘馬數篇所云「上臾之壤」也。「高田撫間田」，即筴乘馬篇所謂「以上壤之滿補下壤之虛」也。翔鳳案：郭沫若訓「撫」爲「補」，是也，見乘馬數。顔誤「筴乘馬」。高田中，補助其間田。若其山不能種穀者，則十倍山田以抵之。

〔一〕張佩綸云：「貢」、「工」通，易繫辭傳「六爻之義易以貢」，釋文：「貢，京、陸、虞作『工』，荀作『功』。」翔鳳案：「貢」用本義，獻於上也。

〔二〕安井衡云：合於國所供用者，皆留而券之，不即予直。尹桐陽云：「置」，值也。「券」若今期票。墨子號令：「叔粟米布錢金出納畜産，皆爲平直其賈，與主人券書之。」

〔三〕馬元材云：「鄉櫎」指穀價言。「市准」指女貢織帛之價言。

〔四〕丁士涵云：「筴」字屬上讀，即下文云「環穀而應假幣也」。「國奉決穀」，言國用發之以穀也。上文云「女貢織帛苟合於國奉者」，即國用也。「反」，還也。「還准賦軌幣」，即所謂以穀准幣也。上文「山田間田置公幣」，高田置幣而償，穀坐長加十。此又以穀准幣，國奉決穀以應幣，故穀廩之重又加十也。「有」與「又」同。張佩綸云：女功合於國奉者，先於立券，以穀就當日市價決之；及其入於國奉也，則按貢賦之常法准之，出穀入幣，使廩人之數又加十倍之利。郭沫若云：「環穀而應筴」者，「筴」即「券」也。言照預約之券以穀支付。「國奉決穀」者，國用之帛，一以穀決算之。其結果以賤價之穀易得多量之帛。其所多得之帛，如反照現價核算時，則應多付出穀物十倍。既少付出穀物十倍，則是穀廩又增加十倍。

〔一五〕趙用賢云：一本作「上且鄰循」。戴望云：元本「脩」作「循」。丁士涵云：「脩」當爲「備」。「游人」，游士也。具游士出若干幣，計直以假穀也。張佩綸云：禮記中庸鄭注：「脩，治也。」「游人」當爲「游民」。周禮載師：「凡宅不毛者有里布，凡田不耕者出屋粟，凡民無職事者出夫家之征。」尹桐陽云：「上且脩游」，「游」謂游觀之處，若離宮然。周禮天官序官：「閽人，王宮每門四人，囿游亦如之。」前漢書地理志：「堯作游成陽。」聞一多云：此當讀「上且循游」句，「人出若干幣」句。「循」與「巡」通，「循游」即巡游也。白虎通巡狩篇：「巡者，循也。」華嚴經音義上引珠叢：「循，巡也。」翔鳳案：説文：「游，旌旗之流也。」周禮王建太常，十有二游。上公建旂，九游。侯伯七游。晏子春秋：「景公田於署梁，望游而馳。」「脩游」爲田獵之用，是以治軍，故爲大家委貲家告之。諸説均誤。

〔一六〕安井衡云：「實」，穀實也。「勿左右」，不許出糶也。張佩綸云：國語晉語「而又受其實」，注：「實，謂財貨也。」「勿左右」，謂勿假貸於左鄰右鄰也，官且自假之。聞一多云：楚語「令尹問蓄聚積實」，左傳文十八年「聚斂積實，不知紀極」，韋、杜注並云：「實，財也。」周禮士師「以左右刑罰」，注：「左右，助也。」翔鳳案：「左右」即「佐佑」。聞説是也。若不足則如下文所云。

〔一七〕張佩綸云：凶年馬不秣粟，此「食」兼米、芻言之。舊以「假其食民」爲句，非是。聞一多云：山至數篇「士受資以幣，大夫受邑以幣，人馬受食以幣」，似「人馬」謂人君。蓋人君尊，不敢指斥，故稱「人馬」，猶後世稱天子爲「乘輿」、「車駕」也。獨斷律曰「敢盜乘輿服御物」，謂天子所服食者也。天子至尊，不敢渫瀆言之，故託之於「乘輿」。韓策：「臣請獻白璧一雙、黄金十溢，以爲馬食。」此曰「且爲人馬假其食於民」，即爲人君假其食於民也。「於」字舊捝，今依文義補。翔鳳案：此謂鄰縣，與「大家委貲家」無關，亦與「脩游」無關。「馬」即乘馬，「人馬」，以人計數也。

〔一八〕翔鳳案：此處「横」字斷句，下文「軌據穀」三字相連，不可混而爲一。郭沫若依下文改「横」爲「據」，誤。

〔一九〕安井衡云：令曰：貲家所假貸之幣，以穀價准幣數，與所假貸之幣，相直而償之。於是穀爲之下流，幣爲之上入。張佩綸云：禮記檀弓「請庚之」，鄭注：「庚，償也。」李哲明云：「皆以穀准幣直幣而庚之」當爲一句。「直幣」之「幣」疑衍。緣上文「以穀准幣」句，因讀從之，遂於「直」下衍「幣」字矣。「庚」與「更」同，有交易之意。言假幣者皆以穀准幣之價值約幾何，因而更易之。義至易曉。下「請以穀視市横而庚子牛馬」，「庚」亦當讀爲更，與此同。　翔鳳案：漢書地理志「報仇過直」，注：「當也。」當其幣而償之，無衍文。

〔二〇〕聞一多云：「據」當爲「横」，字之誤也。上文「鄰縣四面皆横穀坐長而十倍」，可證。　翔鳳案：軌據所償之穀而坐長十倍。不應改字。

〔二一〕俞樾云：「隆」當作「降」，古字通用。書大傳「隆谷」，鄭注曰：「『隆』讀如厖降之降。」是其證也。此言物重則出之，及降殺而後止，故曰「降而止」。廣雅釋詁曰：「𡲬，減也。」「降」與「𡲬」同。　張佩綸云：周禮泉府「斂市之不售、貨之滯於民用者，以其賈買之，物楬而書之，以待不時而買者，買時各從其抵」，鄭司農云：「抵，故賈也。」禮記祭義注：「隆，猶多也。」物少則價長，今以市横平之，物多則止。與周禮從其故價合。俞説「隆」當作「降」，謂價降殺而止，亦通。　翔鳳案：説文：「出，進也。」「隆，豐大也。」皆常義。此謂國家以市横吸收物資，至足數而止。若解「隆」爲「降」，則「出」字不可解。

桓公問於管子曰：「不籍而贍國，爲之有道乎？」管子對曰：「軌守其時，有官天財〔一〕，何求於民！」桓公曰：「何謂官天財？」管子對曰：「泰春，民之功繇。與招反。泰夏，民之令之所止〔二〕，令之所發。謂山澤之所禁發。泰秋，民令之所止，令之所發。泰冬，民令之所止，令之所發。此皆民所以時守也，此物之高下之時也，此民之所以相并兼之時也。君守諸四務。」桓公曰：「何謂四務？」管子對曰：「泰春，民之且所用者，君已廪之矣。泰夏，民之且所用者〔三〕，君已廪之矣。泰秋，民之且所用者，君已廪之矣。泰冬，民之且所用者，君廪，藏也。言四時人之所要，皆先備之，所謂耒耜器械種饟糧食，必取要焉，則豪人大賈不得擅其利。已廪之矣。泰春功布日〔四〕，春縑衣，夏單衣〔五〕，捍寵纍箕勝籯屑糗，若干日之功〔六〕，用人若干。無貲之家，皆假之械器勝籯屑糗公衣。功已而歸公，衣折券〔七〕。故力出於民，而用出於上。春十日不害耕事，夏十日不害芸事，秋十日不害斂實，冬二十日不害除田〔八〕。此之謂時作。」桓公曰：「善。」

〔一〕尹桐陽云：「有」，又也。聞一多云：「官」讀爲管。

〔二〕趙用賢云：「之」字衍。翔鳳案：「民之令」爲上令，去「之」字則爲民令矣。趙説謬。

〔三〕何如璋云：「且所用者」，「且」，將也。秦策「城且拔矣」，吕覽音律「歲且更起」，「且」字注同。

聞一多云：史記周本紀「爾所不勗」，集解引鄭注：「所，且也。」此「且所」複詞，「民之且所用者」即「民之且用者」，猶言「民之將用者」也。（「且所」並用，「所」亦「且」也，猶「此若」並用，「若」亦「此」也。）翔鳳案：老子「舍慈且勇」，注：「猶取也。」莊子庚桑楚「與物且者」，注：「且，謂券外而跂者。」説文：「担，挹也。」方言十：「担，取也。南楚之間，凡取物溝泥中謂之『抯』。」方言六：「自關而西，『索』或曰『抯』。」「且」訓取，爲「抯」之借。

〔四〕張佩綸云：「功布日」當作「布日功」。翔鳳案：檀弓「布材與明器」，注：「班也。」「功」字用常義。張説誤。

〔五〕安井衡云：「縑」，兼也。「兼衣」，謂表裏具者。張佩綸云：「縑」當爲「兼」，字之誤也。荀子正名篇「單不足以喻則兼」，是「兼」對「單」而言。「兼衣」即袷衣。聞一多云：張謂「縑」當爲「兼」，是也。莊子則陽篇「夫凍者假兼（從馬叙倫補）衣於春」，淮南子俶真篇同。春用兼衣，故云「假兼衣於春」也。張又云「『兼衣』即袷衣」，亦是。廣雅釋詁四：「袷，重也。」急就篇顔注：「衣裳施裏曰袷。」「單衣」即襌衣。説文：「襌，衣不重。」釋名釋衣服：「襌衣，言無裏也。」史記五宗世家「至彭祖衣皁（本作「帛」，從漢書景十三王傳改）布單衣」，後漢書馬援傳「更爲援制都布單衣」，樂府孤兒行「冬無複襦，夏無單衣」，字並作「單」。

〔六〕洪頤煊云：此皆械器名。「寵」，疑作「籠」。「糉」，即「稯」字之譌。王念孫云：「勝」當爲「幐」，字之誤也。説文：「幐，囊也。」商子賞刑篇曰：「贊茅、岐周之粟以賞天下之人，不得人一幐。」（今本亦譌作「勝」。）趙策曰「贏幐負書擔橐」，秦策「幐」作「縢」，義同。「屑」，碎米也，廣雅作「糒」。劉曰：「糉，『糗』字之誤。」「糗」，乾飯也。王引之云：「捍」蓋「梩」字之誤。説文：「梠，臿也，或作『梩』。」方言曰：「臿，東齊謂之『梩』。」周官鄉師注引司馬法曰：「輂一斧一斤一鑿一梩一鉏。」孟子滕文公篇「虆梩而掩之」，趙注曰：「虆梩，籠臿之屬。」謂「虆」爲籠屬，「梩」爲臿屬也。故管子亦以「梩籠」竝言之。張佩綸云：說文：「枚，榦也。」「挺，一枚也。」「材，木挺也。」竹部：「竿，竹梃也。」段玉裁云：「引伸之，木直者亦曰干，凡『干旄』、『干旟』、『干旌』，皆『竿』之假借。」毛傳：「干，扞也。」「扞」亦作「桿」，要之皆木挺之類。呂氏春秋「鉏櫌白梃」，漢書吾邱壽王傳「民以櫌鉏箠梃相撻擊」，是木梃固田間械器，不必如伯申之說，改「捍」爲「梩」也。說文：「箕，簸也。」「屑」當爲「筲」，論語鄭注：「筲，竹器也。」說文作「籍，飯筥也，受五升。」「筥，籍也。」詩良耜「載筐及筥」，箋云：「筐、筥，所以盛黍。」儀禮聘禮記：「四秉曰筥，十筥曰稷，十稷曰秅。」魯語「其歲，收田一井，出稷禾、秉芻、缶米」，韋昭注：「十筥曰稷。」說文、廣雅均引儀禮，段氏、王氏訂許、韋之誤極詳，故王氏不取洪氏「稷」字之說。案：鄭氏周禮注：「稷，猶束也。」筲以盛飯，稷以束禾，固田家之器矣。若懷祖改爲「屑糗」，先事既以乾飯廩藏，功已復以乾飯歸公，管子豈能迂瑣若此？「捍籠藁箕」，括以械器，「捍」爲械，「籠藁箕」爲器。尹桐陽云：「捍」，竿也。「籠」，籠也。「纍」同「梩」，土轝，一曰臿也。商君書兵守「壯女之軍使盛食負壘」，集韻作「塿」，云：「盛土草器也。」淮南要略：「禹身執虆垂以爲民先。」孟子書：「蓋歸反虆梩而掩之。」「壘」、「虆」、「纍」皆聲轉。「籯」同「䈠，盛餅筥也。文選蜀都賦「籯金所過」，注：「籯，縢也。」蓋以此「縢籯」連文耳。翔鳳案：「捍」用張、尹說。「寵」同籠。師九二「承天寵也」，王肅本作「龍」。漢書衛青傳「青至籠城」，注：「讀與龍同。」匈奴傳：「大會籠城。」則「龍」即「籠」

矣。「勝」即「賸」，用王説。「籯」用尹説。「屑糉」用王説。

〔七〕豬飼彦博云：「衣」字衍。言民功既畢，而器械之屬皆歸之於公，折毀其券也。張佩綸云：「衣折券」，「衣」字似衍。漢書高祖紀「兩家常折券棄負」，師古曰：「以簡牘爲契券，既不徵索，故折毀之，棄其所負。」案彼以「棄負折券」，此則以「歸公折券」。翔鳳案：上文剩餘之屑糉歸公，若其分給之衣，則已穿者不能復歸公，故折券以算之。「衣」非衍文。

〔八〕張佩綸云：十日、二十日承功繇發令言之。春用十日不害其二十五日之耕事也，夏秋皆然。冬爲農隙，故可用二十日。許維遹云：曲禮「馳道不除」，鄭注：「除，治也。」

「吾欲立軌官，爲之柰何？」管子對曰：「鹽鐵之筴，足以立軌官。」桓公曰：「柰何？」管子對曰：「龍夏之地〔一〕，布黄金九千。以幣貲金〔二〕，巨家以金，小家以幣。周岐山至於崢丘之西塞丘者，山邑之田也，布幣稱貧富而調之。周壽陵而東至少沙者，中田也〔三〕，據之以幣，巨家以金，小家以幣。三壤已撫，而國穀再什倍。梁、渭、陽瑣之牛馬滿齊衍〔四〕，請毆之顛齒，量其高壯〔五〕，曰：『國爲師旅，戰車毆就斂子之牛馬。上無幣，請以穀視市檳而庚子牛馬，爲上粟二家〔六〕。』二家散其粟，反准，牛馬歸於上〔七〕。」

〔一〕張佩綸云：「龍夏」即雷夏。水經「瓠子河出東郡濮陽縣北，河過廩丘縣爲濮水」，酈注：「瓠河又左逕雷澤北，其澤藪在大成陽縣故城西北十餘里，瓠河之北廩丘縣也。」王隱晉書地道記曰：「廩丘者，春秋之所謂齊邑矣，實表東海者也。」竹書紀年「公孫會以廩丘畔于趙，田布圍廩丘，翟角、趙孔率韓師救廩丘，及田布戰于龍澤，田布敗逋」，是也。「龍澤」即「雷澤」，知「龍夏」即「雷夏」。山海經：「雷澤有雷神，龍首人頰，鼓其腹則雷。」疑「雷夏」亦名「龍夏」以此。

〔二〕翔鳳案：説文：「貲，小罰以財自贖也。」段注：「引伸爲財貨之稱。」説文引漢律：「民不繇，貲錢二十二。」「貲」猶抵也。

翔鳳案：「龍夏」表東海，産鹽。「崢丘」以下則鐵區也。

〔三〕張佩綸云：「周」，帀也。（檀弓上鄭注。）「岐山」在美陽。「壽陵」，史記正義引徐廣曰：「在常山，本趙邑也。」莊子天運篇：「有壽陵餘子學步邯鄲。」固當屬趙，皆非齊地。元和郡縣志：「豐齊縣有岐陽山，在漢之茬平。」固齊境，然以爲此之「岐山」亦非。案「岐」當作「猛」，字之誤也。説文「岐，或作『嶅』」，篆形「嶅」、「猛」相似而誤。説文「崢，或作『崝』」，「崢丘」即青丘。元和郡縣志「千乘縣，千乘者，以齊景公有馬千乘畋于青丘，今縣北有青丘縣，因以爲名。」據此，則崢丘、青丘即春秋之乘丘矣。「西塞丘」者，即平陰。左傳「齊侯禦諸平陰」，齊策「蘇代謂燕王，齊有長城巨防，足以爲塞」，是也。「壽陵」，蓋兼漢北海郡平壽、壽光兩縣地。續漢書郡國志：「樂安國壽光有灌亭，北海郡平壽有斟城。」蓋古斟、灌地相接也。「少沙」即東萊郡之萬里沙，孟康曰：「沙徑三百里。」或「少沙」即「少海」之誤也。（韓非子外儲説左上篇：「齊景公游少海。」）聞一多云：「少沙」當即「夙沙」，在今山東舊膠東道境。

〔四〕丁士涵云：「齊」字衍。「滿衍」是蕃盛之義。山至數云「伏尸滿衍」，則「滿衍」二字連文。張佩綸云：山權數篇「梁山之陽」，輕重丁篇「龍門於馬謂之陽」。今以意定之，「梁」者，梁騶也，魯詩傳：「古有梁鄒者，天子之田也。」「渭」、「瑣」並「淄」之誤。「瑣」一作「璅」，與「淄」相近。淄陽，淄水之陽，漢書地理志：「齊郡臨淄，師尚父所封，如水西北至梁鄒入泲。」周禮大司徒「墳衍」，注：「下平曰衍。」言牛馬滿於齊之衍也。聞一多云：「梁」，梁山。「渭」，渭水。自昔爲産馬之地，趙之先祖非子爲周孝王主馬於汧、渭之間，是也。馬以梁、渭所産者爲佳，故馬稱梁、渭。「陽瑣」當作「瑣陽」。左傳定七年：「齊、鄭盟于瑣。」晉地道記：「元城縣有瑣陽城。」（今河北大名縣。）「梁、渭」斥馬言，然則「瑣陽」殆斥牛言與？「梁、渭、瑣陽之牛馬滿齊衍」者，牧養牛馬之地雖在齊，其種固不妨來自梁、渭、瑣陽。諸家或欲删「齊」字，或欲改「梁、渭、陽瑣」爲「梁騶、淄陽」，失之泥矣。翔鳳案：爾雅釋地「距齊州以南」，注：「中也。」非衍文。

〔五〕豬飼彦博云：「敺」疑當作「區」，言區別馬之顛齒，以相其長壯也。張佩綸云：「敺之顛齒」當作「區其顛齒」。詩：「有馬白顛。」爾雅釋畜「馬的顙白顛」，舍人曰：「的，白也。顙，額也。額有白毛。」論語馬融注：「區，別也。」後漢書馬援傳：「臣謹依儀氏鞧中，帛氏口齒，謝氏脣鬐，丁氏身中，備此數家骨相以爲法。」區其齒，周禮鄭司農注：「馬三歲曰駣，二歲曰駒。」說文：「二歲曰駒。」「三歲曰駣。」「馴，馬八歲也。」「量其高壯」，周禮庾人：「馬八尺以上爲龍，七尺以上爲騋，六尺以上爲馬。」聞一多云：「顛齒」即齻牙。儀禮既夕記「實貝，柱左齻右齻」，疏：「左齻右齻，牙兩畔最長者。」周禮典瑞鄭注「含玉，柱左右齻及在口中者」，釋文本「齻」作「顛」。正字通：「男子二十四歲，女子二十一歲，齻牙生。」字一作「真」。素問上古天真論「故真牙生而長極」，王注：「真牙，謂牙之最後生者。」「高」當爲「喬」，通作「驕」。詩碩人「四牡有驕」，傳：「驕，壯貌。」「區之顛齒」所以覈其年齡，「量其喬壯」所以驗其體質也。大戴記千乘篇「壯狡用力」，禮記月令「養壯佼」，呂氏春秋仲夏篇作「狡」，注：「壯狡，多力之士。」狡、佼與驕通。人曰壯狡，馬曰驕壯，其義一也。翔鳳案：「毆」假爲「敺」，相馬者敺使行走而觀之，此常見者也。「顛齒」，執其顛，張唇而觀其齒。量其高，量其壯，此亦常見者也。

〔六〕張佩綸云：「二家」當作「爲下」。牛馬爲上，粟爲下，猶山國軌所云「穀爲上，幣爲下」也。聞一多云：張改「二家」爲「爲下」，是也。「牛馬」下當重「牛馬」二字。此讀「請以穀視市櫎而庚子牛馬」句，「牛馬爲上」句，「粟爲下」句。

〔七〕戴望云：元本、朱本下「二家」字皆作「立貲」。丁士涵云：元本是也。「爲上粟二家立貲散其粟」作一句讀，三壤之家以穀准幣歸之君，君復以穀視市櫎而庚子牛馬，下文「立貲於民」，戰馬已具，亦同義也。「庚」，國蓄篇作「賡」，「庚」，償也。張佩綸云：元本、朱本下

「二家」作「立貲」，涉下「立貲」而誤，不足據。「二家」謂「巨家」、「小家」。

管子曰：「請立貲於民，有田倍之内，毋有其外，外皆爲貲壤〔一〕。被鞍之馬千乘，齊之戰車之具具於此，無求於民，此去丘邑之籍也。國穀之朝夕在上〔二〕，山林廩械器之高下在上〔三〕，春秋冬夏之輕重在上。行田疇，田中有木者，謂之穀賊。宫中四榮，樹其餘，曰害女功〔四〕。宫室械器，非山無所仰，然後君立三等之租於山，曰：握以下者爲柴楂，把以上者爲室奉〔五〕，三圍以上爲棺槨之奉。柴楂之租若干，室奉之租若干，棺槨之租若干。」管子曰：「鹽鐵撫軌。穀一廩十〔六〕，君常操九，民衣食而繇，下安無怨咎〔七〕。去其田賦，以租其山。巨家重葬其親者，服重租。小家菲葬其親者，服小租。巨家美脩其宫室者，服重租。小家爲室廬者，服小租。上立軌於國，民之貧富如加之以繩，謂之國軌。」

〔一〕張佩綸云：説文：「貲，小罰以財自贖也。」「倍」，反也，如論語「必使反之」之「反」，蓋覆之也。漢書哀帝紀「諸王、列侯、公主、吏二千石及豪富民多畜田宅無限，與民爭利，其議限列。」今曰「内毋有其外」，限内者不罰，限外皆爲受罰之地。如此，可得千乘之馬也。郭沫若云：當讀爲「有田倍（培）之内，毋有（囿）其外」。蓋有田者之疆界當於田内爲之培，不得侵越壤土，設囿於田之外。如此則畜牧有所也。翔鳳案：郭訓「倍」爲「培」，是也。

左僖三十年傳「焉用亡鄭以倍鄰」，注：「益也。」然「有」訓「囿」，於古無徵。廣雅釋詁一：「有，取也。」義較切。

〔二〕安井衡云：「朝夕」猶貴賤也。　張佩綸云：「朝夕」，如日景之朝夕，水之潮汐，猶言高下。

〔三〕豬飼彥博云：「稟」字衍。　丁士涵云：「稟」字衍。「山林械器之高下在上」，與「國穀之朝夕在上」、「春秋冬夏之輕重在上」相對爲文。器械資於山林，故曰「山林械器」也，義見下文。　翔鳳案：「稟」即「㐭」之或體。説文謂：「蒼黄㐭而取之，故謂之㐭。」其爲今之「領」字無疑矣。領山林之木爲器械，非衍文也。

〔四〕楊慎云：「榮」，屋翼也，惟廟有之。宫中惟廟之四榮樹，其餘不可樹，恐蔽女紅之室。馬元材云：「榮」即儀禮「直於東榮」之「榮」，注：「榮，屋翼也。」謂宫中四檐之側宜以樹桑爲主，故孟子盡心篇云：「五畝之宅，樹牆下以桑。」漢書食貨志亦云：「還廬樹桑。」若不樹桑而樹其他雜木，則桑葉缺乏，故曰「害女工」。　翔鳳案：馬説是。説文：「餘，饒也。」食之饒曰「餘」，謂樹其可食之物，如果木蔬菜之類。

〔五〕孫星衍云：「楂」即「槎」字。　孫詒讓云：「楂」當爲「柤」之俗。説文木部：「柤，木閑也。」徐鍇繫傳：「閑，闌也。」「柴」者，棧也。公羊哀四年傳云：「亡國之社蓋揜之，揜其上而柴其下。」周禮媒氏「喪祝」，注「柴」竝作「棧」。淮南子道應訓云：「柴箕子之門。」「柴」、「柤」

皆以細木爲闌閑，故竝舉之，孫説未塙。張佩綸云：説文：「柴，小木散材。」孫星衍曰：「『楂』即『槎』字。」魯語韋注：「槎，斫也。」文選東京賦薛綜注：「斜斫曰槎。」禮記王制「角握」，注：「握謂長不出膚。」楚語「烝嘗不過把握」，注：「握，長不出把者。」周禮醢人疏：「一握則四寸也。」孟子「拱把之桐梓」，趙注：「把，以一手把之也。」莊子人間世「宋有荆氏者宜楸柏桑，其拱把而上者，求狙猴之杙者斬之；三圍四圍，求高名之麗者斬之；七圍八圍，貴人富商之家求樿傍者斬之」，崔注：「環八尺爲一圍。」翔鳳案：「柴楂」有租，則爲小用物，非燃燒之用。孫説是也。「楂」當作「查」，與「採」即「采」同例，變其形則爲「柤」，如「䛐」、「詞」同字也。

〔六〕翔鳳案：「穀一廩十」，謂鹽鐵價貴，比於穀爲領一而有十也。

〔七〕戴望云：「安」訓爲乃，説見幼官篇。

山權數第七十五　管子輕重八

王紹蘭云：本篇「天以時爲權，地以財爲權，人以力爲權，君以令爲權」，先言四權，下云「失天之權，則人地之權亡」，止言三權，故桓公曰：「吾欲行三權之數。」管子曰：「此三權之失也。」桓公曰：「守三權之數柰何？」管子曰：「筴豐則三權皆在君。」「三權」凡兩見，三權數凡三見，則篇名「山」字疑當作「三」。因與上篇山國軌、下篇山至數相厠致譌耳。張佩綸云：「孟子：「權然後知輕重。」墨子大取：「於所體之中而權輕重之謂權。」淮南時則訓：「冬曰權。權者，所以權萬物也。」公羊桓十一年傳注：「權者，稱也，所以別輕重。」「權」者，管子輕重之法。本篇「天以時爲權，地以財爲權，人以力爲權，君以令爲權」，下云「吾願行三權之數」，似篇名當作「三權數」。」翔鳳案：「山」字義見前，非誤字。

桓公問管子曰：「請問權數。」管子對曰：「天以時爲權，地以財爲權，人以力爲權，君以令爲權。失天之權，則人地之權亡〔一〕。」桓公曰：「何爲失天之權則人地之權亡？」管子對曰：「湯七年旱，禹五年水，民之無饘賣子者〔二〕。湯以莊山之金鑄幣，而贖民之無饘賣子者。禹以歷山之金鑄幣，而贖民之無饘賣子者〔三〕。故天權失，人地之權皆失也。故王者歲守十分之參，三年與少半成歲。三十一年而藏十一年，與少半藏參之，一不足以傷民〔四〕，而農夫敬事力作〔五〕，故天毀埊古地字。凶旱水泆〔六〕，民無入於溝壑乞請者也。此守時以待天權之道也。」桓公曰：「善。」

〔一〕聞一多云：「「爲」當爲「謂」。」翔鳳案：論語：「丘何爲是栖栖者與？」「爲」字自通，非誤字。

〔二〕劉績云：「饘」，章延反，糜也。王念孫云：當依通典食貨八所引作「民之無饘，有賣子者」。言無𩟗之民有賣其子者也。今本脱「有」字者，涉下文「民之無𩟗賣子者」而誤。翔鳳案：乘馬數「民之無𩟗賣子數也」與此同義，謂連稀糊莫有，無不賣子，其幸而未賣則數也。加「有」字則有不賣者矣，文義全異。安井衡云：「民之」疑當爲「民有」，與下相涉而誤耳。王據誤文而改之，謬矣。

〔三〕張佩綸云：莊子秋水篇：「禹之時，十年九潦而水弗爲加益；湯之時，八年七旱而崖不爲加損。」鹽鐵論力耕章：「昔禹水湯旱，百姓匱乏，或相假以接衣食。禹以歷山之金，湯以嚴山之銅，鑄幣以贈其民，而天下稱仁」。論衡感虚篇：「傳書言：湯遭七年旱。或言五年。」吕氏春秋順民篇：「昔者，湯克夏而正天下，天大旱，五年不收。」「五年」、「七年」言其久，不必泥。漢書佞幸鄧通傳：「於是賜通蜀嚴道銅山，得自鑄錢。」「莊山」，鹽鐵論作「嚴山」，疑即蜀嚴道也。括地志「秦昭王相嚴君疾封於此，故縣有是稱。」志又言：「蒙山在嚴道縣南十里。」「蔡蒙」見於禹貢，湯因即莊山鼓鑄。桓寬西漢人，授以作論，諱「莊」爲「嚴」。由於明帝之世追改秦相氏縣之説，恐不能與桓寬爭。審「歷山」有五，史記「舜耕歷山」，集解引康成曰「在河東」，括地志又云「越州餘姚縣歷山舜井」，「濮州雷澤縣有歷山」及「媯州歷山舜井」，淮南子「湯放桀歷山」，高誘注「歷陽之山也」，不知禹鑄幣之歷山爲何山矣。又云：通典食貨八引作「湯七年旱，禹五年水，人之無𩟗有賣子者，湯以莊山之金鑄幣而贖人之無𩟗賣子者，禹以歷山之金鑄幣以濟人之困」，下接「夫玉起於禺氏」至「以御人事而平天下也」，今在國蓄篇。又注：「䊪，糜也。䊪，章延反。」案通典惟「民」改「人」乃唐諱，餘異文均可訂今本之誤挩。　翔鳳案：通典引文，合國蓄與本篇爲一。張謂異文可訂誤挩，此謬論也。

〔四〕豬飼彦博云：「三十一年而藏十一年與少半」，當作「三十三年與少半而藏十年」。　王引之云：「三年」二字因下文而衍。當作「歲守十分之參與少半」，言一歲之穀分爲十分，守其三分與一分之少半，是所守者爲十分中三分之一也。「成歲」者，順成之歲也。「藏十一年」衍「一」字，當作「藏十年」，言順成之歲三十一年而藏其十年與一年之少半，是所藏者爲三十一年中三分之一也，故曰「藏參之一」。　安井衡云：「少半」，三分歲之一也。「歲守十分之參」，三年得九分，又加三分歲之一，所守得一分，成一歲十分之收也。「歲守十分之三」，三十一年得三百十分之九十三。十分爲一年，只有九年與少半。「三十一年」與「十一年」必有一誤。　張佩綸云：漢書高帝紀上注引韋昭「凡數三分有二爲大半，有一分爲少半」，「與少半」即十分之三。「三年與少半成歲」爲句，即王制「三年耕必有一年之食」也。「三十一年而藏十」，至三十一年歲杪制國用，則三十年而藏十年之食，即王制所謂「以三十年之通」也。「一年」當作「三年」，「三年與少半藏三之一」覆舉上文，言其不足傷民，而足以備凶荒，王説非是。　王制正義：「通三十年之率者，每年之率，入均分爲四分，一分擬爲儲積，三分當年所用，二年又留一分，三年又留一分，是三年總得三分爲一年之蓄；三十年之率當有十年之蓄。此云當有九年之蓄者，崔氏云：三十年之間大略有閏月十二足爲一年，故爲有九年之蓄。」王肅以爲「二十七年有九年之蓄，而言三十者，舉全數」。兩義皆通，未知孰是。此三十年言「三十一年」者，正合三十年之閏月十二而乘除之。堯典「以閏月定四時成歲」，其計閏已括于「成歲」二字中。　翔鳳案：一年積十分之三，則三年積十分之九，比之一年爲少。「少半」指十分之三言，約爲十分之一。十分之九加十分之一爲一年，是爲「三年與小半成歲」。以此例之，三十年與小半成歲，爲三十一年之藏合此小半之藏而參之也。大戴記衛將軍文子「則一諸侯之相也」，注：「一，皆也。」荀子勸學「一可以爲法則」，注：「皆也。」「一不足傷民」，皆不足傷民也。無誤字。

〔五〕李哲明云：「敬」當作「亟」，形近而譌。「亟」猶急也，「亟事」，言以田事爲急也。王氏謂五行篇「農事爲敬」，「敬」當作「亟」。此「敬」字宜與彼説同。　翔鳳案：「敬」從「苟」，有亟義。論語：「事君敬其事而後其食。」説文：「苟，自急敕也。」李不識「苟」字而以爲當作「亟」，誤矣。

〔六〕戴望云：「埊」下疑有脱文。　聞一多云：戴説非是。天災行則地利失，是地爲天所毁，故曰「天毁地」也。　翔鳳案：「埊」乃「坴」之誤，詳霸言篇。霸言假爲「睦」，本文用作「陸」。「毁」，火也。説文：「火，燬也。」釋名釋天：「火，化也。亦言毁也。」説文：「𤈦，火也。」詩曰：「王室如𤈦。」毛詩作「燬」，釋文：「『燬』音毁，齊人謂火曰燬。」「天毁」即天火。「陸凶旱水泆」，若爲「地凶旱」，則水亦在地上，文不順矣。左宣十六年傳：「天火曰災。」桓十四年：「御廪災。」定二年：「雉門及兩觀災。」此爲木料揚塵，積久燃燒之災。然此尚非普遍之災害，七主七臣「凶歲雷旱」，郭沫若謂古代森林暢茂，雷火延燒山林，可成巨災，此乃主要之天火也。説文：「凶，惡也。象地穿交陷其中也。」詩十月之交：「爗爗震電，不寧不令。百川沸騰，山冢崒崩。高岸爲谷，深谷爲陵。」此天火地凶之火山地震也。立政「修火憲，敬山澤林藪積草。決水潦，通溝瀆，修障防，安水藏，使時水雖過度，無害於五穀，歲雖凶旱，有所秎穫，司空之事也」，包括天火、陸凶旱、水泆，甚顯矣。諸説均誤。

「吾欲行三權之數，爲之奈何？」管子對曰：「梁山之陽綪千見反。絤〔一〕，夜石之幣〔二〕，天下無有〔三〕。管子曰：以守國穀。歲守一分，以行五年，國穀之重，什倍異日。管子曰：請立幣。國銅，以二年之粟顧之，立黔落，力重與天下調〔四〕。彼重則見射，輕則見泄，故與天下調。泄者，失權也〔五〕。見射者，失筴也。不備天權下相求，備准下陰相隸〔六〕，此刑罰之所起，而亂之之本也〔七〕。故平則不平，民富則不如貧，委積則虚矣。此三權之失也已。」桓公曰：「守三權之數奈何？」管子對曰：「大豐則藏分，阨亦藏分。」桓公曰：「阨者，所以益也〔八〕，何以藏分？」管子對曰：「隘則易益也。一可以爲十，十可以爲百。以阨守豐，阨之准數一上十，豐之筴數十去九〔九〕，則吾九爲餘。於數筴豐，則三權皆在君。此之謂國權。」

〔一〕豬飼彦博云：「綪絤」當作「蒨茜」，染赤草也。　丁士涵云：案「絤」字句。説文：「綪，赤繒也。」輕重戊篇：「魯梁之民善爲綈。」此「絤」字疑「綈」之誤。（説文：「綈，厚繒也。」急就篇注：「綈，厚繒之滑澤者也，重三斤五兩。今謂之平紬。」）　李哲明云：字書無「絤」，疑當爲「茜」。史記貨殖傳「若千畝巵茜」，集解：「茜一名紅藍，其花染繒，赤黄也。」説文：「茜，茅蒐也。」又：「綪，赤繒也，以茜染，故謂之綪。」定四年左傳「綪茷」，注：「綪茷，大赤也。取染草名也。」是「綪」、「茜」本爲一類，作「絤」者，涉「綪」旁系而訛。　翔鳳案：用蒨茜所染之繒爲「綪絤」，丁謂「絤」當爲「綈」，古無舌上音，「絤」讀綈。

〔二〕張佩綸云：「夜」即東萊掖縣。楚漢春秋「夜侯蠱達」，即「掖」之省。「石」即東萊陽石。　輕重戊篇「萊莒之山生柴，……鑄莊山之金以爲幣」，即此「夜石之幣」。説文：「幣，帛也。」禹貢「青州岱畎絲枲」，梁甫爲泰山旁小山，正岱畎也。　任林圃云：「夜邑」即今山東掖縣，戰國策燕策「益封安平君以夜邑萬户」，高注：「夜，一作『劇』。」鮑注：「屬淄川。」國策地名考：「今掖縣。」今掖縣與萊陽縣接壤，萊陽産萊陽石，一名萊玉，其色有作淺碧或青赤色者。亦可染色。張云「石即東萊陽石」，疑是「山東萊陽石」之脱字，山東無「東萊陽石」之名。唯萊陽石既有色澤，石質較輭，可琢爲器物，或古人即以之爲幣也。　翔鳳案：以夜之石爲幣，即「夜石之幣」，非錯亂也。

〔三〕丁士涵云：下文「管子曰」兩見，疑此文均有脱誤。　翔鳳案：共有三「管子曰」，一言幣帛，二言穀，三言銅幣。蓋管子三次所言，分別説明，記者合而記之，非有脱誤也。

〔四〕張佩綸云：「立黔落」，「黔」當爲「廛」，字之誤也。方言：「廛，居也，東齊海岱之間或曰廛，或曰踐。」廣雅釋詁二：「廛、落，居也。」翔鳳案：「落」即村落之落，故訓居。説文：「國，邦也。」與「域」同。「國銅」，産銅之域。説文：「重，厚也。」力雄厚而有餘，則與天下調之。

〔五〕王念孫云：「泄者」上亦當有「見」字。「見泄」、「見射」，皆承上文而言。翔鳳案：「泄」者，國家見泄於商人，國家失權。加「見」字誤。

〔六〕張佩綸云：「備」當作「脩」，「備准」當作「脩權」，權脩篇名，是其證。不脩權則下相求，脩權則下陰相隸，有權則下役於上，失權則貧者乞請於富。穀梁定元年傳「求，請也」。聞一多云：「備准」上敓「不」字。此言不備天權則民相乞求，（上文「民無入於溝壑乞請者也」，乞求猶乞請也。）不備准則民私相隸役。乞求謂流爲乞丐，隸役謂捨身爲奴也。翔鳳案：不備天權爲失時，則下爭求之，備平准而下又陰附着，（説文：「隸，附着也。」）皆爲法律所不許，故有刑罰。

〔七〕王念孫云：「亂之之本也」衍一「之」字。何如璋云：「亂之」，「之」字乃「亡」字，以形近致訛。「亂亡」與「刑罰」對。王云「衍一『之』字」，非。翔鳳案：「亂」謂亂幣法，與亂亡不同，非衍文，何説亦誤。

〔八〕俞樾云：此本作「陒者所以隘也」，故管子對曰：「隘則易益也。」正承桓公此語而言。今作「所以益也」，即涉下句「益也」二字而誤耳。禮記禮器篇「君子以爲隘矣」，釋文曰：「隘，本作『阨』。」是「阨」、「隘」義得相通，故曰「阨者所以隘也」。「隘」誤作「益」，於義難通。且管子「隘則易益」之言爲贅設矣。翔鳳案：「扼」者扼其隘，「益」字不誤。

〔九〕聞一多云：「上」猶加也，「去」猶減也。翔鳳案：一得其准，十則豐矣。郭沫若訓「去」爲藏，是也。

桓公問於管子曰：「請問國制。」管子對曰：「國無制，地有量。」桓公曰：「何謂國無制，地有量？」管子對曰：「高田十石〔一〕，閒田五石〔二〕，庸田三石〔三〕，其餘皆屬諸荒田。地量百畝，一夫之力也。粟賈一，粟賈十，粟賈三十，粟賈百〔四〕。其在流筴者，百畝從中千畝之筴也。然則百乘從千乘也，千乘從萬乘也。故地無量，國無筴〔五〕。」桓公曰：「善。」「今欲爲大國〔六〕，大國欲爲天下，不通權筴，其無能者矣！」桓公曰：「今行權奈何？」管子對曰：「君通於廣狹之數，不以狹畏廣；通於輕重之數，不以少畏多。此國筴之大者也。」桓公曰：「善。蓋天下，視海内，長譽而無止〔七〕，爲之有道乎？」管子對曰：「有。曰軌守其數，准平其流，動於未形，而守事已成〔八〕。物一也而十，是九爲用〔九〕。徐疾之數，輕重之筴也。一可以爲十，十可以爲百，引十之半而藏四，以五操事，在君之決塞。」桓公曰：「何謂決塞？」管子曰：「君不高仁，則問不相被〔一〇〕。君不高慈孝，則民簡其親而輕過。此亂之至也。則君請以國筴十分之一者，樹表置高，鄉之孝子聘之幣〔一一〕，孝子兄弟衆寡不與師旅之事〔一二〕。樹表置高，而高仁慈孝，財散而輕。乘輕而守之以筴，則十之五有在上〔一三〕。運五如行事，如日月之終復〔一四〕。此長有天下之道，謂之准道。」

〔一〕安井衡云：「高田」，上腴之地。「十石」、「五石」、「三石」，蓋十畝所收。治國篇：「常山之東，河、汝之間，早生而晚殺，五穀之所蕃熟也。四種而五穫，中年畝二石。」張佩綸云：漢書食貨志：「李悝作盡地力之教，治田百晦，歲收晦一石半，爲粟百五十石。上孰，其收自四，餘四百石。中孰，自三，餘三百石。下孰，自倍，餘百石。小饑則收百石，中饑七十石，大饑三十石。」然則一畝之地，大孰之年歲收亦止四石，今曰「高田十石」，恐無此理。翔鳳案：下文「地量百畝，一夫之力也」，以畝二石計，收二百石，則「十石」指稅言。

〔二〕王念孫云：「閒田」，中田也。乘馬數篇曰：「郡縣上臾之壤守之若干，閒壤守之若干，下壤守之若干。」是「閒」爲中也。

〔三〕王引之云：「庸」字義不可通，「庸」當爲「庳」，字形相似而誤。「庳田」，下田也。安井衡云：「庸」，凡庸。「庸田」，下田也。

〔四〕王引之云：「粟賈三十」衍「三」字。「粟賈一」者，令增其賈而爲十；「粟賈十者」，令增其賈而爲百。故百畝可以當千畝，百乘之國可以當千乘，千乘可以當萬乘也。翔鳳案：此論「流筴」，凶年物價高三十倍乃至百倍。「三」非衍文，王説誤。又「千乘」、「萬乘」之「乘」爲計，王亦未明言。

〔五〕安井衡云：「地無量」，古本「無」作「有」。豬飼彦博云：疑當作「地有量，國無制」。張佩綸云：此反言以足上意。言地若無量，國則無筴矣。元本、朱本改「無量」爲「有量」，失之。翔鳳案：「流筴」則地不可以量計，「故地無量，國無筴」，諸人未解也。

〔六〕張佩綸云：「欲爲大國」上奪「小國」二字。「今小國欲爲大國」以下，管子之言。翔鳳案：齊本大國，桓公問大國之所爲，安得奪「小國」二字耶？張説非是。

〔七〕張佩綸云：周禮大宗伯：「殷覜曰視。」「視海内」，猶言朝海内也。聞一多云：張説是也。「蓋」、「盇」通。爾雅釋詁：「盇，合也。」「蓋天下，視海内」，即所謂「一匡天下，九合諸侯」。詩振鷺「以永終譽」，「長譽」猶「終譽」。翔鳳案：「蓋」訓覆，用常義。「視」假爲「示」，詩鹿鳴：「視民不恌，君子是則是傚。」

〔八〕豬飼彦博云：「事」當作「於」。張佩綸云：「守事」當作「守其」。山國軌篇：「國軌布於未形，據其已成。」翔鳳案：「守事」即守權數之事。古代語法不同，何必改字。

〔九〕安井衡云：物一也，而爲十，是運動爲吾用者九。

〔一〇〕聞一多云：「問」謂贈遺。「被」，加也。下文「鄉之孝子聘之幣」，「聘」亦問也，可證。今本

「問」作「國」，非是。　翔鳳案：七法「予奪也，險易也，利害也，難易也，開閉也，殺生也，謂之決塞」，義正相合。

〔一〕丁士涵云：當讀「樹表置高」句，「鄉之」二字下屬，謂一鄉之孝子聘之以幣也。下文云「樹表置高，而高仁慈孝」，是其證。　安井衡云：「樹表置高」者，使人易見也。「聘之幣」，使人問之，且贈幣也。　尹桐陽云：「樹表置高」，「樹表」，立表也；「置」，植也；「高」，謂樹植高處以示异也，若今桅扁牌坊之類。方言七：「樹植，立也。燕之外郊、朝鮮洌水之間，凡言置立謂之樹植。」後漢書百官志：「扁表其門，以興善行。」　聞一多云：呂氏春秋慎小篇「置表於南門之外」，注：「表，柱也。」凡表柱必高聳，故「表」亦謂之高。「置高」猶「樹表」也，複舉以足句。　輕重丁篇「旌稱貸之家，皆堊白其門而高其閭」，尹注：「旌，表也。」史記留侯世家：「表商容之閭，式箕子之門。」（今本作「釋箕子之拘」，從王念孫改。）漢書張良傳注：「式，亦表也。」呂氏春秋慎大篇「靖箕子之宮，表商容之閭」，「靖」讀爲旌。

〔二〕聞一多云：謂無論兄弟衆與寡，皆賜免兵役。

〔三〕聞一多云：「有」讀爲又。

〔四〕安井衡云：「五如」之「如」，而也。運用十分之五而行事，如日月之終而又復其始也。

桓公問於管子曰：「請問教數。」管子對曰：「民之能明於農事者，置之黃金一斤，直食八石。民之能蕃育六畜者，置之黃金一斤，直食八石。民之能樹藝者，置之黃金一斤，直食八石。民之能樹瓜瓠葷菜百果使蕃衮者〔一〕，置之黃金一斤，直食八石。民之能已民疾病者〔二〕，置之黃金一斤，直食八石。民之知時，曰歲且阨〔三〕，曰某穀不登，曰某穀豐者，置之黃金一斤，直食八石。民之通於蠶桑，使蠶不疾病者，皆置之黃金一斤〔四〕，直食八石。謹聽其言而藏之官，使師旅之事無所與，此國筴之者也〔五〕。國用相靡而足，相因揲而砮〔六〕，然後置四限高下〔七〕，令之徐疾，毆屏萬物，守之以筴，有五官技。」桓公曰：「何謂五官技？」管子曰：「詩者，所以記物也。時者，所以記歲也。春秋者，所以記成敗也。行者，道民之利害也〔八〕。易者，所以守凶吉成敗也。卜者，卜凶吉利害也〔九〕。民之能此者，皆一馬之田，一金之衣〔一〇〕。此使君不迷妄之數也。六家者，即見其時，使豫先蚤閑之日受之〔一一〕。故君無失時，無失筴，萬物興豐無失利。遠占得失以爲末教〔一二〕，詩記人無失辭，行殫道無失義〔一三〕，易守禍福凶吉不相亂，此謂君棅〔一四〕。」筆永反。説文與柄同。

〔一〕安井衡云：古本「衮」作「育」，「瓠」作「匏」。趙用賢云：「衮」、「育」同。王念孫云：趙説非也。「衮」當作「袞」，字之誤也。玉篇、廣韻「袞」字竝與「裕」同，「蕃裕」猶蕃衍耳。世人多見「裕」，少見「袞」，故「袞」譌爲「衮」。趙以上文言「蕃育六畜」，故以「蕃衮」爲「蕃育」，而不知其謬也。朱本徑改爲「育」字，則謬益甚矣。翔鳳案：王念孫説是。

〔二〕翔鳳案：「已」訓止，用常義。

〔三〕翔鳳案：「且」者，將也。

〔四〕丁士涵云：「皆」字衍。翔鳳案：「皆」謂不止一人，非衍文。

〔五〕王念孫云：「國筴之」下當有「大」字。上文云「不以狹畏廣，不以少畏多，此國筴之大者也」，是其證。尹桐陽云：「者」同「箸」。

〔六〕安井衡云：古本「諮」作「咨」。王引之云：「諮」當爲「澹」，字之誤也。（隸書「澹」字作「澹」，因譌而爲「諮」。）澹，古「贍」字也。（荀子王制篇「物不能澹」，楊倞曰：「『澹』讀爲贍。」漢書食貨志「猶未足以澹其欲也」，師古曰：「澹，古『贍』字也。」凡漢書「贍」字多作「澹」，不可枚舉。又漢巴郡太守張納功德叙「卹澹凍餒」，隸釋曰：「以『澹』爲『贍』。」）上句言「足」，下句言「贍」，「贍」亦「足」也。侈靡篇曰「山不童而用贍，澤不弊而養足」，國蓄篇曰「豈壤力固不足而食固不贍也哉」，禮記大傳曰「民無不足、無不贍者」，皆以「贍」、「足」對文，義與此同也。「相困揲而諮」當爲「相揲而澹」，廣雅曰「揲，積也」，言國用相積而贍也。「相揲而贍」與「相靡而足」對文，「困」蓋衍字耳。趙以「諮」爲「咨」字，則義不可通。朱本徑改爲「咨」，則謬益甚矣。又輕重甲篇「飢者得食，寒者得衣，死者得葬，不資者得振」，宋本「資」作「諮」，亦是「澹」字之譌。民不贍，故振之，山國軌篇曰「振其不贍」，是也。後人不知「諮」爲「澹」之譌，因改爲「資」耳。下文「不資者振之」及山至數篇「散振不資者」，「不資」皆當爲「不澹」。

又國蓄篇「千乘可足，萬乘可資」，「資」與「足」對文，亦當是「澹」字。翔鳳案：「⿱次吉」確爲「咨」字。魏章武王妃盧墓誌「咨」作「⿰口咨」，其「口」改爲「士」，如説文「對」之重文爲「對」，左下之口或作士。王無據而改爲「澹」，不能自圓其説，誤矣。

〔七〕安井衡云：「四限」，四境也。置四境中貴賤之准。尹桐陽云：「置」同「直」，視也。「限」，竟也。翔鳳案：晉語「置茅蕝」，注：「立也。」尹説非是。

〔八〕馬元材云：「行」，指掌祭行神之人而言。行神即道路之神。

〔九〕張佩綸云：「易者，所以守凶吉成敗也。卜者，卜凶吉利害也」當作「卜易者所以守凶吉也」，「成敗利害」均涉上而衍，淺人因析爲二句，並改五家爲六家矣。内業篇「能無卜筮而知吉凶乎」，是其證。翔鳳案：祭義：「昔者聖人建天地陰陽之情，立以爲易，易抱龜南面。」章太炎謂即「覡」。「易」爲巫，故言守其成敗，「卜」用龜，故爲占其利害。

〔一〇〕何如璋云：「一馬之田」，據周禮「四邑爲丘」，出馬一匹，是有田十六井也。「一金之衣」，謂其值一金。李哲明云：「馬」當爲筴馬，俗謂之碼。「一馬之田」言其少也，與投壺「一馬從二馬」義同。「金」疑「䘳」之誤，蝕其半耳。「一䘳之衣」猶言衣衹一領，狀其少也。廣韻：『䘳』同『襟』。」或作「衿」。顏氏家訓書記「古者斜領下連於衿，故謂領爲衿」。詩青青子衿傳：「青衿，青領也。」翔鳳案：「馬」即碼，李説是也。民之能此者，指卜筮之小技，皆有「一馬之田、一金之衣」之代價。非上之賜，不得有萬畝田、一斤金矣。

〔一一〕安井衡云：「即」，若也。「蚤」，早也。「閒之日」，與時有閒之日也。「受」當爲「授」。「授之」，告吉凶動静之時於君也。 張佩綸云：「六家」當作「五家」。「使豫先蚤閒之日受之」當作「先日受之」，「豫先蚤閒之日」疑本注而闌入正文也。 尹桐陽云：「六家」者，一詩，二時，三春秋，四行，五易，六卜也。「即見」，急見也。 聞一多云：「即」，若也（詳經傳釋詞）。「使豫先蚤閒之日受之」疑當作「使豫蚤閒之先日受之」。 墨子備城門篇「豫蚤接之」，此「豫蚤」連文之例。 翔鳳案：「六家」如尹説。六家而五官，殆以「易」、「卜」合而爲一也。「閑」爲預防，各本作「閒」，誤。

〔一二〕安井衡云：「遠占得失」，豫占他日之得失也。「末」，後也。「爲末教」，爲後日避害就利之教也。「末」，俗本或誤「未」。 張佩綸云：「末」當作「本」，字之誤也。「遠占得失以爲本教」指「春秋」言，不言「卜者」，省文。 翔鳳案：「五官技」而有「六家」，「五家」見幼官篇。「六家」與五行篇「六相」相類。「易」爲卜筮之官，合「易」與「卜」爲一。「無失時」、「無失筴」、「無失利」，爲六家所共有。「易」、「詩」、「春秋」，非孔子之五經。「易」者，帝之巫皆易之流，乃以巫術治病，非必卜筮之官。 墨子見百國春秋，言齊之春秋記王里國中里徼以一羊盟神社，羊起而觸之。 大匡：「襄公田於貝丘，見豕彘。從者曰：『公子彭生也。』公射之，豕人立而啼。」左傳記其事，亦必録於齊之春秋者。「詩記人無失辭」，含義不甚明析。 漢書翼奉傳所述齊詩之「五際六情」，當爲其支流餘裔，仍不離於術數。 協紀辨方記出行吉利，有時有方向，與幼官、四時、五行諸篇所載相類。五行配四時五方，當時有大行人與行人，其出行亦擇吉。齊爲殷文化，漢書五行志言災異出於洪範。大戴禮保傳：「鼓夜誦禱。」「鼓」即瞽，詩以瞽爲之，瞽宗爲樂祖，詩樂合一。

〔一三〕張佩綸云：「殫」字無義，當作「闡」。説文：「闡，開也。」易韓注：「闡，明也。」尹桐陽云：「義」同「儀」，法也。翔鳳案：説文：「殫，極盡也。」「義」通儀。

〔一四〕何如璋云：「棅」與「柄」同，説文：「柯也。」唐韻：「又本也。」聞一多云：「此」下當有「之」字。翔鳳案：以近代句法律古人而加「之」字，非是。

桓公問於管子曰：權棅之數，吾已得聞之矣。守國之固奈何？」曰：「能皆已官，時皆已官〔一〕，得失之數，萬物之終始，君皆已官之矣。其餘皆以數行。」桓公曰：「何謂以數行？」管子對曰：「穀者，民之司命也。智者，民之輔也〔二〕。民智而君愚〔三〕，下富而君貧，下貧而君富，此之謂事名二〔四〕。國機，徐疾而已矣。君道，度法而已矣。人心，禁繆而已矣〔五〕。」桓公曰：「何謂度法？何謂禁繆？」管子對曰：「度法者，量人力而舉功。禁繆者，非往而戒來〔六〕。故禍不萌通〔七〕，而民無患咎。」桓公曰：「請聞心禁。」管子對曰：「晉有臣不忠於其君，慮殺其主，謂之公過〔八〕。諸公過之家，毋使得事君。此晉之過失也。齊之公過，坐立長差〔九〕。惡惡乎來刑，善善乎來榮〔一〇〕，戒也。此之謂國戒。」

〔一〕張佩綸云：「時」當作「技」。「能皆已官」，謂能明農事之類；「技皆已官」，謂五家之類。郭沫若云：「時皆已官」不誤。本書五行篇：「春者土師也，夏者司徒也，秋者司馬也，冬者李也。」四時政令皆有官守，故曰「時皆已官」。下文「得失之數，萬物之終始，君皆已官之矣」，「得失之數」即承「能皆已官」言，「萬物之終始」承「時皆已官」言。 馬元材云：二「官」字，皆當借爲「管」。

〔二〕張佩綸云：「智者民之輔也」當作「君之輔也」。周語：「知，文之輿也。」大戴記四代篇：「知，仁之實也。」賈子大政：「敬士愛民者是謂『知』。」漢書公孫弘傳：「知者，術之原也。」此言君當以智爲輔，即輕重之術也。

〔三〕丁士涵云：此下疑脱「民愚而君智」句，與「下富而君貧，下貧而君富」對文。 安井衡云：「下貧而君富」五字當衍。 翔鳳案：「愚」從心，禺聲，人所共知。別有變形之字爲「偶」，人不知也。説文：「偶，懽也。」同「娛」。禺，猴屬，會意爲「愚」。禺氏有玉（揆度），爲人所喜，會意爲「偶」。隸書以「禺」爲「偶」，形不別也。如侈靡之以「怠」爲「怡」，説文以「䛐」爲「詞」。諸人不識「偶」字而疑脱誤，謬矣。

〔四〕豬飼彥博云：揆度曰「天筴陽也，壤筴陰也。此謂事名二」，與此不合。此六字疑衍。

翔鳳案：貧富有名實之差，非衍文。

〔五〕馬元材云：「禁」，禁止。「繆」同「謬」。

〔六〕張佩綸云：吕覽慎行篇注：「非，咎也。」安死篇注：「非，猶罪也。」

〔七〕張佩綸云：説文：「通，達也。」聞一多云：「通」疑「達」之誤。史記樂書「區萌達」，正義：「達，出也。」月令：「萌者盡達。」方言十三：「達，芒也。」「芒」、「萌」通。翔鳳案：「通」即「達」，何必以爲「達」之誤乎？

〔八〕翔鳳案：漢書吴王濞傳：「公即山鑄錢。」胡建傳：「公穿軍垣。」注：「公，謂顯然爲之。」

〔九〕安井衡云：「差」，等也。「坐立長差」，罪定首從也。翔鳳案：晏子春秋「曰齊人也，坐盜」，與此「坐」字同。説文：「差，貳也。籒文『差』从二。」二次於長，其義甚明。

〔一〇〕尹桐陽云：公羊傳：「善善及子孫，惡惡止其身也。」「來」同「賚」，予也。翔鳳案：「來」用常義，尹説非。

桓公問管子曰：「輕重准施之矣，筴盡於此乎？」管子曰：「未也。將御神用寶〔一〕。」桓公曰：「何謂御神用寶？」管子對曰：「北郭有掘闕而得龜者〔二〕，掘，穿也。求物反。穿地至泉曰闕。求月反。此檢數百里之地也〔三〕。」檢，猶比也。以此龜爲用者，其數可比百里之地。桓公曰：「何謂得龜百里之地〔四〕？」管子對曰：「北郭之得龜者，令過之平盤之中〔五〕。令，力呈反。過之，猶置之也。平盤者，大盤也。君請起十乘之使，百金之提〔六〕，起，發也。提，裝也。使，色吏反。命北郭得龜之家曰：『賜若服中大夫。』若，汝也。

中大夫，齊爵也。曰：『東海之子類於鼀〔七〕，東海之子，其狀類鼀。假言此鼀東海之子耳。東海之子者，海神之子也。託舍於若。託舍，猶寄居也。賜若大夫之服以終而身，而，若也。勞若以百金。』勞，賜也。之鼀爲無貲，之，是也。是鼀至寶而無貲也。無貲，無價也。而藏諸泰臺〔八〕，泰臺，高臺也。一日而釁①之以四牛〔九〕，立寶曰無貲。立鼀爲寶，號曰無貲。還四年，伐孤竹〔一〇〕。還四年，後四年。丁氏之家粟丁氏，齊之富人，所謂丁惠也。可食三軍之師行五月〔一一〕，食音飼。下以意取。行五月，經五月。召丁氏而命之曰：『吾有無貲之寶於此。吾今將有大事，請以寶爲質於子〔一二〕，音致。下皆同。以假子之邑粟。』即家粟也。丁氏北鄉再拜，入粟，不敢受寶質。桓公命丁氏曰：『寡人老矣，爲子者不知此數。終受吾質！』丁氏歸，革築室，賦籍藏鼀〔一三〕。革，更也。賦，敷也。藉，席也。才夜反。還四年，伐孤竹，謂丁氏之粟中食三軍五月之食〔一四〕。桓公立貢數〔一五〕：文行中七年鼀中四千金，黑白之子當千金〔一六〕。凡貢制，中二齊之壤筴也。用貢，國危出寶，國安行流〔一七〕。」桓公曰：「何謂流？」管子對曰：「物有豫，則君失筴而民失生矣〔一八〕。故善爲天下者，操於二豫之外。」桓公曰：「何謂二豫之外？」管子對曰：「萬

①「釁」原作「亹」，據校正改。

乘之國，不可以無萬金之蓄飾。千乘之國，不可以無千金之蓄飾〔一九〕。百乘之國，不可以無百金之蓄飾。以此與令進退，此之謂乘時。」

〔一〕丁士涵云：說文曰：「禦，祀也。」「御」、「禦」古通。下文云「東海之子類於龜」，尹注：「東海之子，海神之子也。」以龜爲神而祀之，故藏之泰臺，日釁四牛。安井衡云：「御」，驅使之也。「神」猶怪也。

〔二〕張佩綸云：「闕而得龜」文不成義。「掘闕」當作「掘閱」，古「閱」、「穴」通。宋玉風賦「空穴來風」，李善注引莊子「空閱來風」，是其證。埤雅釋「蜉蝣掘閱」引管子「掘閱得玉」。王氏詩總聞云：「『掘閱得玉』，恐當時常談如此。『掘閱』，挑撥貌，詩故云。讀管子『掘閱得玉』，始知『閱』與『穴』通。」陳啓源毛詩稽古編：「今管子並無『掘閱得玉』語，惟山權數『北郭有掘闕而得龜者』，豈『掘閱得玉』別見他篇，而近本逸之乎？」今案陸、王所引即此文，「掘闕」當作「掘閱」無疑。鄭箋：「掘閱，掘地解閱。」翔鳳案：下文謂「東海之子類於龜」，則爲水族，似龜而非龜也。左隱元年傳「闕地及泉」，以「闕」爲「掘」。「闕」、「掘」不可連用。「闕」爲門闕，衆所共知。然諸人不以爲說，殆以爲闕非可掘，並非得龜之地耳。「闕」多以石爲之。楊昇庵外集：「龍生九子，各有所好。一曰贔屭，好負重，今碑下趺是也。張衡西京賦『巨靈贔屭，高掌遠蹠』，其制在漢以前。列子『渤海之東，有山無連著，上帝任巨龜十五，舉首戴之』，此『巨龜』即『贔屭』也。」管子之巨龜即此。贔屭負重，在碑闕之下，與「掘闕得龜」有連帶之關係，「闕」爲門闕無疑矣。古今注：「程雅問曰：堯設誹謗之木何也？答曰：今之華表，以横木交杭頭，狀如華，形似桔槔，大路交衢悉施焉。或謂表木，以表示王者納諫，亦以表識衢路。」本書述堯有誹謗之木，又屢稱齊爲衢處之國，則當華表附近有負碑之贔屭可知。本草：「蠵龜，一名贔屭。」輕重己之「大惢」即「巂」，爲祀簡狄，亦與此相關矣。

〔三〕何如璋云：「檢」，爾雅釋詁：「同也。」舊注「比也」，謂龜之用比數百里之地也。張佩綸云：「檢」通「歛」。說文：「歛，收也。」（孟子「不知檢」，食貨志作「不知歛」。）「數」字即「歛」字之複衍者，原注非。陶鴻慶云：據尹注云「『檢』猶比也，以此龜爲用者，其數可比百里之地」，是其所見元文本作「此數檢百里之地」也。下文云「桓公命丁氏曰：寡人老矣，爲子者不知此數」，尤其明證。翔鳳案：說文：「檢，書署也。」「檢數」，謂書於檢上之數，可抵百里之地也。

〔四〕豬飼彦博云：「何謂得龜」下脱「檢數」二字。張佩綸云：「得龜」下奪「檢」字。翔鳳案：二人不知「檢數」之義而欲加字，非是。

〔五〕張佩綸云：「令」，宋本注作「今」。案「令」實當作「今」，而注誤作令音。「過」當爲「冎」，說文：「冎，剔人肉置其骨也。」莊子秋水篇：「吾聞楚有神龜，巾笥而藏之廟堂之上，此龜者寧其爲留骨而貴乎？寧其生而曳尾於塗中乎？」又外物篇：「余且得白龜圓五尺，獻之，乃殺以卜。仲尼曰：知能七十鑽而無遺筴，不能避刳腸之患。」原注當作「冎，之置其骨也」，今本與通典皆誤。李哲明云：「平」當爲「丕」。「丕」，大也，故注云「大盤也」。古「丕」字書作「丆」，與「平」相混，因誤「平」耳。晉丆鄭父又作平鄭，即其證。翔鳳案：說文：「過，度也。」由度越之度，用爲度量之度，房訓「置」，是也。張訓「咼」，則是殺死矣。得寶龜將以上獻，未有自殺之而以死龜獻者也。

〔六〕張佩綸云：說文：「提，挈也。」言挈百金。尹桐陽云：「提」同「寔」，實也，財貨之稱。翔鳳案：張說有據。

〔七〕翔鳳案：東海之子，於神話爲龍王，類於龜則形似龜，故知爲贔屭也。

〔八〕翔鳳案：「之」猶此。「而，汝也」，見小爾雅廣詁。中庸「抑而强與」，注：「『而』之言女也。」

〔九〕尹桐陽云：「釁」，血祭也。周禮龜人：「上春釁龜。」禮，凡宗器釁以豭豚，龜亦宗器類耳。此用四牛，重之。

〔一〇〕聞一多云：說文：「還，復也。」「復」猶又也。「還四年」，猶言又四年。

〔一一〕聞一多云：「行」猶將也。翔鳳案：周禮司爟「掌行火之政令」，注：「用也。」聞說非是。

〔一二〕翔鳳案：說文：「質，以物相贅。」此用其本義。

〔一三〕翔鳳案：「籍」即藉，隸書竹、艸不分，與通假有別。

〔一四〕丁士涵云：此十九字疑衍，見上文。翔鳳案：非衍文。上文爲虛擬，此言其實。「中，充也。」漢書司馬遷傳「其實中其聲者謂之端，實不中其聲者謂之款」。注：「中，當也，充也。」含義與上不同。

〔一五〕翔鳳案：立所貢之數，即下文之貢制也。

〔一六〕張佩綸云：「文行」當作「文龜」。爾雅釋魚「一曰神龜，二曰靈龜，三曰攝龜，四曰寶龜，五曰文龜，六曰筮龜，七曰山龜，八曰澤龜，九曰水龜，十曰火龜」，郭注：「文龜，甲有文采者。」上四種以爲神寶，則龜貝之品自文龜始矣。「中七」下脱「千金」二字，與下文句例合。又云：「年」當作「冉」。説文：「𪓰，龜甲邊也，天子巨龜尺有二寸，諸侯尺，大夫八寸，士六寸。」漢書食貨志：「元龜岠冉長尺二寸，直二千一百六十，爲大貝十朋；公龜九寸，直五百，爲壯貝十朋；侯龜七寸以上，直三百，爲幺貝十朋；子龜五寸以上，直百，爲小貝十朋，是爲龜寶四品。」「當千金」，「當」宜作「中」。此「冉龜」即元龜，「黑白之子」即子龜也。翔鳳案：説文：「珩，佩上玉也。所以節行止也。」是其字本作「行」，玉旁後加。段注謂佩上玉爲「玉佩最上之玉也」。道家讀「道行」之「行」爲珩，爲「行」即「珩」之證。

〔一七〕何如璋云：「行」當作「持」。乘馬數：「王國持流而止矣。」出實易穀，所以持穀幣之流也。張佩綸云：言以龜寶流通，可當齊地之二，與上「檢百里之地」同。「用寶國危，出寶國安」，言國不足則用寶，國足則出寶也。「行流」上當有「請」字。李哲明云：此管子之言，觀下桓公問可見。「國危出寶」者，即上質龜丁氏事。「國安行流」者，即指下云云，後文所謂「以流歸於上」也。豫則干君之筴，使不得流歸於上；君無蓄餘，不得操縱國穀，即國民亦失其生，是「二豫」矣。惟於二豫之外，國有蓄餘，見「行流」之爲國重。後文「藏輕出輕以重，使諸侯穀歸吾國」，即「行流」之筴。又「謹守重流，不使吾穀外洩，而彼重之相歸如水就下」，詮「流」字精。於是國穀重，諸侯之穀亦至，即「行流」之效也。馬元材云：當以「用貢」爲句，「國危出竇」爲句，「國安行流」爲句。謂當發生戰爭之時則出其竇物，平安之時則促進萬物之流通。二者皆所謂貢制，皆足以當二倍齊地之數者也。翔鳳案：「壤筴」猶今言土地政策。「用貢」一逗，非句也。

〔一八〕吴志忠云：「則君」上脱「無豫」二字。張佩綸云：「豫」，干也。（漢書薛宣傳兩見。）言物有干豫吾輕重之令者，則君失其筴而民失其主。「二豫」，謂上干君之筴，而下預民之生也。國蓄篇：「萬乘之國有萬金之賈，千乘之國必有千金之賈。」今蓄積與之相準，則蓄賈不能乘民之不給百倍其本，而財不流於外矣。許維遹云：文選陸士衡樂府君子有所思行注引漢書韋昭注曰：「生，業也。」「失生」猶言失業。翔鳳案：學記：「禁於未發謂之豫。」荀子儒效「魯之粥牛馬者不豫賈」，注：「豫賈，定爲高價也。」豫先、干豫均由此得義。

〔一九〕王引之云：「飾」字義不可通，「飾」當作「餘」。「餘」、「飾」二字篆文右畔相似，故「餘」誤爲「飾」。「蓄餘」者，蓄所餘也。「萬金」、「千金」、「百金」，所餘之數也。輕重甲篇曰：「蓄餘藏羨而不息。」何如璋云：「蓄飾」，即指無貲之實言。王云「飾」乃「餘」之譌，失其義矣。

郭沫若云：「蓄」與「飾」即上文所謂「二豫」。「蓄」謂穀粟之羨餘，「飾」指龜貝珠玉等重器。史記平準書：「珠玉龜貝銀錫之屬爲器飾寶藏。」然「蓄」與「飾」二者，均當「乘時」而「與令進退」，故曰「操於二豫之外」。王未得其解。翔鳳案：賈子無蓄：「蓄積者，天下之大命也。」國蓄：「國有十年之蓄，而民不足於食。」説文：「飾，刷也，讀若式。」段謂：「『飾』、『拭』古今字。」管子輕重曰：『桓公使八使者式璧而聘之。』『式』者『飾』之假借。」郭説有據，其言是也。

山至數第七十六

管子輕重九

張佩綸云：此篇文已錯亂。事語篇：「桓公問管子曰：『事之至數可聞乎？』管子曰：『何謂至數？』」乃此篇開宗語。「何謂至數」，當是桓公問詞，今已無由理董。就此篇析之，「國會」一節之前，當有「准衡」、「輕重」兩節。當依通典取地數篇「准衡之數」一節歸入此篇。揆度篇「謂之國機」一節，與此篇「謂之國會」、「謂之國簿」相類。拾殘綱佚，略還舊觀，未知其有當否也。翔鳳案：「至數」爲較舊説更好之數，與賈山「至言」同意。

桓公問管子曰：「梁聚謂寡人曰〔一〕：『古者輕賦稅而肥籍斂〔二〕，取下無順於此

者矣〔三〕。』梁聚之言何如？」管子對曰：「梁聚之言非也。彼輕賦稅則倉廩虚。肥籍斂則械器不奉，而諸侯之皮幣不衣〔四〕。倉廩虚，則倳賤無禄〔五〕。外皮幣不衣於天下，内國倳賤〔六〕，梁聚之言非也。君有山，山有金，以立幣。以幣准穀而授禄，故國穀斯在上〔七〕，穀賈什倍。農夫夜寢蚤起，不待見使，五穀什倍。士半禄而死君〔八〕，農夫夜寢蚤起，力作而無止。彼善爲國者，不曰使之，使不衍得不使〔九〕；不曰貧之〔一〇〕，使不得不用〔一一〕。故使民無有不得不使者〔一二〕。夫梁聚之言非也。」桓公曰：「善。」

〔一〕張文虎云：「梁聚」如前事語篇「佚田」。此篇「梁聚」、「請士」、「特」及輕重甲篇「癸乙」、乙篇「癸度」、「衡」，蓋皆寓言，實無其人。　翔鳳案：張視管子如莊子，無據騰其口説，誤。

〔二〕丁士涵云：「肥」，古「俷」字。集韻曰：「俷，薄也。」列子黄帝篇曰「所偏肥，晉國黜之」，張湛注曰：「肥，薄也。」　俞樾云：「肥」當爲「皅」，乃「薄」之假字也。魏孝武弔比干墓文「被芰荷之輕衣，曳扶容之葩裳」，顧氏炎武金石文字記謂「葩」即「葩」字。然「葩裳」之文殊不成義，蓋假「葩」爲「薄」，故與「輕衣」相對。管子此文假「皅」爲「薄」，以「輕賦稅」、「薄籍斂」相對，正與彼同。字誤作「肥」，遂不可解矣。下文「禄肥則士不死，幣輕則士簡賞」，「肥」亦當作「皅」，而讀爲薄。「禄薄」、「幣輕」，亦相對也。　張佩綸云：秦策「省攻伐之心而肥仁義之誠」，高注：「省，減；肥，猶厚也。」彼以「省」對「肥」，此以「輕」對「肥」。　翔鳳案：諸人訓「肥」爲「薄」，即有若百姓足君孰與不足之意。而梁聚之言，則爲下取便利，語意不合。蓋梁聚謂少收農業税，多收商業税，取之聚中而便利，「肥」仍訓厚。管子謂多收商業税則賣械器者少，而供奉不足，與海王「藉臺雉則爲毀成，藉樹木則爲伐生」同意。

〔三〕安井衡云：古本「取」作「收」。　翔鳳案：謂取於民，乃成語，古本非是。

〔四〕張佩綸云：「衣」，當從御覽作「至」。　尹桐陽云：前漢書地理志：「齊織作冰紈綺繡純麗之物，號爲冠帶衣履天下。」是諸侯固多衣齊皮幣者，管子故舉「不衣」以爲戒耳。　翔鳳案：説文：「衣，依也。」「奉」、「衣」皆動詞。

〔五〕孫詒讓云：「傳」與「吏」通，「傳」與「事」同，「事」、「吏」篆文相似，音亦同部。下云「内國傳賤」，同。　張佩綸云：「倉廩虚則傳賤無禄」上四字，即上「則倉廩虚」之複文誤倒者。「傳賤無禄」當在「肥籍斂」上。　周禮太宰「以任百官」，注：「任，猶傳也。」釋名：「事，傳也；傳，立也。」漢書蒯通傳注：「事，本作『傳』。」廣韻：「事，又作『傳』。」説文：「事，職也。」「事賤無禄」，孟子：「庶人在官者，其禄以是爲差。」今國税不入，則府史胥徒不能給禄矣。外則諸侯不朝而無皮幣以報聘，内則倉廩虚竭而無餼廩以稱事，國不國矣。　馬元材云：兩「傳」字皆與「士」字通，謂戰士也。下文「士半禄而死君」，蓋即緊承此「傳賤無禄」而言。　孫詒讓以「『傳』與『吏』通，『傳』與『事』同」者，非。　翔鳳案：「事」訓職，加人旁則爲人之從事者。

〔六〕翔鳳案：論語：「子張學干禄。」孝經「然後能保其禄位」，注：「倉廩爲禄」。「禄」即領於倉廩者，倉廩虚則無禄可領。皮幣不衣於天下，則國内工商衰而傳賤。

〔七〕張佩綸云：詩墓門傳、説文、書酒誥鄭注：「斯，析也。」廣雅釋詁一：「斯，分也。」「斯在上」言國穀之分析在上，非語辭也。李哲明云：「斯」，盡也，言穀盡在上也。詩「王赫斯怒」，箋：「斯，盡民。」吕覽報更篇「斯食之」，注：「斯，猶盡也。」此「斯」字義同。翔鳳案：「斯」訓盡較妥，即「澌」也。

〔八〕安井衡云：「穀價什倍」，農夫喜其利己，夜深始寢，早日乃起，以勉其業，不待上使之。五穀之多，什倍於他日。穀價既貴，半禄所得，五倍於他日，故亦感恩死君也。張佩綸云：「農夫蚤作夜起，不待見使」複下文而衍。「五穀什倍」當作「五穀之賈什倍」，乃覆舉上文。當在下句「農夫蚤作夜起」上。「半」讀曰判，説文「判，分也」，「半禄」猶言分禄。一説：漢書項籍傳「卒食半菽」，注引孟康曰：「半，五斗器名也。」言士沾升斗之禄而即爲君效死也。穀賈什倍則農夫日出而作，日入而息，自盡力於畎畝矣。陶鴻慶云：「穀賈什倍」以下，句多複衍。元文當云：「穀賈什倍，士半禄而死君，農夫夜寢蚤起，不待見使，力作而無止。」馬元材云：「五穀什倍」與「穀價什倍」不同。後者指五穀之價格而言，前者則謂五穀之生産量。安井説是也。翔鳳案：穀價高，農夫力作。穀豐收，士與農均盡力。

〔九〕張佩綸云：「使不衍得不使」，此「衍」字本校者注于衍文之旁，而今又刊入正文，此類甚多。翔鳳案：楊本「不衍得不」四字占三字地位，較小。蓋先以「衍」爲誤字而删去，後又補入，則「衍」非誤字，明矣。荀子賦篇「暴人衍矣」，注：「饒也。」「羨」之借。與「貧」對，使不多得至於不可使。不饒不貧，是爲至數。諸本不明其義而删「衍」字，張説之誤不待言。

〔一〇〕王念孫云：「貧」字義不可通。揆度篇「貧」作「用」，是也。兩「使」字、兩「用」字，皆上下相應。翔鳳案：「貧」與「衍」對，與揆度不同，王説誤。

〔一一〕聞一多云：「使」當爲「用」。「使不得不使」、「用不得不用」，祇一意而複説之，句法似當一律。

〔一二〕丁士涵云：「不得不使」疑當作「不用不使」。承上「不得不使」、「不得不用」言之，言使民無有不爲我用，不爲我使也。

桓公又問於管子曰：「有人教我，謂之請士〔一〕。曰：『何不官百能？』」管子對曰：「何謂百能〔二〕？」桓公曰：「『使智者盡其智，謀士盡其謀，百工盡其巧。』若此則可以爲國乎？」管子對曰：「請士之言非也。禄肥則士不死〔三〕，幣輕則士簡賞，萬物輕則士偷幸。三怠在國，何數之有？彼穀十藏於上，三游於下〔四〕，謀士盡其慮，智士盡其知，勇士輕其死，請士所謂妄言也。不通於輕重，謂之妄言〔五〕。」

〔一〕聞一多云：疑當作「有人謂之請士教我曰」。翔鳳案：「請士」非人名。有人教我，其教我之言，即謂之「請士」。「官百能」即指「請士」而言。廣雅釋詁三：「請，求也。」

衍？此謬説也。

〔二〕聞一多云：「對」字涉下文衍。「百」上脱「官」字。翔鳳案：有問必有對，「對」字何能

〔三〕戴望云：此「肥」字亦當訓薄。與上「肥籍斂」義同。張佩綸云：「肥」，古「俷」字。集韻：「俷，薄也。」列子黄帝篇「口所偏肥」，張湛注：「肥，薄也。」中庸「忠信重禄，所以勸士」，即筦子之意。翔鳳案：養之太厚，則不肯輕死，所謂養士如養鷹也。「肥」不能訓薄。所言「請士」爲非，非謂「請士」所言爲非也。

〔四〕豬飼彦博云：「十」當作「七」。戴望云：「十」疑「七」字之誤。翔鳳案：卜辭金文七皆作「十」，九、十之十横畫短。

〔五〕陶鴻慶云：「不通於輕重」二句，乃舊注之亂入正文者。翔鳳案：斥或人之言爲妄，「請士所謂」乃倒句，陶説誤。

桓公問於管子曰：「昔者周人有天下，諸侯賓服，名教通於天下，而奪於其下〔一〕，何數也？」管子對曰：「君分壤而貢入，市朝同流〔二〕。黄金，一筴也。江陽之珠，一筴也。秦之明山之曾青，一筴也〔三〕。此謂以寡爲多，以狹爲廣，軌出之屬也〔四〕。」桓公曰：「天下之數盡於軌出之屬也〔五〕？」「合國穀重什倍而萬物輕〔六〕，大夫謂賈，之子爲吾運穀而斂財〔七〕。穀之重一也，今九爲餘〔八〕。穀重而萬物輕，若此則

國財九在大夫矣。國歲反一〔九〕，財物之九者，皆倍重而出矣。財物在下，幣之九在大夫。然則幣穀羨在大夫也〔一〇〕。天子以客行，令以持出，熟穀之人亡〔一一〕，諸侯受而官之，連朋而聚與，高下萬物，以合民用。內則大夫自還而不盡忠〔一二〕，外則諸侯連朋合與，孰穀之人則去亡，故天子失其權也。」桓公曰：「善。」

〔一〕張佩綸云：禮記表記鄭注：「『名』者，謂聲譽也。」禹貢：「聲教敷于四海。」翔鳳案：王擁虛名，不能納於軌物，奪於其下。

〔二〕馬元材云：「市朝」又見揆度篇，即市場。史記孟嘗君傳「過市朝者」，索隱云：「市之行位有如朝列，因言市朝也。」

〔三〕孫星衍云：揆度篇：「汝、漢水之右衢黃金一筴也，江陽之珠一筴也，秦明山之曾青一筴也。」上「之」字衍。「黃金」上，當依補「汝、漢水之右衢」六字。何如璋云：「曾青」，空青之類。秋官職金「掌凡金玉錫石丹青之戒令」，注：「青，空青也。」本草綱目：「空青，腹中空，破之有漿，治眼疾。又白青亦治目疾。色深者爲石青，淡者爲碧青。」淮南萬畢術云：「白青得鐵即化爲銅。」又有「曾青」、「扁青」等名，並詳綱目。尹桐陽云：此「江陽」即江漾。漾，漢水名也。一稱養水。西山經：「嶓冢之山，漢水出焉，而東南流注于沔。囂水出焉，北流注于湯水」，注：「『湯』或作『陽』。」「陽」、「湯」、「養」、「漾」皆聲轉。呂覽重己「人不愛昆山之玉，江、漢之珠，而愛己之一蒼璧，有之利故也」，注：「江、漢有夜光之明珠，珠之美者也。」淮南説山：「不愛江、漢之珠而愛己之鉤。」本書揆度篇曰：「南貴江、漢之珠。」逸周書王會「正西以江歷爲獻」，孔注以爲珠名。文選蜀都賦：「江珠瑕英。」西山經：「濫水注于漢水，多鰲魮之魚，狀如覆銚，是生珠玉。」皆以珠出江、漢水中耳。又西山經「號山北二百二十里曰盂山，其陽多銅」，郭注：「音于，『盂』或作『明』。」今謂「盂」當爲「孟」，「孟」與「明」聲轉，故孟諸一作明諸。水經注「奢延水出奢延縣西南赤沙阜」，畢沅以爲即孟山，在今陝西靖邊縣。「曾青」，銅之精，可繢畫及化黄金者。荀子王制：「南海則有曾青丹干焉。」正論：「重之以曾青。」聞一多云：「衢」即濯水。説文：「濯水出汝南吴房，入瀙。」案在今河南遂平縣北五里，今名石羊河。源出嵢峯嵷山之黑龍池，東南流合瀙水，又入汝。翔鳳案：此言周君分壤而貢入，黄金爲中國所同貢。楚之珠，秦之曾青，皆國外，與揆度不同。

〔四〕張佩綸云：説文：「宄，姦也。外爲盜，内爲宄。從宀九聲，讀若軌。」「宄」、「軌」通。左氏成十七年傳：「臣聞亂在外爲姦，在内爲軌。」「出」，生也。（吕覽音初高注、易傳「帝出乎震」虞注。）此屬皆易生姦，而周人之利權乃爲諸侯所奪。馬元材云：「軌出」不詞，疑爲「輕重」二字之誤。揆度篇云：「此謂以寡爲多，以狹爲廣，天下之數，盡於輕重矣。」即作「輕重」，可以爲證。翔鳳案：「軌」本借字。左隱五年傳：「講事以度軌量謂之軌」。「軌出」謂同出一軌，無例外之意，非誤字。

〔五〕安井衡云：「也」，問辭，猶言「乎」。張佩綸云：「也」、「耶」通。

〔六〕戴望云：「今國穀」上脱「管子曰」三字。翔鳳案：楊本作「合」，言金珠曾青合國穀重什倍。言遠爲昂貴。作「什」不作「十」，可知其意。非有奪文也。

〔七〕馬元材云：「大夫謂賈之」當讀爲一句。「之」是「人」字之訛。揆度篇云「然則國財之一分在賈人」，又曰「國幣之少分廩於賈人」，又曰：「國之財物盡在賈人」，皆以「賈人」連稱，與此正同。下文「巧幣萬物輕重皆在賈之」，「之」字亦爲「人」字之訛。翔鳳案：「之子」，此子也，指賈人。管子對桓公指第三者，馬説非是。

〔八〕安井衡云：「一」，同也，穀價什倍同於前。一當什，故九爲餘。翔鳳案：穀重十倍，大夫藏穀，加九倍之羨餘。無誤字。

〔九〕安井衡云：以餘穀斂財，故財九在大夫，而王每歲反得其一。郭沫若云：「國歲反一」者，謂國穀之價回復原狀。即因大夫投出藏穀以收購財物，市場多穀故價跌。但在此時財物之九分已聚積於大夫手中，彼輩又重價而投出財物矣。

〔一〇〕丁士涵云：當作「穀之九在大夫，然則穀羨在大夫也」。今本「穀」誤爲「幣」，又衍一「幣」字，遂不可通。上文云「爲吾運穀而斂財」，「財」即「幣」也。云「國財九在大夫」者，即運穀以斂之也，云「國歲反一，財物之九皆倍重而出」者，即以幣准穀，幣仍返之民間也，故此云「財物在下」也。財物在下，則穀在上，故云「穀之九在大夫也」。穀在大夫，重一而九爲餘，故云「穀羨在大夫也」。管子立環乘之幣，不過重輕輕重，一上一下，斷無幣穀盡斂於國，自壞其法也。張佩綸云：始則運穀以斂財，幣之九既在大夫，又用以斂穀，故幣穀之羨均在大夫。郭沫若云：原文不誤，丁氏未得其解。大夫高價投出財物，故「財物在下，幣之九在大夫」。結果則大夫既有多餘之羨穀，又有多餘之貨幣，故曰「然則幣穀羨在大夫也」。

〔一一〕張佩綸云：「天子以客行」，謂游賈奪其利權，客行天子之事。「令以時出」，謂政令無常，朝更暮改。李哲明云：以時行令，即出穀之人不至亡矣。且上頻言無失時、乘時，下亦云以時歸君矣，疑此文當作「不以時」。「令」下脱「不」字。「令不以時」，故出穀者逃亡，爲諸侯所受。其義自明。尹桐陽云：「天子以客行」，言主權爲臣所奪。荀子君子篇「天子四海之内無客禮」，注引禮記曰：「天子無客禮，莫敢爲主焉。」「令以時出」，「令」謂大夫，呂覽去私：「南陽無令。」「熟」，精熟也。「穀」，善也。言天子精善計會之人皆逃亡。翔鳳案：説文：「𦎫，孰也。一曰鬻也。」「孰」即「熟」，「孰」、「鬻」音近義通。「熟穀之人」謂鬻穀之人，賣也，非誤字。

〔一二〕王念孫云：「還」與「環」同，謂自營也。見君臣篇。俞樾云：「還」當讀爲環，韓子五蠹篇曰：「自環者謂之私。」

桓公又問管子曰：「終身有天下而勿失，爲之有道乎？」管子對曰：「請勿施於天下，獨施之於吾國。」桓公曰：「此若言何謂也？」管子對曰：「國之廣狹、壤之肥墝有數，終歲食餘有數，彼守國者，守穀而已矣。」曰：「某縣之壤廣若干，某縣之壤狹若干，國之廣狹肥墝，人之所食多少，其數君素皆知之。則必積委幣，委，蓄也。各於縣州里①蓄積錢幣，所謂萬室之邑，必有萬鍾之藏，藏繦千萬。千室之邑，必有千鍾之藏，藏繦百萬。於是縣州里受公錢。公錢，即積委之幣。泰秋，國穀去參之一，去，減也。丘呂反。君下令，謂郡縣屬大夫里邑皆籍粟入若干。穀重一也，以藏於上者，一其穀價以收藏之。國穀參分，則二分在上矣。言先貯幣於縣邑，當秋時下令收糴也。則魏李悝行平糴之法，上熟糴三捨一，中熟糴二捨一，下熟中分之，蓋出於此。今②言去三之一者，約③中熟爲准耳。泰春，國穀倍重，數也。泰夏，賦穀以市櫎，古莫反。民皆受上穀以治田土。泰秋，田穀之存予者若干〔一〕，今上斂穀以幣〔二〕，民曰無幣以穀，則民之三有歸於上矣。言當春穀貴之時，計其價，以穀賦與人。秋則斂其幣。雖設此令，本意收其穀入，既無幣，請輸穀，故歸於上。重之相因，時之化舉，無不爲國筴。重之相因，若春時穀貴與穀也。時之化舉，若秋時穀賤收穀也。因時之輕重，無不以術權之。君用大夫之委，以流歸於上。君用民，以時歸於君。藏輕，出輕以重，數也。則彼安有自還之大夫獨委之〔三〕。彼諸侯之穀十，使

① 「里」字原作「軍」，據補注改。
② 「今」字原作「令」，據補注改。
③ 「約」字原作「納」，據補注改。

吾國穀二十，則諸侯穀歸吾國矣。諸侯穀二十，吾國穀十，則吾國穀歸於諸侯矣。故善爲天下者，謹守重流，重流，謂嚴守穀價，不使流散。而天下不吾洩矣。洩，散也。吾穀不散出。彼重之相歸，如水之就下。吾國歲非凶也，以幣藏之，故國穀倍重，故諸侯之穀至也。是藏一分以致諸侯之一分，利不奪於天下，大夫不得以富侈。以重藏輕，國常有十，國之筴也。故諸侯服而無止〔四〕，臣檳從而以忠〔五〕。此以輕重御天下之道也，謂之數應。」

〔一〕陶鴻慶云：「田」當爲「曰」，涉上句「民皆受上穀以治田土」而誤也。「曰：穀之存子者若干，今上斂穀以幣」二句，乃上令民之辭，與「民曰：無幣，以穀」上下相應。山國軌篇「謂高田之萌曰：吾取寄幣於子者若干」，例與此同。翔鳳案：説文「穀，續也。百穀之總名。」段注：「周禮太宰言『九穀』，鄭云：『黍稷稻粱大小豆小麥苽也』。膳夫『食用六穀』，先鄭云：『稌黍稷粱麥苽。』疾醫言『五穀』，鄭曰：『麻黍稷麥豆也。』」秋收田地均有，統曰穀。陶改「田」爲「曰」，謬。

〔二〕安井衡云：「今」當爲「令」，字之誤也。翔鳳案：管子面告桓公曰「今」，指當時言之。改爲「令」，謬。誰令公乎？

〔三〕翔鳳案：「還」同「營」。大夫自營爲私，不能獨爲委積。

〔四〕馬元材云：「正」當作「止」。本書「無止」凡十三見。「無止」，不絶也。　聞一多云：「止」，當從各本作「正」。「正」讀爲征，言諸侯賓服，不用征討之事也。　翔鳳案：馬説是。

〔五〕丁士涵云：「櫎」字疑衍。　安井衡云：「櫎」，平也。「平從」，平心以從君也。　張佩綸云：詩南山「衡從其畝」，傳：「衡獵之，從獵之。」衆經音義卷三引韓詩傳作「南北曰從，東西曰横」。「臣櫎從而以忠」，言臣無不盡忠也。　尹桐陽云：君臣上篇曰「下有五横以揆其官」，「横」、「櫎」聲轉通用。　翔鳳案：下言「以輕重御天下之道」，則「櫎」與輕重有關，「櫎」仍爲市賈。諸侯之臣，順從輕重政策而以忠，諸説均誤。

桓公問管子曰：「請問國會。」管子對曰：「君失大夫爲無伍，失民爲失下。故守大夫以縣之筴〔一〕，守一縣以一鄉之筴，守一鄉以一家之筴，守家以一人之筴〔二〕。」桓公曰：「其會數奈何？」管子對曰：「幣准之數，一縣必有一縣中田之筴，一鄉必有一鄉中田之筴，一家必有一家直人之用〔三〕。故不以時守，郡爲無與；不以時守，鄉爲無伍。」桓公曰：「行此奈何？」管子對曰：「王者藏於民，霸者藏於大夫，殘國亡家藏於篋〔四〕。」桓公曰：「何謂藏於民？」「請散棧臺之錢散諸城陽，鹿臺之布散諸濟陰〔五〕。君下令於百姓曰：『民富，君無與貧；民貧，君無與富。故賦無錢布，府無藏財，貲藏於民。』歲豐，五穀登，五穀大輕，穀賈去上歲之分。以幣據之〔六〕，穀爲君〔七〕，幣爲下。國幣盡在下，幣輕穀重，上分上歲之二分在下，下歲之二分在上，則二歲者四分在上。則國穀之一分在下，穀三倍重。邦布之籍，終歲十錢。人家受食，十畝加十，是一家十户也〔八〕。出於國穀筴而藏於幣者也。以國幣之分，復布百姓。四減國穀，三在上，一在下〔九〕。復筴也。大夫旅壤而封〔一〇〕，積實而驕上，請奪之以會。」桓公曰：「何謂奪之以會？」管子對曰：「粟之三分在上，謂民萌皆受上粟，度君藏焉。五穀相靡而重，去什三爲餘，以國幣穀准反行，大夫無什於重〔一一〕。君以幣賦禄，什在上〔一二〕。君出穀，什而去七。君斂三，上賦七〔一三〕。散振不資者〔一四〕，仁義也。五穀相靡而輕，數也。以鄉完重而籍國，數也〔一五〕。出實財，散仁義，萬物輕，數也。乘時進退。故曰：王者乘時，聖人乘易〔一六〕。」桓公曰：「善。」

〔一〕安井衡云：縣以封大夫，故以一縣所應用之數守大夫也。張佩綸云：「大夫」當作「一國」，涉上「失大夫」而誤。翔鳳案：縣爲行政單位。

〔二〕張佩綸云：「守家」當作「守一家」。翔鳳案：人以家爲單位，有「一」字不合。

〔三〕安井衡云：「直」，當也，言有一家幾口，當用穀幾許之數。張佩綸云：「中」、「直」，皆當也。（「中，當也。」「直，當也。」漢書注屢見。）言准之以幣，若干足當一縣一鄉之田，若干足當一家之用。翔鳳案：田有上中下，取其中以爲准，不能訓當。「中」之訓當者，讀去聲，「當」亦去聲，張不知而誤解矣。

〔四〕何如璋云：「藏於民」謂補助，「藏於大夫」謂以幣賦禄，「藏於篋」謂横征殖貨，所謂「藴利生孽，多藏厚亡」者矣。荀子王制「故王者富民，霸者富士，僅存之國富大夫，亡國富筐篋、實府庫」，本此。翔鳳案：王霸之霸本作伯。白虎通云：「霸者，伯也，行方伯之職。」又云：「『霸』猶迫也，把也。迫脅諸侯，把持其政。」是「霸」有二義，漢書作「伯」，各書相混已久。下文有大夫而無士，則非有殘文。諸侯以霸，大夫從而效之，齊之田氏是也，非有奪文。

〔五〕章炳麟云：「棧臺」者，鐘臺也。釋樂曰「大鐘謂之鏞，小者謂之棧」，是其證。凡鑄錢與鐘皆用銅，故古者或以一官掌之。漢書百官公卿表云「水衡都尉屬官有鍾官令丞」，如淳曰：「鍾官，主鑄錢官也。」史記平準書云：「錢多輕而公卿請令京師鑄鐘官赤側。」（食貨志脱「鐘」字，當據補。）此蓋因古者鑄錢與鑄鐘爲聯事而得名。然則臧錢與鐘棧同處，義亦如是。又云：逸周書克殷解、史記殷本紀、齊世家、留侯世家、淮南子主術訓、道應訓皆云「鹿臺之錢」，説苑指武篇則言「鹿臺之金錢」，皆指紂之錢府也。齊之錢府必非襲亡國之名，然則「鹿臺」本爲錢府之通名，非紂所創立可知。「鹿」當借爲「録」。尚書大傳「致天下於大麓之野」，注：「麓者，録也。」魏受禪表及公卿上尊號奏皆作「大鹿」。是「録」、「鹿」通之證。説文：「録，金色也。」古謂銅曰金。荀子性惡「文王之録」，注：「劍以色名。」古劍亦以銅爲之也。

是銅有録色者。「録臺」則取銅錢之色以爲名。　翔鳳案：省「曰」字，前文屢見。

〔六〕安井衡云：「上歲」，去年也。「分」，半也。「據」猶守也。　翔鳳案：説文：「據，杖持也。」此用其本義。

〔七〕安井衡云：「君」，當依山國軌作「上」，「君」、「上」義近，轉寫之訛耳。　翔鳳案：「爲」讀去聲，不須改字。

〔八〕安井衡云：凡食量，一人，每家受食十畝所生，今上糴之，每一人所食，加增穀價十錢，則十人百錢，是一户得十家之籍也。

〔九〕張佩綸云：説文：「減，省也。」一歲之穀省爲四分，三在上而一在下。

〔一〇〕張佩綸云：爾雅、詩傳：「旅，陳也。」周書作雒注：「旅，列也。」謂「列壤而封」，猶言分土封之。　翔鳳案：説文無「壤」字，當爲「壤」之隸書別體。

〔一一〕郭沫若云：上言「粟之三分在上」，上既以粟平價資民，使穀價減去十分之三，使大夫或富民不得操縱穀價，其粟之餘分在下者，則在穀價既平之後，反以國幣准平價收購之，此之謂「餘以國幣穀准反行」。於是則大夫無法抬高穀價，即「大夫無計於重」。「計」誤爲「什」，因草書形近。　翔鳳案：説文：「什，相什保也。」此用其義，與「什三」不同，非「計」之誤。「餘」字屬上爲句。

〔一二〕郭沫若云：言大夫之俸禄，君以幣予之，而不以粟。既收購大夫所有之粟，復「以幣賦禄」，則粟之十分在上也。　翔鳳案：「什」爲什保。

〔一三〕張佩綸云：斂三以充上賦，散七以振不蓄。　翔鳳案：「賦」，猶莊子「狙公賦芧」之「賦」，分給也。　張誤。

〔一四〕戴望云：「不資」乃「不澹」之誤，説見前。　張佩綸云：「資」者，蓄也。（史記信陵君傳索隱。）「不資」猶言不蓄。一説：「資」，財也。（詩、傳、禮注屢見。）「不資」猶言無資。書、孟子「厥疾不瘳」，周禮注作「無瘳」；莊子天地篇「終身不靈」，釋文本又作「無靈」，皆其證。翔鳳案：張説是。

〔一五〕戴望云：元本「完」作「見」。　張佩綸云：「完」當作「筦」。　翔鳳案：史記「桑弘羊筦諸會計事」，與國會相應，張説是也。孟子「父母使舜完廩」，注：「治也。」「管」之借。左昭十五年傳「不如完舊」，注：「猶保守。」亦假爲「筦」字。

〔一六〕安井衡云：「易」，變易也。　翔鳳案：「易」即覸，解在山權數，與「幽」義近。

桓公問管子曰：「特命我曰〔一〕：『天子三百領，泰嗇而散〔二〕。大夫准此而行。』此如何〔三〕？」管子曰：「非法家也〔四〕。大夫高其壟，美其室〔五〕，此奪農事及市庸〔六〕，此非便國之道也〔七〕。民不得以織爲繆綃，而貍之於地〔八〕。彼善爲國者，乘時徐疾而已矣，謂之國會〔九〕。」

〔一〕俞樾云：「特」者，人名也。「命」猶告也。禮記緇衣注「傅説作書以命高宗」，是古者上下不嫌同詞，以君告臣謂之命，以臣告君亦謂之命也。事語篇「秦奢教我曰」、「佚田謂寡人曰」，及此篇「梁聚謂寡人曰」、「有人教我謂之請士曰」，輕重乙篇「衡謂寡人曰」，並舉人言以問管子，則「特命我曰」義亦同也。翔鳳案：「特」與「衡」，僅一字之稱，當爲親近之人。

〔二〕張佩綸云：喪服大記：「大歛，布絞縮者三，横者五，布紟二，衾，君大夫士一也。君陳衣于庭，百稱，北領西上。大夫陳衣于序東，五十稱，西領南上。上士陳衣于序東，三十稱，西領南上。」此云「天子三百領」，當作「衣百領」。「泰」乃「桼」之誤。「嗇」乃「廧」之誤。「散」乃「菆」之誤。檀弓上：「君即位而爲椑，歲壹漆之藏焉。」又曰：「周人牆置翣。」又曰：「天子之殯也，菆塗龍輴以椁，加斧于椁上，畢塗屋，天子之禮也。」鄭注：「牆，柳衣也，菆木以周龍楯加椁而塗之。」喪服大記：「君殯用輴，欑至于上，畢塗屋。大夫殯以幬，欑置于西序，塗不暨于棺。士殯見衽，塗上帷之。」鄭注：「欑，猶菆也。」此皆天子之禮，而特欲大夫准此而行，創爲厚葬而僭禮之説，故管子據禮以折之。章炳麟云：「天子三百領」爲一句，此謂死時襲以衣三百領，猶揆度篇云「上必葬之衣衾三領」也。……蓋「天子襲十二稱，公九稱，諸侯七稱，士三稱」（見雜記上注），則大夫五稱，禮也。特意欲藉厚葬以寬民生，故增天子之襲至三百領。以平時用財泰嗇，乘厚葬以散錢於民也。其大夫之襲亦準天子三百以爲差率而行之，皆爲饒裕民生而設。與侈靡篇云「巨棺椁所以起木工也，多衣衾所以起女工也」，意正相同。姚永概云：墨子節葬云「古聖王制爲葬埋之法，棺三寸足以朽體，衣衾三領足以覆惡」，則「三百領」當衍「百」字，但此文譌脱已甚。　翔鳳案：墨子「三領」，極言其賤。「百」非衍文。因太嗇而散之，故用三百領也。

〔三〕聞一多云：下「此」字衍。　翔鳳案：下「此」字猶之，非衍文。

〔四〕聞一多云：「家」爲「冢」之譌。　翔鳳案：大夫稱家，「冢」字無義，非是。

〔五〕張佩綸云：詩葛生「歸于其室」，鄭箋：「室，猶冢壙。」　翔鳳案：侈靡：「美壟墓，所以文明也。」

〔六〕翔鳳案：「庸」即傭，勞力也。

〔七〕張佩綸云：「此非」之「此」字衍。　翔鳳案：「此」指「高其壟」二句，不能少。

〔八〕安井衡云：「縿」，縑也。「綃」，綺屬。「貍」，薶皆切，同「埋」。埋縿綃於地，言不復用也。　張佩綸云：檀弓上：「布幕，衛也。縿幕，魯也。」鄭注：「幕，所以覆棺上也。縿，縑也，『縿』讀如綃。衛諸侯禮，魯天子禮，兩言之者，僭已久矣。」此文當作「民不得以織爲縿」，校者旁注「綃」字，而誤入正文。「以織爲縿」，即「縿幕」也。天子之禮用縿幕，「加斧于椁上」，鄭注「斧謂之黼，白黑文也，以刺繡於縿幕，加椁以覆棺，已乃屋其上，盡塗之」，是也。禮疏引崔靈恩云：「天子別加斧于椁上，畢塗屋，此所陳衹謂襯棺幕在於畢塗之內者也。若其塗上之帟，則大夫以上有之，故掌次云：『凡喪，王則張帟三重，諸侯再重，孤卿大夫不重。』下云『君於士有賜帟』，然士無覆棺之幕。下云『子張之喪，褚幕丹質』者，彼謂將葬啓殯以覆棺。故鄭彼注云：『葬覆棺别也。』」佩綸案：周禮掌次鄭注：「帟柩上承塵，與幕異制。」子張之「褚幕丹質蟻結四隅」，乃用殷之士禮，明士以上均有幕覆棺，但不得僭天子縿幕之禮耳。崔説未明。民則庶人，其禮更殺于士，故管子特申厲禁。此文當入事語篇。「貍之於地」以下，尚有捝誤。章炳麟云：此句當在「乘時徐急而已矣」之下，「以」當爲衍文。……管子以厚葬無益而有損。意謂襲衣既多，則棺槨必大；棺槨既大，則壙塋必廣。大夫既高其壟墓，美其冢壙，則役作之功足以奪農事及市庸，是非便國之道也。善爲國者固不必以厚葬散錢，但乘時徐疾，則民自富矣。因言薄葬之制，「民不得織爲縿綃而用之於葬貍」，使有用歸于無用。翔鳳案：説文：「縿，旌旗之游也。」「綃，生絲也。」少牢饋食禮「衣移袂」，注：「大夫妻尊，亦衣綃衣而侈其袂耳。」齊人脩游（山國軌），即用以爲棺幕。「綃」爲大夫妻之衣，分承上文，非複也。一爲縑，一爲綺，而音不同，鄭讀「縿」如「綃」，指魯言之，齊國殷禮，其制不同。

〔九〕張佩綸云：當在「王者乘時，聖人乘易」下，爛脱在此。與上節「桓公曰善」互易。翔鳳案：齊多織帛，冠帶衣履天下，國家經濟於此有關，故管子以爲當乘時疾徐。此亦國會之道也。張説非是。

桓公問管子曰：「請問爭奪之事何如？」管子曰：「以戚始。」桓公曰：「何謂用戚始〔一〕？」管子對曰：「君人之主，弟兄十人〔二〕，分國爲十；兄弟五人，分國爲五。

三世則昭穆同祖，十世則爲祏〔三〕。故伏尸滿衍，兵決而無止。輕重之家，復游於其閒。故曰：『毋予人以壤，毋授人以財。』財終則有始，與四時廢起。聖人理之以徐疾，守之以決塞，奪之以輕重，行之以仁義，故與天壤同數。此王者之大轡也。」

〔一〕許維遹云：「用」，以也。翔鳳案：「戚」爲戚族，與今之親戚不同。

〔二〕聞一多云：「弟兄」當互易，以與下文一律。翔鳳案：「主」假爲宔。説文：「宔，宗廟宔祏也。」指宗廟言之，觀下文「祏」字可知，「弟」字不必互易，聞説拘泥。

〔三〕宋翔鳳云：「三世」當爲「四世」，「十世」當爲「五世」。古文「四」作「亖」，「五」作「㐅」，形近而誤。禮，天子諸侯皆親廟四，故云「四世則昭穆同祖」。五世爲祧，祧主藏太祖及二祧廟，若文、武二世室有主而無廟，故云「五世則爲祏」。「祏」，藏主石函也。（本左傳杜注。）異義古春秋左氏説「古者先王日祭於祖考，月薦於曾高，時享及二祧，歲祫及壇墠，終禘及郊宗石室」（本通典、御覽），摯虞決疑要注曰「毁廟主藏廟外，户之外西牖之中有石函，名曰宗祏，函中有笥，以盛主，親盡則廟毁，毁廟之主藏於始祖之廟」（本續漢祭祀志注），竝以毁廟爲祏也。莊十四年傳鄭原繁稱「命我先人典司宗祏」，蓋主宗廟之官云「宗祏」，言遠者謙也。昭十八年傳「鄭火，子産使子寬、子巡羣屏攝至於大宫」，杜注：「大宫，鄭祖廟，巡行宗廟，不使火及之。」又云「使祝史徙主祏于周廟」，杜注：「周廟，厲王廟也。」此所徙正以遷廟主在户外西牖中，恐火及，故徙之。哀十六年傳：「衛孔悝使貳車反祏于西圃。」大夫三廟，高曾之主即爲祏也。張佩綸云：説文：「祏，宗廟主也。」周禮有「郊宗石室」。五經異義古春秋左氏説：「古者日祭於祖考，月薦於高曾，時享及二祧，歲祫及壇墠，終禘及郊宗石室。」禮記祭法：「王立七廟，一壇一墠，曰考廟，曰王考廟，曰皇考廟，曰顯考廟，曰祖考廟，皆月祭之。遠廟爲祧，有二祧，享嘗乃止。去祧爲壇，去壇爲墠，壇墠有禱焉，祭之，無禱乃止，去墠曰鬼。」以此證之，八世爲「壇」，九世爲「墠」，十世在祭法爲「鬼」，在左氏説爲「石室」，管子之説與左氏説合。宋翔鳳改「三世」爲「四世」，改「十世」爲「五世」，謬甚。翔鳳案：論語：「子張問：『十世可知也？』子曰：『殷因於夏禮，所損益可知也。』」殷禮承十世言之，「十世」不誤。

桓公問管子曰：「請問幣乘馬。」管子對曰：「始取夫三大夫之家，方六里而一乘，二十七人而奉一乘。幣乘馬者，方六里，田之惡美若干，穀之多寡若干，穀之貴賤若干，凡方六里用幣若干〔一〕，穀之重用幣若干。故幣乘馬者，布幣於國，幣爲一國陸地之數，謂之幣乘馬。」桓公曰：「行幣乘馬之數奈何？」即臣乘馬，所謂篋乘馬者。臣，猶實也。篋者，以幣爲篋，而洩重射輕。管子對曰：「士受資以幣，大夫受邑以幣，人馬受食以幣，則一國之穀貲在上，幣貲在下〔二〕，國穀什倍，數也。萬物財物去什二，筴也。皮革筋角羽毛竹箭器械財物，苟合于國器君用者，皆有矩券於上〔三〕。矩券，常券。君實鄉州藏焉〔四〕，周制，萬二千五百爲①鄉。二千五百家爲②州。齊雖霸國，尚用周制。曰：『某月某日，苟從責者，責，讀爲債。鄉決州決。』故曰：就庸一日而決〔五〕。國筴出於穀，軌國之筴，貨幣乘馬者也〔六〕。貲，價也。言應合受公家之所給，皆與之幣，則穀之價君上權之，其幣在下，故穀倍重。其有皮革之類堪於所用者，所在鄉州有其數，若今官曹簿帳，人有負公家之債，若耒耜種糧之類者，官司如要器用，若皮革之類者，則與其准納。如要功庸者，令就役一日，除其簿書耳。此蓋君上一切權之也。詳輕重之本旨，摧抑富商兼并之家，隘塞利門，則與奪貧富，悉由號令然，可易爲理也。今刀布藏於官府，巧幣萬物輕重皆在賈之〔七〕。彼幣重而萬物輕，幣輕而萬物重。彼穀重而穀輕〔八〕。人君操穀幣金衡而天下可定也〔九〕。此守天下之數也。」

〔一〕王引之云：「大」字衍。「三夫之家」，謂三夫爲一家也。乘馬篇曰「邑成而制事，四聚爲一離，五離爲一制，五制爲一田，二田爲一夫，三夫爲一家」，是也。乘馬篇又曰「白徒三十人奉車兩」（「兩」上脱「一」字，辯見乘馬篇）。此「二十七人」亦當作「三十人」，蓋「三」誤爲「二」，又衍「七」字也。丁士涵云：「六」字皆「八」字之誤，與乘馬篇同。安井衡云：「方

① 「爲」字原無，據補注增。
② 「爲」字上原衍「爲家」二字，據補注刪。

六里」，三十六井也。司馬法：「甸出戎車一乘，戰士七十五人。」「甸」，六十四井也。何如璋云：乘馬「白徒三十人奉車兩」，乃載輜重之車。所謂「一乘」，則兵車也。「二十七人奉一乘」者，殆合甲七蔽五與步卒計之。王以白徒三十人當之，非。孫子作戰：「孫子曰：凡用兵之法，馳車千駟，革車千乘，帶甲十萬。」曹注：「馳車，輕車也，駕駟馬，凡千乘。革車，重車也，言萬騎之重也。」杜注引司馬法曰「一車甲士三人，步卒七十二人，炊家子十人，固守衣裝五人，廄養五人，樵汲五人，輕車七十五人，重車二十五人」，與此文、乘馬篇之數不同，疑「二十七」乃「七十二」，轉寫者誤倒其字耳。孫詒讓云：周禮夏官叙目「二十五人爲兩」，此「二十七人」，「七」當爲「五」之誤。乘馬篇説「徒三十人奉車兩」，據司馬法有廄養等五人，故曰「三十人」。此「二十五人」不兼廄養也。翔鳳案：此「乘馬」爲計其碼之數，諸人皆誤會以爲車馬，不顧其「田」與「穀」之不可通矣。

〔二〕翔鳳案：説文：「貲，小罰以財自贖也。」

〔三〕安井衡云：「矩」，刻識也。刻識物與數於券上，故名「矩券」。張佩綸云：「矩券」，考工記「輪人必矩其陰陽」，鄭注：「矩，謂刻識之也。」翔鳳案：「矩券」與「巨乘馬」同義，「巨」即「矩」也。

〔四〕張佩綸云：「賨」，禮記表記注：「謂財貨也。」淮南精神「名賨不入」，高注：「賨，幣帛貨財之賨。」原道「則名賨同居」，注：「賨，幣之屬也。」此「君賨」亦謂幣。

〔五〕安井衡云：「就」、「僦」通，賃也。「庸」，賃作者也。張佩綸云：曲禮上注：「決，猶斷也。」由鄉州決其券。詩傳、説文：「庸，用也。」言其合用者一日中可盡決其券。翔鳳案：「債」之義本爲求償。輕重己：「使無契券之責。」奴隸負債，以勞力償還，由官斷決。「庸」即傭。漢書王莽傳「僦載煩費」，師古曰：「僦，送也。」上門傭工，不必訓賃。「就」、「僦」爲古今字。

〔六〕張佩綸云：乘馬篇曰「黄金百鎰爲一篋，其二貨一，籠穀爲十篋」，佩綸定爲「黄金百鎰爲一筴，貨爲一筴，籠穀爲一筴」。此云「國筴出於穀，軌國之筴貨幣乘馬者也」，亦當曰「國筴出於穀軌貨幣乘馬之筴者也」。衍一「國」字，正與乘馬篇合。任林圃云：本句下尹注有脱文，今據通典十二引文校補如下：「貲，價也（「貲」字，朱本、梅本作「貨」，趙本、朱長春本作「貲」，花齋本作「資」），言應合（朱東光本作「自」）受公家之所給（朱東光本作「鄉」），皆與之幣，則穀之價君上權之，其幣在下，故穀倍重。其有皮革之類堪於所用者，所在鄉州有其數，若今官曹簿帳。人有負公家之債，若耒耜種糧之類者，官司如要其用（「其」字，朱東光本、趙本、朱長春本、花齋本、梅本均作「器」）若皮革之類者，則與其準納；如要功庸者，令就役一日，除其簿書耳。此蓋君上一切權之也。詳輕重之本旨，摧抑富商兼并之家，隘塞利門，則與奪貧富，悉由號令，然可易爲理也。（各本注均至此，下文全脱。）此篇經秦焚書，潛蓄人間，自漢興，晁、賈、桑、耿諸子猶有言其術者，其後絶少尋覽，無人注解，或編斷簡蠹，或傳訛寫謬，年代綿遠，詳正莫由。今且梗槩粗知，固難搜解其文字。凡問古人之書，蓋欲發明新意，隨時制事，其道無窮，而況機權之術，千變萬化，若一一模楷，則同刻舟膠柱耳。他皆類此。」（共計脱文一百一十二字。）顔昌嶢録此文而以爲通典注，然通典所採管子注均爲尹注之舊，其時有出入者，則傳鈔譌脱。杜氏曾作管氏指略，據唐書藝文志僅二卷，其書久亡，疑只論叙篇章之旨而已，非注體。宋史藝文志有丁度管子要略五篇，亦久亡。當時管子均十九卷（意林云十八卷），尹注則三十卷，若果爲注體，卷帙無如此之少也。杜氏所爲指略雖云已佚，然就其食貨、兵制等部份所引管子之言，亦可概見其體例，與此不同。此云「絶少尋覽，無人注解」，尤可證爲尹氏語。杜佑在尹以後，不能作如此言。以文義觀之，上下實相連貫，恐乃後之校書者以其無關大旨，故節删之。尹注經後人删節者必尚多，通典所記、劉績所引「别本」均是。劉績恐是遼人，故猶多見「别本」之注。自宋以後則删節本單行，而尹注之完整者不可復見。世所傳宋本與今本尹注無大異同者，即以此。翔鳳案：任説有辨析，詳叙論。

〔七〕張佩綸云：「巧」當爲「穀」，字之誤也。「賈之」下脱「子」字，本篇「大夫謂賈之子」，是其證。金廷桂云：「巧」當爲「朽」，「之」當爲「子」。馬元材云：「賈之」乃「賈人」之誤。説見上。翔鳳案：釋名釋言語：「巧，攷也。攷合異數，共成一體也。」攷合不同之幣，而萬物輕重，察而市之。爾雅釋詁：「在，察也。」釋言：「賈，市也。」

〔八〕張佩綸云：「彼穀重而穀輕」當作「彼幣輕而穀重，幣重而穀輕」，國會節「幣輕國重」，是其證。　陶鴻慶云：此文疑本二句，其文云「彼萬物輕而穀重，萬物重而穀輕」，與上文「彼幣重而萬物輕，幣輕而萬物重」句法一律，而義亦相承。輕重乙篇云「粟重而萬物輕，粟輕而萬物重」，文義並與此同。今本誤奪，則文不成義。　翔鳳案：孟子「九一而助」，注：「如也。」穀重如穀輕，乘時運用，諸人不解「而」字之義，任意更改，誤矣。

〔九〕張佩綸云：「金衡」當作「准衡」，下節「准衡輕重國會」，可證。　翔鳳案：「金」即錢刀，以穀准幣，而以金爲之衡，非誤字。

桓公問於管子曰：「准衡、輕重、國會，吾得聞之矣。請問縣數。」管子對曰：「狼牡以至於馮會之日〔一〕，龍夏以北至于海莊〔二〕，禽獸羊牛之地也，何不以此通國筴哉！」桓公曰：「何謂通國筴？」管子對曰：「馮市門一吏書贅直事〔三〕，若其事唐圉牧食之人，養視不失扞殂者，去其都秩，與其縣秩〔四〕。大夫不鄉贅合游者，謂之無禮義，大夫幽其春秋，列民幽其門山之祠〔五〕，馮會、龍夏牛羊犧牲月賈十倍異日。此出諸禮義，籍於無用之地，因捫牢筴也，謂之通〔六〕。」

〔一〕安井衡云：古本「牡」作「壯」。「日」當爲「口」，字之誤也。　張佩綸云：「狼牡」當作「琅邪」。漢書地理志琅邪郡琅邪縣，今青州諸城縣。　翔鳳案：「牡」即「壯」。隋張貴男墓誌銘「壯」作「牡」。説文：「牙，壯齒也」。各本作「牡」，段依石刻訂正。慧琳一字頂輪王經音義引説文作「壯齒」，是其證，此楊本存隸書之又一證也。「日」假爲「駬」，與輕重甲「四」假爲「駟」同，非誤字。

〔二〕張佩綸云：「龍夏」即「雷夏」，見前。「海莊」當作「海涯」，蓋「涯」誤爲「庄」，因作「莊」耳。「海涯」即海隅、海瀕。任林圃云：張佩綸説「龍夏即雷夏」又即雷澤，雷夏在春秋時乃曹地，非齊地。其地在曹州境，若云「雷澤以北至於海莊（作『海涯』）」，則併曹、齊、魯之地全在内矣。其説可商。尋此文義，其地並不如此之大。翔鳳案：「海莊」當爲地名，猶言海村也。北人以村爲莊，今尚如此。

〔三〕何如璋云：「贅」，説文：「以物質錢。從貝敖。」「敖」者，猶放貝當復取之也。漢書武帝紀「毋贅聚」，注：「贅，會也。」「直」猶值也。「若」，順也。順，循也。言於馮會之市置一門吏經理蓄牧之政。其以牲畜相質及以時聚會者書之，而又順循其事以攷其牧籍，稽其數焉。所以蕃育犧牲也。張佩綸云：公羊襄十六年傳何休注：「贅，繫屬之辭。」禽獸牛羊分別繫屬而書其數也。翔鳳案：當如何説。漢書酈食其傳「食其馮軾下齊七十餘城」，注：「馮，據也。」

〔四〕王念孫云：「唐圉」當爲「唐園」，字之誤也。「食」與「飤」同。謂唐園中牧飤之人也。輕重甲篇曰「以唐園爲本利」，晏子春秋問篇曰「治唐園，考菲履」，皆其證。何如璋云：「唐」讀爲「廣」，「唐圉」者，廣野牧地也。或云「唐」乃「廋」字，廋人、圉人皆司牧者。王説「唐圉」當作「唐園」。按牧養當在邊圉，唐園乃近郭地，恐非。張佩綸云：「唐」當爲「廋」。周禮「廋人掌十二閑之政教，以阜馬、佚特、教駣、攻駒，及祭馬祖、祭閑之先牧，及執駒、散馬耳、圉馬」，鄭注：「『廋』之言數。」其官次牧師之後，圉師、圉人之前。「廋圉牧飤」，皆養禽獸之人也。「扞」當爲「折」，字之誤也。禮記祭法篇：「萬物死皆曰折。」馬元材云：「殂」當作「阻」。「扞」者禦其患，「阻」者防其逸。都秩卑，縣秩尊。「去其都秩與其縣秩」者，謂撤銷其原有之都秩而另與之以新升之縣秩，蓋所以獎勵之也。翔鳳案：莊子田子方：「是求馬於唐肆也。」「唐」爲買馬之地。以作「圉」爲是，周禮敘官圉師注云：「養馬曰圉。」左文六年傳「親帥扞之」，注：「衛也。」

〔五〕朱長春云：大夫家合游無時，列民則春秋二社，兩幽所以異也。又云：大夫時會，列民二社會，不會者幽。「幽」或當時之罰也。張佩綸云：「鄉贅合游」者，月令：「季春之月，乃命累牛騰馬游牝于牧，犧牲駒犢舉書其數」，「仲秋之月，乃命宰祝循行犧牲，視全具，案芻豢，瞻肥瘠，察物色，必比類，量大小，視長短，皆中度，五者備當，上帝其饗。」疑當作「其春秋，鄉大夫不列贅合游者，謂之無禮義，大夫幽其門，民囚之」。囚脱而爲凶也。「幽」，閉也。爾雅：「囚，拘也。」説文「囚，繫也。」荀子王霸篇：「公侯失禮則幽。」姚永概云：廣雅釋詁：「贅，聚也。」漢書王莽傳注同。許維遹云：此文錯亂，義不可通。疑當作「其春秋大夫不鄉贅合游者，謂之無禮義。大夫幽，列民幽其門」。「鄉贅」屬於通淫時，在春秋、詩、禮有明文。「合游」，即吕氏春秋季春紀「合纍牛騰馬游牝于牧」。「大夫幽」，猶荀子王霸篇所謂「公侯失禮則幽」，楊注：「幽，囚也。」「列民」讀爲黎民。「幽其門」，因其全家也，以示其罰重於大夫。　翔鳳案：「春秋」即月令之季春仲秋，失時則幽之。「門山之祠」謂禱祀。廣雅釋詁：「門，守也。」

〔六〕丁士涵云：「抈」疑「欄」字誤。晏子「君之牛馬老於欄牢」，鹽鐵論「是猶開其欄牢」，輕重戊篇「殷人之王立皁牢服牛馬」，「欄牢」即「皁牢」也。下文「行抈牢之筴」同。　張佩綸云：詩抑「莫抈朕舌」，傳：「抈，持也。」説文：「抈，撫持也。」史記平準書「官與牢盆」，索隱引蘇林：「牢，價直也。」就無用之地以牧飤牛羊犧牲，因以持其賈直，故曰「因抈牢，筴也」。聞一多云：「牢」下當有「之」字，「通」下當有「國筴」二字。　翔鳳案：張説是也。聞無據改字，非是。

桓公問管子曰：「請問國勢。」管子對曰：「有山處之國，有氾下多水之國〔一〕，有山地分之國〔二〕，有水泆之國，有漏壤之國〔三〕。此國之五勢，人君之所憂也。山處之國，常藏穀三分之一〔四〕。氾下多水之國，常操國穀三分之一。山地分之國，常操國穀十分之三。水泉之所傷，水泆之國，常操十分之二〔五〕。漏壤之國〔六〕，謹下諸侯之五穀，與工雕文梓器，以下天下之五穀〔七〕。此准時五勢之數也。」

〔一〕豬飼彥博云：「氾」當作「污」。　張佩綸云：說文：「氾，濫也。」「濫，氾也，一曰濡上及下也。詩曰：『觱沸濫泉。』」　許維遹云：此即周禮掌節「山國」、「澤國」也。　翔鳳案：廣雅釋詁三：「氾，污也。」改「氾」爲「污」，謬矣。

〔二〕豬飼彥博云：「分」，中分也。　安井衡云：「山地分」，山與平地相半也。

〔三〕安井衡云：「漏壤」，水泉滲漏，不居地上。

〔四〕安井衡云：古本「藏」下有「國」字。　翔鳳案：自藏其三分之一，古本謬。

〔五〕丁士涵云：「常操」下當脱「國穀」二字，與上文句例同。　張佩綸云：「水泉之所傷」五字乃「氾下多水」之注，誤入正文。　翔鳳案：「操」字承上，省「國穀」二字。　爾雅釋水：「濫泉正出。沃泉縣出。氿泉穴出。」濫泉可以傷泆，非誤入者。

〔六〕聞一多云：此下似有脱文。　翔鳳案：水漏之地不生穀，故下諸侯之穀，或以工藝救濟之，非有脱文也。

〔七〕豬飼彥博云：「之五穀與」四字疑衍。　戴望云：「與」疑「輿」字誤。　張佩綸云：「與工雕文梓器以下天下之五穀」，乃總結「五勢」語。「雕文」謂女工，「梓器」謂百工。此太公、管子所以富齊之法，蓋以工商補農事之不足。　翔鳳案：書梓材馬注：「治木器曰梓。」「雕文梓器」即「工」也，以此換五穀。

桓公問管子曰：「今有海内，縣諸侯，則國勢不用已乎？」管子對曰：「今以諸侯爲竽，公州之飾焉〔一〕。以乘四時，行捫牢之筴〔二〕，以東西南北相彼〔三〕，用平而准。故曰：爲諸侯，則高下萬物，以應諸侯。徧有天下，則賦幣以守萬物之朝夕，調而已利。有足則行，不滿則有止〔四〕。王者鄉州以時察之，故利不相傾，縣死其所〔五〕，君守大奉一，謂之國簿。」

〔一〕張佩綸云：玉篇：「竽，直與切，織竽也。」類篇：「機之持緯者。」案：説文「杼，機之持緯者」，則「竽」即「杼」之或字。「以諸侯爲杼」，而下文義不相貫，疑「竽」即「筴」之壞。「公」當作「分」，「飾」當作「餘」，分一州之餘以乘四時，即上文操「十分之三」、「十分之二」也。左傳：「其波及晉國，皆君之餘也。」　李哲明云：「竽」是「筦」字之訛。「完」字宋諱闕末筆作宊，因誤耳。「飾」亦當爲「餘」（上篇三「蓄飾」字，王氏謂並當爲「蓄餘」），形近而誤。言國君自操其國筴，又以諸侯筦理其公州之餘積，斯無遺數矣。　翔鳳案：隸書口作厶，公即㕣，詳大匡篇。説文「㕣，讀若沇州之沇，九州之渥地也，故以沇名焉。」通作「兗」。禹貢：「導沇水東流爲濟。」公州即兗州，爲齊地。「公」字不誤，則「竽」字亦不誤矣。

〔二〕丁士涵云：「捫」疑「欄」字誤，説見上。　翔鳳案：説文：「捫，撫持也。」荀子王霸：「臯牢天下而制之。」

〔三〕戴望云：「彼」疑「被」字誤。　翔鳳案：説文：「彼，往有所加也。」此用其本義，與「被」異。靈臺碑「德彼四表」，則直用作「被」矣。

〔四〕何如璋云：「有止」，「有」字當在「不滿」上。張佩綸云：當作「利足則有行」。翔鳳案：「利」字屬上爲句，第二「有」字同「又」。

〔五〕安井衡云：「縣」，繫也。王以時省察鄉州，故百姓見利、不相傾奪，各繫死其所，不敢去鄉。張佩綸云：「縣」，考工記旊人「立中縣」，注：「縣繩正豆之柄。」此「縣」謂用平而准也。「死」當作「尻」，說文「茪，古文『死』」，與「尻」字形近。此言所縣之准，居其所不動，而東西南北無不平矣。

管子校注卷第二十三

地數第七十七

管子輕重十

桓公曰：「地數可得聞乎？」管子對曰：「地之東西二萬八千里，南北二萬六千里。其出水者八千里，受水者八千里〔一〕。出銅之山四百六十七山，出鐵之山三千六百九山〔二〕。此之所以分壤樹穀也〔三〕。戈矛之所發，刀幣之所起也〔四〕。能者有餘，拙者不足。封於泰山，禪於梁父，封禪之王七十二家，得失之數皆在此内。是謂國用。」桓公曰：「何謂得失之數皆在此？」管子對曰：「昔者，桀霸有天下而用不足〔五〕，湯有七十里之薄而用有餘〔六〕。天非獨爲湯雨菽粟，而地非獨爲湯出財物也。伊尹善通移輕重、開闔、決塞，通於高下徐疾之筴，坐起之費，時也〔七〕。

〔一〕何如璋云：此舉海内四圍之數。若地輿廣輪，不止此數。御覽三十六引河圖括地象「八極之廣，東西二億三萬三千里，南北二億一萬一千五百里。夏禹所治四海内地，東西二萬八千里，南北二萬六千里」，是也。尹桐陽云：廣雅曰：「神農度海内東西九十萬里，南北八十一萬里。帝堯所治九州地二千四百二十萬八千二百四頃。其墾者九百一十八萬八千二十四頃。」論衡云：「周時九州東西五千里，南北亦五千里。」均與此殊。翔鳳案：廣雅：「夏禹所治，東西二萬八千里。」尹節删不引，失其義矣。

〔二〕王念孫云：史記貨殖傳正義、太平御覽地部一引此「出銅之山」上竝有「凡天下名山五千三百七十」一句，中山經亦有之，當據補。又引「出銅之山」二句作「出銅之山四百六十七，出鐵之山三千六百有九」，今本二句末皆衍「山」字，次句中又脱「有」字，亦當依二書訂正。張佩綸云：玉海十五引亦有「凡天下」句，黄丕烈謂伯厚所見本即此本，非也。又云：中山經「出鐵之山三千六百九」作「六百九十」，劉昭注郡國志引帝王世紀曰「山海經……出鐵之山三千六百九」，足證今本山海經作「六百九十」爲誤。翔鳳案：類書「凡天下名山」句據中山經增補，非管書有奪文。古書記數，小數用「又」或「有」，大數不用「有」，史記律書「四千九十六」，小盂鼎「萬三千八十一人」，類書有「有」字，以意增之。王以爲脱「有」字，非是。

〔三〕安井衡云：「地之東西」至此，皆山海經之文。山海經「此」字下有「天地」二字，轉寫脱之耳。張佩綸云：地數篇首節以「分壤樹穀」及「戈矛」、「刀幣」爲三大端，不應但言「戈矛」、「刀幣」而置「樹穀」不論，宜以揆度篇「一歲耕七」句、「上農挾五」一節及輕重丁篇「正月之朝穀始也」一節，割隸此篇，章旨始明，語意始足。此三節在揆度、丁篇前後均不附麗，一經改定，彼去駢枝，此完血脈，無截鶴續鳧之嫌，非好爲意斷也。翔鳳案：「此」指地數，加「天」字不妥。穀梁隱三年傳注：「齊、魯之間，謂鑿地出土、鼠作穴出土皆曰壤。」下文「分壤」、下文「封而祭」，有叢社即有鼠壤，指礦山言之，張説誤。

〔四〕孫星衍云：案中山經「幣」作「錣」。聞一多云：貨幣之屬多濫觴於農事發土芟草之器，「幣」字本當作「鏊」。方言五「鍫……江、淮、南楚之間謂之臿」，注曰：「江東又呼鍫刃爲鏊。」説文：「鏊，河内曰臿頭金。」此似爲錢幣之名，然則「鏊」爲錢幣本字，有確證矣。此文「刀幣」與「戈矛」並舉，是字當作「鏊」。中山經作「錣」者，「鏊」、「錣」疊韻連語，與「弊錣」（見淮南子原道篇）同例。凡連語例可單言偏舉，於義不殊，是「錣」亦「鏊」也。又説文：「錣，鈹有鐔也。」「鈹」、「鏊」對轉字，猶「疲」一曰「弊」。一説：「鏊」，集韻一作「鏾」，「錣」即「鏾」之形譌，亦通。翔鳳案：貨幣有鏟幣、空首幣、刀幣，齊用刀幣。近代地下發掘，刀幣見於東方，餘二種未見。管書側重經濟，故言刀幣而不及其他。聞知其一不知其二矣。

〔五〕張佩綸云：「桀霸」，「霸」字衍。翔鳳案：「霸」本作「伯」。祭法：「共工氏之霸九州也。」桀爲九州之長，義與此同。不當衍。

〔六〕安井衡云：「薄」，「亳」假借字。

〔七〕張佩綸云：「費時」，「費」字衍。聞一多云：疑當作「坐起費□之時也」。翔鳳案：釋名：「坐，挫也。」謂物價挫跌。黄梅謂物價漲落爲長坐。「起」謂價高於市，見素問注。侈靡已言之。「坐起之費」句。諸人不解文義，而多誤説也。

黃帝問於伯高曰〔一〕：「吾欲陶天下而以爲一家，爲之有道乎？」伯高對曰：「請刈其莞而樹之，吾謹逃其蚤牙〔二〕，則天下可陶而爲一家。」黃帝曰：「此若言可得聞乎？」伯高對曰：「上有丹沙者，下有黃金〔三〕。上有慈石者，下有銅金〔四〕。上有陵石者〔五〕，下有鉛錫赤銅〔六〕。上有赭者，下有鐵〔七〕。此山之見榮者也。苟山之見其榮者〔八〕，君謹封而祭之，距封十里而爲一壇〔九〕。是則使乘者下行，行者趨〔一〇〕。若犯令者，罪死不赦。然則與折取之遠矣〔一一〕。」脩教十年，而葛盧之山發而出水，金從之〔一二〕，蚩尤受而制之，以爲劒鎧矛戟〔一三〕。是歲相兼者諸侯九。雍狐之山發而出水，金從之，蚩尤受而制之，以爲雍狐之戟芮戈〔一四〕，是歲相兼者諸侯十二。故天下之君頓戟壹怒，伏尸滿野，此見戈之本也〔一五〕。」

〔一〕張佩綸云：管書不應雜入黃帝之問，且與上文語不相承，當在「請問天財所出，地利所在。管子對曰」之下。前節末句曰「上有赭者下有鐵」，後節起句云「上有赭者下有鐵」，前無銀，後無金銅錫，兩合之則五金俱全。乃悟此之末句，即彼之起句，轉寫複脱之迹顯然。史記貨殖傳正義引管子「山上有赭，其下有鐵。山上有鉛，其下有銀。山上有銀，其下有丹。山上有磁石，其下有金也」，「銀」、「丹」句似互倒，然兩節之本屬一節，此其的證。今據以訂正。

「管子對曰」下接「黃帝問於伯高曰」至「與折取之遠矣」，而中補「上有鉛者其下有銀」爲句，爲一節，下接「一曰」至「與犯之遠矣」爲一節，「此天財地利之所在也」總束之。「脩教十年」以下應戈矛之所發，上當有「桓公曰：以天財地利立戈矛於天下者誰也？管子對曰：黃帝脩教十年」云云，今皆挩去。「管子對曰」，據史記集解索隱、漢書音義引此節均作「管子」或「管仲曰」補，餘皆據下節例。「見戈之本」當作「見戈矛之本也」。此節承戈矛，下節承刀幣，文極整齊。僞房不得尹注本，草率湊補，幾不可讀，姑以己意釐定之，理董以俟達者。翔鳳案：此管子引舊文，與論語堯曰章相似。

〔二〕戴望云：路史黃帝紀注引「刈」作「乂」，「莞」作「莧」，「樹」作「時」，「蚤」作「爪」。孫詒讓云：「吾」當作「五」，下又挩「穀」字。「請刈其莞而樹之五穀」，言芟草而藝穀也，傳本挩「穀」字，校者於「五」下著一□，校者不寀，遂幷爲「吾」字矣。聞一多云：疑當作「請刈其莞蒲而樹之五穀」。（山國軌篇：「有莞蒲之壤。」）天問「咸播秬黍，藿莆是營」，「藿莆」即「莞蒲」，「營」讀爲劚，除草也。彼言營藿莆而播秬黍，正猶此言刈莞蒲而樹五穀也。翔鳳案：合揆度觀之，爲逃猛獸之爪牙，蓋以封山則草木茂，猛獸多也。周禮野廬氏「宿息井樹」，注：「爲蕃蔽。」諸人誤認爲種殖，非是。下文所謂「封而祭之」也。

〔三〕戴望云：路史「沙」作「研」，「金」作「銀」。尹桐陽云：凡黃金苗線多與痴人金相雜。痴人金黃色，在空氣中與養氣相合則變丹色。經雨水冲刷成爲碎粒，故曰「上有丹砂者下有黃金」。丹砂形如粟，故一名丹粟。郭璞江賦又謂之「丹礫」。荀子謂之「丹干」。逸周書王會「卜人以丹砂」，西山經「皇人之山其上多金玉，其中多丹粟。槐江之山其上多藏黄金，其陽多丹粟」，均「丹沙」之稱也。翔鳳案：侈靡亦作「丹沙」。各書皆作「丹砂」，惟荀子作「丹干」。説文：「丹，巴、越之赤石也。象采丹井，象丹形。」本草圖經：「丹沙，其塊大者如雞子，小者如石榴子。」作「干」不合。

〔四〕戴望云：「慈」即「磁」之假字。路史作「下有赤銅青金」。張佩綸云：「下有銅金」當作「下必有銅」。北山經「灌題之山，其中多磁石」，郭璞注：「可以取鐵。管子曰：上有磁石者下必有銅。」據此，知「金」字爲衍。吕覽精通篇「慈石召鐵」，高注：「石，鐵之母也，以有慈石，故能引其子，石之不慈者，亦不能引也。」淮南説山訓：「慈石能引鐵，及其於銅，則不行也。」名醫别録曰：「慈石，一名處石，生太山及慈山山陰，有鐵處則生其陽。」慈石引鐵，古書屢見。淮南明言於銅不行，似「上有慈石者下」當作「必有鐵」。而爾雅注作「銅」，史記正義又作「金」，路史作「下有赤銅青金」，無由折衷一是矣。尹桐陽云：「慈」之言孳也。「慈石」即長石。長石受水及空氣之變化，漸成爲土。復受植物酸化，消化其中雜質，即成爲淨磁土，多含銅鉛錫銀等礦。故曰「上有慈石者下有銅金」。非指性能吸鐵之慈石言也。性能吸鐵之慈石專産於鐵山。寰宇記「淄川縣，商山在縣北七十里，有鐵礦，古今鑄焉，亦出磁石」，淮南説山「慈石能引鐵，及其於銅則不行」，均是。翔鳳案：吕氏春秋精通「慈石召鐵」，與説山訓同作「慈」。郭璞慈石贊：「慈石吸鐵，母子相戀也。」説文無「磁」字。俗省心加石爲「磁」。戴以爲「磁」之假，謬甚。銅無磁性，「銅金」指黄鐵礦，色黄似銅，又非黑鐵，故有「銅金」之稱，與下文「赤銅」有别。有弱磁性，尹以爲「磁土」，亦非。磁土爲軟土，不能有吸引力。北山經郭注引作「山上有磁石者，下必有銅」，去「金」字，則是真銅也，謬矣。

〔五〕孫星衍云：御覽三十八引作「緑石」，八百十引作「陵石」，與今本同。 張佩綸云：本草：「陵石生華山，其形薄澤。」 翔鳳案：「陵石」爲孔雀石，分布在銅礦最上部，故名「陵石」。我國各地銅礦，此石極多。有鮮緑色，故名「緑石」。古代鍊礦，分析不精，銅雜有錫，名爲青銅。孔雀石殷已發現。殷墟發掘，於一九二九年出土有較大孔雀石，重十八點八公斤，可以證實。緑石爲陵石别名，本作「陵」。

〔六〕戴望云：御覽地部三、珠寶部九引竝無「赤銅」二字。 翔鳳案：無銅則無陵石，御覽不知，誤删「赤銅」二字。凡類書多删改，此其一證，知王念孫信類書之誤。

〔七〕張佩綸云：北山經「少陽之山，其中多美赭」，注引管子曰：「山上有赭者，其下有鐵。」尹桐陽云：「赭」，赤土也，今稱土珠。鐵礦未與空氣相會，爲深藍色。其表面鐵礦與空中之養氣相配者，則爲赭色。故曰「上有赭者下有鐵」。中山經：「求山，求水中有美赭，陽多金，陰多鐵。」北山經「少陽之山下多赤銀，水中多美赭」，注引此作「山上有赭者其下有鐵」。 翔鳳案：説文「赭」訓「赤土」。産鐵之山，土石並帶紫墨色，故混言上有「赭者」，不分别土石。桂氏義證引范子計然「石赭出齊郡，赤色者良」，則主要指石。尹説誤。

〔八〕任林圃云：淮南子説林訓：「銅英青，金英黄，玉英白」，「英」猶榮，皆以草木之華榮喻礦藏之鑛苗也。　翔鳳案：爾雅釋草：「榮而不實者謂之英。」任説有據，然於礦之發現不切。「榮」，爲桐木，釋名釋言語：「榮，猶熒也，熒熒照明貌也。」因桐華之照明而稱爲「榮」，因丹赭陵石之光彩悦目而稱爲「見榮」也。「見」同「現」。

〔九〕孫星衍云：北堂書鈔一百四十四引「謹」作「遥」。　翔鳳案：封十里而爲一壇，封而禁之，壇近而非遠，書鈔作「遥」，誤。

〔一〇〕張佩綸云：「乘者下行，行者趨」，上「行」字涉下而衍。論語「孔子下」，包注：「下，下車也。」郭沫若云：「行」不當衍，下車仍當行也。「乘者」乃貴族，「行」即可耳，無須乎「趨」。有「行」字，正見階級區別。　翔鳳案：郭説是。舊日過孔廟如此。張爲貴官，不覺耶？

〔一一〕安井衡云：「折」讀爲哲。哲，音徹，挑摘也。説文：「哲，上摘山巖空青珊瑚墮之。」張佩綸云：「折取之遠矣」，「犯之遠矣」，言不敢折取之，不敢犯之也。周禮卝人：「掌金玉錫石之地，而爲之厲禁以守之。若以時取之，則物其地，圖而授之，巡其禁令。」此與周禮義合。按上古卝人物地之法久廢，鄭氏周禮注：「物地，占其形色，知鹹淡也。」疏云：「鄭以當時有人采者，嘗知鹹淡，即知有金玉，故以時事言之。」是東漢時尚有能占形色者。

〔一二〕孫星衍云：史記五帝本紀索隱引作「蚩尤受盧山之金而作五兵」，「盧」上無「葛」字。高祖本紀集解引作「交而出水」。藝文類聚六十引作「廢而出水」。「廢」、「發」古字通用。張佩綸云：「葛盧」，續漢書郡國志「東萊郡葛盧有尤涉亭」，疑即葛盧山也。

〔一三〕張佩綸云：「蚩尤」，黄帝臣，詳五行篇。御覽八百三十三引尸子「造冶者蚩尤也」，廣韻三十五馬作「蚩尤造九冶」。尹桐陽云：「蚩尤」，黄帝臣。尸子曰：「造冶者蚩尤也。」世本：「蚩尤以金作兵，一弓、二殳、三矛、四戈、五戟。」前漢書高帝紀注臣瓚引作「以作劍戟」，無「鎧矛」二字。

〔一四〕洪頤煊云：荀子榮辱篇「狐父之戈」，楊倞注：「狐父，地名。管子曰：『蚩尤爲雍狐之戟。』『狐父之戈』，豈近此邪？」路史後紀四引作「雝狐之戟，狐父之戈」，此作「芮戈」，誤。安井衡云：「芮」，短也。戈短於戟，故曰「芮戈」。張佩綸云：洪説非也。楊倞注以「雍狐」證「狐父」，非管書作「狐父之戈」也。路史不足據以改古書。「雍狐」者，典論：「周、魯寶雍狐之戟，狐父之戈。」

〔一五〕丁士涵云：「見戈」疑「得失」之壞字。上文云「得失之數，皆在此内」，是其證。姚永概云：上文「是歲相兼者諸侯九」，又「是歲相兼者諸侯十二」，則「見戈」當作「見兼」。作「戈」者，涉上文「芮戈」而誤。翔鳳案：戟爲戈之有枝者，戈戟爲主要重武器，故曰「見戈之本」，非誤字。言「戈」，「戟」在其中。

桓公問於管子曰：「請問天財所出，地利所在。」管子對曰：「山上有赭者其下

有鐵，上有鉛者其下有銀。一曰：『上有鉛者其下有鉒銀〔一〕，上有丹沙者其下有鉒金〔二〕，上有慈石者其下有銅金〔三〕。』此山之見榮者也。苟山之見榮者，謹封而爲禁。有動封山者，罪死而不赦。有犯令者，左足入，左足斷，右足入，右足斷。然則其與犯之遠矣〔四〕。此天財地利之所在也。」桓公問於管子曰：「以天財地利立功成名於天下者誰子也？」管子對曰：「文、武是也。」桓公曰：「此若言何謂也？」管子對曰：「夫玉起於牛氏、邊山〔五〕，金起於汝、漢之右洿〔六〕，珠起於赤野之末光。此皆距周七千八百里，其涂遠而至難，故先王各用於其重〔七〕，珠玉爲上幣，黄金爲中幣，刀布爲下幣。令疾則黄金重，令徐則黄金輕。先王權度其號令之徐疾，高下其中幣，而制下上之用，則文、武是也。」

〔一〕宋翔鳳云：「『一曰』以下十一字皆校者語，而誤作正文。則校語入正文者多矣，故管子難讀也。」

尹桐陽云：鉛礦均含有銀質，故鉛礦可名爲銀礦。今常寧縣北鄉水口山鉛礦，其一例也。翔鳳案：五金礦不皆出於齊，故管書存異文，宋説誤。「鉒」字不見説文，惟「金」字注解云：「坣，左右注象金在土中形。」「注」訓灌，謂鍊成液體而流注也。「鉒」本作「注」，爲五金所共有，故有「注金」、「注銀」之稱。下文張佩綸所引，是其證。

〔二〕俞樾云：玉篇金部：「鉒，送死人具也。」然則「鉒銀」、「鉒金」殊不可通。疑「鉒」字之誤。五音集韻曰：「鈺，堅金也。」　翔鳳案：「鉒」即「注」，見上。俞説誤。

〔三〕張佩綸云：「銅金」當作「鉒銅」，「鉒」與「注」通。莊子達生篇「瓦注」、「金注」，淮南説林訓均作「鉒」，是其證。説文：「注，灌也。」言金銀銅灌注其下。　尹桐陽云：北山經「灌題之山中多磁石」，注：「可以取鐵。」管子曰：「山上有磁石者，下必有銅。」史記貨殖傳正義引「山上有赭，其下有鐵。山上有鉛，其下有銀。山上有銀，其下有丹。山上有䃜石，其下有金」，所引略與此殊。　翔鳳案：「銅金」爲黄銅，見上。張誤。

〔四〕翔鳳案：「犯」，即犯封山之禁。

〔五〕王念孫云：「牛氏」當作「禺氏」，見國蓄、揆度、輕重甲、輕重乙四篇。　翔鳳案：史記律書：「牛者，冒也。」「冒」讀如茂。「禺」讀務。左哀十一年「公叔務人」，檀弓作「禺人」。説文「愚」下云：「禺，猴屬獸之愚者。」黄梅謂人之愚蠢者爲牛。牛古音讀禺。王氏深通音理，以爲誤，何也？

〔六〕孫星衍云：揆度、輕重乙篇「洿」皆作「衢」。　張佩綸云：金起於汝、漢之右洿。鹽鐵論曰：「汝、漢之金鐵，誘外國，鈎羌、胡之寶也。」韓子：「荆南麗水之中生金。」　聞一多云：「洿」當爲「衢」，即濯水，詳山至數篇。　翔鳳案：此指沙金，在洿水中，現代尚有淘金者。聞説誤。

〔七〕俞樾云：「各」當爲「託」，聲之誤也。國蓄篇作「先王爲其途之遠，其至之難，故託用於其重」，可證。揆度篇作「故先王度用其重」，「度」亦當爲「託」。張文虎云：「各」疑本作「度」字，「度」古作「庑」，與「各」形聲俱近而誤。下文云「先王權度其號令之徐疾，高下其中幣而制下上之用」，是也。國蓄篇作「故託用於其重」，「託」亦「庑」字之譌。錢文霈云：揆度篇作「先王度用於其重」，則此篇之「各」及國蓄篇之「託」，皆「度」字之聲誤。言先王揆度而用其重也。翔鳳案：「各」、「託」、「度」三字均通，何必强爲一律，迂矣。

桓公問於管子曰：「吾欲守國財而毋税於天下，而外因天下，可乎〔一〕？」管子對曰：「可。夫水激而流渠〔二〕，令疾而物重。先王理其號令之徐疾，内守國財而外因天下矣。」桓公問於管子曰：「其行事奈何？」管子對曰：「夫昔者武王有巨橋之粟，貴糴之數。」武王既勝殷，得巨橋粟，欲使糴貴。巨橋倉在今廣平郡曲周縣也。桓公曰：「爲之奈何？」管子對曰：「武王立重泉之戍，戍，名也。假設此戍名，欲人憚役而競收粟也。重，丈恭反。令曰：『民自有百鼓之粟者不行。』鼓，十二斛①也。民舉所最粟〔三〕，舉，盡也。最，聚也，子外反。以避重泉之戍，而國穀二什倍，巨橋之粟亦二什倍。武王以巨橋之粟二什倍而市繒帛，軍五歲毋籍衣於民。以巨橋之粟二什倍而衡黄金百萬，

①「斛」字原作「解」，據補注改。

衡，平也。終身無籍於民〔四〕，准衡之數也。」

〔一〕安井衡云：「稅」，遺也。檀弓曰：「未仕者不敢稅人。」王壽同云：「稅」當爲「捝」。「捝」者，「奪」之假字也。輕重甲篇「知萬物之可因而不因者，奪於天下，奪於天下者，國之大賊也」，此與「欲守國財而毋捝於天下，而外因天下」義正相同，故知「捝」即「奪」之假字也。下文云「夫本富而財衆不能守，則稅於天下，五穀興豐巨賤而天下貴，則稅於天下」，「稅」亦當爲「捝」。許維遹云：「欲」下脱「内」字。下文云「内守國財」，是其證。翔鳳案：爾雅釋詁：「稅，舍也。」説文：「捝，解捝也。」即謂「稅」假爲「捝」。「捝」今通作「脱」，與「奪失」同字。説文：「奪，手持隹失之也。」而「攘奪」之本字爲「敓」。「稅」假爲「捝失」，不假爲「攘奪」。釋「稅」爲「舍」，即「捨」，不可通。「敓」訓彊取，「稅」訓爲租。國蓄「租籍之，所以彊求也」，其義正合，則謂「稅」借爲「敓」可矣。王説是，而以爲「奪」之假，則失之一間也。

〔二〕安井衡云：「渠」、「巨」通，大也。張佩綸云：「流渠」當作「渠流」，説文：「渠，水所居。」言水激則止水皆流。王壽同云：「渠」當讀爲遽，遽，急也。翔鳳案：荀子修身「有法而無志其義，則渠渠然」，注：「渠讀爲遽。」匡謬正俗一：「遽同渠。」王説是也。

〔三〕陳奐云：「最」當爲「取」，尹注音「子外反」，則譌「最」矣。陶鴻慶云：「民舉所最粟」，尹注云：「舉，盡也。最，聚也。」然武王之令，使民自聚百鼓之粟，非責其輸粟於公。今云「盡所聚粟」，則文不通矣。「所」下當有脱字。蓋謂民各盡其所有以聚粟，故國穀之價二十倍

「國穀」謂穀之散在民間者），巨橋之粟價亦二十倍，所謂萬物輕而穀重也。翔鳳案：說文冖部：「冣，積也。」與「聚」音義皆同，才句切。冃部：「最，犯而取也。」祖外切。房訓「聚」不誤，而音「子外切」則誤。陳以「子外切」爲譌，而訓爲「取」，則又誤也。史記仲尼弟子列傳「好廢舉」，集解：「謂停貯也。」越世家：「陶朱公廢居，候時轉物，逐什一之利。」平準書：「廢居居邑。」「舉」借爲「居」。

〔四〕張佩綸云：兩「巨橋之粟二什倍」後當作「以國穀二什倍」，其意以發粟便軍興，以國穀實金府也。翔鳳案：「國」本作「邦」，詳牧民篇。書序「邦康叔」，論語「在邦域之中」，「邦」同「封」。「國穀」，封藏之穀，藏於巨橋，一爲巨橋之積貯，一爲貴糴之數，兩「巨橋」均不誤。

桓公問於管子曰〔一〕：「今亦可以行此乎？」管子對曰：「可。夫楚有汝、漢之金，齊有渠展之鹽〔二〕，燕有遼東之煮〔三〕。此三者，亦可以當武王之數。十口之家，十人咶鹽〔四〕。百口之家，百人咶鹽。凡食鹽之數，一月丈夫五升少半，婦人三升少半，嬰兒二升少半。鹽之重，升加分耗而釜五十〔五〕，升加一耗而釜百，升加什耗而釜千。君伐菹薪，煮沸水爲鹽〔六〕，正而積之三萬鍾。至陽春，請籍於時。」桓公曰：「何謂籍於時？」管子曰：「陽春農事方作，令民毋得築垣牆，毋得繕冢墓。丈夫毋得治宮室〔七〕，毋得立臺榭。北海之衆毋得聚庸而煮鹽。然，鹽之賈必四什倍〔八〕。君以四什之賈，脩河、濟之流，南輸梁、趙、宋、衛、濮陽〔九〕。惡食無鹽則腫。守圉之本〔一〇〕，其用鹽獨重。君伐菹薪，煮泲水以籍於天下，然則天下不減矣。」

〔一〕聞一多云：此非更端別起之語，「問於管子」四字當删。翔鳳案：上節論粟，此節論鹽，不更端之更端。乃承更前一節「文、武」而言，「問於管子」四字不當删。

〔二〕張佩綸云：「渠展」者，廣雅釋詁一「勃，展也」，齊語注「渠弭，裨海也」，則「渠展」即「勃海」之別名。錢文霈云：「展」當爲「養」字之譌。漢志：「琅邪郡長廣縣，奚養澤在西。秦地圖曰劇清地幽州藪，有鹽官。」蓋「渠養」即「奚養」也。元和志：「萊州昌陽縣，奚養澤在縣西北四十里。」按昌陽故城在今山東登州府萊陽東七十里。奚陽澤在今縣東五十里。登萊以北，古時通稱北海。「渠展之鹽」蓋即指此。翔鳳案：鹽官非必一處，「渠展」、「奚養」，形義不類。

〔三〕安井衡云：「煮」亦謂鹽。張佩綸云：春秋時北燕爲山戎所逼，豈能兼有遼東？與梁、陳皆戰國人語。聞一多云：「煮」謂煮鹽。翔鳳案：燕不煮於渤海而煮於遼東，正慮爲山戎所援。

〔四〕張佩綸云：「咶」，「舐」俗字，當作「甛」。說文「甛，美也」，周禮鹽人「飴鹽」，注「飴鹽，鹽之恬者」，是其證。言無人不以鹽爲美。錢文霈云：「咶」、「餂」通。以舌探物也。御覽飲食部三十二引「咶」俱作「舐」。聞一多云：「咶」讀爲啖，食也。翔鳳案：說文：「昏，塞口也。」段謂凡昏聲字皆變爲舌，如括、刮之類。説文無「舐」字，「舓」訓「以舌取物」，義近而形遠。「餂」字見孟子「是以言餂之也」，趙注訓「取」。音義之本亦作「銛」。雷浚謂：「方言『銛，取也』，郭璞曰：『謂挑取物。』義與趙注合。説文：『銛，鍤屬。』『鍤，郭衣鍼也。』『鍼』有挑取之義，亦合。『餂』必『銛』之譌。朱子望文生義，故曰餂探取之也。今人以舌取物曰餂。」然則錢説亦未合，聞説形聲俱遠，惟張謂當作「甛」合理。蓋「昏」之古文作昏，其下从甘，變甘爲口，則「咶」與「甛」同爲一字也。

〔五〕安井衡云：「耗」讀爲好，同聲假借字。好，孔也。「分好」，半錢也。海王作「彊」，亦謂錢。聞一多云：「耗」讀爲氂，「氂」與「釐」同。漢書律曆志「不失豪氂」，注：「十豪爲氂。」禮記經解「差若豪氂」，釋文本「氂」作「釐」。此言「分耗」即半釐也。翔鳳案：聞説讀「耗」爲「氂」，與「彊」字不相應。説文：「㾗，減也，一曰耗也。」「耗」謂衰減，言其差率也。下文「不減」正合。

〔六〕洪頤煊云：「泲」當作「沸」。泲水清不能爲鹽，且下文「修河、濟之流」，字已作「濟」。輕重甲篇、乙篇、丁篇幷此篇，此語凡五見，唯輕重甲篇作「沸」，字不誤。安井衡云：「泲」，漉也。凡煮鹽，撒潮於沙上，既乾，盛沙於器，又灌潮而漉之，然後煮之，故云「煮泲水」也。何如璋云：「泲」當作「海」，泲不可煮鹽也。聞一多云：洪謂「泲」爲誤字，良是，然「沸」字義亦難通。今謂「泲」當爲「沛」，字之誤也。（「泲」隸書作「泲」，與「沛」形近，故每相混。漢書地理志「下泗水西南至方與入泲渠」，又「蕃，南梁水西南至湖陵入泲渠」，今本「泲」俱作「沛」。）輕重乙篇「夫海出沛無止，山生金木無息」，輕重丁篇「煮沛爲鹽」，「沛」俱作名詞用，則字當讀爲涬。（「沛」從市聲，「涬」從孛聲，孛又從𣎵聲。）涬者，水浮漚也。陸羽茶經：「凡酌置諸盌，令沫餑均；沫餑，湯之華也。」「餑」當爲「涬」，「沫涬」即浮漚，一曰水花，故陸云「湯之華」。（今吾鄉呼水花曰涬子，讀如方音厚薄之薄，與「餑」音正相近。）古蓋以海水跳波擊岸，噴勃成漚者，其色正白，狀極似鹽，故呼水未成鹽者曰涬。字一作「沸」者，「涬」、「沸」聲義俱近，涫沸之水亦有浮漚，故海邊起浮漚之水亦稱沸水也。禮記緇衣「口費而煩」，注：「『費』或爲『哱』，或爲『悖』。」墨子魯問篇：「豈不悖哉。」又曰：「豈不費哉。」又孛星一作茀星。「綍」一作「紼」，勃然變色，一作艴然，並其比。翔鳳案：聞説是也。「泲」篆作[篆字]，「沛」篆作[篆字]，僅差中一小横，魏鉅平縣侯元欽神銘「沛」作「泲」，「市」「朩」相亂也。

〔七〕洪頤煊云：「丈夫」當爲「大夫」。輕重甲篇「孟春既至，農事且起，大夫毋得繕冢墓、治宮室」，其證也。太平御覽八百六十五引亦作「大夫」。

〔八〕聞一多云：「然」猶然則也。古書多以「然」爲然則者。晏子春秋雜篇「公曰：然夫子之於寡人何爲者也」，論衡感虚篇「夫草木水火，與土無異，然杞梁之妻不能崩城明矣」（以上引見古書虚字集釋），後漢書宦者傳「月令仲冬命閹尹審門閭，謹房室，詩之小雅亦有巷伯刺讒之篇，然宦人之在王朝者舊矣」（引見詞詮），皆其例。翔鳳案：「然」字截，一字爲句，猶言如此，與「然則」不同。

〔九〕王念孫云：「脩」當爲「循」，言循河、濟而南也。丁士涵云：「四什」下脱「倍」字。俞樾云：「修」乃「循」字之誤，言循流而下也。「循」誤作「脩」，因誤作「修」。本書類此者不可勝舉。 翔鳳案：「倍」字承上文省，不當加。「循」、「脩」相亂，王已舉證。

〔一〇〕許維遹云：「本」猶國也。輕重甲篇作「守國之國」，足證「本」與「國」同義。説詳輕重戊篇。 翔鳳案：下文「本」即「國」，理由詳下。假音，義不可假也。

桓公問於管子曰：「吾欲富本而豐五穀，可乎？」管子對曰：「不可。夫本富而財物衆，不能守則税於天下；五穀興豐，巨錢而天下貴，則税於天下，然則吾民常爲天下虜矣〔一〕。夫善用本者，若以身濟於大海〔二〕，觀風之所起，天下高則高，天下下則下。天高我下〔三〕，則財利税於天下矣〔四〕。」

〔一〕俞樾云：此本作「吾賤而天下貴」，言五穀興豐，則吾國之穀價賤而天下貴矣，故曰「五穀興豐，吾賤而天下貴，則税於天下，然則吾民常爲天下虜矣」。今作「巨錢」者，「吾」字缺壞，止存上半之「五」，遂誤爲「巨」，至「賤」之與「錢」，字形相似，音又相同，致誤尤易矣。戴望云：「興」當爲「與」，説見臣乘馬篇。 聞一多云：「税」爲「挩」之譌，王壽同説，詳上。 翔鳳案：文王世子「不税冠」，釋文：「本亦作『脱』。」後漢隗囂傳注：「脱，失也。」同「挩」，非譌字。「興豐」爲常義。「巨錢」，大錢也，景王曾鑄之。錢巨則值賤而物價貴，無誤字。

〔二〕戴望云：「身」疑「舟」字之誤。篆文「身」作「[illegible]」，「舟」作「[illegible]」，形相近也。翔鳳案：「濟」爲渡，渡以舟，何必改「身」爲「舟」。

〔三〕王念孫云：「天高」當作「天下高」，義見上文。輕重丁篇作「天下高我獨下」。翔鳳案：「天下高」二句，以浪中駕船爲比。人如天高，我在天之下，則財利爲人挩，非必有脱文也。

〔四〕戴望云：元本無「利」字。聞一多云：「稅」爲「挩」之譌，詳上。

桓公問於管子曰：「事盡於此乎？」管子對曰：「未也。夫齊衢處之本，通達所出也〔一〕，游子勝商之所道〔二〕。人求本者，食吾本粟，因吾本幣〔三〕，騏驥黄金然後出。令有徐疾，物有輕重，然後天下之寶壹爲我用〔四〕。善者用非有，使非人〔五〕。」

〔一〕丁士涵云：「本」當作「國」。國蓄篇云「壤正方，四百受敵，謂之衢國」，輕重甲篇云「吾國者衢處之國也」。（輕重乙篇同），可證也。安井衡云：「本」猶首也。輕重乙作「國」，義各有當，不必依彼改此也。翔鳳案：「邦」同「封」，避漢諱改爲「本」，「封」讀本，如風讀分矣。

〔二〕豬飼彦博云：輕重乙作「游客蓄商」。丁士涵云：「勝」當作「賸」。方言、廣雅並曰：「賸，寄也。」「寄商」猶客商也。尹桐陽云：「勝商」，任商也，謂行商而自任物也。許維遹云：「勝」讀爲任，月令「戴勝」，淮南時則篇作「戴任」，是其證。揆度篇：「善正商任者省有肆。」

〔三〕俞樾云：「求」乃「來」字之誤。「本」謂國也。輕重乙篇曰：「故入吾國之粟，因吾國之幣。」文小異大同。　翔鳳案：「求」訓「聚」。詩之「萬福來求」，即聚也。

〔四〕聞一多云：「壹」猶皆也。禮記三年問篇「壹使足以成文理」，義同。

〔五〕張佩綸云：「善者用非有，使非人」，輕重甲篇「故聖人善用非其有，使非其人」，此蓋古語，故甲篇以美湯，淮南主術以美武王，惟事語佚田引之，已爲管氏所駁斥，而此與甲篇反兩引之，何歟？　翔鳳案：事語之非田佚，重在「因諸侯權以制天下」，取義不同，非有矛盾也。

揆度第七十八

輕重十一

張佩綸云：説文：「癸，冬時水土平，可揆度也。」白虎通：「癸者，揆度也。」釋名：「癸，揆也，揆度而生乃出也。」史記律書：「『癸』之爲言揆也，言萬物可揆度也，故曰癸。」此篇皆泛言輕重之筴，與輕重諸篇雜糅緟複，未測篇名「揆度」之義。宙合篇「大揆度儀，若覺卧，若晦明，若敖之在堯也」，原解謂「通於可不利害之問」，疑爲管子學者傳聞偶異，以敖之在堯爲堯、舜之數，推演而爲此言。至輕重乙篇「武王問於癸度」，丁篇「癸度居人之國」，則又因篇名而誤爲人名。管書自子政以後，苦無善校，其爲何人割裂竄易，無從考核，非好學深思，不能以知其意矣。……或曰：「輕重以甲、乙分篇，不應至庚篇而止，此必癸篇也。「癸」訓揆度，故篇名揆度，而大名曰輕重癸。淺人以辛、壬並亡，而漢志八十六篇之數已足，故削足就屨，致十干之數不全，而管子之次第益亂。」此說頗有見，姑附之以備參核。郭沫若云：輕重乙篇有「武王問於癸度曰」一段，當屬於此篇，即此篇命名之所由。「揆度」即「癸度」。彼所謂「武王」者，「武」殆「威」之誤，乃即齊威王因齊也。翔鳳案：篇中「先王度用其重而因之」言其義。輕重一至十二雜述輕重政策。自甲至庚，乃爲輕重九府。劉向謂九府民間無有，則自一至十二民間有之。管子爲殷文化，所述癸度、徐伯（四稱）皆殷系。殷以十干爲名，不得以「癸」之訓揆，穿鑿比傅。不明輕重九府之義，而逞臆說。「桓」之爲「威」，乃宋人避諱，何得誤爲「武」耶？二説俱誤。癸度異於揆度，猶「區言」異於樞言，不能强合。

齊桓公問於管子曰：「自燧人以來，其大會可得而聞乎？」管子對曰〔一〕：「燧人以來，未有不以輕重爲天下也。共工之王，帝共工氏繼女媧有天下。水處什之七，陸處什之三，乘天勢以隘制天下〔二〕。至於黄帝之王，謹逃其爪牙，不利其器，藏祕鋒芒，不以示人。行機權之道，使人日用而不知。燒山林，破增藪，焚沛澤〔三〕，沛，大澤也。一說水草兼處曰沛。逐禽獸，實以益人，然後天下可得而牧也。至於堯、舜之王，所以化海内者，北用禺氏之玉，禺氏，西北戎名，玉之所出。南貴江、漢之珠。其勝禽獸之仇，以大夫隨之〔四〕。」勝，猶益也。禽獸之仇者，使其逐禽獸如從仇讎也。以大夫隨之者，使其大夫散邑粟財物，隨山澤之人求其禽獸之皮。桓公曰：「何謂也？」管子對曰：「令諸侯之子將委質者，諸國君之子，若衛公子開方、魯公子季友之類。皆以雙武之皮〔五〕，雙虎之皮以爲裘。卿大夫豹飾，卿大夫，上大夫也。袖謂之飾。列大夫豹幨〔六〕。列大夫，中大夫也。襟謂之幨。音昌詹反。大夫散其邑粟與其財物，以市武豹之皮。故山林之人刺其猛獸，刺，音七亦反。若從親戚之仇〔七〕。此君冕服於朝，而猛獸勝於外，大夫已散其財物，萬人得受其流。此堯、舜之數也。」言堯、舜嘗用此數。

〔一〕戴望云：路史前紀五引此文云：「齊桓公問於管仲曰：『輕重安施？』對曰：『自理國，伏羲以來，未有不以輕重而成其至者。』曰：『燧人以來，其大會可得而聞乎？』對曰：『燧人以來，未有不以輕重而爲天下者也。』」較今本多二十五字，宜據以補入正文。馬元材云：「會」，會計，解已見山至數篇。「大會」猶言大計。翔鳳案：路史所引，任意改字，多不可信，已見前文，不當補。

〔二〕聞一多云：「隘」讀爲搤。翔鳳案：國策「太子辭齊王歸，齊王隘之」，注：「『隘』誤作『阨』。」王煦説文五翼：「『隘』古與『阨』同，左傳多以『隘』爲『阨』。」漢司徒掾梁休碑云「隘窮不悶」，亦其證也。聞説稍誤。

〔三〕何如璋云：「增」與「層」通，「增藪」者，草木荒穢之地也。「沛澤」，謂澤中草棘叢生者，風俗通：「瀿沛者，草木之蔽茂，禽獸之所匿也。」 李哲明云：「增」讀爲橧，古通用。禮記禮運「夏則居橧巢」，釋文「橧，本又作『增』」，是其明證。家語問禮注「聚柴爲橧」，廣雅釋獸「橧，圈也」，即其義。國准以上同。

〔四〕王引之云：「禽獸之仇」義不可通，禽獸安得有仇乎？下文曰「猛獸勝於外」，則所勝者禽獸，非「禽獸之仇」也。「之仇」二字，蓋因下文「若從親戚之仇」而衍，尹不能釐正，而曲爲之說，非。 張佩綸云：爾雅釋詁：「仇，匹也。」說文：「隨，從也。」 許維遹云：王說是也。「勝」猶克服也。尹注「『勝』猶益」，非是。 翔鳳案：「若從親戚之仇」，「仇」字不誤。「禽獸之仇」句，不誤。下文「猛獸勝於外」意同，句法與後代稍異。

〔五〕洪頤煊云：「武」當作「虎」，此唐人避諱字。通典十二、路史後紀十一引俱作「虎」。

〔六〕張佩綸云：詩「羔裘豹飾，孔武有力」，傳：「豹飾，緣以豹皮也。」禮記玉藻「羔裘豹飾，緇衣以裼之」，鄭注：「飾，猶褎也。」唐風羔裘箋：「此位卿大夫之服也。」此鄭取管義以箋詩者。

〔七〕許維遹云：詩還篇「並驅從兩肩兮」，毛傳：「從，逐也。」「親戚」猶父母也，言若追逐父母之仇讎也。

桓公曰：「事名二、正名五而天下治。何謂事名二〔一〕？」對曰：「天筴，陽也；壤筴，陰也。此謂事名二。」「何謂正名五？」對曰：「權也，衡也，規也，矩也，准也。

此謂正名五。其在色者，青、黃、白、黑、赤也。其在聲者，宮、商、羽、徵、角也。其在味者，酸、辛、鹹、苦、甘也。二五者，童山竭澤，人君以數制之〔二〕。人味者，所以守民口也；聲者，所以守民耳也；色者，所以守民目也〔三〕。人君失二五者亡其國，大夫失二五者亡其勢，民失二五者亡其家。此國之至機也，謂之國機。」

〔一〕王念孫云：「桓公曰」當作「管子曰」，下文「何謂事名二，何謂正名五」，方是桓公問語。張文虎云：「桓公曰」三字疑當在「天下治」下。馬元材云：「事名二，正名五而天下治」，是古時成語，故特分別提出以相討論。王、張二氏説皆非。

〔二〕陳奐云：「二五者」下不應有「童山竭澤」四字，此四字疑在上文「堯舜之王」節中，國準篇「有虞之王，枯澤童山」可證。下「人」字衍。俞樾云：「童山竭澤」四字，當在下文「至於黃帝之王」句下，輕重戊篇云「黃帝之王，童山竭澤」，是其明證，傳寫誤入此，不可通矣。「人君以數制之人」句亦不可通，疑下「人」字衍文也。張佩綸云：此節當與山權數國戒節參訂。彼篇「國機、君道、人心」爲三端，其後僅有「君道度法，人心禁繆」，而「國機」乃見於此。此篇「事名二，正名五」兩端，「正名」有「聲」、「味」、「色」三語疏解，而「事名」無之；彼篇乃有「穀智」二句承之，而「此之謂事名二」又見於彼，其爲一節無疑。姚永概云：俞説均確，乃謂「味」上「人」字爲衍文，則可不必，當是「夫」字脱去二筆耳。聞一多云：上文述黃帝之王「燒山林，破增藪，焚沛澤」，即「童山竭澤」之謂，則不當更有「童山竭澤」四字明甚。

俞説非是。四字疑本在「其勝禽獸」上。翔鳳案：禮運：「人者，天地之心也，五行之端也，食味、别聲、被色而生者也。」「味者」三句釋人，非誤字。

〔三〕俞樾云：「味者所以守民口也」三句，當在「二五者人君以數制之」之上。試逭上文「其在味者酸辛鹹苦甘也」讀之，則文義俱順矣。「二五者人君以數制之」又遠蒙「事名二、正名五」而言，下接「人君失二五者亡其國」。今於中間又錯入「味者所以守民口也」三句，則文不貫矣。幸其衍一「人」字，知「以數制之」下本與「人君」相連，其跡未泯，尚可訂正。翔鳳案：總結「二五」之後，再就五中申言之，而二未有。移上則混，俞説非是。

輕重之法曰〔一〕：「自言能爲司馬不能爲司馬者，殺其身以釁其鼓〔二〕。自言能治田土不能治田土者，殺其身以釁其社〔三〕。自言能爲官不能爲官者，劓以爲門父〔四〕。」故無敢姦能誣禄至於君者矣。故相任寅爲官都，重門擊柝不能去〔五〕，亦隨之以法〔六〕。

〔一〕馬元材云：「輕重之法」，謂輕重家所訂立之法典也。史記齊太公世家索隱云：「管子有理人輕重之法七篇。」此處明標「輕重之法曰」云云，當與「理人輕重之法」有關，惟不知所謂「七篇」者，究在輕重十九篇之内，抑在其外耳。翔鳳案：輕重之法，爲甲至庚七篇，詳權脩。

〔二〕尹桐陽云：「釁」，血祭也。左僖三十三年傳：「不以纍臣釁鼓。」韓子説林下：「縛之，殺以釁鼓。」翔鳳案：左僖三十三年傳杜注：「殺人以血塗鼓，謂之釁鼓。」

〔三〕孫毓棠云：管書問篇：「問五官有度制。」淮南天文訓「何謂五官？東方爲田，南方爲司馬，西方爲理，北方爲司空，中央爲都」，高注：「田主農，司馬主兵，理主嶽，司空主土，都爲四方最也。」然則「五官」乃齊之中央官制，而「田」爲五官之一，主農事，職猶周之司徒。若以上下文爲例，則當言「爲田」，以此上之「爲司馬」，下之「爲官都」（按「官」下當有「都」字）。此不作「爲田」而言「治田土」者，就其職掌言也。

〔四〕張佩綸云：「能爲官不能爲官者」，「官」下均當有「都」字。「都」與「者」形近，淺人删之耳。「馬」、「鼓」、「土」、「社」、「都」、「父」，爲韻。「官」讀爲管庫之管，「官都」，周禮「都」則都士之屬，皆中士下士，或以淮南「中央爲都」釋「官都」，非也。「劓」當爲「刖」，字之誤也。周禮秋官司刑：「刖者使守門。」聞一多云：「劓」，各本作「劓」，說文「劓」爲「刖」之重文。易困九五：「劓刖，困于赤紱。」「劓刖」疊韻連語，二字例當同義。然則「劓」猶刖也，不煩改字。周禮司刑「刖罪五百」，注：「刖，斷足也。」古以斷足者爲閽人，司刑「刖者使守門」是也。

翔鳳案：說文「劓，刑鼻也。易曰：天且劓」，則「劓」即「劓」字無疑。康誥「劓刖人」，亦「劓刖」二字連用，則其刑相因而并及也。官都爲五官之長，此處不能加「都」字。

〔五〕俞樾云：「寅」字無義，疑「更」字之誤。隸書「寅」作「寅」，其下與「更」相似，故「更」誤爲「寅」矣。「相任更爲官都」者，言使之相保任而更迭爲官都也。「官都」見問篇。按：問篇曰「問五官有度制，官都其有常斷，今事之稽也何待」，然則「官都」者，五官之總司也。淮南子天文篇曰「何謂五官？東方爲田，南方爲司馬，西方爲理，北方爲司空，中央爲都」，「都」即此所謂「官都」也。上文云：「自言能爲司馬，不能爲司馬者，殺其身以釁其鼓。自言能治田土，不能治田土者，殺其身以釁其社。」「司馬」也，「田」也，「五官」中之二也，然則「相任更爲官都」，殆謂使四官相保任，而更迭爲官都乎？張佩綸云：「任寅」當作「任舉」，本書屢見。陶鴻慶云：「寅」疑「與」字之誤。「與」讀爲舉。「官」謂官府，「都」謂都邑，爲官以事言，爲都以地言也。「相任舉爲官都」，對上文「自言能爲」者而言。「重門擊柝」，對上文「司馬」以下諸大官而言。此而不能者，皆隨之以法。一不以過舉而免之，一不以微職而寬之也。翔鳳案：「任」訓保，俞說是也。「寅」即引，禮記月令疏：「寅，引也。」史記律書「寅，言萬物始生螾然也。」「螾」即蚓，諸說誤。

〔六〕俞樾云：「去」乃「者」字之誤，上文云「自言能爲司馬，不能爲司馬者，殺其身以釁其鼓。自言能治田土，不能治田土者，殺其身以釁其社。自言能爲官，不能爲官者，劓以爲門父」，故此言「重門擊柝不能者，亦隨之以法」，不以其職微而寬之也。「重門擊柝」猶言抱關擊柝。戴望云：路史後紀十一引此文正作「者」。翔鳳案：不能則去而不用，亦隨之以法。兩義相承，「亦」字可玩味，改「去」爲「者」，誤矣。禮記禮運「在埶者去」，注：「去罪退之也。」

桓公問於管子曰：「請問大准。」管子對曰：「大准者，天下皆制我而無我焉，此謂大准〔一〕。」桓公曰：「何謂也？」管子對曰：「今天下起兵加我，臣之能謀厲國定名者〔二〕，割壤而封；臣之能以車兵進退成功立名者，割壤而封。然則是天下盡封君之臣也，非君封之也。天下已封君之臣十里矣，天下每動，重封君之民二十里〔三〕。君之民非富也，鄰國富之。鄰國每動，重富君之民。貧者重貧，富者重富，大准之數也。」桓公曰：「何謂也？」管子對曰：「今天下起兵加我，民棄其耒耜，出持戈於外，然則國不得耕。此非天凶也，此人凶也。君朝令而夕求具，民肆其財物與其五穀爲讎，厭而去〔四〕，賈人受而廩之，然則國財之一分在賈人。師罷，民反其事，萬物反其重，賈人出其財物，國幣之少分廩於賈人。若此則幣重三分，財物之輕重三分〔五〕。賈人市於三分之間，國之財物盡在賈人，而君無筴焉。民更相制〔六〕，君無有事焉。此輕重之大准也。」

〔一〕安井衡云：「無」猶輕也。張佩綸云：「大准」均當作「失准」。翔鳳案：法法「不與大慮始」，注：「大，猶衆也。」莊子天地：「不同同之之謂大。」國内之平衡爲「准」，國際之平衡爲「大准」，衆國共之也。人皆制我而無小我之焉，二説誤。

〔二〕俞樾云：「厲」讀爲利，「厲國」即利國也。史記陳杞世家「是爲厲公」，索隱曰：「『厲』、『利』

聲相近。」國策秦策曰「綴甲厲兵」，高注曰：「厲，利也。」張佩綸云：「厲」當作「勱」。説文：「勱，勉力也。」書立政：「用勱相我國家。」聞一多云：「厲」與「勱」通。「名」當爲「民」，涉下文而誤。翔鳳案：皋陶謨：「庶明厲翼。」漢書儒林傳「以厲賢材與」，注：「勸勉之也。」張説是。「名」指國衡，聞説非是。

〔三〕豬飼彦博云：「民」當作「臣」。「二」字衍。陶鴻慶云：「重」，益也。「重封君之民二十里」本作「重封君之臣二十里」，與上文語意相承。今本涉下句「君之民」而誤也。郭沫若云：此「民」字不當改爲「臣」，「民」指下文「賈人」而言。言有職之臣，既因戰事而得裂土分封，而無職之富商蓄賈，亦因戰事而屯積居奇，所獲利潤更多一倍。民有貧富，故下文云：「鄰國每動，重富君之民，貧者重貧，富者重富。」翔鳳案：郭説是也。

〔四〕翔鳳案：漢書高帝紀「每酤留飲酒，讎數倍」，如淳曰：「『讎』亦售也。」説文：「猒，笮也。」通作「壓」。

〔五〕張佩綸云：「幣重三分」當作「穀之輕重一分」，「財物之輕重三分」承上來。翔鳳案：賈人賤買一分，貴賣一分，物之原價一分，共三分幣。「重」讀崇，與下文輕重不同。張説誤。

〔六〕翔鳳案：各國之民更相制，指賈人而言。「君」亦指各國。

管子曰：人君操本，民不得操末。人君操始，民不得操卒。其在涂者，籍之於衢塞。其在穀者，守之春秋〔一〕。其在萬物者，立貲而行。故物動則應之。故豫奪其涂則民無遵，君守其流則民失其高〔二〕。故守四方之高下，國無游賈，貴賤相當，此謂國衡。以利相守，則數歸於君矣〔三〕。」

〔一〕安井衡云：「衢塞」，謂關市。

〔二〕陶鴻慶云：「民失其高」不成文義，疑本作「民失其高下」，言民不得自爲輕重也。下文「故守四方之高下」云云，即承此言。李哲明云：「高」或當作「用」，本篇數見。「君守其流」，即異於操本與始，斯民失其用矣。下「守四方高下，……貴賤相當」，斯民得其用矣。故知當爲用也。翔鳳案：「流」爲由高赴下，「君守其流」，則民不能操縱而失其高，不得厚利矣。諸説誤。

〔三〕翔鳳案：國衡隨時變易，無定制，郭沫若改「利」爲「制」，非是。

管子曰：「善正商任者省有肆，省有肆則市朝閒〔一〕，市朝閒則田野充，田野充則民財足，民財足則君賦斂焉不窮。今則不然，民重而君重，重而不能輕；民輕而君輕，輕而不能重。天下善者不然，民重則君輕，民輕則君重。此乃財餘以滿不足之數也〔二〕。故凡不能調民利者，不可以爲大治。不察於終始，不可以爲至矣。動左右以重相因，二十，國之筴也〔三〕。鹽鐵二十，國之筴也。錫金二十，國之筴也。五官之數，不籍於民。」

〔一〕張佩綸云：「商任」，周禮閭師：「任商以市事，貢貨賄。」一說：淮南道應訓「於是爲商旅將任車」，高注：「任，載也。」「有」當作「賄」。周禮「肆長各掌其肆之政令，陳其貨賄」，是其證。黄鞏云：「肆」，聚陳也。「省」者，察其不中度量，殺伐及姦聲亂色而禁之。「省有肆」則禮不得踰，材不得枉，盜竊亂賊不得作，而又無淫巧惑世，欺詐病民。以有易無，交易而退，無爭質聽斷，上煩有司，朝市所以閒也。馬元材云：「省」指宫禁或官府而言。漢書昭紀「共養省中」，伏儼曰：「蔡邕云：『本爲禁中，門閤有禁，非侍御之臣不得妄入。行道豹尾中，亦爲禁中。孝元皇后父名禁，避之，故曰省中。』」周壽昌云：「文選魏都賦『禁台省中』，李善注引魏武集荀欣等曰：『漢制，王所居曰禁中，諸公所居曰省中。』是漢制原有禁與省之別，不是避王禁諱始。且昭帝下距元后時甚遠，何以遽避禁諱？若爲班氏進書，則班氏時已在中興後，更何所忌於王氏而爲之避也。」然則此所謂「省有肆」之「省」，無論其爲宫禁或官府，均係政府之代名詞，則可斷言。蓋謂善算商車者，應由政府設爲專官，自營商業，賤則買之，貴則賣之，則人民咸不肯復至自由市場交易，而自由市場必爲之空閑。自由市場空閑則無利可圖，故一般逐什二以爲務者必返於農，而田野隨之而日趨繁榮。

〔二〕張文虎云：「財」乃「裁」之借字，易泰大象傳「后以財成天地之道」，「財」荀氏作「裁」。

〔三〕劉績云：别本「二十」作「世」字，下放此。張佩綸云：「動左右以重相因」亦有譌誤。疑「動」字衍。「左右」，相須也，詳禮注。翔鳳案：本文自通，無誤字。

桓公問於管子曰：「輕重之數惡終？」管子對曰：「若四時之更舉，無所終。國有患憂，輕重五穀以調用，積餘臧羨以備賞。天下賓服，有海内，以富誠信仁義之士。故民高辭讓，無爲奇怪者。彼輕重者，諸侯不服以出戰，諸侯賓服以行仁義。」

管子曰：「一歲耕，五歲食，粟賈五倍。一歲耕，六歲食，粟賈六倍。二年耕，而十一年食〔一〕。夫富能奪，貧能予，乃可以爲天下。且天下者，處茲行茲，若此而天下可壹也。夫天下者，使之不使，用之不用。故善爲天下者，毋曰使之，使不得不使；毋曰用之，使不得不用也。」

〔一〕丁士涵云：「『十一年』疑當作『十二年』。下文亦當有『粟賈十二倍』五字。即上文『一歲耕，六歲食，粟賈六倍』之倍數也。」張文虎云：「據上文有『五歲』、『六歲』，正得十一年。丁君云『當作「十二年」』，非。」尹桐陽云：「『十一年食』，合上五歲、六歲計也。」

管子曰：「善爲國者，如金石之相舉，重鈞則金傾〔一〕，故治權則勢重，治道則勢羸〔二〕。今穀重於吾國，輕於天下，則諸侯之自泄，如原水之就下。故物重則至，輕則去。有以重至而輕處者。我動而錯之，天下即已於我矣〔三〕。物臧則重，發則輕，散則多〔四〕。幣重則民死利，幣輕則決而不用，故輕重調於數而止。」

〔一〕何如璋云：「『金』，謂五金之物。『石』者，四鈞也。」翔鳳案：小爾雅廣衡：「稱二謂之鈞。」言秤之均衡也。呂氏春秋仲春紀「鈞衡石」，注：「石，稱也。」金以斤計，鈞三十斤，石百二十斤，故其輕重可比。郭沫若謂「石」指五穀，非是。

〔二〕張佩綸云：「嬴」當作「羸」，「傾」、「羸」爲韻。　郭沫若云：張説非也。「治權則勢重治道則勢羸」，「道」與「權」爲對，「羸」與「重」爲對。揆度篇作者採取慎到重勢之説，寧採用權勢而捨正道。權與道猶金與石之相比。如金與石等重則金受損失矣，如權與道並重，則權受損失矣。權與勢，二而一者也。故曰「如金石之相舉，重鈞則金傾，故治權則勢重，治道則勢羸」。張氏未得其解。　翔鳳案：君臣上：「爲人君者，修官上之道，而不言其中。」又曰：「道也者，上之所以導民也。」與權力有殊。

〔三〕丁士涵云：「處」亦去也。左僖廿六年傳「能左右之曰以」，穀梁桓十四年傳「以者，不以者也」，注：「不以者，謂本非所得制，今得以之也。」「有以重至而輕去」，言物非無端而重至，無端而輕去，必有以之者，則權數是也。「我動而錯之天下」句，趙本「天下」屬下讀者，非。

翔鳳案：説文：「已，用也。」此「以於我」，即用於我也，「已」即「以」，丁説是也。

〔四〕張佩綸云：「散則多」當作「散則寡，歛則多」。國蓄篇「夫物多則賤，寡則貴，散則輕，聚則重」，是其證。　聞一多云：當作「聚則多，散則少」。　孫毓棠云：疑當作「聚則寡，散則多」。　翔鳳案：物藏則重，出之則輕。月令「雷乃發聲」，注：「猶出也。」出而散之則多，二句相承。諸人未得其解，以爲偶句，非是。

「五穀者，民之司命也。刀幣者，溝瀆也。號令者，徐疾也。令重於寶，社稷重於親戚。胡謂也？」對曰：「夫城郭拔，社稷不血食，無生臣。親没之後，無死子。此社稷之所重於親戚者也。故有城無人，謂之守平虚。有人而無甲兵而無食〔一〕，謂之與禍居。」

〔一〕安井衡云：「甲兵」下疑脱「有甲兵」三字。翔鳳案：「平虚」即平墟。説文：「虚，大丘也。」兩「而」字蟬聯而下，加三字非是。

桓公問管子曰：「吾聞海内玉幣有七筴，可得而聞乎？」管子對曰：「陰山之礝碈，一筴也〔二〕。燕之紫山白金，一筴也〔三〕。發、朝鮮之文皮，一筴也〔三〕。汝、漢水之右衢黄金，一筴也。江陽之珠，一筴也。秦明山之曾青，一筴也。禺氏邊山之玉，一筴也。此謂以寡爲多，以狹爲廣，天下之數盡於輕重矣。」

〔二〕張佩綸云：「陰山」，漢書匈奴傳：「侯應曰：臣聞北邊塞至遼東外有陰山，東西千餘里，草木茂盛，多禽獸。」尹桐陽云：中山經：「合谷之山北三十里曰陰山，多礪石、文石，少水出焉。」案其道里及所出水，疑即緜山，山在山西祁縣、沁源二縣界。「礝」，説文作「碝」，石次玉者。「碈」即珉，美石也，與「文」爲聲轉字，故「瑉」一稱文石。禮射義「敢問君子貴玉而賤瑉者何也」，注：「瑉，石似玉，或作『玟』也。」玉藻：「士佩瓀玟。」

〔二〕張佩綸云：水經鮑邱水注：「地理志灅水出俊靡縣，南至無終，東入庚，庚水世亦爲之柘水也，南逕燕山下。」鮑邱水注又云：「黄水又西南逕無終山，即帛仲理所合神丹處也。又於是山作金五千斤以救百姓。」帛仲理事本荒誕，然必無終山本産金，故有是言。疑「燕之紫山」即無終之燕山矣。

〔三〕孫星衍云：「發」，北狄國名。安井衡云：「發」，東夷名，見於汲冢周書。張佩綸云：「發」，逸周書王會篇「發人麃，麃者若鹿迅走」，盧注：「發，北發也。」史記五帝紀「北山戎發息慎」，王恢傳「北發月支可得而臣」，索隱：「北發是北方國名。」

桓公問於管子曰：「陰山之馬具駕者千乘。馬之平賈萬也，金之平賈萬也。吾有伏金千斤〔一〕，爲此奈何？」管子對曰：「君請使與正籍者，皆以幣還於金〔二〕，吾至四萬〔三〕。此一爲四矣。吾非埏埴摇鑪橐而立黄金也〔四〕，今黄金之重一爲四者，數也。珠起於赤野之末光，黄金起於汝、漢水之右衢，玉起於禺氏之邊山。此度去周七千八百里，其涂遠，其至阸①，故先王度用其重而因之，珠玉爲上幣，黄金爲中幣，刀布爲下幣。先王高下中幣，利下上之用。百乘之國，中而立，東西南北度五十

①「阸」字原作「阨」，據補注改。

里〔五〕。一日定慮，二日定載，三日出竟，五日而反。百乘之制，輕重毋過五日〔六〕。百乘爲耕田萬頃，爲户萬户，爲開口十萬人，爲分者萬人〔七〕，爲輕車百乘，爲馬四百匹①。千乘之國，中而立市，東西南北度百五十餘里〔八〕。二日定慮，三日定載，五日出竟，十日而反。千乘之制，輕重毋過一旬。千乘爲耕田十萬頃，爲户十萬户，爲開口百萬人，爲當分者十萬人，爲輕車千乘，爲馬四千匹。萬乘之國，中而立市，東西南北度五百里。三日定慮，五日定載，十日出竟，二十日而反。萬乘之制，輕重毋過二旬。萬乘爲耕田百萬頃，爲户百萬户，爲開口千萬人，爲當分者百萬人，爲輕車萬乘，爲馬四萬匹。」

〔一〕翔鳳案：廣雅釋詁四：「伏，藏也。」

〔二〕翔鳳案：此言運用伏金之策，以一爲四。儀禮士相見禮「凡執幣者」，疏：「玉、馬、皮、圭、璧、帛皆稱幣。」以黄銅換算爲幣價，是爲「幣還於金」。

〔三〕翔鳳案：「吾」通「語」或「矛」。列子「西戎獻錕鋙之劍」，子虚賦作「昆吾」。考工記「大琮十有二寸。射四寸」，注：「射，其外鉏牙。」「鉏牙」即「鉏鋙」，説文訓「錡」爲「鉏鋙」，轉語爲「槎

① 「匹」字原作「四」，據補注改。

牙」。「吾至四萬」，謂其槎至四萬也。

〔四〕王念孫云：「鑪橐」當爲「鑪橐」，字之誤也。（周官翦氏注「故書『蠹』爲『橐』」，譌作「橐」。韓子八説篇「千城距衝，不若湮穴伏橐」，今本亦譌作「橐」。）老子「天地之間其猶橐籥乎」，王注曰：「橐，排橐也。」淮南本經篇「鼓橐吹埵，以銷銅鐵」，高注曰：「橐，治鑪排橐也。」齊俗篇曰「鑪橐埵坊，設非巧治，不能以治金」，論衡量知篇曰「工師鑿掘鑪橐鑄鑠乃成器」，故曰「搖鑪橐而立黄金」。　安井衡云：「橐」當爲「橐」，冶氏熾炭之器，摇其柄則風生。「立」，成也。

〔五〕豬飼彦博云：百乘之國，地方百里，故四境去中各五十里，此乃司馬法一成一乘之制也。　俞樾云：「度」當爲「各」，聲之誤也，謂東西南北各五十里也。上文「故先王度用其重而因之」，地數篇作「故先王各用於其重」。「度」、「各」聲近而誤，在本篇即可證矣。又案：此文當作「東西南北各百五十里」，故其下云「三日出竟」，明每日行五十里也。荀子大略篇所謂「吉行五十」，是也。下文「千乘之國，中而立市，東西南北度百五十餘里」，當作「度二百五十里」，故其下云「五日出竟」，亦是每日行五十里也。何以明之？據下文曰「萬乘之國，中而立市，東西南北度五百里」，其下即云「十日出竟」。夫五百里而十日出竟，則日行五十里可知。前後必當一例，故知此文有奪誤也，詳管子之意，萬乘之國方千里，是古王畿之制，千乘之國方五百里，是周禮諸公之國之制，百乘之國方三百里，是周禮諸伯之國之制，蓋管子多與周禮合也。古者公侯爲一等，伯子男爲一等，故左傳曰：「在禮，卿不會公侯，會伯子男可也。」此文言公以該侯，言伯以該子男耳。若如今本，則百乘之國方百里，千乘之國方三百餘里，萬乘之國方千里，參差不齊矣。又「五十」、「五百」、均無餘數，獨于「百五十」言餘，亦不可通也。翔鳳案：「中而立」，「立」古「位」字，以中爲位也。東西南北，量之各五十里，豬飼説是也。「三日出竟」，謂第三日出境，非行三日也，俞説非是。

〔六〕俞樾云：「五日而反」本作「六日而反」。據下文「五日出竟，十日而反」，「十日出竟，二十日而反」，是反之日必倍其出竟之日。此云「三日出竟」，則必「六日而反」可知，傳寫誤也。

翔鳳案：第四日出境，第五日反國，俞説非是。

〔七〕丁士涵云：下文云「爲當分者十萬人」、「爲當分者百萬人」，皆有「當」字，宜據補。張佩綸云：「分」當爲「介」。翔鳳案：此「萬人」指壯男。禮運「男有分」，注：「職也。」指耕田言之，不必加字，二説俱非。

〔八〕豬飼彦博云：千乘之國，地方三百十六里六十八步有奇，四竟去中各百五十八里三十四步。

俞樾云：敓「二」字，詳上。翔鳳案：俞加「二」字誤，詳上。

管子曰：「匹夫爲鰥，匹婦爲寡〔一〕，老而無子者爲獨。君問其若有子弟師役而死者，父母爲獨，上必葬之，衣衾三領，木必三寸，鄉吏視事，葬於公壤〔二〕。若産而無弟兄〔三〕，上必賜之匹馬之壤〔四〕。故親之殺其子以爲上用，不苦也。君終歲行邑里。

其人力同而宮室美者，良萌也〔五〕，力作者也，脯二束、酒一石以賜之。力足蕩游不作，老者譙之，當壯者遣之邊戍〔六〕。民之無本者，貸之圃彊〔七〕。故百事皆舉，無留力失時之民。此皆國筴之數也。」

〔一〕翔鳳案：孟子「力不能勝一匹雛」，趙注：「力不能勝一小雛。」「匹」訓四丈，从匚八，此布匹之匹。有寫作「布疋」者，習用之假字也。

〔二〕尹桐陽云：前漢書高帝紀：「令士卒從軍死者，爲槥歸其縣。縣給衣衾棺葬具，祠以少牢。長吏視事。」法蓋出此。

〔三〕張佩綸云：「若産而無弟兄」，言止生一子也。此二語當在前，言未死則賜以田，既死則予以葬地。翔鳳案：此指爲師役而死者，與平時授田不同，張誤。

〔四〕郭嵩燾云：上文「百乘爲耕田萬頃」，「爲馬四百匹」，則「匹馬之壤」當耕田二十五頃。許維遹云：山權數篇有「一馬之田」語，是齊人以馬名田壤之數。翔鳳案：北人以馬耕，言一馬一日所耕之面積。

〔五〕張文虎云：「萌」即民也，説文：「民，衆萌也。」聞一多云：「萌」讀爲民。楚辭天問「厥萌在初，誰所億焉」，文選蜀都賦注引蜀王本紀「是時人萌椎髻左衽，不曉文字，未有禮樂」，成陽靈臺碑「以育苗萌」，「萌」並讀爲民。翔鳳案：「萌」同「氓」，爲流氓或奴隸，與自由民不同。

〔六〕聞一多云：「當壯」即丁壯。

〔七〕何如璋云：「彊」當爲「疆」，蓋敺民歸農，則力皆出於南畝而五穀豐。翔鳳案：吳大澂說文古籀補：「古文以爲『疆』字。」何説是也。莊子天地「方將爲圃畦」，「圃畦」即「圃彊」也。

上農挾五，中農挾四，下農挾三〔一〕。上女衣五，中女衣四，下女衣三。農有常業，女有常事。一農不耕，民有爲之飢者。一女不織，民有爲之寒者〔二〕。飢寒凍餓，必起於糞土〔三〕，故先王謹於其始。事再其本，民無檀者賣其子〔四〕。三其本，若爲食〔五〕。四其本，則鄉里給。五其本，則遠近通，然後死得葬矣。事不能再其本，而上之求焉無止，然則姦涂不可獨遵〔六〕，貨財不安於拘〔七〕。隨之以法，則中內摲民也〔八〕。輕重不調，無檀之民不可責理，鬻子不可得使，君失其民，父失其子，亡國之數也。

管子曰：「神農之數曰：一穀不登，減一穀，穀之法什倍。二穀不登，減二穀，穀之法再什倍〔九〕。夷疏滿之〔一〇〕，無食者予之陳，無種者貸之新，故無什倍之賈，無倍稱之民〔一一〕。」

〔一〕安井衡云：「挾」、「浹」通，周匝也。俞樾云：「挾」猶給也。「挾」讀爲浹，古無「浹」字，故以「挾」爲之。「浹」之言周也，徧也，故有給足之義。荀子解蔽篇「雖億萬已不足浹萬物之變」，注曰：「浹，周也。」文選東京賦「饔餼浹乎家陪」，注曰：「浹，徧也。」竝與給足義相近。

此言上農足以給五人，中農足以給四人，下農足以給三人，與下文「上女衣五，中女衣四，下女衣三」同義。　何如璋云：「挾」與「浹」通。天官太宰「懸治象之法於魏象，挾日而斂之」，「挾」又作「浹」。　張佩綸云：「挾」，爾雅釋言：「藏也。」言藏五人所食之穀，四三遞減。　翔鳳案：廣雅釋詁四：「挾，輔也。」齊物論「挾宇宙」，崔本作「扶」。「挾」本作「夾」，有懷夾扶持之義。此用本義，諸説均非。

〔二〕張佩綸云：吕氏春秋愛類篇：「神農之教曰：士有當年而不耕者，則天下或受其饑矣；女有當年而不績者，則天下或受其寒矣。故身親耕，妻親績，所以見致民利也。」淮南齊俗訓：「故神農之法曰：丈夫丁壯而不耕，天下有受其饑者；婦人當年而不織，天下有受其寒者。」漢書食貨志上賈誼説上曰：「筦子曰『倉廩實而知禮節』，民不足而可治者，自古及今未之嘗聞。古之人曰：『一夫不耕，或受之饑；一女不織，或受之寒。』生之有時，而用之亡度，則物力必屈。」吕、淮南引作神農之書，賈誼前引筦子，後以「古人」别之，知此兩語非管子語矣。今移後管子引神農之教於前，則兩語亦管子引神農之言，與吕、淮南、漢書均合，文義亦條貫可讀矣。

〔三〕丁士涵云：「起」疑「赴」之誤。輕重甲篇曰「勿使赴於溝澮之中」，是其明證。　于省吾云：丁説殊誤。溝壑可言「赴」，糞土不可言「赴」。且下云「故先王謹於其始」，「始」字正與「起」字相應。上文以耕織爲言，蓋農桑以糞土爲本，今不以耕織爲務，故云「飢寒凍餓必起於糞土」。翔鳳案：穀與麻皆起於糞土。于説是也。

〔四〕王念孫云：「賣」上當有「不」字。「糟」即饘鬻之饘。言「事再其本」，則民雖無饘而亦不賣其子也。輕重甲篇曰「事再其本，則無賣其子者」，是其證。翔鳳案：再倍其本，種一而得二，收入不足養家，故無糟而賣子，王蓋不知農村情形矣。

〔五〕丁士涵云：輕重甲篇曰：「事三其本，則衣食足。」疑此文有誤。翔鳳案：「若」猶乃，言其難。「三其本」，僅得食矣。

〔六〕翔鳳案：方言十二：「遵，行也。」説文：「可，肯也。」不肯獨行，言行姦涂者衆也。

〔七〕李哲明云：「拘」字疑誤，或當爲「徇」，與「遵」、「民」韻。字形似「拘」。言人君徇於貨財，貨財即不得安。徇之云者，所謂「上之求焉無止」也。翔鳳案：説文：「拘，止也。」貨財外流，不可禁止也。李説誤。

〔八〕趙用賢云：「撕」，一作「漸」，音衫，芟也。李哲明云：「内」讀爲納，言納民財於中幣，則是芟割其民也。「撕」，芟也，用趙説。許維遹云：説文：「撕，斬取也。」禮記禮器篇云「有撕而播也」，鄭注：「『撕』之言芟也，芟，刈草也。」「中内撕民」，猶言暗中害民耳。翔鳳案：淮南原道訓「好事者未嘗不中」，注：「傷也。」漢書何武傳「欲以吏事中商」，注：「傷之也。」「中内」，傷其内也，諸説誤。

〔九〕何如璋云：「減」者，減其所積而散之。翔鳳案：「十倍」言其數，非教也。呂氏春秋言神農之教（見上），指飢寒而言；淮南言神農之法（見上），言各有當。

〔一〇〕何如璋云：「夷」，傷者。「疏」，稀者。補而滿之。張佩綸云：事語篇「綈素滿之」，案：當從事語篇。古文「夷」、「第」通，「疏食」亦作「素食」。「綈素滿之」，言取盈於女功，以補農事之不足也。丁士涵以「夷疏」爲芟夷果蔬，亦通；但「滿之」二字不可解矣。郭沫若云：「夷疏」乃平糴之意，「夷」謂平其價，「疏」謂通其有無。說見輕重甲篇。翔鳳案：說文：「疏，通也。」「夷，平也。」郭說是也。

〔一一〕尹桐陽云：前漢書食貨志「亡者取倍稱之息」，如淳曰：「取一償二爲倍。」師古曰：「稱，舉也。今俗所謂舉錢是也。」

國准第七十九

輕重十二

張佩綸云：水地篇：「準者，五量之宗也。」漢書律曆志上：「準者，所以揆平取正也。」說文：「準，平也。」此篇凡三節，首陳五家之數，次言今之時兼用五家之數，末言來世不外五家之數。在各篇條理最爲融貫。惟輕重丁篇明有「此謂國準」兩節，不知何以不入此篇？而揆度「請問大准」一節，所言准數與此亦別。輕重戊篇亦有兼用五家而勿盡之說，所陳五家與此大同小異，命意稍岐。若管子以天下之才，止此一筴，反復重沓，豈足動桓公之聽而成匡合之功？

按：史記平準書：「太史公曰：農工商交易之路通，而龜貝金錢刀布之幣興焉。所從來久遠，自高辛氏以前，尚矣，靡得而記云。故書道唐、虞之際，詩述殷、周之世，安甯則長庠序，先本絀末，以禮義防于利。事變多故而亦反是。是以物盛則衰，時極則轉，一質一文，終始之變也。禹貢九州，各因其土地所宜，人民所多少而納職焉。湯、武承弊易變，使民不倦，各兢兢所以爲治，而稍陵遲衰微。齊桓公用管仲之謀，通輕重之權，徼山海之業，以朝諸侯，用區區之齊顯成霸名。魏用李克，盡地力，爲彊君。自是以後，天下爭於戰國，以至於秦，卒幷海内。」史公親見管書，故以管子、李克上承帝王，而以「自是以後」畫清戰國，知管氏立平準，即用上古之平準，非戰國所知，即更非桑、孔平準所知也。然則用五家之數，視時立儀，即國準要旨，而其要不外因土地人民，承弊易變，不如此篇之瑣屑煩猥，明矣。疑輕重戊篇首節所陳與史記尚合，乃國準本文，而此篇則民間所傳，已淆其實。翔鳳案：史記言管仲要旨：「通輕重之權，徼山海之業。」以此二語衡之，國准一篇之旨，仍不外是。張氏之言，置之不論可也。

齊桓公問於管子曰〔一〕：「國准可得而聞乎？」管子對曰：「國准者，視時而立儀。」桓公曰：「何謂視時而立儀？」對曰：「黄帝之王，謹逃其爪牙〔二〕。有虞之王，枯澤童山。夏后之王，燒增藪，焚沛澤，不益民之利〔三〕。殷人之王，諸侯無牛馬之牢，不利其器。周人之王，官能以備物。五家之數殊，而用一也。」桓公曰：「然則五家之數，籍何者爲善也？」管子對曰：「燒山林，破增藪，焚沛澤，禽獸衆也〔四〕。童山竭澤者，君智不足也。燒增藪，焚沛澤，不益民利，逃械器〔五〕，閉知能者，輔己者也。諸侯無牛馬之牢，不利其器者，曰淫器而一民心者也〔六〕。以人御人，逃戈刃〔七〕，高仁義，乘天國以安己也〔八〕。五家之數殊，而用一也。」

〔一〕聞一多云：各本無「齊」字，是，當據删。　翔鳳案：揆度亦有「齊」字。桓爲謚名，魯亦有桓公，稱「齊」以別之，「齊」非誤字。例如清代謚文正者，有曾國藩、朱軾、曹鏞等，若不稱其姓，何以別之乎？尋常省「齊」字，有時不省，反以不省爲怪乎？

〔二〕丁士涵云：下脱「燒山林，破增藪，焚沛澤」九字，下文可證。　張佩綸云：揆度篇「謹逃其爪牙，燒增藪，焚沛澤，不利其器」，屬之黄帝；輕重戊篇「童山竭澤」，亦屬之黄帝；此乃分屬虞、夏、殷三朝，疑揆度、戊篇爲實，而此爲子政所删者。　翔鳳案：「五家之數」：一、黄帝驅禽獸，逃其爪牙。二、有虞「童山竭澤」，孟子「舜使益掌火，益烈山澤而焚之，禽獸逃匿」，是也。三、夏后焚燒同前而逃械器。黄帝不利其器，夏后則匿其器而閉知能。荀子榮辱「陶誕突盜」，注：「隱匿其情也。」假「陶」爲「逃」。四、殷人禁諸侯不準利其器。五、周人匿戈刃而高仁義。時愈降而術愈巧。所記有詳略，不必增補。張以爲子政所删，則謬矣。

〔三〕何如璋云：「不」字乃「以」字之譌。　張佩綸云：「益」當作「隘」。言大闕其利途也，即

「益烈山澤而焚之」。　李哲明云：「不」字當衍。揆度篇「燒山林，破增藪，焚沛澤，逐禽獸，實以益人」，此所以益民之政，何云「不益民之利」也？下云「童山竭澤，益利搏流」，亦其證。「不」字，蓋涉下「不利其器」而衍。下「不益民利」同。　翔鳳案：夏后採金於山，但知利己，不益民利。無誤字。

〔四〕丁士涵云：「燒山林，破增藪，焚沛澤」上脱「僅逃其爪牙」五字。　陶鴻慶云：「燒增藪，焚沛澤」云云，見下文論「夏后之王」，此文不當複出。據上文云「黄帝之王，謹逃其爪牙；有虞之王，枯澤童山；夏后之王，燒增藪，焚沛澤，不益民之利；殷人之王，諸侯無牛馬之牢，不利其器；周人之王，官能以備物」，此文自「童山竭澤」以下，皆與上文相值，則首論「黄帝之王」，當云：「謹逃其爪牙者，猛獸衆也。」今本涉下文而誤複耳。　郭沫若云：丁説近是。然「謹逃其爪牙」當在「燒山林，破增藪，焚沛澤」下。此九字不當删。　翔鳳案：易井「舊井無禽」，注：「猶獲也。」今作「擒」。所擒之獸衆，則無須逃其爪牙矣。趙本不知而改「禽」作「猛」，謬。諸説亦不知而意加「逃其爪牙」矣。

〔五〕何如璋云：「逃械器」三句與上文不接，疑有脱誤。　張佩綸云：「逃械器」、「逃戈刃」，兩「逃」字明是「謹逃其爪牙」之壞文。「閉智能」，「能」字即「官能備物」之壞文。明是簡策剥蝕，寫者以意傅合。　翔鳳案：「逃」爲隱匿，見前。何、張均誤。

〔六〕豬飼彦博云：「曰」當作「禁」。　張佩綸云：「無牛馬之牢」下當移「禽獸衆也」句。「曰淫器」當作「毋淫器」，月令「毋作淫巧以蕩上心」，是也。姚永概云：「曰」乃「遏」之壞字，脱去下半，只存一「曰」字耳。翔鳳案：注意「諸侯」二字，殷人自育牛馬，鑄兵器，不准諸侯有之。稱爲「淫器」，謂淫巧之器也。無誤字。

〔七〕張佩綸云：「以人御人」上奪「官能備物者」一句。「以人御人，逃戈刃，高仁義」釋「官能」，「乘天固以安己」釋「備物」。翔鳳案：周重禮法，以人御人，張謂釋「官能」，是也。

〔八〕張佩綸云：「國」，明十行無注本作「固」。「固」，常也（吕覽首時「時固不易得」注），言乘天之常以安己。翔鳳案：周王稱天王，以天命抑制民衆。尚書「有天邑商」，則「天國」指國都言之。古本作「固」，謬。張誤信之矣。

桓公曰：「今當時之王者，立何而可？」管子對曰：「請兼用五家而勿盡。」桓公曰：「何謂？」管子對曰：「立祈祥以固山澤〔一〕，立械器以使萬物，天下皆利而謹操重筴，童山竭澤，益利搏流〔二〕。出金山立幣〔三〕，成菹丘〔四〕，立駢牢〔五〕，以爲民饒。彼菹菜之壤，非五穀之所生也〔六〕，麋鹿牛馬之地，春秋賦生殺老，立施以守五穀〔七〕。此以無用之壤臧民之羸〔八〕，五家之數皆用而勿盡。」

〔一〕聞一多云：「祥」當作「羊」。形勢篇「山高而不崩則祈羊至矣」，正作「羊」。此涉「祈」字而誤加示旁。「祈」讀爲刉，詳形勢篇。翔鳳案：「祈祥」即「祈羊」，非誤字，詳形勢。

〔二〕何如璋云：「搏流」當作「持流」。乘馬數「至於王國，持流而止矣」，足證。「持流」者，即謹操重筴之謂。　李哲明云：宋本作「搏」，是也。「搏」讀爲專。　聞一多云：「益」讀爲隘。國蓄篇：「隘其利途。」「搏」猶擅也，各本作「搏」，疑誤。本書謂利羡爲「流」，輕重甲篇：「故伊尹得其粟而奪之流。」　翔鳳案：「流」爲流通，「搏流」爲國家政策，李説是也。

〔三〕張佩綸云：「出金山」，當依明十行無注本、趙本、梅本作「出山金」。　翔鳳案：出金於山以立幣，省「於」字，古本謬。

〔四〕張佩綸云：「成」，當依趙本作「存」。言取金之外菹丘之利存之，不盡用也。　翔鳳案：説文：「成，就也。」就有草之山以立牛馬牢。趙本不得其解而改爲「存」，謬。

〔五〕丁士涵云：「駢」字，乃「牛馬」二字相幷而誤。上文云：「諸侯無牛馬之牢。」輕重戊篇曰：「立皁牢，服牛馬，而天下化之。」　張佩綸云：「駢」，説文：「駕二馬也。」「牢，閑養牛馬圈也。」易所謂：「服牛乘馬，引重致遠，以利天下，蓋取諸隨。」　聞一多云：丁説非是。晉語「子爲我具特羊之饗」，韋注：「凡牲一爲特，二爲牢。」近胡厚宣氏考卜辭凡稱「牢」者皆謂二牛，與韋説合。（詳所箸釋牢，載歷史語言研究所集刊八本二分。）余謂本書言「駢牢」，「駢」有二義，（説文：「駢，駕二馬也。」）一牢本有二牛，故「牢」一稱「駢牢」也。此亦胡説之一證。路史引作「立駢守」，「守」即「牢」之誤。　翔鳳案：東都賦「駢部曲」，注：「併也。」甘泉賦「駢交錯而曼衍兮」，注：「列也。」就菹丘駢列養牛馬之牢，諸説未析。

〔六〕王念孫云：「菹菜」當爲「菹萊」，字之誤也。（俗書「萊」字作「莱」，「菜」字作「莱」，二形相似。)「菹」或作「沮」。孟子滕文公篇注曰:「菹,澤生草者也。」王制注曰:「沮,謂萊沛。」周官縣師注曰:「萊,休不耕者。」是「菹萊」皆生草之地也。輕重乙篇「菹萊鹹鹵斥澤,山間堁壘不爲用之壤」,「萊」字亦誤作「菜」。輕重甲篇「山林菹澤草萊」,「萊」字不誤。翔鳳案:周禮醢人:「七菹。」韭菁茆葵芹箈筍,此七者皆菜也。說文:「壤,柔土也。」釋名:「壤,瀼也,肥濡意也。」菹壤非瘠土,王誤認「菹」爲「苴」也。

〔七〕豬飼彥博云:「賦生殺老」謂麋鹿牛馬。「施」謂金幣。何如璋云:春則賦生以稽駒犢,秋則殺老以斂筋骨。「施」,量地之度,地員「其施七尺」是也。言立爲法度,以畜牧之息爲守穀之資。張佩綸云:淮南子原道訓注:「施,用也。」「立施以守五穀」,謂以金幣守五穀。國蓄篇「五穀食米,民之司命也,黄金刀幣,民之通施也,故善者執其通施,以御其司命」,即此「立施以守五穀」。翔鳳案:張説「施守」二字有實義,不可移,即下文以「無用之壤,臧民之羸」也。

〔八〕安井衡云:「臧」、「藏」同。「羸」當爲「贏」。何如璋云:化無用爲有用,而可藏民餘穀也。「羸」宜作「贏」,謂豐歲民食有餘也。郭沫若云:「臧」、「羸」二字均不應破字。「臧」者,善之也;善之也者,繕也。故「臧民之羸」即補民之不足。「臧」字,明抄本作「減」,誤。翔鳳案:楚語「恤民之羸」,注:「病也。」文意相似,訓「病」爲不可易。左宣十二年傳:「執事順成爲臧。」郭謂「不應破字」,是也。

桓公曰：「五代之王以盡天下數矣〔一〕，來世之王者可得而聞乎？」管子對曰：「好譏而不亂〔二〕，亟變而不變〔三〕。時至則爲，過則去〔四〕。王數不可豫致。此五家之國准也。」

〔一〕聞一多云：「以」讀爲已，「數」上捝「之」字。翔鳳案：補「之」字非是。「數矣」或「數也」爲句，前文屢見。

〔二〕翔鳳案：孟子「關譏而不征」，注：「察也。」

〔三〕翔鳳案：「亟變而不變」，與萬變而不離其宗相似。

〔四〕張佩綸云：乘馬篇「時之處事精矣，不可藏而舍也，故曰：今日不爲，明日亡貨。昔之日已往而不來矣」，即「時至則爲，過則去」之意。

輕重甲第八十　輕重十三

張佩綸云：漢書宣帝紀「令甲：死者不可復生，刑者不可復息」，注：「令甲者，前帝第一令也。」如淳曰：「令有先後，故有令甲、令乙、令丙。」師古曰：「甲、乙者，若今之第一、第二篇耳。」葛洪西京雜記：「家世有劉子駿漢書百卷，首尾無題名，但以甲乙丙丁記其卷數，後好事者以意次第之，始甲之癸爲十帙，〔一帙〕十卷，合百卷。」文選目録賦自甲至癸，詩自甲至庚，均以十干紀數。疑漢令、子駿、昭明均本於此。史記齊世家索隱：「管子有理人輕重之法七篇，輕重，錢也。又有捕魚煮鹽法。」自甲至庚，適得七篇，與小司馬所見合。蓋原書篇名在上，大名在下，以輕重甲、乙題之，既曰輕重甲、乙、丙、丁、戊、己、庚，即不得云十三、十四、十五、十六、十七、十八、十九也。此七篇疑皆割裂爲之，既無篇名，則以篇名與大名分而爲二，以足八十六篇之數，今亦無從釐定矣。馬元材云：以十干紀數，乃漢人所常用者。本書以甲、乙爲篇名，用意蓋與此同。翔鳳案：自甲至癸，即輕重九府，説詳權脩，餘見前。

桓公曰：「輕重有數乎？」管子對曰：「輕重無數。物發而應之，聞聲而乘之。故爲國不能來天下之財，致天下之民，則國不可成。」桓公曰：「何謂來天下之財？」管子對曰：「昔者桀之時，女樂三萬人，端譟晨樂，聞於三衢〔一〕，是無不服文繡衣裳者。伊尹以薄之游女工文繡簒組〔二〕，一純得粟百鍾於桀之國。夫桀之國者，天子之國也。桀無天下憂，飾婦女鍾鼓之樂，故伊尹得其粟而奪之流。此之謂來天下之財。」桓公曰：「何謂致天下之民？」管子對曰：「請使州有一掌，里有積五窌〔三〕。民無以與正籍者予之長假〔四〕，死而不葬者予之長度〔五〕。飢者得食，寒者得衣，死者得葬，不資者得振〔六〕，則天下之歸我者若流水。此之謂致天下之民。故聖人善用非其有，使非其人〔七〕。動言搖辭〔八〕，萬民可得而親」。桓公曰：「善。」

〔一〕王念孫云：御覽人事部一百三十四引作「晨譟於端門，樂聞於三衢」，是也。今本既脱且倒，則文不成義。章炳麟云：「端」借爲讙。耑、雚聲通。方言云：「貛，關西謂之貒。」釋獸「貍狐貒貈醜」，説文引「貒」作「貛」。方言「讙，讓也」，即説文之「諯，一曰相讓也」，是耑、雚聲通。説文「讙，譁也」，故曰「讙譟」。「晨」借爲「振」。法言先知云：「吾見玄駒之步，雉之晨雊也。」「晨雊」即「震雊」。夏小正「雉震呴」，「震」也者，鼓其翼也。此以「震」同「振」義，足明「晨」、「振」是一。左傳莊二十八年云「爲館于其宫側而振萬焉」，「振樂」猶「振萬」也。言或「讙譟」者，謂人歌也；或「振樂」者，謂八音也。太平御覽引墨子「桀女樂三萬人，晨譟聞於衢」，引此作「晨譟於端門，樂聞於三衢」，蓋據他家注義，非本文也。雜志引之，未是。聞一多云：王説是也。文選魏都賦「南端逌遵」，注：「凡南方正門皆謂之端。」景福殿賦「開南端之豁達」，注：「凡正門皆謂之端門。」東京賦「啓南端之特闈」，薛注：「端門，南方正門。」後漢書李固傳注：「端門，太微宫南門也。」是王都南面之門謂之「端門」。古者祭祀作樂皆在南郊，即此所謂「晨譟于端門」矣。御覽引墨子「晨譟聞於衢」，亦「晨譟」連文，可資參證。章讀「端」爲讙，殊近穿鑿。其讀「晨」爲振，則不可易。惟「振」當訓奮訊。爾雅釋言：「振，訊也。」説文：「振，一曰奮也。」詩雄雉箋：「奮訊其形貌。」周書小明武篇：「羣振若雷，造于城下，鼓行參（枲）呼，以正什伍。」「羣振若雷」，謂士卒奮訊踊躍歡抃，其聲若雷也。左傳「振萬」，「萬」謂萬舞。「振」之訓奮訊，即手舞足蹈之謂。（人讙譟時，奮訊其手足謂之振；鳥鳴時，奮訊其羽翼亦謂之振。夏小正「雉震呴」，法言「雉之晨雊」，或作「震」，或作「晨」，亦皆斥動作，不斥聲音。）「晨譟於端門」，正謂舞蹈讙譟於端門之外。章讀「晨樂」連文，云「振樂謂八音」，殊繆。（尚書大傳：「惟丙午王逮師，前師乃鼓鼗譟，後師乃慆（蹈），前歌後舞。」大傳以「鼗譟」與「慆」（蹈）對舉，亦猶管子以「晨（振）譟」連文。「三」疑當爲「五」。巨乘馬篇：「則五衢之内葅菜之地也。」輕重丁篇：「五衢之民衰然多衣弊而屨穿。」翔鳳案：說文：「端，直也。」「端」從立，古「位」字，謂桀爲天子，端坐而譟。「晨樂」謂達旦不休，御覽以意改，王誤信之也。

〔二〕安井衡云：「薄」、「亳」同。張文虎云：「薄」即亳也，下文云「夫湯以十里之薄」，是其證。舊本於「之」字斷句，謬。翔鳳案：「薄」同「亳」，是也。未解「游」字之義。孟子：「伊尹五就湯，五就桀。」本爲有莘氏之媵臣，而游於薄。「簒」爲「纂」之隸變。

〔三〕王引之云：「掌」字義不可通，當是「稟」字之譌。（隸書「掌」或作「[illegible]」，與「稟」字略相似。）「稟」，古「廩」字也。「廩」與「窌」，皆所以藏穀。晏子春秋問篇「命吏計公稟之粟」，荀子議兵篇「則必發夫稟窌之粟以食之」，今本「稟」字竝譌「掌」。（楊注荀子曰「掌窌，主倉廩之官」，失之。辯見荀子。）張佩綸云：王說非也。周禮序官鄭注：「掌，主也。」「州有一掌」，即周禮「州長各掌其州之教治，政令之法」是也。「里有積五窌」，即周禮「遺人掌鄉里之委積，以恤民之囏阸」是也。翔鳳案：王改「掌」字作「稟」，非是。

〔四〕安井衡云：「與」，預也。「正籍」，謂正户正人之籍。「無預正籍」者，謂無本業者。「假」，貸也。張佩綸云：「予之長假」、「予之長度」，當作「長予之假」、「長予之度」。立政篇：「分鄉以爲五州，州爲之長。」「長」即「州有一掌」。長爲度量葬事，如漢書黄霸傳「鰥寡孤獨有死無以葬者，鄉部書言，霸具爲區處，某所大木可以爲棺，某亭猪子可以祭」，即其證矣。馬元材云：「假」即障假，鹽鐵論園池篇所謂「池籞之假」與「公家有障假之名」，是也。謂民之無産業、無納税能力者，由政府以國有苑囿公田池澤長期假之。

〔五〕安井衡云：「度」、「渡」同，謂濟之。皆云「長」者，予而不收也。何如璋云：「長度」，殆謂假以葬埋之費也。于省吾云：「度」、「宅」古字通，此例古籍習見。尚書「度」字，古文作「宅」，今文作「度」。儀禮士喪禮「筮宅」，注：「宅，葬居也。」喪服小記「祔葬者不筮宅」，注：「宅，葬地也。」廣雅釋丘：「宅，葬地也。」此言死而不葬者予之長久之葬地。

〔六〕翔鳳案：「茾」見前。爾雅釋詁：「咨，謀也。」不咨請亦得振救也。

〔七〕張文虎云：「故聖人善」貫下二句。「用非其有」，即所謂來天下之財也。「使非其人」，即所謂致天下之民也。事語篇云「佚田謂寡人曰，善者用非其有，使非其人」，與此正同。舊本乃於「善用」斷句，繆甚。

〔八〕馬元材云：「動言摇辭」，輕重丁篇作「動言操辭」，皆易繫辭下傳所謂「理財正辭」之意，謂發號施令也。

桓公問管子曰：「夫湯以七十里之薄，兼桀之天下，其故何也？」管子對曰：「桀者，冬不爲杠〔一〕，夏不束柎〔二〕，以觀凍溺。弛牝虎充市，以觀其驚駭。至湯而不然，夷競而積粟〔三〕，飢者食之，寒者衣之，不資者振之，天下歸湯若流水。此桀之所以失其天下也。」桓公曰：「桀使湯得爲是，其故何也？」管子曰：「女華者，桀之所愛也〔四〕，湯事之以千金。曲逆者，桀之所善也〔五〕，湯事之以千金。内則有女華之陰，外則有曲逆之陽，陰陽之議合，而得成其天子。此湯之陰謀也。」

〔一〕翔鳳案：孟子離婁下篇「歲十一月徒杠成」，音義：「張音杠，方橋也。」

〔二〕何如璋云：「束柎」者，以木爲桴，相比束之，浮水以渡也。夏水大，故須束柎。

〔三〕丁士涵云：「夷競」二字不可解。揆度篇曰：「夷疏滿之，無食者予之陳，無種者予之新。」又事語篇曰：「穀十而守五，綈素滿之，五在上。」（上下文皆言穀，必非繒綈。）「夷疏」與「綈素」同聲，則揆度篇之「夷疏滿之」，即事語篇之「綈素滿之」矣。凡從夷從弟之字，古皆通用。其「素」、「疏」二字通用者，惟有果蔬之疏古通用「素」。（禁藏篇：「果蓏素食當十石。」）墨子辭過篇：「古之民未知爲飲食，時素食而分處。」）爾雅曰：「穀不孰曰饑，蔬不孰曰饉。」穀之外蔬最爲重，故管子言穀必兼及蔬也。據此以推，則「夷競」之「競」疑本是「疏」字。（俗書

「競」、「疏」形近而誤。）故對「粟」言之。粟言「積」、疏言「夷」者，「夷」讀如周官薙氏「夏日至而夷之」之「夷」，鄭注曰：「夷之，以鉤鎌迫地芟之也，若今取茭矣。」先鄭注曰：「夷氏掌殺草，故春秋傳曰如農夫之務去草，芟夷蘊崇之。又今俗間謂麥下爲夷，下言芟夷其麥，以其下種禾豆也。」又稻人「夏以水殄艸而芟夷之」，注：「先鄭説『芟夷』，以春秋傳曰芟夷蘊崇之，今時謂禾下麥爲夷下麥，言芟刈其禾於下種麥也。」案先鄭言夷禾夷麥，管子言「夷疏」，皆是翦取之意。後鄭又以「取茭」爲況，蓋草菜必迫地芟之，疏是艸菜之可食者，惟夷之乃得當耳。事語篇「綈」字本是「稊」字。「夷」之通「稊」，猶「荑」之通「蕛」。淺人因下「素」字，遂取同聲之「綈」字改之，而失其解矣。　孫詒讓云：「夷競」，「競」當爲「竟」，即古「境」字。言平治疆界之道塗也。上文説「桀冬不爲杠，夏不爲束柎」，正與湯相反。丁校以「夷競」爲揆度篇「夷疏」之誤，失之。　翔鳳案：曲禮「在醜夷不爭」，史記留侯世家「皆陛下故等夷」，「夷」謂儕輩也。「夷競」猶「衆競」，非誤字。

〔四〕張佩綸云：竹書紀年：「癸命扁伐岷山，岷山進女於桀二人，曰琬，曰琰。后愛二人，女無子焉，斲其名于苕華之玉，苕是琬，華是琰，而棄其元妃于洛曰末喜氏，以與伊尹交，遂以亡夏。」

〔五〕張佩綸云：「曲逆」未詳。墨子所染篇「夏桀染於干辛、推哆」，明鬼篇作「推哆、大戲」。呂氏春秋當染篇「夏桀染於羊辛、歧踵戎」，高注：「羊芋、歧踵戎，桀之邪臣。」慎大篇作「干辛」，

注：「干辛，桀之諛臣。」「曲逆」殆即其類歟？　翔鳳案：臣事君以忠，大臣未有敢以逆爲名者，即以「逆」訓迎，「曲迎」亦非美詞。戰國時有曲逆縣，漢高帝封陳平爲曲逆侯，章帝醜其名，改爲蒲陰。元和志亦謂曲逆河之名不美，改爲方順河。愈信「曲逆」不能爲大臣之名。「曲逆」者，委曲迎合上意，此渾名也。左文十八年：「帝鴻氏有不才子，謂之渾敦。少皞氏有不才子，謂之窮奇。顓頊氏有不才子，謂之檮杌。縉雲氏有不才子，謂之饕餮。」舜父瞽叟，紂臣惡來，皆爲渾名。惡之則稱渾名，尊之則別有稱號。姜太公、管仲父、范亞父，皆非名也。古代有此風氣，則「曲逆」爲渾名，非真名也。以女華例之，本名琰，以其爲女寵而稱爲「華」，猶現代校花、交際花，亦非名也。「曲逆」之真名，當如墨子、呂氏春秋所記也。

桓公曰：「輕重之數，國准之分，吾已得而聞之矣。請問用兵奈何？」管子對曰：「五戰而至於兵。」桓公曰：「此若言何謂也？」管子對曰：「請戰衡，戰准，戰流，戰權，戰勢〔一〕。此所謂五戰而至於兵者也」。桓公曰：「善。」

〔一〕張佩綸云：依問辭當屬國準篇，管子既歷言五家之國準，故桓公推及用兵，而管子後以五戰至兵之説進。五者均所以爲輕重。權數、國準皆篇名。言衡數見輕重乙篇，言流見山權數篇，言國勢見山至數篇。　吴闓生云：「請」蓋「謂」字。　許維遹云：「請」字涉上文衍。　翔鳳案：此言「五戰而至於兵」，與國准「五家之數」何與？張説謬。「請」爲管書所常用，吴、許之説亦非。

桓公欲賞死事之後，曰：「吾國者，衢處之國，饋食之都，虎狼之所棲也。今每戰，輿死扶傷如孤，荼①首之孫，仰傳戟之寶，吾無由予之，爲之奈何〔一〕？」管子對曰：「吾國之豪家，遷封食邑而居者，君章之以物則物重，不章以物則物輕，守之以物則物重，不守以物則物輕。故遷封食邑，富商蓄賈，積餘藏羨跱蓄之家〔二〕，此吾國之豪也。故君請縞素而就士室，朝功臣世家，遷封食邑，積餘藏羨跱蓄之家，曰：『城肥致衝〔三〕，無委致圍。天下有慮〔四〕，齊獨不與其謀。子大夫有五穀菽粟者，勿敢左右，請以平賈取之子。』與之定其券契之齒〔五〕。釜鏂之數，不得爲侈弇焉。困窮之民，聞而糴之，釜鏂無止，遠通不推〔六〕，國粟之賈坐長而四十倍。君出四十倍之粟，以振孤寡，牧貧病〔七〕，視獨老窮而無子者，靡得相鬻而養之，勿使赴於溝澮之中〔八〕。若此，則士爭前戰爲顔行〔九〕，不偷而爲用，輿死扶傷，死者過半。此何故也？士非好戰而輕死，輕重之分使然也。」

〔一〕劉績云：「如」字乃「之」字也，言「輿死扶傷之孤」也。「荼首」，白首也。「寶」乃「室」字之誤，言持戟死事者之室也。「室」，妻也。言此三等人在所當恤，而欲予之財弊而給養之也。

① 「荼」字原作「茶」，據補注改。

張佩綸云：「輿死」即輿尸。劉說「寶」爲「室」，是。餘皆非也。「荼首」當爲「貧子」二字之壞。孤貧之子孫即死事之後，下文「振孤寡，牧貧病」，是其證。「寶」當作「室」，下文「就士室」，是其證。合「荼」之下及「首」之下乃「貧」字，而「子」字略壞即似「首」之上截。「傳戟」，史記張耳陳餘傳「莫敢傳刃公之腹中者」，「仰傳戟之室」言仰持戟而食也，即孟子所謂「持戟之士」。　翔鳳案：「死」之爲「屍」，「葬」字爲最好之説明，屍在茻中也。「如」，而也。劉訓「之」，於音理不可通。太玄守「與荼有守」，注：「白也。」張以「荼」爲白，有據。然「白首之孫」，不一定於戰爭有關。左哀六年「陳乞弒其君荼」，公羊作「舍」，是齊之方言讀「荼」爲舍。「荼首」，舍其首以衛國也。左莊六年「齊人來歸衛俘」，公羊作「衛寶」，是齊以「俘」爲「寶」。穀梁隱五年傳「苞人民、毆牛馬曰侵」，「苞」同「寶」。晏子春秋内諫上有「懷寶」，即懷來之俘，與「傳戟之俘」同義。廣雅釋詁三：「仰，恃也。」恃傳戟爲生之俘也。

〔二〕安井衡云：「跱」、「峙」同，積也。　張文虎云：「跱」當爲「峙」，費誓「峙乃糗糧」，説文作「偫」。　聞一多云：「跱」、「峙」同，無煩改字。　翔鳳案：説文無「跱」字，「跱」乃「峙」之變形，張不知也。

〔三〕翔鳳案：「肥」同「脆」，見前。

〔四〕戴望云：高誘注呂氏春秋曰：「慮，亂也。」　翔鳳案：戴所舉見長慮篇，原文爲「無慮吾農事」，此「慮」爲動詞，不合。與下文「不與其謀」亦不合。國蓄「租税者所慮而請」，房訓

「計」，與此合。

〔五〕尹桐陽云：説文：「券，契也。契別之書以刀判契其旁，故曰契券。」「判契」即判栔，栔，刻也，謂刻其旁爲齒也。易林：「符左契右，相與合齒。」列子説符：「宋人有遊於道，得人遺契者，歸而藏之，密數其齒。」

〔六〕張佩綸云：「通」當作「近」。「不推」，即不推而往，不召而來，即遠近羅之者大至也。李哲明云：「通」疑「道」之誤。「遠道不推」，言窮民遠道來糴者不推棄之，如禮檀弓「推而遠之」之意。翔鳳案：説文：「推，排也。」「排，擠也。」李説是。

〔七〕戴望云：「牧」當從朱本作「收」，説見侈靡篇。翔鳳案：「牧」本「收」字，爲隸書別體，屢見前。

〔八〕翔鳳案：説文：「赴，趨也。」趨走於溝瀆之中。

〔九〕張佩綸云：「顔行」，漢書嚴助傳「如使越人蒙死儌幸以逆執事之顔行」，注：「顔行，猶雁行，在前行，故曰顔也。」

桓公曰：「皮幹筋角之徵甚重〔一〕。重籍於民而貴市之皮幹筋角，非爲國之數也〔二〕。」管子對曰：「請以令高杠柴池〔三〕，使東西不相睹，南北不相見。」桓公曰：「諾。」行事期年，而皮幹筋角之徵去分，民之籍去分。桓公召管子而問曰：「此何故也？」管子對曰：「杠池平之時，夫妻服簞，輕至百里〔四〕。今高杠柴池，東西南北不相睹。天酸然雨〔五〕，十人之力不能上。廣澤遇雨，十人之力不可得而恃。夫舍牛馬之力所無因〔六〕，牛馬絶罷而相繼死其所者相望，皮幹筋角徒予人而莫之取，牛馬之賈必坐長而百倍。天下聞之，必離其牛馬而歸齊若流。故高杠柴池，所以致天下之牛馬，而損民之籍也。道若祕云〔七〕：「物之所生，不若其所聚。」

〔一〕翔鳳案：「筋角」爲九府之藏，出幽都，（見前權脩）故求之甚貴。史記貨殖列傳「故物賤之徵貴」，索隱：「求也。」説文無「幹」字，六書故云「幹涇之幹也」，「皮幹」即乾皮。

〔二〕翔鳳案：「而貴市之皮幹筋角」，「之」猶此也。

〔三〕豬飼彦博云：「柴」，藩落也。　戴望云：「柴」乃「罙」字之誤，説見中匡篇。　許維遹云：戴説非也。莊子天地篇「且夫趣舍聲色以柴其内」，劉師培莊子校補云「『柴』與『柵』通」，是也。説文木部：「柵，編豎木也。」通俗文云：「木垣曰柵。」淮南道應篇「柴箕子之門」，高注：「箕子亡之朝鮮，舊居空，故柴護之也。」亦以柴編爲木垣而護之也。此云「柴池」，謂以木垣圍護其池，故下云「使東西不相睹，南北不相見」，若深其池，則不得云東西南北不相睹也。　翔鳳案：此爲管子之兵工政策。臨淄爲國際市場，設法使牛馬自斃，故「高杠柴池」。杠爲橋，見前「桀不爲杠」。「柴」如許説。桓十二年「盟於曲池」，公羊作「毆蛇」。「蛇」本作「它」。顧炎武唐韻正「『蛇』與『池』皆讀沱。」詩「江有沱」，爲江邊小丘。鄂西、川東一帶，稱江邊高邱爲沱，如鄢家沱是。戴、于之説均誤，深池非牛馬所經，參差豎木，何用耶？

〔四〕王引之云：「簞」字義不可通，蓋「輂」字之譌，「輂」字隸或作「輂」（見韓勑碑），字從車，從共。（說文「『輂』讀若伴侶之伴」。）「共」字上畔之卄，與隸書竹頭作卄者相似，因譌爲竹，下畔之六，與叩字相似，因譌爲叩，又脱去車字上一畫，因譌爲簞笥之「簞」，後又譌爲莞簟之「簟」耳。「夫妻服輂」者，言杠池平之時，民間夫妻服輂而行，不用牛馬，亦不假多人輓之也。海王篇「行服連軺輂者」，「服連」即「服輂」也。（周官鄉師注「故書『輂』作『連』」，鄭司農云「『連』讀爲輂。」巾車「連車組輓」，釋文：「連，本亦作『輂』。」）字亦作「摙」。淮南人間篇「負輂載粟而至」（今本脱「載」字，説見淮南），太平御覽治道部八引作「服摙」，是也。（高注訓「服」爲駕牛，「摙」爲擔，皆失之。）「服」之言負也，任重之名也。（考工記車人「牝服」，鄭司農云：「『服』讀爲負。」小雅大東篇「睆彼牽牛，不以服箱」，謂負箱也。）史記貨殖傳：「卓氏見虜略，獨夫妻推輂行。」蓋服輂者或推或輓，前後各一人，故夫妻可以服輂也。下文云「今高杠柴池，東西南北不相睹。天酸然雨，十人之力不能上」，正謂推輂不能上高梁也。韓子外儲説右篇「茲鄭子引輂上高梁而不能支」，是也。蓋杠池平之時，夫妻二人即可以服輂而過，及其高杠柴池也，天雨苟下，則雖十人之力不能服輂而登，地高而輂重也。若作「服簞」，則盛食之器甚輕，何至十人舁之，而猶不能上乎？輂，今人謂之「二把手」，前後各兩轅，一人兩手持轅輓於前，一人如之推於後，亦有夫婦推輓者，婦以繩輓於前，夫持兩轅推於後，則此所謂「夫妻服輂」也。張佩綸云：案王説辨矣，實則「單」字。「服單」對「兩服」而言。禮記間傳「麻葛重」，注：「單，獨也。」晏子春秋亦説此事云：「民單服然後上」，謂兩服重車疾行不得上。此言杠池平時服單輕至百里，即杠池高宎，服單始上，不能疾行輕至百里，其意同也。史記信陵君傳「今單車來代之」，漢書龔遂傳「單車獨行到府」，「單車」即「服單」。翔鳳案：「簞」當依晏子作「單」，此亦隸之別體。晏子云：「景公登東門防，民單服然後上。公曰：『此大傷牛馬蹄矣。夫何不下六尺哉？』晏子對曰：『昔者，吾先君桓公，明君也。而管仲，賢相也。夫以賢相佐明君而東門防全也。古者不爲，殆有爲也。蚤歲淄水至，入廣門，即下六尺耳。鄉者防下六尺，則無齊矣。』」由晏子所言，知管子之言已實行，堤高至少九尺，駕橋其上，上下均不易。牛馬服之，上下九尺之高杠，故「絶罷而相繼死其所」。內篇諫下：「服牛死，夫婦笑，非骨肉之親也，爲其利之大也。」皮幹筋角，價高而利大，自斃乃得之，故笑。「單服」對「兩服」而言，詩太叔于田「兩服上襄」，「服」，駕也。一轅馬爲單服，此兩服重，牛馬困頓。「簞」字周時無有，漢隸以「簞」爲「單」耳。趙本作「簞」，誤。「去分」之「分」爲半。月令「生死分」，注：「半也。」

〔五〕洪頤煊云：「酸」通作「䨘」。説文云：「䨘，小雨也。」義本此。

〔六〕王念孫云：「所無因」當作「無所因」。人力不足恃，則必借牛馬之力，故曰：「夫舍牛馬之力無所因。」翔鳳案：説文：「因，就也。」高杠不易上下，柴池則走廣澤，舍牛馬之力，所不能就。王説誤。

〔七〕李哲明云："「道秘」當謂古秘書，「若」字涉下「不若」句「若」字而衍。"尹桐陽云："「道若秘」者，蓋古道書名。魏武帝陌上桑："「受要秘道愛精神。」"翔鳳案：説文："「易，象形。秘書説，日月爲易。」"參同契："「日月爲易，剛柔相當。」"西京賦："「匪惟翫好，乃有秘書。小説九百，本自虞初。」"五臣注："「秘書，道術書。」"

桓公曰："「弓弩多匡軫苦禮切。礙也。者〔一〕，而重籍於民，奉繕工而使弓弩多匡軫者，其故何也〔二〕？」"管子對曰："「鵝鶩之舍近，鵾雞鴇鴝音保。之通遠〔三〕。鴇鵾之所在，君請式璧而聘之〔四〕。」"桓公曰："「諾。」"行事期年，而上無闕者，前無趨人〔五〕。三月解匌，弓弩無匡軫者〔六〕。召管子而問曰："「此何故也？」"管子對曰："「鴇鵾之所在，君式璧而聘之。菹澤之民聞之，越乎而射遠，非十鈞之弩不能中鵾雞鴇鴝。彼十鈞之弩，不得棐檠不能自正〔七〕。故三月解匌，而弓弩無匡軫者。此何故也？以其家習其所也〔八〕。」"

〔一〕張登雲云："「匡軫」，弓弩之戾礙不能應弦以射者之名，俗謂之打調也。"安井衡云："「匡」，匡刺也，謂偏戾。考工記輪人「萬之以視其匡也」，注："「輪中萬蔞則不匡刺。」""「軫」，礙也。"張戴望云："「匡」義如國語「月盈而匡」之「匡」，言弓不正圓，如月之虧缺也。"

佩綸云：考工記「輪雖敝不匡」，注：「匡，枉也。」説文：「軭，戾也。」「軫，礙也。」翔鳳案：「匡」訓戾，黄梅讀如狂。「軫」訓礙不合。徐灝説文解字注箋：「管子輕重甲篇『弓弩多匡軫者』，則『軫』亦枉戾之義。」其言是也。「軫」从多聲，與「侈」音近，同「弛」。孟子「放辟邪侈」，即「軫」字之義。

〔二〕馬元材云：「繕」，即左成十六年傳「繕甲兵」之「繕」，注：「繕，治也。」漢書息夫躬傳「繕修干戈」，注：「繕，補也。」周禮夏官之屬有「繕人」，「掌王之弓弩矢箙矰弋決拾，掌召王射。」此「繕工」即「繕人」也。　翔鳳案：廣雅釋詁四：「奉，禄也。」周禮太宰注「禄若月奉也」，釋文：「或作『俸』。」

〔三〕王念孫云：「通」當爲「道」，字之誤也。（韓子外儲説右篇「甘茂之吏道穴聞之」，吕氏春秋知化篇「接土鄰境，壤交道屬」，今本「道」字竝誤作「通」。）鵝鶩去人近，鵾雞鵠鵃去人遠，故曰「鵝鶩之舍近，鵾雞鵠鵃之道遠」。　安井衡云：「舍」，塒也。「通」猶道也。　張佩綸云：説文：「通，達也。」鵝鶩舍近易致，鵾鵠通遠難致，似不必改「道」字。　翔鳳案：「鵾雞鵠鵃」翔於空中，安得有道。張説是。

〔四〕段玉裁云：「式」讀當爲飾，字之假借。　安井衡云：「式」，用也。　翔鳳案：荀子禮論：「淄巾三式而止。」「式」假爲「飾」，今作「拭」，段説是也。

〔五〕翔鳳案：「上無闕」者，謂上供足用。論語「趨而避之」，皇疏：「疾走也。」繕工工作正常，無人惶急也。

〔六〕王引之云：説文、玉篇、廣韻、集韻，皆無「⿹勹去」字。「⿹勹去」當爲「匋」，篆書「缶」字作「[篆]」，「去」字作「[篆]」，二形相似。隸書「缶」字作「击」，「去」字作「[篆]」，亦相似，故隸書「匋」字多譌作「⿹勹去」。漢冀州從事張表碑「復攸陶父」，司隸校尉魯峻碑陰「濟陰定陶」，皆是也。「匋」讀與「韜」同，弓衣也。廣雅云：「韜，弓藏也。」小雅彤弓篇「受言櫜之」，毛傳曰：「櫜，韜也。」釋文：「韜，本又作『弢』。」説文曰：「弢，弓衣也。」古者舀、匋同聲。小爾雅曰：「綯，索也。」「綯」即「宵爾索綯」之「綯」。小雅菀柳篇「上帝甚蹈」，一切經音義五引韓詩「蹈」作「陶」。楚辭九章「滔滔孟夏兮」，史記屈原傳「滔滔」作「陶陶」。説文：「搯，掐也。」一切經音義七引通俗文曰：「掐出曰掏。」是其證也。「韜」從舀聲，故通作「匋」。安井衡云：「⿹勹去」當爲「⿹勹玄」，「⿹勹玄」音懸。音同則義通。懸，繫也。弓弩既成，三月解其所繫束之繩，不復匡輆也。俞樾云：字書無「⿹勹去」字，疑「医」字之誤。説文匚部：「医，盛弓弩矢器也，從匚從矢。」國語曰：「兵不解医。」翔鳳案：此句重在「弓弩無匡輆者」，緊夾而正之，不翹不斜，必爲堅硬之物。「韜」從韋，非硬物。右轉之勹，無緣誤爲左轉之匚，俞説不合。魏義橋石象碑「陶」作「陶」，唐張運才墓誌作「陶」，其中從吉。隸書口、厶不分，則「⿹勹吉」爲「⿹勹去」矣。説文：「匋，瓦器也，史篇讀與缶同。」燒土爲缶，所名爲「匋」。「陶」乃假借字。一切經音義二：「『陶』又作『匋』。」用本義也。匋比櫜韜較硬，可用以矯弓而防其匡輆也。

〔七〕洪頤煊云：荀子性惡篇：「繁弱鉅黍，古之良弓也，然而不得排檠，則不能自正。」「棐」、「排」古今字。王念孫云：説文、玉篇、廣韻、集韻皆無「棐」字，當是「棐」字之譌。説文曰：「棐，輔也。」徐鍇曰：『輔』即弓檠也，故從木。」説文又曰：「榜，所以輔弓弩。」又曰：「檠，榜也。」「棐」、「榜」、「檠」三字皆從木，其義一也。此文曰「彼十鈞之弩，不得棐檠，不能自正」，荀子性惡篇曰「繁弱鉅黍，古之良弓也，然而不得排檠，則不能自正」，説苑建本篇曰「烏號之弓雖良，不得排檠，不能自正」，「排檠」與「棐檠」同。韓子外儲説右篇曰「榜檠者，所以矯不直也」，鹽鐵論申韓篇曰「若隱栝輔檠之正弧剌也」，「棐」、「輔」、「榜」一聲之轉。或言「榜檠」，或言「輔檠」，或言「棐檠」，其義一也。冢田虎云：「棐檠」當作「棐檠」，正弓體之木也。

〔八〕安井衡云：「所」猶事也。許維遹云：此文當作「以其家所習也」。今本「習」下衍「其」字，「習」、「所」誤倒。翔鳳案：「所」同「處」，見前文。各家自習於繕弓之處，二説均誤。

管子曰：桓公曰：「寡人欲籍於室屋。」管子對曰：「不可。是毀成也。」「欲籍於萬民。」「不可。是隱情也〔一〕。」「欲籍於六畜。」管子對曰：「不可。是殺生也。」「欲籍於樹木。」管子對曰：「不可。是伐生也。」「然則寡人安籍而可？」管子對曰：「君請籍於鬼神。」桓公忽然作色曰〔二〕：「萬民、室屋、六畜、樹木且不可得籍，鬼神乃可得而籍夫〔三〕！」管子對曰：「厭宜乘勢，事之利得也。計議因權，事之囿大也〔四〕。王者乘勢，聖人乘幼〔五〕，與物皆耳〔六〕。」桓公曰：「行事奈何？」管子對曰：「昔堯之五更五官無所食〔七〕，君請立五厲之祭〔八〕，祭堯之五吏。春獻蘭，秋斂落〔九〕，原魚以爲脯，鯢以爲殽〔一〇〕。若此，則澤魚之正伯倍異日〔一一〕，則無屋粟邦布之籍〔一二〕。此之謂設之以祈祥〔一三〕，推之以禮義也。然則自足，何求於民也？」

〔一〕翔鳳案：海王亦作「隱情」，國蓄作「離情」。房註「謂離情爲離心」，則「隱情」爲不知民隱也。

〔二〕王念孫云：「忽然」非作色之貌。「忽然」當作「忿然」。隸書「忿」字或作「忿」，形與「忽」相近而誤。晏子春秋諫篇曰「公忿然作色」，莊子天地篇曰「爲圃者忿然作色」，齊策曰「王忿然作色」，皆其證。　翔鳳案：莊子外物「鮒魚倉然作色」，何獨人乎？高唐賦「悠悠忽忽」，注：「迷貌。」老子：「怳兮忽兮。」「忽然」謂迷怳不知所謂，王作「忿然」則爲發怒，失之遠矣。

〔三〕許維遹云：「夫」猶乎也。

〔四〕張佩綸云：「厭」，厭勝。禮王制「宜乎社」，注：「類、宜、造，皆祭名。」「囿大」當作「有大」。

于省吾云：「厭宜」與「計議」對。「議」與「計」義相近，「宜」與「厭」義相近。國語周語「克厭帝心」，注：「厭，合也。」「厭宜」即「合宜」。「囿」應讀作侑，禮記禮器「詔侑武方」，注：「詔侑，或爲『詔囿』。」是其證。「侑」之通詁訓助。此言合宜而乘勢，則事之利得也。計議而因權，則事之助大也。　翔鳳案：此答藉於鬼神，張、于之説是也。

〔五〕丁士涵云：「幼」讀爲幽。大戴禮誥志篇、史記厤書竝云：「幽者，幼也。」古「窈」字作「幼」。

爾雅、毛傳云：「冥，幼也。」詩釋文：「『幼』本作『窈』。」幼冥即窈冥，窈冥即幽冥矣。淮南子道應訓「可以明，可以窈」，注：「『窈』讀如幽。」禮記玉藻注：「『幽』讀爲黝。」周官牧人「守祧」，鄭司農竝云：「『幽』讀爲黝，黑也；『幽』、『黝』古今字。」毛傳云：「幽，黑色也。」「黝」從幼聲，「黝」謂之黑，「幼」亦謂之黑矣。管子有幼官篇，篇内言「玄官」者三，「幼官」即「玄官」耳。「玄」猶幽也，水官曰玄冥，正取幽冥爲義。（淮南注：「玄冥將始用事，順陰而聚，故曰幽都。」）惠半農説下文「五吏」爲五官之神，然則幼官篇之「玄官」，亦即玄冥。「聖人乘幼」，故管子以之名篇也。安井衡云：「幼」，微也，聖人智明，故能乘微。翔鳳案：丁説是也。

〔六〕翔鳳案：説文：「皆，俱詞也。」「偕，發也，一曰具也。」「皆」同「偕」。趙本不明其義而改爲「宜」，誤矣。

〔七〕何如璋云：「堯之五吏」，謂羲和、共、鯀之屬。「五官」，即五行之官。「食」，饗祀也。左昭二十九年傳：「魏獻子曰：『社稷五祀，誰氏之五官？』蔡墨對曰：『少皞氏有四叔，曰重、曰該、曰脩、曰熙，實能金木及水。使重爲句芒，該爲蓐收，脩及熙爲玄冥，世不失職，遂濟窮桑。此其三祀也。（注云：「窮桑，帝少皞之號也。」）顓頊氏有子曰犁，爲祝融。共工氏有子曰句龍，爲后土。此其二祀也。』」是「五官」之祀皆非堯吏也。聞一多云：「吏」，當從各本作「吏」，下文仍作「吏」，不誤。卜辭曰：「㐅又于帝五臣，又（有）大雨。」王又歲于帝五臣正，隹亾雨。辛亥卜……五臣……。」（萃一三）「五吏」蓋即「五臣」。「五官」二字疑衍。下文「君請立五厲之祭，祭堯之五吏」，不言「五官」，可證。二字蓋舊注之闌入正文者。左傳昭二十九年：「故有五行之官，是謂五官。……木正曰句芒，火正曰祝融，金正曰蓐收，水正曰玄冥，土正曰后土。」舊注以此「五官」當堯之「五吏」，未知然否。翔鳳案：漢有三老五更。墨子號令「蓋召五官」、「三老守閭」，知其來源甚古。此「五官」當即「五更」之官。死於戰事，故謂立「五厲之祭」。「五更」指「五官」爲更者，改之非是。

〔八〕何如璋云：「厲」，謂前代有功之人而無主後者，立祀以報其功，使無歸之鬼不爲厲也。禮祭法有「泰厲」、「公厲」、「族厲」。五官皆有所食，無所食而有功者謂之厲。「泰厲」有功於天下，天子立之。「公厲」者有功於一國，諸侯立之。「族厲」者有功於一家，大夫立之。「堯之五吏」即泰厲、公厲也，故仲請桓公立之。左昭七年傳：『今夢黃熊入於寢門，其何厲鬼也？』子産曰：『昔堯殛鯀於羽山，其神化爲黃熊，入於羽淵，實爲夏郊，三代祀之。晉爲盟主，其或者未之祀也乎？』」鯀乃堯五吏之一，故此云「立五厲之祭」也。

〔九〕戴望云：「歛」疑「獻」字誤。何如璋云：「蘭」，花之最貴，故春以爲獻。「落」，果實也，「秋」，熟而歛之。張佩綸云：説文：「蘭，香草也。」爾雅釋詁：「落，死也。」漢書司馬相如傳上集注引郭璞：「落，穫也。」聞一多云：「落」即「菊」無疑。大戴記夏小正篇「鞠則見，初昏，參中，斗柄縣在下」，傳曰：「『鞠』者何也？星名也。」王引之謂即「北落」。草名菊謂之「落」，猶星名鞠謂之「北落」矣。　翔鳳案：三月上巳，采蘭祓除不祥，故「春獻蘭」。聞以「落」爲「菊」，然收斂菊花，於祭鬼何用？　且「北落」、「落芺」不能簡稱曰「落」。　侈靡：「辟之秋雲之始見，若樊神山祭之。」地數：「苟山之見榮者，謹封而爲禁。」是秋祭神山矣。西京賦「揩枳落」，注：「籬也。」喪大祭「凡封」，注：「棺之入坎爲歛。」「秋歛落」，乃祭神社而封其籬落也。

〔一〇〕張文虎云：「魚」字當脱右旁。　張佩綸云：「原魚」當作「淵魚」，避唐諱改。說文「鯢，刺魚也」，宋玉對楚王問「尺澤之鯢」，莊子庚桑楚「尋常之溝，巨魚無所還其體，而鯢鰌爲之制」，又云「趣灌瀆守鯢鮒」。　翔鳳案：此節重在澤魚之征百倍，則「原魚」爲普通之魚，因其生於高原，較爲難得，價高而重其征。「鯢」即娃娃魚，即產於高原者，於封神山有關。許維遹疑「原魚」當作「鮪」，則產於江湖，何從重征乎？　諸說俱誤。

〔一一〕李哲明云：「澤魚」當爲「澤虞」，掌藪澤之官也。　涉上「魚」字，又「魚」、「虞」同音而誤。「正」讀爲征，「伯」即「百」字，皆易曉。　翔鳳案：李改「魚」爲「虞」，誤。

〔一二〕安井衡云：三夫爲屋，「屋粟」，三家所出之粟。「邦布」，邦中所納之錢，其數未聞。　聞一多云：「屋粟」者，周禮載師「凡宅不毛者有里布，凡田不耕者出屋粟」，注曰：「宅不毛者罰以一里二十五家之泉，空田者罰以三家之税粟，以共吉凶二服及喪器也。」載師「掌聚野之耡粟、屋粟、閒粟」，注曰：「屋粟，民有田不耕，所罰三夫之税粟。」「邦布」者，周禮外府「掌邦布之入出，以共百物而待邦之用」，注曰：「布，泉也。」

〔一三〕聞一多云：「祥」爲「羊」之誤，説已詳上。翔鳳案：「祥」同「羊」，聞説誤。

桓公曰：「天下之國，莫彊於越〔一〕。今寡人欲北舉事孤竹、離枝〔二〕，恐越人之至，爲此有道乎？」管子對曰：「君請遏原流〔三〕，大夫立沼池，令以矩游爲樂〔四〕，則越人安敢至？」桓公曰：「行事奈何？」管子對曰：「請以令隱三川，立員都〔五〕，立大舟之都。大身之都有深淵，壘十仞〔六〕，令曰：『能游者賜千金〔七〕。』」未能用金千，齊民之游水不避吴、越〔八〕。桓公終北舉事於孤竹、離枝，越人果至，隱曲菑以水齊〔九〕。管子有扶身之士五萬人〔一〇〕，以待戰於曲菑，大敗越人。此之謂水豫。

〔一〕安井衡云：越之强在滅吴之後，距桓公卒百七十餘年。何如璋云：桓公時越實小弱，且其地距齊尚遠，詎有踰吴、楚國境伐齊之事？作僞者殆誤以田齊之桓爲五霸之桓耳。張佩綸云：桓公之世，吴尚未通上國，何論於越？然齊語言「東南淫亂之國」，已兼萊、莒、徐夷、吴、越論之矣。或疑左氏定十年傳「徐承帥舟師將自海入齊，齊人敗之，吴師乃還」，殆戰國傅會以爲管子之事。佩綸詳考之，而知其非盡傅會也。馬元材云：此文内容，似是以漢武帝時代之事蹟爲背景者。越於春秋諸國最爲後起，在齊桓公時尚未通於中國。以後句踐北上中原，與諸夏爭霸，然距桓公之卒已百七十餘年。且爲時未久，即又寂焉無聞。至漢興，兩粵之勢燄始大張。武帝即位，猖獗尤甚。是時，漢正與匈奴相對抗，而兩粵常内侵，爲北征軍後顧之憂。武帝之欲滅此朝食也，蓋非一朝一夕之故矣。翔鳳案：春秋時國史盡亡，今所見惟魯史。齊有爭赴告於周，不如魯。周史記爲秦所毁，不能斷其必無。越、吳爭强，見於國語。吳之力可以覆楚，其强非一日矣。地數篇言礦藏，以科學説之，一字不誤。輕重九府，爲管子重道篇籍，在地數之上，以爲寓言或假託皆妄。

〔二〕何如璋云：「離枝」即令支，有孤竹城。許維遹云：小匡篇云：「制泠支，斬孤竹。」「離枝」即泠支。

〔三〕何如璋云：「原流」謂原山之流，即甾水之源也。漢書地理志：「萊蕪原山，甾水所出，東至博昌入泲。」遏而隄之，可爲沼池也。

〔四〕俞樾云：「矩」當爲「渠」。説文水部「渠，水所居，从水，榘省聲」，故得假「矩」爲之。「以渠游爲樂」，謂以游於渠爲樂。張佩綸云：「矩」當作「竝」，字之誤也。説文：「方，併船也。」淮南氾論訓高注：「方，竝也。」詩：「就其深矣，方之舟之；就其淺矣，泳之游之。」深則方舟，淺則游泳，故曰「竝游」。于省吾云：上言「大夫立沼池」，此言「矩游」，即就沼池而言，不應再言渠。「矩」應讀作距，周禮考工記輪人「必矩其陰陽」，注：「故書『矩』爲『距』。」釋名釋形體：「鬢曲頭曰距。距，矩也，言其曲似矩也。」是「矩」、「距」二字通之證。左僖二十八年傳「距躍三百」，注：「距躍，超越也。」然則「距游」即在水距躍游泳之意也。翔鳳案：于說是。習游者從跳板超距而下，此常見者。溝渠非游水之地，方舟謂併船爲橋，以爲游樂，亦誤。

〔五〕安井衡云：「員」、「圓」、「都」、「瀦」，皆通。「瀦」，水所聚也。孫詒讓云：「隱」讀爲匽（毛詩小雅魚麗傳「士不隱塞」，釋文云：『隱』本作『偃』。」「匽」、「偃」字同。）荀子非相篇楊注云：「梁匽所以制水。」周禮𢊍人鄭衆注云：「梁，水偃也。」張佩綸云：「立員都」句衍，即「大舟之都」而誤複者。翔鳳案：孟子：「規矩方員之至也。」假「員」爲「圓」。說文：「隱，蔽也。」左襄廿三年傳「踰隱而待之」，注：「短牆也。」謂於周立牆而蔽也。廣雅釋地：「都，池也。」謂堵之以爲池也。「都」通「瀦」，見水地。張說誤，詳下。

〔六〕王念孫云：「大身之都」亦當爲「大舟之都」，此復舉上文以起下文也。「舟」與「身」字形相近而誤。「都」即禹貢「大野既豬」之「豬」，馬注云：「水所停止，深者曰豬。」史記夏本紀「豬」作「都」。丁士涵云：「大舟」之「舟」當作「周」，古字通用。「大周」，謂四周廣大也。輕重乙篇曰「以令至鼓，期於泰周之野期軍士」，即此所謂「大周」也。安井衡云：「大舟」、「大身」皆地名，輕重乙有「泰舟之野」。「壘」、「累」通。七尺曰「仞」。翔鳳案：「圓都」爲個人習游泳，「大舟之都」爲舟群作戰。「大身之都」爲都身，非誤字，亦不必改字。

〔七〕吴闓生云：據「未能用金千」句，則上句「賜千金」，「千」乃「十」字之誤。翔鳳案：備千金爲賞賜，非一人賞千金也。吴說拘泥。

〔八〕翔鳳案：「避」謂退讓，言不在越人之下也。

〔九〕戴望云：「嗇」爲「甾」字之誤，説見四稱篇。　孫詒讓云：「隱」亦讀爲匽，言雝淄水以灌齊也。王讀「嗇」爲甾，謂「曲甾，甾水之曲處」，是也。而釋「隱」爲「塞」，義通而未的。翔鳳案：上言三都，則非止一處。「嗇」同「牆」，「曲牆」即穩立之都，子虚賦「東牆彫胡」，廣雅引作「薔」。「嗇」音所力切，牆音賤羊切，音不同而形相混。石經論語殘碑「辟諸宫牆」，華嶽碑「牆屋傾亞」，以「牆」爲「牆」，爲隸書别體。詩江有汜「不我以」，箋：「猶與也。」孫説非是。

〔一〇〕安井衡云：「扶」讀爲浮。　孫詒讓云：「扶身之士」難通，疑「身」爲「舟」之誤。上文「大舟之都」譌作「大身」，可證。　張佩綸云：「扶」乃「斻」之誤，説文：「斻，方舟也。」禮：「天子造舟，諸侯維舟，大夫方舟，士特舟。」詩「一葦杭之」，即「斻」字。「扶」、「杭」均形近「斻」耳。「嗇」爲「甾」之誤，詳四稱篇，王説甾曲即臨淄之曲也。　聞一多云：「扶」疑爲「枎」，字之誤也。「枎」、「柎」音近可通。（「大」、「世」古音近，故「大子」一曰「世子」。）淮南子道應篇「佽非謂枻船者曰」，注：「枻，櫂也。」「枎舟之士」，即枻船之士也。　翔鳳案：漢書天文志注：「扶，附也。」説文：「泭，編木以渡也。」字變作「桴」，論語：「乘桴浮於海。」水經淮水注：「浮光山亦曰扶光山。」是「扶」通「浮」。「扶身之士」，即浮身之士。安井説是，惜未舉證耳。此「身」指人，與舟身不同，改字者均誤。

齊之北澤燒，火獵而行火曰燒。式照反。光照堂下〔一〕。管子入賀桓公曰：「吾田野辟，農夫必有百倍之利矣。」是歲租税九月而具，粟又美。桓①公召管子而問曰：「此何故也？」管子對曰：「萬乘之國，千乘之國，不能無薪而炊。今北澤燒，莫之續，則是農夫得居裝而賣其薪蕘，大曰薪，小曰蕘。一束十倍。則春有以傳耜，夏有以決芸〔二〕。此租税所以九月而具也。」

〔一〕王引之云：「燒」字絶句，「火」字下屬爲句。尹注「獵而行火曰燒，式照反」九字，本在「燒」字下，今本移入「火」字下，則誤以「齊之北澤燒火」爲句矣。

〔二〕翔鳳案：釋名釋言語：「事，傳也，事之立也。」仲尼燕居「雖在畎畝之中，事之，聖人已」，注：「事之，謂立置於位也。」則本作「事」而義爲「傳」也。

桓公憂北郭民之貧，召管子而問曰：「北郭者，盡屨縷之甿也〔一〕，以唐園爲本利〔二〕，爲此有道乎？」管子對曰：「請以令禁百鍾之家，不得事轎〔三〕；千鍾之家，不得爲唐園；去市三百步者，不得樹葵菜。若此，則空閒有以相給資〔四〕，則北郭之甿，有所讎其手搔之功〔五〕，唐園之利。故有十倍之利。」

①「桓」字原作「相」，據補注改。

〔一〕俞樾云：「屨縷」二字無義，乃「窶數」之假字。釋名釋姿容曰：「窶數，猶局縮，皆小意也。」然則「窶數之甿」，謂小民也。「窶」、「數」二字竝從婁聲，「屨」、「縷」二字亦從婁聲，故得通用矣。　姚永概云：此文下云「禁百鍾之家不得事轎」，「轎」當即「蹻」之別字。莊子釋文：「『屩』與『蹻』同。」漢書卜式傳集注：「『蹻』字本作『屩』。」釋名：「屩，草屨也。」「不得事蹻」，所以資「屨縷之甿」也。又云「去市三百步者，不得樹葵菜」，所以資唐園之甿也。若如俞說，則「不得事蹻」之文何所承乎？「屨縷」之「縷」當爲「織」字，涉上「屨中」之「婁」而誤爲「縷」矣。字又誤在「屨」字下。「屨」字不誤，下文故又承之曰「有所讎其手搔之功，唐園之利」。「手搔」者，織屨也。　顔昌嶢云：俞說非是。下文管子答言「百鍾之家不得事轎」。集韻：「『屩』或作『轎』，『轎』謂履也。」然則「屨縷之甿」，蓋謂捆屨緝縷爲生者耳。下文又云「則北郭之甿，有所讎其手搔之功」，「手搔之功」，亦謂手繰之絲縷也。「搔」即「繰」之借字，通作「繅」。　尹桐陽云：呂覽節士：「齊有北郭騷者，結罘罔，捆蒲葦，織萉屨，以養其母。」是北郭民之習屨縷也。「甿」，民也。

〔二〕翔鳳案：莊子田子方「是求馬於唐肆也」，司馬本作「廣」，「唐園」猶廣園也。

〔三〕丁士涵云：上文云「北郭者盡屨縷之甿也」，則「轎」即「屩」，謂履也。集韻：「『屩』或作『轎』。」　安井衡云：「轎」同「屩」，草屨也。「事」謂作之。　張佩綸云：集韻：「『屩』或作『轎』。」說文：「屨，履也。」「屩，履也。」廣雅：「屩，草屨也。」玉篇：「屨，履屬，麻作謂之屨。」是「屩」、「屨」略有别。李哲明云：「蹻」即「屩」字。釋名：「屩，草屨也。」莊子天下篇作「蹻」。集韻「屩」亦作「鞽」。蓋捆屨爲食，細民之事，故令百鍾之家不得爲此。

〔四〕王念孫云：「空閒」，當依宋本作「空閒」，謂以空閒之地給貧民。翔鳳案：「空閒」指「唐園」。

〔五〕張佩綸云：士虞禮注：「『搔』當爲『爪』。」又士喪禮「蚤揃如他日」，注：「『蚤』讀爲爪。」説文「叉，手足甲也」，段氏云：「『叉』、『爪』古今字，士喪禮、士虞禮、曲禮『蚤』皆『叉』字也，鄭注皆云：『讀爲爪。』『讀爲』者，易其字也。不易爲『叉』，而易爲『爪』，漢人固以『爪』爲手足甲之字矣。」案：管子古文多與三禮合，「爪」作「搔」，其一也。聞一多云：古詩（上山採蘼蕪）曰：「顔色類相似，手爪不相如。」又曰：「新人工織縑，故人工織素，織縑日一匹，織素五丈餘，將縑來比素，新人不如故。」是古稱織作之技能爲「手爪」。「搔」與「爪」同。「手搔之功」，猶言織作之功耳。

管子曰：「陰王之國有三〔一〕，而齊與在焉。」桓公曰：「此若言可得聞乎？」管子對曰：「楚有汝、漢之黄金，而齊有渠展之鹽，燕有遼東之煑，此陰王之國也。且楚之有黄金，中齊有蓄石也〔二〕。苟有操之不工，用之不善，天下倪而是耳〔三〕。使夷吾得居楚之黄金，吾能令農毋耕而食〔四〕，女毋織而衣。今齊有渠展之鹽，渠展，齊地，沸水所流入海之處，可煑鹽之所也，故曰「渠展之鹽」。請君伐菹薪，草枯曰菹。采居反。煑沸火爲鹽，正音征。而積之〔五〕。」桓公曰：「諾。」十月始正，至於正月，成鹽三萬六千鍾。召管子而問曰：「安用此鹽而可？」管子對曰：「孟春既至，農事且起。大夫無得繕冢墓，理宮室，立臺榭，築牆垣。北海之衆無得聚庸庸，功也。而煮鹽〔六〕。北海之衆，謂北海煮鹽之人。本意禁人煮鹽，託以農事，慮有妨奪，先自大夫起，欲人不知其機，斯爲權術。若此，則鹽必坐長而十倍。」桓公曰：「善。行事奈何？」管子對曰：「請以令糶之梁、趙、宋、衛、濮陽。彼盡饋食之也，國無鹽則腫〔七〕。守圉之國，本國自無鹽①，遠饋而食。圉與禦②同。用鹽獨甚。」桓公曰：「諾。」乃以令使糶之，得成金萬壹千餘斤。桓公召管子而問曰：「安用金而可？」管子對曰：「請以令使賀獻、出正籍者必以金，金坐長而百倍。運金之重，以衡萬物，盡歸於君。故此所謂用若挹於河海，若輸之給馬〔八〕。此陰王之業。」

〔一〕馬元材云：揆度篇云：「天筴，陽也；壤筴，陰也。」齊、楚、燕三國各據有自然特産，爲其他各國所無，足以造成獨占之局面，以操縱天下，所謂得地獨厚者，故謂之「陰王」。

① 「鹽」字原無，據校正增。

② 「禦」上原重一「與」字，據補注删。

〔二〕王念孫云：「薔」亦當爲「菑」。「中」，當也。言楚之有黄金，當齊之有菑石也。輕重乙篇「使玉人刻石而爲壁」，尹注：「刻石，刻其菑石。」「薔石」、「菑石」，皆「菑石」之譌也。聞一多云：王説是也。「菑石」蓋即磁石。「甾」、「茲」聲同通用，説文「鼒，鼎之圜掩上者」，重文作「鎡」。金文有言「饙鼎」（無畀鼎、邵王之諻鼎）、「淄鼎」（𪔂鼎、曾諸子鼎）者，即鎡鼎，是其比。地數篇「上有慈石，下有銅金」，「慈石」即磁石。此言齊有磁石，猶言有銅金，故可與楚之黄金相比擬。任林圃云：通典食貨十二引輕重乙篇尹注「菑石」作「美石」。王念孫説爲「菑石」，可從，今山東臨淄産淄石，石質細潤，多爲黑色，可以爲硯，或古人即以之爲璧與？翔鳳案：説文：「薔，虞蓼。」朱駿聲謂：「今水葒花之類，花紅白色，葉比水葒爲狹，較馬蓼爲小。」則「薔石」狀其色之美。朱又謂「馬蓼葉中間有墨點」，則與任所云「黑色」相合。

〔三〕洪頤煊云：「倪」通作「睨」，「是」當作「走」。言操之不工，用之不善，天下之人皆斜視而走耳。今本作「是」字，誤。輕重乙篇同。張佩綸云：「是」當爲「眂」，聲之誤也。禮記曲禮下注：「『是』或爲『氏』。」漢書地理志下集注：「古字『是』、『氏』同。」釋名：「視，是也。」「倪而是」即睨而視之。洪説非。聞一多云：「是」讀爲媞。説文：「媞，迎視也。」文選東都賦「弦不睼禽」，思玄賦「親所睼而弗識兮」，舊注：「睼，視也。」字一作「題」，廣雅釋詁一：「題，視也。」翔鳳案：張説是也。荀子解蔽「是其庭可以搏鼠」，即假是爲「視」也。

〔四〕王念孫云：「吾」字涉上句「夷吾」而衍。聞一多云：王説非是。此當删「夷」字。古未有於君前自稱其字者。翔鳳案：夷吾乃名，敬仲其字也。二説均非。「居」，積也。

〔五〕戴望云：「火」字誤。當依朱本作「水」。何如璋云：「沸火」乃「海水」之譌。通典引此作「煑水」，無「沸」字，殆以其誤而删之。然注有「煑海水」三字，可證。洪頤煊云：「沸火」當作「沸水」，見地數篇、輕重乙篇。王念孫云：下文云「山林菹澤草萊者，薪蒸之所出也」，尹注非。安井衡云：古本作「煑水爲鹽」，地數作「煑沸水」，古本脱「沸」字。「正」音征，下「始正」同。翔鳳案：「沸」本作「鬻」。説文：「鬻，水聲沸也。」「沸火」爲有聲之火，承上「菹薪」言之，諸人不顧上文，任意改字，謬。

〔六〕俞樾云：「庸」當爲「傭」。史記陳涉世家「嘗與人傭耕」，索隱引廣雅曰：「傭，役也。」漢書每以「庸」爲之。周勃傳「取庸苦之，不與錢」，司馬相如傳「與庸保雜作」，並假「庸」爲「傭」，是其證也。「無得聚庸而煑鹽」，此所謂「庸」正是賃作者。尹訓爲「功」，失其義矣。地數篇「毋得聚庸而煑鹽」，義同。

〔七〕王念孫云：朱本「國」字在「也」字上，是也。尹注曰「本國自無鹽，遠饋而食」，是其證。「無鹽則腫」自爲句。地數篇作「惡食無鹽則腫」。安井衡云：古本「國」字在「也」字上。翔鳳案：儀禮特牲饋食禮注云：「祭祀自熟始曰饋食。」言熟食時加鹽，「之」指鹽，古本謬。「國無鹽」，謂全國無鹽也。

〔八〕張佩綸云：「𨋍」當作「輪」。說苑指武篇「如龙之守户，如輪之逐馬」，是其證。翔鳳案：說文：「輪，委輪也。」若委輪之給馬，使盡歸於君，非馬則不能輪。張說誤。

管子曰：「萬乘之國，必有萬金之賈。千乘之國，必有千金之賈。百乘之國，必有百金之賈。非君之所賴也，君之所與〔一〕。故爲人君而不審其號令，則中一國而二君二王也。」桓公曰：「何謂一國而二君二王？」管子對曰：「今君之籍取以正，萬物之賈輕去其分，皆入於商賈，此中一國而二君二王也。故賈人乘其弊，以守民之時。貧者失其財，是重貧也。農夫失其五穀，是重竭也。故爲人君而不能謹守其山林菹澤草萊，不可以立爲天下王。」桓公曰：「此若言何謂也？」管子對曰：「山林菹澤草萊者，薪蒸之所出，犧牲之所起也。故使民求之，使民籍之〔二〕，因以給之。私愛之於民，若弟之與兄，子之與父也，然後可以通財交殷也〔三〕。故請取君之游財，而邑里布積之。陽春，蠶桑且至，請以給其口食筥曲之彊〔四〕。若此，則絓絲之籍去分而斂矣〔五〕。且四方之不至，六時制之。春日傳耜〔六〕，次日穫麥〔七〕，次日薄芋〔八〕，次日樹麻，次日絶菹〔九〕，次日大雨且至，趣芸壅培。六時制之〔一〇〕，臣給至於國都。善者鄉因其輕重，守其委廬〔一一〕，故事至而不妄，然後可以立爲天下王。」

〔一〕陶鴻慶云：「君之所與」下當有「也」字。言君以號令操其輕重，則人民之富出於君上之賜與，君不賴人民而富也。揆度篇之「君民非富也，鄰國富之」，與此義正相反。翔鳳案：方言十二：「與，操也。」謂君之所操。陶加「也」字，謬。

〔二〕許維遹云：「藉」當作「耤」，形近而誤。魯語上「耤魚鼈以爲夏犒」，韋注：「耤，𢷾也，耤刺魚鼈以爲夏儲也。」此承上文「菹澤」而言，即使民耤刺菹澤之魚鼈。上文云「犧牲之所起」，魚亦牲也。禁藏篇云：「以魚爲牲。」聞一多云：許説是也，惟「藉」、「耤」可通，不必改字。字一作「簎」，説文：「簎，刺也。」淮南子繆稱篇「虎豹之文來射，猨狖之捷來措」，「措」即「簎」之省。據淮南，則凡山林菹澤草萊之所生可爲犧牲者，皆可言「藉」，亦不必專屬魚鼈言也。翔鳳案：詩韓奕「實畝實藉」，箋：「税也。」下文「因以給之私」，義實相因。不顧文義，任意改字，此大誤也。

〔三〕王念孫云：「叚」字義不可通，「叚」當爲「叚」（即今「假」字）。「交叚」，謂交借財也。隸書「叚」字作「㲉」，「叚」字作「叚」，二形相似，故「叚」譌爲「叚」。（史記高祖功臣表「故市侯閻澤赤遷爲假相」，漢表作「叚相」，「叚」乃「叚」之譌。又漢書地理志「琅邪郡雩叚」，王子侯表作「虖葭」，史記建元以來王子侯表譌作「雩叚」。）説文：「假，非真也。」「叚，借也。」是假借之字本作「叚」，今經傳相承作「假」，而「叚」字不復用。此「叚」若不誤爲「叚」，則後人亦必改爲「假」矣。翔鳳案：中庸「壹戎衣」，注：「齊人言『殷』聲如衣。」説文：「衣，依也。」「交殷」即交依，恰爲齊人之言，何必改字乎？

〔四〕洪頤煊云：字書無「⿱竹冈」字。月令「具曲植籧筐」，吕氏春秋「籧」作「篴」。「⿱竹冈」即「篴」字之壞。　王紹蘭云：「⿱竹冈」字罕見，説文：「筦，竽也。」「竽，筳也。」「筳，維絲筦也。」「曲，蠶薄也。」「筦」篆文「[篆文字形]」，因誤爲「⿱竹冈」。「彊」乃「繦」之譌。「繦」壞爲「强」，又誤爲「彊」，即國蓄篇「藏繦」之「繦」，謂錢貫也。（説文：「繦，觕纇也。」是其本義。）曲薄，蠶事之始；維絲，蠶事之成。此文上言「蠶桑」，下言「絓絲」，故給其口食筦曲之繦以爲資耳。　張佩綸云：「⿱竹冈」與「篴」不相似，「⿱竹冈」乃「篗」之壞。説文：「篗，收絲者也。」其下「又」字可證。「彊」當作「强」，蓋即「繦」字。　唐蘭云：按「⿱竹冈」、「篴」不相似，無由致誤，洪説非是。「⿱竹冈」當爲「莆」之誤，「莆」即「薄」字也。古艸、竹往往不分，「甫」本作「[古文字形]」，亦作「[古文字形]」，蓋隸變作「㕀」，脱誤爲「冈」耳。「薄曲」皆蠶具，説文：「曲，或説蠶薄也。」「苗，蠶薄也。」史記周勃世家：「勃以織曲薄爲生。」「⿱竹冈曲」猶「曲薄」矣。穆天子傳數言「桂薑百㕀」，「㕀」亦昔人所未識，今謂乃「尃」字古文「[古文字形]」之隸變。「尃」讀爲縛，言挂薑百縛也，與此可互證。　聞一多云：「⿱竹冈」當爲「⿱竹囟」之譌。廣韻集韻並有「⿱竹囟」字，集韻音「囟」，説文「囟」讀若籋。此本作「⿱竹囟」，借爲「籋」。説文：「檷，絡絲柎。」「籋」、「檷」當係同字，以竹爲者曰籋，以木爲者曰檷也。曲同「笛」，説文：「笛，蠶薄也。」「⿱竹囟曲」均蠶具名。　翔鳳案：「⿱竹冈」即筒字。説文訓「筒」爲通「簫」。唐韻讀去聲，平聲訓竹筒。以竹筒交互爲收絲之器。説文：「笪，可以收繩也。」或省作「互」。字變作「篗」、作「䉶」。楚辭：「求矩䉶之所同。」説文：「篗，度也。」用以度線，與

「互」聲義全同。互以細筒曲而交之，如⨯形。擇其稍彊者，故曰「筒曲之彊」，一字不誤。隸書口作ム，稍變作×，今人尚有書「筒」爲「⿱竹冈」者。王、張二説近之，餘皆誤。

〔五〕安井衡云：粗者曰「絓」，繭滓所抽也。言民皆納絲償債，故絓絲去半而斂，亦足用也。許維遹云：説文糸部：「絓，繭滓絓頭也，一曰以囊絮練也。」釋名釋布帛：「紬，抽也，抽出絲端，出細緒也。又謂之絓。絓，挂也。」此云「絓絲之籍」，猶孟子盡心篇「有布縷之征」耳。翔鳳案：禮記月令「死生分」，注：「猶半也。」古無輕脣音，「分」即讀半。「頒」假爲「班」，其顯證矣。

〔六〕張佩綸云：六「日」字均當作「曰」，即所謂「六時」也。「春日傳耜」，月令「孟春，天子親載耒耜，躬耕帝藉」，是也。聞一多云：「傳」，插也。後漢書張衡傳「丁厥子而傳刃」，注：「江東人以物插地中爲事。」漢書蒯通傳「不敢事刃于公之腹者」，注：「李奇曰：東方人以物臿地中爲事。師古曰：周官考工記字作『菑』。」「事」與「傳」同。詩大田載芟「俶載南畝」，兩「載」字箋亦皆讀爲菑。「傳」與「載」並通「菑」，是管子「傳耜」即月令「載耒耜」，並謂插耒耜於地中以發土反草，而管子字作「傳」，尤與東齊方言符合。翔鳳案：張説非。

〔七〕安井衡云：「獲」讀爲穫。張佩綸云：説文：「穫，刈穀也。」「穫麥」，月令：「孟夏，農乃登麥。」翔鳳案：説文：「獲，獵所獲也。」荀子富國：「一歲而再獲之。」周髀算經：「物有朝生暮獲。」本義借義皆可。

〔八〕張佩綸云：「薄芓」者，説文：「芓，麻母也。」詩「或芸或耔」，漢書食貨志引作「芓」，非麻母之「芓」也。翔鳳案：書益稷「外薄四海」，借爲「敷」、爲「布」。廣雅釋詁三：「播，布也。」説文：「播，種也。一曰布也。」虞書：「播時百穀。」「薄芓」爲播芓。

〔九〕許維遹云：「菹」與「苴」通。吕氏春秋貴生篇注：「苴，草蒯也。」「絶菹」，言除草芥也。

〔一〇〕張登雲云：「六時」，「春日傳耜」以下六日之時。張佩綸云：月令：「季夏，土潤溽暑，大雨時行，燒薙行水利，以殺草，如以熱湯，可以糞田疇，可以美土彊。」然則「六時」自孟春至季夏。

〔一一〕張佩綸云：「臣」乃「藏」字之壞。「藏給」者，國語注：「給，備也。」文當作「藏給至於都鄉，善爲國者因其輕重，守其委廬」。或説「善」即「里」之誤，「者」涉「都」而衍。「至於國都里鄉」，即遺人所謂「邦之委積，鄉里之委積，縣都之委積」也。聞一多云：「臣」疑當爲「以」，字之誤也。（「以」本作「㠯」，以形近誤爲「臣」。）上文「因以給之」、「請以給其口食筥曲之彊」，兩言「以給」，可證。「以給」下似有奪句，「鄉」字即其殘餘之錯置於下文者。「至於國都」四字爲句，與上文「且四方之不至」語意相應。「善者因其輕重，守其委廬」，則與事語篇「善者用非其有，使非其人」，國蓄篇「故善者執其通施以御其司命」，又「故善者委施於民之所不足」，句法同例。翔鳳案：「臣」即巨，詳巨乘馬。「巨給」，大給也。「善者鄉因其輕重」云云，一字不誤，諸説非是。

管子曰：「一農不耕，民或爲之飢。一女不織，民或爲之寒。故事再其本，則無賣其子者。事三其本，則衣食足。事四其本，則正籍給。事五其本，則遠近通，死得藏〔一〕。今事不能再其本，而上之求焉無止，是使姦涂不可獨行，遺財不可包止〔二〕。隨之以法，則是下艾民〔三〕。食三升，則鄉有正食而盜。食二升，則里有正食而盜。食一升，則家有正食而盜〔四〕。今操不反之事〔五〕，而食四十倍之粟，而求民之毋失，不可得矣。且君朝令而求夕具，有者出其財，無有者賣其衣屨，農夫糶其五穀，三分賈而去。是君朝令一怒，布帛流越而之天下〔六〕。君求焉而無止，民無以待之〔七〕，走亡而棲山阜。持戈之士，顧不見親，家族失而不分〔八〕。民走於中而士遁於外，此不待戰而内敗。」

〔一〕張佩綸云：「死得藏」下，當依揆度篇增「矣」字。翔鳳案：説文：「葬，藏也。」張增「矣」字，謬。

〔二〕洪頤煊云：「包」當作「拘」。「拘」，留也。揆度篇作「貨財不安於拘」，「包」、「拘」因字形相近而譌。張佩綸云：漢書趙廣漢傳：「善爲鉤距以得事情。鉤距者，設欲知馬價，則先問狗，已問羊，又問牛，然後及馬，參伍其賈以類相準，則知馬之貴賤不失實矣。」此「拘止」即「鉤距」。蘇林曰：「鉤得其情，使不得去。」晉灼曰：「鉤，致也。距，閉也。」即此「拘止」之訓。「姦塗不可獨行」，言羣起爲盜；「遺財不可鉤止」，言金幣分流。郭沫若云：「遺財」，當依揆度篇作「貨財」。「包」字不誤，揆度篇「拘」字則「抱」之誤也。「包」與「抱」通。「貨財不可包止」，言貨財無法把持也。翔鳳案：隱八年「盟於浮來」，公羊作「包」。同「俘」，通「捕」，謂不可捕而止也。「一農不耕」四句爲神農之教，見揆度。

〔三〕張文虎云：「艾」、「刈」古通。「下艾」謂去其本。張佩綸云：「則是下艾民」爲句，趙氏以「艾」字絶句，非是，揆度篇可證。孟子「及陷於罪然後從而刑之，是罔民也」，管義與之合。

〔四〕王念孫云：此「正」字爲「匃」之誤。廣雅曰：「匃，求也。」俗書「匃」字作「丐」，與「正」相似而誤。襄公三十一年左傳釋文「丐，本或作『正』」，昭公六年釋文「士匃，或作『王正』」，是其證。王引之云：「正」字義不可通。「正」當爲「乏」，乏者，匱也，絶也。史記高祖紀曰「漢軍乏食」，是也。乏食則不忍飢餓而爲盜矣。「乏」字本作「𠄏」，形與「正」相似，因譌而爲「正」。宣十五年左傳曰：「文，反正爲乏。」張佩綸云：王氏父子兩説並通，當從小王爲是，丐食則非盜矣。「升」非升斗之升。穀梁襄二十四年傳：「一穀不升謂之嗛，二穀不升謂之饑，三穀不升謂之饉，四穀不升謂之康，五穀不升謂之大侵。」「食三升」，三穀不升也。「二升」，三穀不升也。「一升」，四穀不升也。與穀梁、韓詩外傳均合。翔鳳案：穀梁襄廿四年傳「五穀不升爲大饑」，注：「成也。」當爲「登」之借。列子黄帝「俱升高臺」，釋文：「登也。」曲禮「年穀不登」，是其證。「三升」、「二升」、「一升」，謂價升高也。甲文、金文反正仍爲一字者多。然管子已經漢人隸定，不應有此，以大王之説爲是。

〔五〕張文虎云：「不反」，疑即上文「下艾」二字之譌。　何如璋云：「不反」，謂農收不反其本也。　翔鳳案：荀子儒效「積反貨而爲商賈」，謂販運也，其義正合。張、何説非。

〔六〕俞樾云：「怒」讀爲弩，方言：「凡人語而過，東齊謂之劒，或謂之弩。」是齊人謂「語而過」者爲「弩」。「朝令一怒」，正謂其語之過也。「怒」者「弩」之假字，管子齊人，故齊言耳。　翔鳳案：公羊莊四年傳「此非怒與」，注：「怒，遷怒，齊人語也。」此亦齊人語，不須改字。

〔七〕許維遹云：晉語「厚戒箴國以待之」，韋注：「待，備也。」周語「内外齊給」，韋注：「給，備也。」此言民不能供給。

〔八〕翔鳳案：論語「五穀不分」，鄭注：「猶理也。」

管子曰：「今爲國有地牧民者，務在四時，守在倉廩。國多財則遠者來，地辟舉則民留處，倉廩實則知禮節，衣食足則知榮辱。今君躬犂墾田，耕發草土，得其穀矣，民人之食，有人若干步畝之數〔一〕，然而有餓餒於衢閭者何也？穀有所藏也。今君鑄錢立幣，民通移，人有百十之數，然而民有賣子者何也？財有所并也。故爲人君不能散積聚，調高下，分并財，君雖彊本趣耕，發草立幣而無止〔二〕，民猶若不足也〔三〕。」

〔一〕郭嵩燾云：下文「人有百十之數」，此亦當作「人有若干步畝之數」。

〔二〕丁士涵云：「發草」與「立幣」連言不詞，疑涉上而衍。張佩綸云：發草鑄幣，輕重戊篇「萊、莒之山生柴，鑄莊山之金」，是也。丁氏以「發草與鑄幣連言，疑涉上而衍」，實則彼言耕發草土，「草土」詳地員篇，與「發草」非一事。郭沫若云：丁説非是。「發草立幣而無止」，正總結上述「墾田」與「鑄錢」二事，並非衍文。

〔三〕安井衡云：「若」當爲「苦」，字之誤也。安井衡云：「若」當爲「苦」。馬元材云：吕氏春秋用衆篇云：「雖不足，猶若有跖。」誣徒篇云：「雖不肖者猶若勸之。」荀子不苟篇亦有「雖作於心，見於色，出於言，民猶若未從也」之言，句例與此並同。若改「若」爲「苦」，便不詞矣。二氏説皆非。

桓公問於管子曰：「今欲調高下，分并財，散積聚。不然，則世且并兼而無止，蓄餘藏羨而不息，貧賤鰥寡獨老不與得焉。散之有道，分之有數乎？」管子對曰：「唯輕重之家爲能散之耳。請以令輕重之家。」桓公曰：「諾。」東車五乘〔一〕，迎癸乙於周下原。桓公問四〔二〕，因與癸乙、管子、甯戚相與四坐。桓公曰：「請問輕重之數。」癸乙曰：「重籍其民者失其下，數欺諸侯者無權與〔三〕。」管子差肩而問曰〔四〕：「吾不籍吾民，何以奉車革？不籍吾民，何以待鄰國〔五〕？」癸乙曰：「唯好心爲可耳〔六〕。夫好心則萬物通，萬物通則萬物運，萬物運則萬物賤，萬物賤則萬物可因。知萬物之可因而不因者，奪於天下。奪於天下者，國之大賊也。」桓公曰：「請問好心萬物之可因。」癸乙曰：「有餘富無餘乘者，責之卿諸侯。足其所，不賂其游者，責之令大夫〔七〕。若此則萬物通，萬物通則萬物運，萬物運則萬物賤，萬物賤則萬物可因矣。故知三准同筴者能爲天下〔八〕，不知三准之同筴者不能爲天下。故申之以號令，抗之以徐疾也〔九〕，民乎其歸我若流水。此輕重之數也。」

〔一〕丁士涵云：「東」乃「束」字誤。「束車」，約車也。國策曰：「請爲子約車。」又曰：「王爲約車載百金。」

翔鳳案：丁改「東」爲「束」，漢書食貨志：「束，聚也。」義可通。然「約車」之「約」訓爲委約，非纏束也。釋名：「古者曰『車』聲如居，言行所以居人也。今曰『車』聲近舍，車舍也，行者所處若居舍也。」「居」、「舍」皆有止義。説文：「東，動也。」「動車」義更適當，知改字非是。

〔二〕張佩綸云：廣韻：「癸，姓苑云：出齊癸公後。」「下原」，疑即蘇忿生之地温原，其時由鄭歸周，尚未與晉，故曰「周下原」也。荀子宥坐篇「管仲誅付里乙」，元和姓纂作「恃乙」，宋姓解作「魯有忖乙爲齊所誅」，未知即其人否？　尹桐陽云：「周」同「州」，淳于國之所都。春秋「州公如曹」，左傳云「淳于公如曹」。故城在今山東高密縣東北。

〔三〕猪飼彦博云：「問四」二字疑衍。張佩綸云：「問四因」，「四」字涉下「四」字而衍。許維遹云：「問四因」三字涉下文而衍。聞一多云：衍「問四」二字。翔鳳案：四人皆以爲衍，似爲錯誤無疑，然實謬也。左定十年傳「公子地有白馬四」，漢書五行志下作「駟」。説文：「駟，馬一乘也。」詩大明「駟騵彭彭」，公羊隱元年疏引作「四」。詩「駟驖孔阜」，説文馬部作「四」。「問四」即「問駟」。儀禮聘禮「路先設西上，路下四亞之」，謂大路設於西上，其下駟亞之。不考索，輕以爲誤，陋矣。

〔四〕安井衡云：「差肩」，肩差在後也，癸乙爲賓，故「差肩而問」焉。許維遹云：「差肩」猶比肩也。翔鳳案：左文十一年傳「富父終甥駟乘」，注：「四人共車。」差肩在車上，諸人不悟也。

〔五〕許維遹云：「待」猶禦也。翔鳳案：上文許引韋註訓「待」爲「備」，義勝。自忘之，何也？

〔六〕安井衡云：「好」，孔也。紂曰：「吾聞聖人心有七竅。」蓋古謂有智慮者，心有孔竅也。翔鳳案：「有餘富」答「萬物之可因」，非釋好心也。釋名：「好，巧也。」如巧者之造物，無不皆善，人皆好之也。「好心」，猶言用心巧爲設法。

〔七〕郭沫若云：文正宜以「卿諸侯」斷句。輕重乙篇亦見「卿諸侯」、「令大夫」之名。俞樾謂「卿諸侯」爲大國之孤（詳見乙篇「使卿諸侯藏千鍾」條下）。余疑卿與諸侯爲二。「諸侯」者，附庸諸國之君長也。陳侯因資敦「朝問諸侯」，知齊國實領有羣小諸侯。卿乃內臣，諸侯乃外臣，責令先內而後外。「足其所，不賂其游」者，謂有財不以分人，即自得其所而不顧交游。輕重之筴，旨在破除積蓄，以防私室之坐大，故有此等責令。此即所以「散積聚，調高下，分并財」之一術也。翔鳳案：周禮師氏「凡國之貴游子弟學焉」，注：「游，無官司者。」「游」同「遊」。郭謂「交游」，義狹。

〔八〕安井衡云：穀幣財爲「三准」，從輕重而環之爲「同策」。尹桐陽云：一調高下，二分并財，三散積粟也。翔鳳案：「三准」爲輕重之策，以尹説爲是。

〔九〕許維遹云：禮記文王世子篇「抗世子法於伯禽」，鄭注：「抗，猶舉也。」與輕重乙篇「引之以疾徐」義亦相類。

桓公問於管子曰：「今傳戟十萬，薪菜之靡，日虛十里之衍〔一〕。頓戟一譟，而靡幣之用，日去千金之積〔二〕。久之，且何以待之？」管子對曰：「粟賈平四十，則金賈四千〔三〕。粟賈釜四十，則鍾四百也，十鍾四千也，二十鍾者爲八千也。金賈四千，則二金中八千也。然則一農之事，終歲耕百畮，百畮之收，不過二十鍾，一農之事乃中二金之財耳。故粟重黃金輕，黃金重而粟輕，兩者不衡立。故善者重粟之賈，釜四百，則是鍾四千也，十鍾四萬，二十鍾者八萬。金賈四千，則是十金四萬也，二十金者爲八萬。故發號出令曰：一農之事，有二十金之筴〔四〕。然則地非有廣狹，國非有貧富也，通於發號出令，審於輕重之數然。」

〔一〕張佩綸云：「薪菜」當作「薪采」。公羊哀十四年傳：「然則孰狩之？薪采者也，薪采者則微者也。」許維遹云：「萬」下脱「而」字。下文云「頓戟一譟，而靡幣之用，日去千金之積」，文同一例，是其證。翔鳳案：本書屢言「薪菜」，「菜」爲食所必需。張改爲「采」，謬。

〔二〕丁士涵云：「幣」者，「敝」之借字。説文：「敝，帗也。一曰敗衣也。」輕重乙篇曰：「器以時靡幣。」張佩綸云：「靡幣」當作「靡敝」。禮記少儀：「國家靡敝。」此言養兵則有薪樵之費，用兵則有轉饟之費。翔鳳案：「靡幣」猶言費錢，「幣」即金也。少儀疏「財物靡散凋敝」，亦以「靡」爲「敝」。二説誤。

〔三〕王引之云：當作「粟賈平，釜四十，金賈四千」，言今之粟賈平，每粟一釜，其賈四十錢，金賈每一金（孟子公孫丑趙注曰：「古者以一鎰爲一金。鎰，二十兩也。」）四千錢，二者皆當時之賈也。下文「粟賈釜四十，則鍾四百也，十鍾四千也，二十鍾者爲八千也」，即承「粟賈平釜四十」言之。金賈四千，則二金中八千也，即承「金賈四千」言之。今本「四十」上脱「釜」字，「金賈」上衍「則」字（因下文「粟賈釜四十則鍾四百」而衍），而文義遂不可通。安井衡云：輕重乙篇：「狄諸侯，畝鍾之國也。」「畝鍾」則百畝百鍾，而此云百畝二十鍾。揆度曰「金之平賈萬也」，而此云「金賈四千」。蓋管子經數百年之久，而成於數十人之手，是以僢差繆戾至于如此。餘不盡辨焉。翔鳳案：王補「釜」字，衍「則」字，自以爲甚當，而不知其非也。齊以釜爲基量。小者爲區，四區爲釜。大者爲鍾，釜十爲鍾。乙篇「滕魯之粟釜百，則使吾國之粟釜千」，丁篇「齊西之粟釜百泉，齊東之粟釜十泉」，皆以釜爲基量之證。凡基量日用所共知，可省。如今之基量爲斤或升，口語常省之也。釜百泉亦爲常價，乙篇「請重粟之價金三百」，謂一釜三百泉，三倍之也。故下云「三倍其賈」。「平四十」則金價四千，恰爲常價釜百泉之數也。不知此義，而任意增删，大誤。安井之説亦誤。穀價隨收成之豐歉而漲落，數年之中，有差至千萬倍者，此常見，不須舉證也。

〔四〕陶鴻慶云：「曰」字不當有。「一農之事」二句，與上文「一農之事乃中二金之財耳」語義相應。言號令之效如此也，非上令下之辭。馬元材云：當作一句讀，「曰」爲「而」字之誤。翔鳳案：「二十金之筴」非二十金之數，「曰」字不可少。

管子曰：「湩然擊鼓〔一〕，士忿怒。鎗然擊金，士帥然。筴桐鼓從之〔二〕，輿死扶傷，爭進而無止。口滿用，手滿錢〔三〕，非大父母之仇也〔四〕，重禄重賞之所使也。故軒冕立於朝，爵禄不隨，臣不爲忠。中軍行戰〔五〕，委予之賞不隨，士不死其列陳。然則是大臣執於朝，而列陳之士執於賞也〔六〕。故使父不得子其子，兄不得弟其弟，妻不得有其夫，唯重禄重賞爲然耳。故不遠道里而能威絶域之民，不險山川而能服有恃之固〔七〕，發若雷霆，動若風雨，獨出獨入，莫之能圉。」

〔一〕陳奂云：「湩」與「鏜」一聲之轉。詩「擊鼓其鏜」，毛傳曰：「鏜然，擊鼓聲也。」説文「䶜，鼓聲也」，引詩作「鼞」。「鏜，鐘鼓之聲也」，引詩作「鏜」。依毛訓，則詩之「鏜」爲「鼞」。司馬法曰「鼓聲不過閶」，「閶」爲「鼞」之假字。又説文「䶜，鼓聲」，集韻通作「鼕」。「隆」、「冬」與「湩」聲亦相近。張佩綸云：「湩」乃「䶜」之轉，樂府秦女休行「膧朧擊鼓赦書下」，御覽作「隴檣」，沈佺期詩「籠僮上西鼓」，柳宗元詩「籠銅鼓報衙」，「膧朧」、「隴檣」、「籠僮」、「籠銅」，即「潼然」也。李哲明云：「湩」本無義，狀鼓音耳。今俗鼓聲如董，廣韻作「鼞」，云：「鼞，鼓鳴也。」作「湩」者，初無正字，因聲假之。作「鼞」則後人臆造。知鼓音云董，由來久矣。翔鳳案：張、李二説均是，而李尤確。「鏜」爲金聲，詩人兼鼓與鐘言之耳。「湩」今通作「𧂭」。舌上讀舌頭，「湩」正讀𧂭。

〔二〕安井衡云：「鎗」，鍾聲也。「士」下當脱二字，今不可考。「帥」、「率」通；「帥然」，急遽貌。張佩綸云：「筴桐鼓從之」，「桐」當爲「枹」，字之誤也。説文：「枹，擊鼓杖也。」淮南墬形高注、文選西征賦引淮南許注均云：「筴，杖也。」翔鳳案：「鎗」今作「鏜」，古無舌上音也。「帥」通「率」，衆所共知，其實爲「衛」，若左桓二年傳「藻率鞞鞛」，服注：「刷巾也。」則爲「帥」之本義矣。漢書東方朔傳「今先生率然高舉」，注：「猶颯然。」與聳然相近，郭沫若訓爲「肅」，義近而不全同。「筴」同「策」，擊也。改「桐」爲「枹」，與「策」同，不可通。説文：「桐，榮也。」漢書禮樂志「桐生茂豫」，師古讀「桐」爲「通」。史晨饗九廟後碑「桐車馬於瀆上」，亦以「桐」爲「通」，通禮義纂：「建鼓，大鼓也，少昊氏作焉。夏加四足，謂之節鼓。商貫之，謂之盈鼓。周人懸而擊之，謂之懸鼓。」「桐」假爲「通」，謂貫之也。貫以竹木，可肩負而行。「桐」聲近榮，即通「盈」，齊用商之盈鼓也。

〔三〕張登雲云：「用」，食用也。言人勇於攻戰，死而不顧者，爲有重禄而「口滿食用」，有重賞而「手滿錢」，爲利所動也。翔鳳案：說文：「用，可施行也。」甲文、周易多言之，託言決於鬼神爲可用，故曰「口滿用」。

〔四〕豬飼彥博云：「大」當作「有」。張佩綸云：「大父母之仇」，曲禮、周禮調人均言「父之讎」，檀弓言「居父母之仇」，皆不及「大父母之仇」。周禮調人疏引異義古周禮說：「復讎可盡五世之内，五世之外，施之於己則無義，施之於彼則無罪，所復者，唯於殺者之身及在被殺者子孫，可盡五世得復之。」鄭從之也。曲禮疏文有詳略，許、鄭皆主周禮，不主公羊，是「大父母之仇」亦當不反兵而鬬，與父母同。故管子引之以喻戰，與經義合。許維遹云：「大」字當作「从」，「从」字偏旁與「大」形近，故譌爲「大」。「从」即「從」字。揆度篇云：「若從親戚之仇。」「親戚」亦父母也，「從」猶追逐也，說詳揆度篇。翔鳳案：「大」有尊祝之義。公羊：「君子大居正。」荀子：「大天而思之，孰與物畜而制之。」張以爲祖父母，誤。春秋大九世之仇，非祖父母一世，舍父母言祖輩，不近情。

〔五〕許維遹云：「中」當作「申」，「申軍」與「行戰」平列。古之言兵者往往「申」、「守」對舉。左哀二十六年「申開守陴」，本書幼官篇「中守不慎」，此文「中軍」猶遣軍、發軍。後人習見中軍，故改「申」爲「中」耳。　翔鳳案：穆天子傳「味中糜胃而滑」，注：「猶合也。」「中軍」猶合軍。

〔六〕孫詒讓云：上下文皆云「重禄重賞」，又云「故軒冕立於朝，爵禄不隨，臣不爲忠。中軍行戰，委予之賞不隨，士不死其列陳」，則「執於朝」，「朝」當作「禄」。許維遹云：「執」猶愛也。吕氏春秋遇合篇「故嫫母執乎黄帝」，高注：「黄帝説之。」以「説」釋「執」，「説」亦愛也。劉子新論襲文作「軒皇愛嫫母之醜貌」，此「執」、「愛」義同之證也。　翔鳳案：淮南主術訓「人主之所以執下」，注：「制也。」執持所以制之，制士以賞，制大臣於朝見之時。大臣非百官之比，制百官以爵禄，百官不朝見也。

〔七〕翔鳳案：「絶域」承「遠道」，「恃固」承「險山川」。國曰固，野曰險。國指城市，各本不知其義而改爲「國」，誤矣。

桓公曰：「四夷不服，恐其逆政游於天下而傷寡人〔一〕。寡人之行，爲此有道乎〔二〕？」管子對曰：「吴、越不朝，珠象而以爲幣乎〔三〕？發、朝鮮不朝〔四〕，請文皮毤他卧切，落毛也。服而以爲幣乎？禺氏不朝，請以白璧爲幣乎？崐崘之虚不朝〔五〕，請以璆琳琅玕爲幣乎？故夫握而不見於手，含而不見於口，而辟千金者珠也，然後八千里之吴、越可得而朝也。一豹之皮，容金而金也〔六〕，然後八千里之發、朝鮮可得而朝也。懷而不見於抱，挾而不見於掖，而辟千金者，白璧也，然後八千里之禺氏可得而朝也。簪珥而辟千金者，璆琳琅玕也，然後八千里之崐崘之虚可得而朝也。故物無主，事無接，遠近無以相因，則四夷不得而朝矣〔七〕。

〔一〕豬飼彦博云：「游」猶流也。張佩綸云：「游於天下」，即國蓄篇之「蓄賈游市」、地數篇之「游子勝商」也。

〔二〕豬飼彦博云：「寡人」二字衍。聞一多云：「行」字衍。此本以「……而傷寡人」句，「寡人之爲此有道乎」句。廣雅釋詁一：「爲，瘉也。」小爾雅廣詁：「爲，治也。」是「爲」有救治之義。「爲此有道乎」，猶言此事有救治之方法乎。淺人不達此「爲」字之義，乃訓「爲」爲「行」，注「行」字於旁，寫者復據以加入正文，遂成今本耳。翔鳳案：以逆政傷寡人，非寡其行也。「行」爲行政，此指逆政，一字不誤。

〔三〕王念孫云：「珠象」上脱「請」字。下文皆有，當據補。翔鳳案：説文：「請，謁也。」爾雅釋詁：「請，告也。」謁者若後人書刺，自言爵里姓名，並列所白事。朝爲面見請則以文告之，有遠近之異。三言朝請皆國外，與吳、越在國内者不同，非必奪「請」字也。

〔四〕翔鳳案：「發、朝鮮」説詳揆度篇。

〔五〕孫星衍云：御覽八百九引無「之」字。爾雅：「有崑崙虚之璆琳琅玕焉。」又云：「河出崑崙虚。」此不宜有「之」字。翔鳳案：崐崘虚非國名，其地爲小部落，非止一國，有「之」字是，孫説非也。

〔六〕張佩綸云：「『一豹之皮容金而金也』當作『一豹之容而辟千金者，文皮也』。廣雅釋詁二：『容，飾也。』周禮巾車『皆有容蓋』，司農注：『「容」謂幨車。』攷工記函人『凡爲甲必先爲容』，注：『「容」謂象式。』『豹之容』，即揆度篇之『豹飾』、『豹幨』。或説『容』即『辟』之启旁而誤加宀者，當作『一豹而辟千金者』，亦通。」郭沫若云：上『金』字乃『裣』之省文，當作『一豹之皮容裣而辟千金者，文皮㲪服也』。揆度篇『卿大夫豹飾，列大夫豹幨』，尹注：『袖謂之飾，襟謂之幨。』禮記玉藻『羔裘豹飾，緇衣以裼之』，鄭注：『飾，猶袖也。』詩唐風『羔裘豹袖』，箋：『在位卿大夫之服也。』此爲尹所本。説『幨』爲襟，不知何所據，恐依聲得之。然則此『容』即『飾』，『裣』即『幨』。山權數篇『一金之衣』，李哲明説『金』爲『裣』（見上）。裣者，説文云：『交衽也。』又：『衽，交裣也。』廣韻：『「裣」同「襟」。』古人衣如今之僧服，故言『交衽』或『交裣』。準此，可見管子書每以『金』爲『裣』矣。」翔鳳案：郭説是也。

〔七〕張佩綸云：「『不得而朝』當作『可得而朝』。朝曰『可得而朝』，不朝曰『不朝』。淺人未明其旨，妄改之。『主』，周禮司市『百族爲主』、『商賈爲主』之謂。説文：『接，交也。』物無主之者，事無交之者，則遠近不相因，彼絶市易之利，不得不稱臣奉貢，故曰『可得而朝』。」郭沫若云：揆度篇『堯、舜之王所以化海内者，北用禺氏之玉，南貴江、漢之珠，其勝禽獸之仇，以大夫隨之』，措辭用意與此大同小異。可知本篇乃以『吳、越』表南，『發、朝鮮』表東，『禺氏」表北，「崑崙之虚」表西。蓋以四方之珍物爲幣，則物有所主，事有所接，遠近有以相因；四方之人因有利可得，故欣然來朝。苟不如是，則「物無主，事無接，遠近無以相因」，四方之人裹足不至矣。張未明原旨而妄改原文，正自示其「淺」耳。

管子校注卷第二十四

輕重乙第八十一

輕重十①四

桓公曰："天下之朝夕可定乎〔一〕？"管子對曰："終身不定。"桓公曰："其不定之説，可得聞乎？"管子對曰："地之東西二萬八千里，南北二萬六千里。天子中而立，國之四面，面萬有餘里，民之入正籍者亦萬有餘里〔二〕。故有百倍之力而不至者，有十倍之力而不至者，有俔而是者〔三〕。則遠者疏，疾怨上〔四〕，邊竟諸侯受君之怨民，與之爲善，缺然不朝。是天子塞其涂，熟穀者去，天下之可得而霸〔五〕。"桓公曰："行事奈何？"管子對曰："請與之立壤列天下之旁〔六〕，天子中立，地方千里，兼霸之壤三百有餘里，佌諸侯度百里〔七〕，負海子男者度七十里。若此，則如胸之使臂，臂之使指也。然則小不能分於民，推徐疾羨不足〔八〕，雖在下不爲君憂。夫海出沸無止〔九〕，

① "十"字原作"第"，據校正改。

山生金木無息。草木以時生，器以時靡幣〔一〇〕，泲水之鹽以日消，終則有始，與天壤爭，是謂立壤列也。」

〔一〕張佩綸云：「之」字衍。桓公欲以一朝一夕定天下，言速也，故管子答以「終身不定」。李哲明云：「朝夕」上當挩「數」字。「天下之數」見山權數、山至數等篇，挩「數」字，句意爲不完足。翔鳳案：管書「朝夕」指物價漲落，然本節乃政治而非經濟，張、李説謬矣。左成十二年傳「朝而不夕」，疏：「朝見君謂之朝，夕見君謂之夕。」此謂定霸使國内外以時朝見也。

〔二〕何如璋云：「正籍」，謂定民征賦之籍也。以天下爲郡縣，故入正籍者「萬有餘里」。有周封建：王畿千里，畿外爲侯、甸、男、采、衛各服，服五百里。建邦設牧，制爲職貢，無萬里皆入正籍者。此乃秦制，作僞者附之管子，謬矣。翔鳳案：管書屢言以人籍，即「正籍」也。其區域兼國内外言之。何説誤。

〔三〕翔鳳案：「是」假爲「眂」，詳甲篇。

〔四〕許維遹云：「疾」上奪「下」字。下文云「發民則下疾怨上」，是其證。翔鳳案：「遠者疏」指諸侯言之，許加「下」字，非是。

〔五〕丁士涵云：「之」乃「不」字誤。山至數篇曰：「天子以客行令以時出，孰穀之人亡。」又曰：「内則自還而不盡忠，外則諸侯連朋合與，孰穀之人則去亡，故天子失其權也。」此言「孰穀者去，天下不可得而霸」，與山至數篇文義略同。　翔鳳案：「之」與「不」形聲俱遠，「不」不能誤爲「之」。此乃問語，省「乎」字耳。

〔六〕丁士涵云：「壤列」二字連文。下文云「終則有始，與天壤爭」，是謂「立壤列」也。或讀「列」字下屬，非。　何如璋云：此乃秦廢封建，儒生心慕古制，託爲是言，否則春秋固立壤列也，管子胡爲議此乎？　繁露爵國「然則其地列柰何？曰：天子邦圻千里，公侯百里，伯七十里，子男五十里，附庸字者方三十里，名者方二十里，人氏者方五十里」，即「立壤列」之義。　張佩綸云：「旁」，文選東京賦薛注：「四方也。」　翔鳳案：說文：「壤，柔土也。」周禮大司徒「辨十有二壤之物」，注：「『壤』亦土也，變言耳。以萬物自生焉則言土，以人所耕而樹蓺焉則言壤。」後漢書郎顗傳「主名未立，多所收捕」，注：「猶定也。」「立壤」猶定壤，爲種殖之用，與列土分封不同，何疑之，誤矣。

〔七〕陳奐云：「仳」，小也，其字當作「佌」。說文：「佌，小兒。詩曰：『佌佌彼有屋。』」今正月詩作「仳仳」，傳曰：「仳仳，小也。」　張佩綸云：「仳」當爲「齊」，聲之誤也。鮆魚或作鱭魚，鳧茈或名葧薺，皆「仳」、「齊」一聲相轉之證。事語篇「天子之制壤方千里，齊諸侯方百里負海，子七十里，男五十里」，是其證。此「仳諸侯度百里負海」，即彼「齊諸侯方百里負海」也。齊之始封侯爵，地方百里，而有負海之利，亦與兼伯之壤相准，故小匡亦云「地方三百六十里」也。不言公與伯者，左傳「在禮，卿不會公侯，會伯子男可也」，言侯則公可知，言子男則伯可知，故略之。此所説封壤與周禮、孟子均不同。翔鳳案：事語「齊」訓中，非齊國，張誤。

〔八〕王念孫云：「推」當爲「準」，「準」省作「准」，因譌而爲「推」。事語篇作「准徐疾贏不足」，是其證。翔鳳案：「推」字自通，不必據彼改此。

〔九〕翔鳳案：「沸」即「勃」，見前。

〔一〇〕李哲明云：「幣」當爲「敝」。東方朔答客難「呂刑靡敝」，是也。「靡敝」猶言靡散。上篇「而靡幣之用」同。翔鳳案：李説是也。孔宙碑以「彫幣」爲「凋敝」，是其證。

武王問於癸度曰〔一〕：「賀獻不重，身不親於君。左右不足，支不善於群臣〔二〕。故不欲收穡户籍而給左右之用〔三〕，爲之有道乎？」癸度對曰：「吾國者，衢處之國也，遠秸之所通〔四〕，游客蓄商之所道，財物之所遵。故苟入吾國之粟，因吾國之幣〔五〕，然後載黄金而出。故君請重重而衡輕輕〔六〕，運物而相因，則國筴可成。故謹毋失其度，未與民可治〔七〕。」武王曰：「行事奈何？」癸度曰：「金出於汝、漢之右衢，珠出於赤野之末光，玉出於禺氏之旁山〔八〕，此皆距周七千八百餘里。其涂遠，其至阸，故先王度用於其重，因以珠玉爲上幣，黄金爲中幣，刀布爲下幣。故先王善高下中幣，制下上之用，而天下足矣。」

〔一〕張文虎云：「癸度」即「揆度」也。 張佩綸云：「揆度」，篇名，今作人名，非是。或疑「武王」即威公，「癸度」即癸乙，當與「迎癸乙於周下原」合爲一節。存考。 翔鳳案：輕重丁：「管子曰：『昔者癸度。』」則癸度在管仲前。

〔二〕張佩綸云：「支」，各本作「友」，誤。「支」當作「枝」。此言來仕者，君既以賀獻而始親，羣臣又復賀獻而始善，故欲重禄以給左右之用，而不欲出於正賦，所答殊非所問，蓋原本壞佚，而妄人隨意掇拾成之。 馬元材云：仍當作「支」，「支」即「肢」，謂四肢也，與「身」對文。 翔鳳案：「支」猶今言支持。 越語「皆知其資財之不足以支長久也」，注：「猶堪也。」後漢書郭太傳注：「支，猶持也。」

〔三〕戴望云：「不欲」當作「欲不」，二字倒。 翔鳳案：説文：「穡，穀可收曰穡。」詩桑柔「好是稼穡」，釋文：「王申毛，謂收穡也。」「收穡」爲名詞。 國蓄「是人君非發號令收嗇而户籍也」，文義全同。

〔四〕豬飼彦博云：「秸」疑當作「近」。 張佩綸云：「遠秸」者，「百里賦納總，二百里納銍，三百里納秸，四百里粟，五百里米」，馬融注：「秸，去其穎。」鄭注：「秸，又生穎也。四百里入粟，五百里入米，遠彌輕也。」「遠秸」以粟米言，言遠方賦納之通涂也。 翔鳳案：説文無「秸」字。 禹貢「納秸」，釋文：「秸，本或作『稭』。」説文：「稭，禾稾去其皮，祭天以爲席。」「秸」有祭天之用，兼爲卧席，改字者誤。

〔五〕丁士涵云：地數篇云：「人求本者，食吾本粟，因吾本幣。」疑此文「入」當爲「食」。陶鴻慶云：「故苟入吾國，食吾國之粟，因吾國之幣」，皆指游客蓄商言之。今本誤奪三字，遂以「之粟」二字屬上讀之，則於義難通。地數篇云「夫齊衢處之本，（「本」謂國也。凡下言「本」者皆與「國」同義，説詳俞氏平議。）通達所出也，游子勝商之所道，人來（今本誤作「求」，從俞氏改正。）本者食吾本粟，因吾本幣，騏驥黄金然後出」，與此文小異，而其義並同，可證此文之誤。翔鳳案：「入吾國之粟」，輸入吾國之粟也，非誤字。

〔六〕豬飼彦博云：「衡」字衍。言重應重而輕應輕。翔鳳案：黄金外流，爲國之害，與粟相較，當衡其輕重，「衡」字不能衍。

〔七〕丁士涵云：案當讀「故謹毋失其度與本，則民可治」，今本「本」字譌「未」，又「與本」二字倒，「則」字據上文「則國筴可成」句補。上文曰「故苟食吾國之粟，因吾國之幣」，「粟」、「幣」皆本也。故地數篇曰：「人求本者，食吾本粟，因吾本幣。」「故謹無失其度與本，則民可治」，與上文「故君請重重而輕輕，運物而相因，則國筴可成」文法一例。翔鳳案：論語「惟我與爾有是夫」，皇疏：「許也。」齊語「教不善則改治」，注：「治，理也。」未許民可自理也。

〔八〕孫星衍云：「旁山」，地數篇、揆度篇皆作「邊山」，「鼻」、「旁」因字形相近而譌。翔鳳案：「邊」、「旁」同義，有何正誤可言，孫説近泥。

桓公曰：「衡謂寡人曰：一農之事，必有一耜、一銚、一鎌、一鎒、一椎、一銍〔二〕，然後成爲農。一車必有一斤、一鋸、一釭〔二〕、一鑽、一鑿、一銶〔三〕、奇休切。鑿屬。一軻〔四〕，然後成爲車。一女必有一刀、一錐、一箴〔五〕、一鉥〔六〕，時橘切。長針也。然後爲女〔七〕。請以令斷山木，鼓山鐵〔八〕，是可以毋籍而用足。」管子對曰：「不可。今發徒隸而作之，則逃亡而不守。發民，則下疾怨上。邊竟有兵，則懷宿怨而不戰。未見山鐵之利而内敗矣。故善者不如與民量其重，計其贏，民得其十〔九〕，君得其三。有雜之以輕重〔一〇〕，守之以高下，若此，則民疾作而爲上虜矣〔一一〕。」

〔一〕張佩綸云：「椎」即「檯」。說文：「檯，摩田器。」吕覽、廣雅均曰：「檯，椎也。」翔鳳案：說文：「銍，穫禾短鎌也。」

〔二〕孫詒讓云：說文金部云：「釭，車轂中鐵也。」釭以沓轂之賢軹（「賢」謂大孔，「軹」謂小孔），一車兩輪，是有四釭，此云「一釭」，則不可通。且此方說重車所載之任器，非紀車上金木諸材也，亦不當及釭。「釭」當爲「鉏」之誤，周禮鄉師注引司馬法云「輂一斧一斤一鑿一梩一鉏」，是其塙證也。翔鳳案：此言爲車者必備之具。故曰「一斤、一鋸」云云。所謂襄輻之鐵鍱曰釭，爲車所必備。若如孫言，車件不可有鋸有鑽，知其謬矣。

〔三〕張佩綸云：說文無「銶」字，毛傳：「木屬曰銶。」釋文引韓詩：「銶，鑿屬。」

〔四〕丁士涵云：「軻」當爲「柯」。考工記：「車人之事，一欘有半謂之柯。」又「車人爲車柯，長三尺，博三寸，厚一寸有半，五分其長，以其一爲之首」，注：「首六寸，謂今剛關頭斧。柯，其柄也。」鄭司農云：「柯長三尺，謂斧柯。」説文：「柯，斧柄也。」「柄，柯也，或作『棅』。」詩：「伐柯伐柯，其則不遠。」説文：「則，等畫物也。」古之人或取法於斧柯，故謂「其則不遠」。爾雅：「柯，法也。」尺寸取則於柯，故曰法也。然則柯亦爲車者所不可少之物矣，管子言田器類及木柄，與此同義。　翔鳳案：丁説是也。「柯」、「軻」未聞通假，因爲車而寫「柯」作「軻」矣。

〔五〕孫星衍云：「箴」，當依海王篇作「鍼」，太平御覽八百三十引作「針」。　翔鳳案：「鍼」之本字爲「咸」，「箴」、「鍼」、「碱」皆孳乳字，孫説拘泥也。

〔六〕翔鳳案：説文：「鉥，綦鍼也。」通作「秫」，趙策「鯷冠秫縫」，鮑注：「秫，綦鍼也。」字从朮聲。

〔七〕翔鳳案：趙本「後」下有「成」字，依「成爲車」而加。然車爲零件合成，人非零件，補「成」字非是。

〔八〕安井衡云：「斷山木」，以爲炭也。「鼓山鐵」，鼓橐鑄鐵也。　戴望云：「鼓」乃「敱」字之誤。説文：「敱，有所治也，讀若墾。」此因聲以得義，鐵在山中，利墾治之也。　顔昌嶢云：戴説非是。左傳昭公二十九年「遂賦晉國一鼓鐵」，疏云：「冶石爲鐵，用橐扇火，動橐謂之鼓。今時語猶然。」又淮南本經訓「鼓橐吹埵，以銷銅鐵」，即此「鼓山鐵」之義也。

〔九〕戴望云：「十」乃「七」字誤。

〔一〇〕張文虎云："「有」當爲「又」。"戴望云："「有」乃「肴」之誤字，説見侈靡篇。"許維遹云："戴説非也。「有」讀爲又。「雜」，會也，合也。"

〔一一〕丁士涵云："「虜」乃「庸」字誤。"安井衡云："貧富死生，唯上所爲，如虜獲於敵者然。"

桓公曰："請問壤數。"管子對曰："河埳，諸侯畝鍾之國也。磧，側革切。山諸侯之國也〔一〕。河埳諸侯常不勝山諸侯之國者，豫戒者也。"桓公曰："此若言何謂也？"管子對曰："夫河埳諸侯，畝鍾之國也，故穀衆多而不理，固不得有。至於山諸侯之國，則斂蔬藏菜〔二〕，此之謂豫戒。"桓公曰："壤數盡於此乎？"管子對曰："未也。昔狄諸侯，畝鍾之國也，故粟十鍾而錙金。程諸侯〔三〕，山諸侯之國也，故粟五釜而錙金。故狄諸侯十鍾而不得傳戟，程諸侯五釜而得傳戟。十倍而不足，或五分而有餘者〔四〕，通於輕重高下之數。國有十歲之蓄，而民食不足者，皆以其事業望君之禄也。君有山海之財，而民用不足者，皆以其事業交接於上者也。故租籍，君之所宜得也。正籍者，君之所强求也。亡君廢其所宜得，而斂其所强求，故下怨上而令不行。民，奪之則怒，予之則喜。民情固然〔五〕。先王知其然，故見予之所〔六〕，不見奪之理。故五穀粟米者，民之司命也，黄金刀布者，民之通貨也。先王善制其通貨，以御其司命，故民力可盡也。"

〔一〕豬飼彦博云：「埏」、「淤」同。水中可居者曰淤。言近河之國爲沃土，每畝收粟一鍾也。史記河渠書曰：「鄭國渠就，皆畝一鍾，於是關中爲沃野。」「讀」謂埔土。下曰「程諸侯、山諸侯之國也」，「讀」下蓋脱「諸侯」二字。何如璋云：「埏」與「淤」通，地近濁水，水退受淤，畝收數倍。「讀」當作「磧」，謂山地，土兼沙石也。郭沫若云：「讀」疑作「漬」，當在「山諸侯」下。下文「山諸侯之國則斂蔬藏菜」，正釋明「山諸侯，漬之國也」之義。翔鳳案：郭說是也。今尚謂淹菜爲漬。以「河淤」與「讀」爲一逗，則文無滯義。「淤」寫作「埏」，「漬」寫作「讀」，同爲隸變。

〔二〕張佩綸云：「蔬」當爲「疏」。（曲禮「稻曰嘉疏」，述而「疏食」，或作「蔬」。經典「蔬」、「疏」通，屢見。）詩召旻「彼疏斯粺」，箋：「疏，麤也，謂糲米也。」孟子「雖蔬食菜羹」，趙注：「疏食，糲食也。」古「蔬菜」連文，「蔬」皆指糲食，故孔注論語，以「疏食」爲菜食。充其類，則鄭氏月令注、高氏吕覽注以草木之實爲疏食。説文無「蔬」字。字林直以「蔬」爲「菜」，非也。

〔三〕張佩綸云：「程」，逸周書大匡篇「維周王宅程，三年遭天之大荒，作大匡，以詔牧其方。三州之侯咸率」，孔注云：「程，地名，在岐州左右，後以爲國。」詩皇矣「度其鮮原，居岐之陽，在渭之將」，正義引釋山「小山别，大山鮮」。大王初遷已在岐山，故言示在岐山之陽，是去舊都不遠也。周書稱文王在程作程寤、程典，皇甫謐曰「文王徙宅於程」，蓋謂此也。史記自序正義引括地志：「安陵故城在雍州咸陽東二十一里，周之程邑。」文王謀度而徙程，依岐之陽，故曰「山諸侯之國」。周自太王迫狄遷岐，然狄雖據河淤，毋耕田之業，故常不能勝周，此田積穀爲制夷狄要策，管氏蓋深得之。

〔四〕王念孫云：「十倍」上亦當有「或」字，與下句對文。翔鳳案：下文「或」對「十倍」而言，不必用兩「或」字。

〔五〕姚永概云：上「民」字涉下而衍。聞一多云：下「民」字疑當作「人」。翔鳳案：「民」字一逗，兩句共用，非衍文。

〔六〕孫星衍云：據國蓄篇，「所」是「形」字之譌。郭沫若云：「見」同「現」。言示民以予之形，而不露奪之實。翔鳳案：「所」同「處」，見前。文義自通，不必改字。

管子曰：「泉雨五尺，其君必辱〔一〕。食稱之國必亡〔二〕。待五穀者衆也〔三〕。故樹木之勝霜露者，不受令於天〔四〕。家足其所者，不從聖人。故奪然後予，高然後下，喜然後怒，天下可舉。」

〔一〕許維遹云：「泉雨」疑爲「暴雨」之譌，「泉」、「暴」形相近也。小問篇「飄風暴雨爲民害」，小匡篇「飄風暴雨數臻，五穀不蕃，六畜不育，而蓬蒿藜藋竝興」，皆與此義合。老子云「暴雨不終日」，此云「暴雨五尺」，蓋暴雨數臻，而水入地五尺深，言災之甚也。翔鳳案：說文：「泉，水原也。」水原之雨五尺，則其流域廣而受災深，不必改字。

〔二〕張佩綸云：「食稱」無義。一說：孟子「又稱貸而益之」，疑當作「稱貸」，捝去「貸」字耳。一說：「稱」當爲「𥝤」，説文「𥝤，虚無食也」，經典均借「荒」爲「𥝤」，淺人多見「稱」，罕見「𥝤」，因改而爲「稱」，篆文「稱」、「𥝤」形近。　李哲明云：「稱」謂稱貸，言國恃稱貸而食，其國必亡也。　翔鳳案：「稱」假爲「偁」，晉語「其知不足稱也」，可證。説文：「偁，揚也。」「揚，飛舉也。」「食稱」猶言大量食之，必不足矣。

〔三〕豬飼彦博云：「待」、「畤」同，儲也。言雨澤優足，穀食多收，則君必辱，國必亡。所以然者，下儲蓄五穀者衆多，而不從上之令也。　翔鳳案：言消耗多，期待之量大，非儲之也。

〔四〕王念孫云：「露」當爲「雪」，木勝霜雪，則經冬而不凋，故曰「不受令於天」。今本「雪」作「露」，則非其旨矣。侈靡篇曰「樹木之勝霜雪者不聽於天」，是其證。　翔鳳案：詩：「白露爲霜。」幼苗敗於霜露者衆，其害比雪尤大，不必改字。

桓公曰：「强本節用，可以爲存乎？」管子對曰：「可以爲益愈〔一〕，而未足以爲存也。昔者紀氏之國，强本節用者，其五穀豐滿而不能理也，四流而歸於天下。若是，則紀氏其强本節用，適足以使其民穀盡而不能理，爲天下虜，是以其國亡而身無所處〔二〕。故可以益愈，而不足以爲存。故善爲國者，天下下我高，天下輕我重，天下多我寡，然後可以朝天下。」

〔一〕張佩綸云：説文無「愈」字，「愈」即「瘉」。説文：「瘉，病瘳也。」爾雅釋詁及詩角弓傳：「瘉，病也。」段氏曰：「渾言之，謂瘳而尚病也。許則析言之，謂雖病而瘳也。」此當從爾雅、毛傳。

樞言篇：「病加於小愈。」「益愈」謂益之疾，故其弊至於國亡而身無所處。　翔鳳案：漢書藝文志「彼九家者，不猶瘉於野乎」，師古曰：「『瘉』與『愈』同。愈，勝也。」論語「汝與回也孰愈」，「愈」即「愉」之變形，爾雅釋詁：「愉，服也。」引申則爲勝矣。張説誤。

〔二〕張佩綸云：春秋莊公四年：「紀侯大去其國。」左氏傳：「違齊難也。」穀梁傳曰：「大去者，不遺一人之辭也，言民之從之者，四年而後畢也。紀侯賢而齊侯滅之，不言「滅」而曰「大去」者，不使小人加乎君子。」此言國亡身無所處，與左氏、穀梁均合；惟不以紀侯爲賢，兼公羊義。春秋繁露玉英篇以「上下同心俱死」爲「大去」，傳聞異辭。要之，紀力不能距齊，不盡由「五穀豐滿而不能理」之故。此特輕重家之説，謂務本必兼飭末耳。處强大之間，固非彊本節用即能制敵，亦空言仁義者所宜知也。　聞一多云：「若是則紀氏其强本節用」，「其」猶之也。　郭沫若云：「而不能理」四字，當依上文在「强本節用」下。紀國之亡，非緣「强本節用」，乃緣「不能理」。　翔鳳案：「則紀氏」三字一逗，加「其」字增强語氣，聞説誤。

桓公曰：寡人欲毋殺①一士，毋頓一戟，而辟方都二，爲之有道乎？」管子對曰：「涇水十二空，汶淵洙浩滿三之於〔一〕，乃請以令，使九月種麥，日至日穫，則時雨未下而利農事矣。」桓公曰：「諾。」令以九月種麥，日至而穫〔二〕。量其艾，一收之積

①「殺」字原作「穀」，據補注改。

中方都二〔三〕。故此所謂善因天時，辯於地利，而辟方都之道也。

〔一〕宋翔鳳云：宋本「浩」作「沿」。何如璋云：涇水有三：一在雍州，書禹貢涇屬渭汭；一在丹陽，漢書地理志注「涇水出蕪湖」；一在交趾，水經注「涇水出龍編縣高山」。三者均非齊地。此「涇」字宜依集韻音徑，「涇涏，直流也」。莊子秋水篇「涇流之大」，注「涇，通也」，謂通流也。爾雅釋水「直波爲徑」，字當作「涇」。釋名：「水直波曰涇。涇，徑也，言如道徑也。」張佩綸云：「涇」當爲「淄」，字之誤也。「汶」，汶水，「淵」，天齊淵，見水經淄水注。「洙」，洙水。「沿」即「㕣」，說文：「沇，沇水，古文作「㕣」。」「於」，「淤」省，見漢書，言水溢以溉田也。翔鳳案：莊子秋水「涇流」即度地之經水，「涇」同「經」。西京賦「量徑輪」，注：「南北爲徑。」是假「徑」爲「經」也。度地云：「水之出於山而流入於海者曰經水。」涇水十二，非止一水也。於冬季水涸時，障而爲都。「汶淵」爲一處。度地：「水出地而不流者，命曰淵水。」說文「汶水出琅邪」，爲齊地。洙水出泰山，亦爲齊地。說文：「浩，沆也。」「沆，大澤皃。」「浩」之義同「淵」，重慶有龍門浩，與天齊淵相類。「洙浩」又爲一處，可爲方都二。楊本「浩」作「沿」，乃「浩」字斷缺，非「沿」字也。爾雅釋詁：「於，居也。」荀子儒效「隱於窮閻漏屋」，韓詩外傳「於」作「居」。方言十二：「水中可居爲州，三輔謂之淤。」是「於」即「淤」矣。淤則可以爲都矣。「都」義見前「圓都」，一字不誤。

〔二〕戴望云：元本下「日」字作「而」。豬飼彥博云：「日至」，夏至也，下「日」字當作「而」。

翔鳳案：以夏至日穫，改「而」字誤。

〔三〕丁士涵云：「艾」與「刈」同。「收」當爲「畝」。「中方都二」之數雖不止一畝之積，要其所量，可於一畝約知其數也。馬元材云：「一收」，謂一歲之收穫也。漢書食貨志：「一歲之收常過縵田畝一斛以上。」翔鳳案：一年二收或三收，一收之積，已有方都二也。

管子入復桓公曰：「終歲之租金四萬二千金，請以一朝素賞軍士〔一〕。」桓公曰：「諾。」以令至鼓期，於泰舟之野期軍士〔二〕。桓公乃即壇而立，甯戚、鮑叔、隰朋、易牙、賓胥無皆差肩而立〔三〕。管子執枹而揖軍士曰：「誰能陷陳破衆者，賜之百金〔四〕。」三問不對。有一人秉劍而前，問曰：「幾何人之衆也？」管子曰：「千人之衆。」「千人之衆，臣能陷之〔五〕。」賜之百金。管子又曰：「兵接弩張，誰能得卒長者，賜之百金。」問曰：「幾何人卒之長也〔六〕？」管子曰：「千人之長。」「千人之長，臣能得之。」賜之百金。管子又曰：「誰能聽旌旗之所指，而得執將首者〔七〕，賜之千金。」言能得者壘千人〔八〕，賜之人千金。其餘言能外斬首者〔九〕，賜之人十金。一朝素賞，四萬二千金廓然虛。桓公惕然太息曰：「吾曷以識此〔一〇〕？」管子對曰：「君勿患。且使外爲名於其內，鄉爲功於其親〔一一〕，家爲德於其妻子。若此，則士必爭名報德，無北之意矣。吾舉兵而攻，破其軍，并其地，則非特四萬二千金之利也。」五子曰：

「善〔一二〕。」桓公曰：「諾。」乃誡大將曰：「百人之長，必爲之朝禮。千人之長，必拜而送之，降兩級。其有親戚者，必遺之酒四石，肉四鼎。其無親戚者，必遺其妻子酒三石，肉三鼎。」行教半歲，父教其子，兄教其弟，妻諫其夫，曰：「見其若此其厚〔一三〕，而不死列陳，可以反於鄉乎！」桓公衍終舉兵攻萊〔一四〕，戰於莒必市里〔一五〕。鼓旗未相望，衆少未相知，而萊人大遁。故遂破其軍，兼其地，而虜其將。故未列地而封，未出金而賞，破萊軍，幷其地，禽其君。此素賞之計也。」

〔一一〕洪頤煊云：「素」古通作「索」，「索」，盡也。　安井衡云：「素」，空也，無功而賞，故曰「素」。　戴望云：「素」讀爲索。鄭注禮記檀弓云：「索，猶散也。」　張佩綸云：「素，猶豫也」，吳語「天謀必素見成事焉」注。　翔鳳案：張説是也。書大傳「著其素」，注：「始也。」後漢書列女傳注：「先也。」其義相似。

〔一二〕王念孫云：下「期」字，當依羣書治要作「朝」，言與軍士期於泰舟之野而朝之也。今作「期」者，即涉上文「期於」而誤。　張佩綸云：治要作「朝」，涉上文「一朝」而誤。「以令至鼓期」句，「至」當爲「致」，「期」當爲「旗」。論語「巫馬期」，史記弟子傳作「巫馬施字子旗」；禮記射義「耄期」，釋文本作「旗」，是其證。周禮大司徒「以旗致萬民」，大司馬「以旗致民」，注：「以旗者，立旗期民於其下也。」下文「期軍士」及「鼓旗未相望」，正承「鼓旗」言。　翔鳳案：説文：「期，會也。」漢有期門，謂其期於殿門，即此「期軍士」之義。改「期」爲「朝」，非是。廣雅釋言：「期，時也。」於令至時鳴鼓，聲其期會之時。

〔三〕王念孫云：「易牙」二字，後人所加也。小匡篇云「其相曰夷吾，大夫曰甯戚、隰朋、賓胥無、鮑叔牙」，易牙小臣，豈得與四大夫差肩而立乎？藝文類聚居處部四引此無「易牙」二字，明是後人所加。下文「五子曰善」，「五子」本作「四子」，因增入「易牙」，故又改「四」爲「五」耳。張文虎云：「易」字衍，「牙」字當在「鮑叔」下，誤倒在「朋」字下，後人遂妄增「易」字耳。翔鳳案：易牙爲桓公近臣，以漢、唐、明之宦官例之，安見其不可參加乎？類書疑而删之，不可據也。

〔四〕孫星衍云：史記李牧列傳集解引作「能破敵禽將者賞百金」。

〔五〕聞一多云：此一人秉劍者之荅辭，句上省「曰」字。此例古書多有。治要引有「曰」字，乃以意增。下文「千人之長，臣能得之」句上亦無「曰」字。

〔六〕陶鴻慶云：「卒」字衍。文本云「幾何人之長也」，與上文「問曰：『幾何人之衆也』」句例同。馬元材云：「卒」字不衍，當作「幾何人之卒長」。上文所問爲「誰能得卒長者」，可見「卒長」乃一官名。周禮大司馬「卒長執鐃」，尉繚子兵教「什長教成，合之卒長」，是其證。聞一多云：莊子天地篇「人卒雖衆，其主君也」，至樂篇「人卒聞之」，盜跖篇「人卒未嘗不興名就利」，皆「人卒」連文。此上言「雖能得卒長者」，下言「幾何人卒之長」，「人卒」猶卒耳。

陶說非是。翔鳳案：聞說是也。

〔七〕俞樾云：「執將」即主將也。淮南說山訓「執獄牢者無病」，高注：「執，主也。」張佩綸云：「得執將首」當作「執將得首」。「執」，囚也。（呂覽慎行篇「使執連尹」注。）或生執其將，或得其將之首。翔鳳案：將有等級，能執其爲將之首者。說文：「將，帥也。」周禮夏官：「二千有五百人爲師，師帥皆中大夫。五百人爲旅，旅帥皆下大夫。」此文在「千人之長」之上，其義可知矣。

〔八〕孫星衍云：羣書治要引「壘」作「累」。丁士涵云：當作「言能得壘千人者」，乃與上下文句一例。何如璋云：「壘」當爲「累」。「千人」當作「十人」，若「千人」則四萬二千金不敷賞矣。翔鳳案：說文：「壘，軍壁也。」此管子申言「執將首」之條件，敵人之壘有千人守之者，得將首一人，賜之千金。此賞最重，故申言以足其意，諸人皆誤會爲叙述之詞。

〔九〕張佩綸云：「能外斬首者」，「外」字涉下「外爲名」而衍。翔鳳案：承上言，敵壘之外，斬爲首者一人，賜之十金，此事較易。知「外」之不誤，則「壘」爲敵之守壁更顯。

〔一〇〕安井衡云：「識」，志也。吾何以記志此受賞者，以責其成功哉？

〔一一〕陶鴻慶云：「内鄉」二字誤倒。本云「且使外爲名於其鄉，内爲功於其親」，下文云：「行教半歲，父教其子，兄教其弟，妻諫其夫，曰：『見禮若此其厚，而不死列陳，可以反其鄉乎？』」正申言此義。郭沫若云：「内鄉」二字並未誤倒。此「外」與「内」爲對，「鄉」與「親」爲對，

「家」與「妻子」爲對。「内」可包含鄉、親、家與妻子，蓋「内」之中又有「内」也。「外爲名於其内，鄉爲功於其親，家爲德於其妻子」者，言一人在外建立功名，則鄉黨增光，父母榮顯，妻子有德色也。

〔一二〕王念孫云：「五子」本作「四子」，因增入「易牙」，故又改「四」爲「五」耳。　翔鳳案：此爲王氏臆説，見前。

〔一三〕王念孫云：「見其」，當依羣書治要作「見禮」，「見禮」二字總承上文而言。今本「禮」作「其」者，涉上下文諸「其」字而誤。　于省吾云：上「其」字應讀作期，謂期待也。「其」、「期」古字通，武梁祠畫像「樊於其頭」，「其」同「期」，是其證。　許維遹云：此下「其」字猶之也。　翔鳳案：于説有據。

〔一四〕翔鳳案：易繫辭「大衍之數五十」，鄭注：「衍，演也。」「衍」謂演習既畢，「衍」字不誤。司遷報任少卿書「文王拘而演周易」，是其證矣。

〔一五〕張佩綸云：「必市里」，郡國志「湻于有密鄉」，左傳隱二年紀、莒盟密，故密鄉在縣東北，後省。僖二年左氏傳「莒人歸之及密」，杜注：「密，魯地，琅邪費縣北有密如亭。」疑「必市」乃「密」之壞，密近莒，故曰「莒、密里」。　翔鳳案：古音「密」同「必」。少儀「不窺密」，注：「隱曲處。」假爲「閟」。

桓公曰：「曲防之戰，民多假貸而給上事者。寡人欲爲之出賂〔一〕，爲之奈何？」

管子對曰：「請以令令富商蓄賈百符而一馬，無有者取於公家〔二〕。若此，則馬必坐長，而百倍其本矣。是公家之馬不離其牧皁〔三〕，而曲防之戰賂足矣。」

〔一〕翔鳳案：説文「賂，遺也」，段注：「以此遺彼曰賂，如道路之可往來也。」賄賂二字，初無惡義。

〔二〕安井衡云：「符」，券也。貸財於人，符券及百者使之獻馬一匹。無有馬者買之公家。蓋五十符者二家一馬，二十五符者四家一馬，其獻不止百符也。張佩綸云：説文：「符，信也。漢制以竹，長六寸，分而相合。」周禮小宰「所稱責以傅别」，注：「傅别，謂券書也，故書作『傅辨』，鄭大夫讀爲符别。」韓詩外傳六「古者有命，民之有能敬長憐孤取舍好讓居事力者告於其君，然後君命得乘飾車駢馬；未得命者不得乘飾車駢馬，皆有罰。」尚書大傳同。史記平準書：「天下已平，高祖乃令賈人不得衣絲乘車，重租税以困辱之。」漢制蓋準古命。管子此策：商賈有二百券者許之乘車，蓋傳古者「取舍好讓」之科，以一馬準百符，命民償之，其無馬者取諸公家。如此則賈人以得乘車爲榮，而公私均無償債之耗。雖若弛商賈之律，而實增官民之財。蓋古法取商賈甚嚴，故能行一時權宜之計。馬元材云：張氏以「百符一馬」爲政府特許商人乘車，其識甚卓。惟細按原文之意，乃謂商人持有借券百件者，即可自備一馬以爲駕車之用，無馬者得向公家備價請購，並非令民以馬償債也。

〔三〕翔鳳案：雷浚説文外編：「小雅『既方既皁』，毛傳：『實未堅者曰皁。』説文無『皁』字。艸部：『草，草斗，櫟實也。一曰象斗子。』俗變作『皂』。」今之肥皂角即草斗也。假爲槽，獸之食器。方言：「櫪，梁、宋、齊、楚、北燕之間謂之編皂。」則作「皂」乃通書也。

桓公問於管子曰：「崇弟蔣弟，丁、惠之功世，吾歲罔，寡人不得籍斗升焉。去菹菜鹹鹵斥澤山閒堁壏不爲用之壤，寡人不得籍斗升焉。去一列稼，緣封十五里之原，强耕而自以爲落其民，寡人不得籍斗升焉。則是寡人之國，五分而不能操其二〔一〕，是有萬乘之號，而無千乘之用也。以是與天子提衡爭秩於諸侯〔二〕，提，持也。合衆弱以事一强者謂之衡。秩，次也。爲之有道乎？」管子對曰：「唯籍於號令爲可耳。」桓公曰：「行事奈何？」管子對曰：「請以令發師置屯籍農，屯，戍也。發師置戍，人有粟者則不行。十鍾之家不行，六斛四斗爲鍾。百鍾之家不行，千鍾之家不行。行者不能百之一、千之十，而囷窌之數，囷，丘倫反。窌，力救反。皆見於上矣〔三〕。君案囷窌之數，令之曰：『國貧而用不足，請以平價取之子，皆案囷窌而不能挹損焉〔四〕。』挹，猶謂減其數。君直幣之輕重以決其數，直，猶當也。謂決其積粟之數。使無券契之責，分之曰券，合之曰契。責讀曰債。使百姓皆稱貸於君，則無契券之債。則積藏囷窌之粟皆歸於君矣。故九州無敵，竟上無患。」令曰：「罷師歸農，無所用之。」管子曰：「天下有兵〔五〕，則積藏之粟足以備其糧。天下無兵，則以賜貧甿。若此，則菹菜鹹鹵斥澤山閒堁壏之壤無不發草。此之謂籍於號令。」

〔一〕俞樾云：此文凡三云「寡人不得籍斗升焉」，句下當並有「去一」兩字，言如此則是去其一分也。今第一句下有「去」字，而奪「一」字。第二句下「去一」兩字俱存，而誤屬下讀。第三句下「去一」兩字俱奪矣。而句上有「其民」兩字，甚爲不詞。蓋「其民」即「去一」之誤，古文「一」作「弌」，因誤爲「民」，「弌」誤爲「民」，因改「去」爲「其」，屬之句上，而義全失矣。「不能操其二」當作「不能操其三」，蓋上文三言「去一」，則是去其三分，故桓公言「五分不能操其三」也，如今本則皆不得其指矣。又云「吾歲罔」者，即吾歲無也。「罔」、「無」一聲之轉。尚書湯誓「罔有攸赦」，西伯戡黎「罔敢知吉」，微子「乃罔恒獲」，金縢「王其罔害」，史記並易以「無」字，是其證也。「歲無」即「歲凶」。或疑「罔」字爲「凶」字之誤，非是。何如璋云：「崇」、「蔣」二家無可考。「丁」當是丁公之後，「惠」當是惠公之後。惠公乃桓公子，足證此文後人所託也。張佩綸云：「五分」當作「四分」，古「三」字積畫與「五」形近而譌，四分而去其三，故曰「不能操二」。「崇弟蔣弟」，「崇」當作「宗」，「蔣」當作「孽」，字之誤也。宗弟者，曾子問：「其辭於賓曰：宗兄宗弟宗子在他國，使某辭。」說文：「孽，庶子也。」……書大傳「孽多殺宗」，詩白華序「以孽代宗」，均以「宗」、「孽」對文。故知「蔣」爲「孽」誤。「丁、惠」，東郭偃曰「君出自丁，臣出自桓」，謂崔氏也；「二惠競爽」，謂子尾、子雅。惠乃桓公之子，不應桓公已「丁、惠」並稱。疑作「丁、廥」。史記齊世家：丁公之子乙公得，乙公之子癸公慈母。

「癸公」，索引作「祭公」，檀弓疏引世本作「廗公」，此本殆亦作「廗」，「酉」、「惠」形近。又云：「崇弟蔣弟」四字全誤，以輕重丁篇證之，乃「宗臣守臣」四字之譌，指高、國也。「丁」，崔氏。「惠」乃桓公之子。其爲僞書顯然，不足深考。翔鳳案：「崇」、「蔣」、「丁」、「惠」，歷史已無可考。「丁、惠」在二「弟」之下，較疏，或晚一輩，正與桓公二子相當，何言僞乎？說文：「功，以勞定國也。」周禮司功「治功之約次之」，注云：「功約，謂王功國功之屬。」「功世」與「功約」相當。禮運「大人世及以爲禮」，「功世」謂以功世及也。去無用之地一分，去緣封之原又一分，功世非瘠土，不得言去，俞說非是。左僖十五年傳「入而未定列」，注：「位也。」黄梅稱澤地大片者爲「列」，字作「埒」。「不能操其二」，實際爲三，言在此而意在彼，口語多有之。俞以爲「二」之誤，則非是。

〔二〕張文虎云：「子」疑當作「下」。翔鳳案：書君奭「時則有若保衡」，注：「平也。」「提衡」，謂持而平之也。說文：「秩，積也。」「爭秩」，爭積財也。有諸侯則「子」字不誤。

〔三〕陶鴻慶云：「十鍾」當與「千鍾」互易。蓋初令止及「千鍾之家」，次及「百鍾」，又次及於「十鍾」，至「十鍾之家」亦不行，則當行者少，故曰「行者不能百之一、千之十，而困窌之數皆見於上」也。今本誤倒，則不通矣。翔鳳案：「行者不能」，謂當行而不能行者，則輸粟「百之一，千之十」，與「十鍾」、「百鍾」、「千鍾」不同，陶以爲誤倒，非是。

〔四〕馬元材云：考輕重甲篇云「用若挹於河海」，則「挹」字實不能訓爲「退」或「減」。「挹」有取義，此處當訓爲益，「挹損」猶言益損，即輕重甲篇所謂「侈弇」之意。翔鳳案：山權數「以假子之邑粟」，山至數「田穀之存子者若干」，知朱本「子」作「予」，爲妄改矣。

〔五〕張佩綸云：「無所用之，管子曰」，顯有脱爛字句。馬元材云：「令曰」當作「公曰」，不然則「管子曰」三字爲重出矣。聞一多云：自「請以令發師置屯籍農」至章末，皆管子語，「天下有兵」上不當又出「管子曰」三字。此讀者未明文義而妄增。翔鳳案：此籍於號令之又一法，前者爲一般情形，後又分「有兵」、「無兵」言之，非答桓公之問，「管子曰」三字不可少，非衍文也。

管子曰：「滕、魯之粟釜百，則使吾國之粟釜千。滕、魯之粟四流而歸我，若下深谷者，非歲凶而民飢也。辟之以號令，引之以徐疾，施乎其歸我若流水〔一〕。」

〔一〕安井衡云：「辟」，召也。俞樾云：「施」乃「也」字之誤，「乎」上當有「粟」字。輕重甲篇曰「故申之以號令，抗之以徐疾也，民乎其歸我若流水」，文法與此同，知此文是「粟乎」非「民乎」者，以本文是言粟事耳。翔鳳案：「辟」謂曉諭之也。墨子小取：「辟也者，舉也物而以明之也。」假爲「譬」。説文：「譬，諭也。」孟子「施從良人之所之」，注：「邪行也。」俞增「粟」字，誤。

桓公曰：「吾欲殺正商賈之利，而益農夫之事〔一〕，爲此有道乎？」管子對曰：「粟重而萬物輕，粟輕而萬物重，兩者不衡立。故殺正商賈之利，而益農夫之事，則請重粟之價金三百〔二〕。若是則田野大辟，而農夫勸其事矣。」桓公曰：「重之有道乎？」管子對曰：「請以令與大夫城藏〔三〕，使卿諸侯藏千鍾〔四〕，令大夫藏五百鍾〔五〕，列大夫列大夫，中大夫。藏百鍾，富商蓄賈藏五十鍾〔六〕。內可以爲國委，外可以益農夫之事。」桓公曰：「善。」下令卿諸侯令大夫城藏。農夫辟其五穀，三倍其賈。則正商失其事，而農夫有百倍之利矣。

〔一〕張佩綸云：通典無「正」字。蓋一本作「殺」，一本作「正」，校者據通典加「殺」字耳。「正商失其事」，「正」字衍。聞一多云：下文「則正商失其事」，許云「『正』當爲『任』」，是也。余謂此「正」亦「任」之譌，「商」下又衍「賈」字。蓋「任」既誤爲「正」，讀者乃於「商」下增「賈」字。下文「則正商失其事」，「商」下無「賈」字，即其驗。「殺」，減也。「殺任商之利」、「益農夫之事」，文相偶。翔鳳案：「殺」訓減，「正」同「征」，前文屢見。減征商賈之利，此「利」指國家言，則「征」爲巨室無疑。

〔二〕丁士涵云：元本作「釜三百」，是也。謂每釜加賈三百，下文所謂「三倍其賈也」。俞樾云：此言粟價而云「金三百」，義不可通，「金」乃「釜」字之誤，「釜」字壞其上半，故成「金」字矣。據輕重甲篇云「故善者重粟之賈釜四百，則是鍾四千也，十鍾四萬，二十鍾者八萬」，然則此文亦與彼同，「三百」當作「四百」。古書「四」字或作「三」，因誤爲「三」耳。翔鳳案：平時一釜金一百，見前。省「釜」字。改「金」爲「釜」，則「釜三百」爲何數乎？不可通矣。「金三百」爲三倍其價。

〔三〕王引之云：此當作「請以令與卿諸侯令大夫城藏」。「城藏」者，藏粟於城中也。下文曰「下令卿諸侯令大夫城藏」，正承此句言之，其曰「使卿諸侯藏千鍾，令大夫藏五百鍾，列大夫藏百鍾」，則分承此句言之也。今本「大夫」上脱「卿諸侯令」四字，則與下文不合。陶鴻慶云：王氏以下文「令大夫」之「令」爲使令之令，謂使卿諸侯令其大夫。果爾，是「城藏」者祇及於大夫，不及卿諸侯，與下文「使卿諸侯藏千鍾，令大夫藏五百鍾，列大夫藏百鍾」文不相值。俞氏云「此『卿諸侯』即儀禮所謂『諸公』，蓋大國之孤卿」，此説得之。然亦未得「令大夫」之義。今案「令」爲「命」之假字。（五行篇「令其五鍾」，亦借「令」爲「命」。）史記儒林列傳「弟子通者至於命大夫」，是其證矣。禮記王制篇云：「大國三卿皆命於天子。」僖公十二年左傳杜注云：「國子、高子，天子所命爲齊守臣，皆上卿也。」「命大夫」即國之上卿，位介於孤卿與大夫之間。周禮典命職云：「公之孤四命，以皮帛眂小國之君，其卿三命，其大夫再命。」然則下文所謂「卿諸侯藏千鍾」者，謂孤卿也；「令大夫藏五百鍾」者，謂上卿也；「列大夫藏百鍾」者，謂大夫也。此文但云「與大夫城藏」者，諸侯之臣，自卿以下，通謂之大夫，故晏子曰「唯卿爲大夫」。此云「請以令與大夫城藏」者，乃總目，下文包「卿諸侯」、「令大夫」、「列大夫」三者言之，非必有脱文也。下文云「下令卿諸侯令大夫城藏」，不言「列大夫」者，舉重以包輕，不必泥也。馬元材云：「城藏」非藏粟於城中，亦非於城中築倉廩。此「城」

字，即周禮考工記匠人「囷窌倉城」之「城」，注云：「地上爲之，圓曰囷，方曰倉，穿地曰窌。」謂之「城」者，猶楊倞荀子富國篇注所謂「垣，築牆四周以藏穀」之「垣」矣。翔鳳案：説文：「城，以盛民也。」釋名：「城，盛也。」「城藏」爲盛而藏之，馬説是，惟義不全耳。

〔四〕俞樾云：此「卿諸侯」，即儀禮所謂「諸公」。鄭注燕禮曰：「諸公，謂大國之孤也。」孤一人言「諸」者，容牧有三監。管子此文有「卿諸侯」之名，且列於大夫之上，其爲「孤」無疑矣。

〔五〕張佩綸云：「令大夫」，「令」作「命」。

〔六〕翔鳳案：商賈在大夫之後，不能藏。齊之輕重政策，粟以高價賣於商賈，不能任其多藏也。

桓公問於管子曰：「衡有數乎？」管子對曰：「衡無數也。衡者，使物壹高壹下，不得常固〔一〕。」桓公曰：「然則衡數不可調耶？」管子對曰：「不可調。調則澄，澄則常〔二〕，常則高下不貳，高下不貳則萬物不可得而使固〔三〕。」桓公曰：「然則何以守時？」管子對曰：「夫歲有四秋，而分有四時〔四〕。故曰：農事且作〔五〕，請以什伍農夫賦耜鐵〔六〕，此之謂春之秋。大夏且至〔七〕，絲纊之所作〔八〕，此之謂夏之秋。而大秋成，五穀之所會〔九〕，此之謂秋之秋。大冬營室中，女事紡績緝縷之所作也，此之謂冬之秋。故歲有四秋，而分有四時。已得四者之序，發號出令，物之輕重相什而相伯〔一〇〕。故物不得有常固，故曰衡無數。」桓公曰：「皮幹筋角竹箭羽毛齒革不足，爲此有道乎？」管子曰：「惟曲衡之數爲可耳〔二〕。」桓公曰：「行事奈何？」管子對曰：「請以令，爲諸侯之商賈立客舍，一乘者有食，三乘者有芻菽，五乘者有伍養，天下之商賈歸齊若流水。」

〔一〕王念孫云：「固」當爲「調」，（下文兩「固」字並同。）「調」誤爲「周」，又誤爲「固」耳。下文「衡數不可調」，即承此句而言。國蓄篇曰「衡者使物一高一下，不得有調也」（今本脱此文，説見國蓄篇），是其證。何如璋云：輕重者物，使之高下者衡。「固」者滯也，固則滯而不通，權與準無所施矣。「固」與「下」、「數」音叶。王云「固」乃「調」之譌，非。郭沫若云：王校非也。「不得有調」即「不得常固」。如改「不得常固」爲「不得常調」，則是可以不常調而成爲「有調」矣。細審，「衡」乃物價之意，本書中常以「横」字爲之。何以「天秤」爲解，亦非。桓公問「衡有數乎」，管子答以「衡無數」，乃謂物價無定準。故申之以「衡者使物一高一下，不得常固」，而下文更云：「物之輕重（貴賤）相什而相伯，故物不得有常固，故衡無數。」在舊社會中，物價不能經常固定，此乃常識。「調」是劃一物價之意。物價劃一則死，死則貨物不能購買。故云「不可調」或「不得有調」；故云：「調則澄，澄則常，常則高下不貳，高下不貳則萬物不得而使用。」「澄」者，静止也。「使用」，「用」字誤作「固」，當校改。

〔二〕王引之云：「澄」訓爲清，與「調」字、「常」字義不相承，當是「燈」字之誤。説文：「燈（音懲），平也。」物之高者有時而下，下者有時而高，其數不能均平，調之則前後相等而高下平矣，故曰「調則憕」。平則高者常高，下者常下矣，故曰「憕則常」。古書篆作立心，與水相近（鄭氏周易注，見小雅采薇正義），故心旁誤爲水旁。翔鳳案：郭沫若謂「澄」爲「靜止」，是也。淮南説山訓「人莫鑑於沫雨，而鑑於澄水」，注：「止水也。」賈誼傳「澄五湖而定東海」，「澄」與「定」義近。

〔三〕何如璋云：「萬物」下衍「不」字，上下文可證。王云「澄」當爲「憕」，憕，平也。「貳」當爲「貣」，貣，忒也。本文義長，不必改。聞一多云：「貳」自可訓忒，不煩改字。「固」當爲「調」。郭沫若云：「貳」如字，不當改字，亦不訓忒。「萬物」下「不」字非衍。「固」乃「用」字之誤。説見上。

〔四〕王念孫云：案此言以「四秋」分屬「四時」也，「分」下不當有「有」字，蓋涉上「有」字而衍（下文同）。太平御覽時序部二引此作「歲有四秋而分四時」，無下「有」字。何如璋云：「分」乃分數之分（去聲），謂萬物之本數也。王欲去「分」下「有」字，解爲「分屬四時」，殊失本旨。

〔五〕聞一多云：「曰」字衍，「農事」上當補「大春」二字。郭沫若云：「故」字亦當衍，「故曰」當即「大春」二字之蠹壞字。

〔六〕郭沫若云：「什伍」作動詞用，猶言編制也。翔鳳案：説文：「什，相什保也。」「伍，相參伍也。」郭説是也。

〔七〕聞一多云：依前後文例，「大夏」下當有缺文。翔鳳案：蠶桑在春末夏初，故曰「大夏且至」，無誤無缺。

〔八〕戴望云：御覽「絲」作「蠶」。　翔鳳案：説文：「纊，絮也。」蠶吐絲爲繭。懶蠶不作繭，則用其絲爲絮。「絲纊」二字平列，改爲「蠶」，誤矣。

〔九〕王念孫云：「大秋」上衍「而」字，上下文皆無此例，御覽引此亦無。　聞一多云：「大秋」下當有「農事既」三字。御覽引上文「農事且作」作「農事既成」，疑即此文之倒置於上者。　郭沫若云：「而大秋成」，不當有所增省，重視秋收，故行文特出之。　翔鳳案：郭説是也。一「而」字甚有力，王欲衍之，何也？

〔一〇〕安井衡云：古本「伯」作「百」。　翔鳳案：説文：「百，十十也。」人事則爲伯，與什伍同意。説文：「佰，相什伯也。」孟子「或相什伯」，二字通用。古本作「百」，謬。

〔一一〕翔鳳案：易繫辭「曲成萬物而不遺」，注：「不係一方者也。」荀子王制「其餘雖曲當」，注：「謂委曲皆當。」「曲衡」與「曲成」、「曲當」同意。下文「歸齊若流水」，則來者非一方矣。

輕重丙第八十二亡

輕重丁第八十三

管子輕重十六右石璧謀。右菁茅謀。

桓公曰：「寡人欲西朝天子〔一〕，而賀獻不足，爲此有數乎？」管子對曰：「請以令城陰里〔二〕，城者，築城也。陰里，齊地也。使其牆三重而門九襲。襲，亦重也。欲其事密而人不知，又先託築城。因使玉人刻石而爲璧，刻石，刻其菑石。尺者萬泉，八寸者八千，七寸者七千，珪中丁仲反。四千，瑗中五百。」好倍肉曰瑗。璧之數已具，管子西見天子曰：「弊邑之君，欲率諸侯而朝先王之廟，觀於周室〔三〕。請以令使天下諸侯朝先王之廟，觀於周室者，不得不以彤弓石璧。不以彤弓石璧者〔四〕，彤弓，朱弓也。非齊之所出，蓋不可獨言石璧，兼以彤弓者，猶藏其機。不得入朝。」天子許之曰：「諾。」號令於天下。天下諸侯載黃金珠玉五穀文采布泉輸齊以收石璧〔五〕。石璧流而之天下，天下財物流而之齊，故國八歲而無籍。陰里之謀也。

右石璧謀

〔一〕何如璋云：桓公之一匡九合，並未朝周，此云「西朝天子」，殊失事實。考本書輕重各篇，均無子目，此文目曰石璧，下章目曰菁茅，尤僞託之顯然者。翔鳳案：小匡：「葵丘之會，天子使大夫宰孔致胙。」此事見於左傳。此必桓公有朝請之奏，而天子使宰孔來。朝而曰欲，非已去，何得云僞託？何説謬。

〔二〕張佩綸云：水經淄水注「又東北逕蕩陰里西，水東有冢，一基三墳，東西八十步，是烈士公孫接、田開疆、古冶子之墳也。晏子惡其勇而無禮，投桃以斃之，死葬陽里」，即此也。趙一清云：「『陽里』亦作『陰陽里』。寰宇記引郡國志臨淄縣東有陰陽里，是也。御覽引作『蕩陰里』。諸葛亮梁父吟『步出齊東門，遥望蕩陰里』，樂府解題作『追望陰陽里』。」佩綸案：「陰里」即蕩陰里。三士葬其陽，故曰「陽里」。此城築其陰，故曰「陰里」。合言之則曰「陰陽里」，不得謂三士墳在陰陽里也。

〔三〕安井衡云：「觀」疑當爲「覲」。翔鳳案：此謂觀於周太室，先王之廟在焉，非覲王也。「觀國之光」，「七世之廟，可以觀德」，均可言「觀」。安井説誤。

〔四〕張佩綸云：「彤弓」當作「彫弓」。荀子大略篇：「天子彫弓，諸侯彤弓，大夫黑弓，禮也。」公羊定四年何注：「禮，天子雕弓，諸侯彤弓，大夫嬰弓，士盧弓。」據此則「彤弓」當作「彫弓」，形近而譌。翔鳳案：「彤弓」爲諸侯所用，獻於周廟，非天子用此弓，非誤字。説文：「璧，瑞玉圜也。」顧命「宏璧」，鄭注：「大璧，度尺二寸。」周禮大宗伯「以蒼璧禮天」，崔靈恩三禮義宗：「蒼璧，其長尺有二寸。」説文「圭」字説解云：「子執穀璧，男執蒲璧，皆五寸。」爾雅：「肉倍好謂之璧，好倍肉謂之瑗。」此則混言之也。

〔五〕王念孫云：「泉」當爲「帛」。下文亦云「有五穀叔粟布帛文采者」。通典食貨十二引此正作「布帛」。又下文「大夏帷蓋衣幕之奉不給，謹守泉布之謝」，案：「泉布」亦當爲「帛布」（布帛或曰帛布，下文「帛布絲纊之賈」，即其證）。此承上文「帷蓋衣幕之奉」而言，則當云「帛布」，不當云「泉布」。「帛」、「泉」字相似，又涉上文「泉金」而誤也。又下文「功臣之家、人民百姓皆獻其穀菽粟泉金」，案「泉金」亦當爲「帛布」，上文作「五穀叔粟布帛文采」，是其證。今作「泉金」者，亦涉上文「泉金」而誤。翔鳳案：「布泉」謂布與泉，何必改作「帛」。泉比帛爲重要，改之非是。

桓公曰：「天子之養不足，號令賦於天下，則不信諸侯，爲此有道乎？」管子對曰：「江、淮之間，有一茅而三脊，毋至其本，名之曰菁茅〔一〕。請使天子之吏環封而守之。夫天子則封於太山，禪於梁父，號令天下諸侯曰：『諸從天子封於太山，禪於梁父者，必抱菁茅一束以爲禪籍〔二〕。不如令者不得從。』」天子下諸侯，載其黄金，爭秩而走〔三〕。江、淮之菁茅，坐長而十倍，其賈一束而百金。故天子三日即位，天下之金四流而歸周若流水。故周天子七年不求賀獻者，菁茅之謀也。

右菁茅謀

〔一〕翔鳳案：禹貢「包匭青茅」，鄭注：「茅有毛刺者曰青茅。」漢書郊祀志「江、淮之間，一茅三脊」，注：「謂靈茅也。」「毌」，古「貫」字。自尖至本，皆爲三脊。此茅吾鄉常見之矣。

〔二〕王念孫云：「以爲禪籍」，「禪」字涉上文「禪於梁父」而衍。「籍」當爲「藉」，藉，薦也。史記封禪書曰「江、淮之間，一茅三脊，所以爲藉也」，是其證。翔鳳案：禮器疏引書說：「墠者，除地爲墠。」詩時邁正義云：「聚土曰封，除地曰禪。變「墠」言「禪」，神之也。」除地之後藉以茅，是爲「禪籍」。「籍」即「藉」，隸書竹艸不分，非假字。王氏謂「『籍』當爲『藉』」，又衍「禪」字，俱非。

〔三〕王引之云：「不如令者不得從」爲句，「天下諸侯」連讀，其「子」字則因上文「從天子」而衍。張佩綸云：「不得從天子」句，「下諸侯」上挩「天」字。翔鳳案：「不如令者不得從」句。「天子下諸侯」句，天子下其令於諸侯也。下文省「諸侯」二字。「秩」訓積，見前。爭積此茅，以免臨事張皇。

桓公曰：「寡人多務，令衡籍吾國之富商蓄賈稱貸家，以利吾貧萌，農夫不失其本事。反此有道乎〔一〕？」管子對曰：「惟反之以號令爲可耳。」桓公曰：「行事奈何？」管子對曰：「請使賓胥無馳而南，隰朋馳而北，甯戚馳而東，鮑叔馳而西。四子之行定，夷吾請號令，謂四子曰：『子皆爲我君視四方稱貸之間〔二〕，其受息之氓幾何千家，以報吾〔三〕。』」鮑叔馳而西，反報曰：「西方之氓者，帶濟負河，菹澤之萌也。漁獵取薪蒸而爲食。其稱貸之家，多者千鍾，少者六七百鍾。其出之，鍾也一鍾〔四〕。

其受息之萌九百餘家。」賓胥無馳而南，反報曰：「南方之萌者，山居谷處，登降之萌也。上斷輪軸，下采杼栗〔五〕，田獵而爲食。其稱貸之家，多者千萬，少者六七百萬。其出之，中伯伍也〔六〕。其受息之萌八百餘家。」甯戚馳而東，反報曰：「東方之萌，帶山負海，苦處，上斷福〔七〕，漁獵之萌也。治葛縷而爲食。其稱貸之家，下惠高、國〔八〕，多者五千鍾，少者三千鍾。其出之，中鍾五釜也。其受息之萌八九百家。」隰朋馳而北，反報曰：「北方萌者，衍處負海，煮泲爲鹽，梁濟取魚之萌也〔九〕。薪食。其稱貸之家，多者千萬，少者六七百萬。其出之，中伯二十也。受息之萌九百餘家。」凡稱貸之家，出泉參千萬，出粟參數千萬鍾〔一〇〕，受子息民參萬家〔一一〕。四子已報。管子曰：「不棄我君之有萌，中一國而五君之正也〔一二〕。然欲國之無貧，兵之無弱，安可得哉！」桓公曰：「爲此有道乎？」管子曰：「惟反之以號令爲可。請以令賀獻者，皆以鐻枝蘭鼓〔一三〕，則必坐長什倍其本矣。君之棧臺之職〔一四〕，亦坐長什倍。請以令召稱貸之家，君因酌之酒，太宰行觴〔一五〕。桓公舉衣而問曰〔一六〕：『寡人多務，令衡籍吾國，聞子之假貸吾貧萌，使有以終其上〔一七〕，令寡人有鐻枝蘭鼓〔一八〕，其賈中純萬泉也〔一九〕，願以爲吾貧萌決其子息之數，使無券契之責。』稱貸之家皆齊首而稽顙曰：『君之憂萌至於此，請再拜以獻堂下。』桓公曰：『不可。子使吾萌春有以傳耜，夏有以決芸。寡人之德子無所寵〔二〇〕，若此而不受，寡人不得於心。』故稱貸之家曰〔二一〕：『皆再拜受。』所出棧臺之職未能參千純也，而決四方子息之數，使無券契之責。四方之萌聞之，父教其子，兄教其弟，曰：『夫墾田發務，上之所急，可以無庶乎〔二二〕！君之憂我至於此！』此之謂反準。」

〔一〕王念孫云：「反此有道乎」，當依前後文作「爲此有道乎」。今本「爲」作「反」者，涉下「反之」而誤。何如璋云：桓公意因多務而衡籍，欲反其衡籍之道以順民情，故仲言「反之以號令」。兩「反」字相應，不宜改作「爲此」。張佩綸云：此節名曰「反準」。「反之號令」正承上「反此」而言，「反」字不誤。翔鳳案：說文：「反，覆也。」荀子賦篇「願聞反辭」，注：「反覆叙說之辭。」「反此」，謂反覆爲之也。何、張說是。

〔二〕丁士涵云：「間」乃「閭」字誤。下文曰：「表稱貸之家，皆堊白其門而高其閭。」張佩綸云：下文言「稱貸之家」七，此處不得言「閭」。當作「稱貸之家，其間受息之氓幾何家，以報夷吾」。翔鳳案：孟子「又稱貸而益之」，「稱」訓舉。「稱」爲舉債之家。「貸」訓施，爲給予者。雙方相對，故用「間」，非誤字。

〔三〕王念孫云：「幾何千家」當作「幾何家」，其「千」字則涉下文「千鍾」而衍。馬元材云：「幾何千家」即多少個千家也。此蓋以「千家」爲單位，故曰「幾何千家」耳。下文云「受子息民參萬家」，其數字之大可以想見。「以報吾」當作「以報夷吾」，脱「夷」字。郭沫若云：

「受」與「授」通，「授息之氓」即負債之家。

〔四〕洪頤煊云：上「鍾」字當作「中」。下文「其出之中伯伍也」、「其出之中鍾五釜也」、「其出之中伯二十也」，字皆作「中」，此涉下「鍾」字而誤。 安井衡云：「鍾」亦一鍾，歲收息與本同。 何如璋云：「出之」下脱中字，「中」即息也，言所出中息貸一鍾者還須加息一鍾，與下文一例。 張佩綸云：洪説非也。「鍾也一鍾」，貸以一鍾，息亦一鍾；「中伯伍」者，貸百而息五十；「中鍾五釜」者，貸一鍾而息五釜；「中伯二十」者，貸百而息二十。或倍息，或半息，或二分息。如洪所改，則「中一鍾」也，則幾何鍾而當一鍾歟？不可通矣。 孫毓棠云：此當作「其出之中鍾一鍾也」，張解是。「鍾一鍾」者，倍息也；「鍾五釜」者，半息也。

〔五〕聞一多云：各本「斷」作「㫁」，「粟」作「栗」，今據改。 翔鳳案：淮南本經訓「菱杼紾抱」，注：「杼，采實。讀楚言杼。」「杼」與「栗」相類，作「粟」者誤。

〔六〕安井衡云：「伯伍」，貸百錢收息五錢也，與上下相比，爲數太少。且此以息重爲次，「伍」下疑脱「什」字。 翔鳳案：説文：「伍，相參伍也。」五人爲伍，二伍爲什，伍爲十之半，「伯伍」爲百之半，與「百五」不同，此當知者。「中」訓得，屢見前。

〔七〕戴望云：宋本「若」作「苦」。 豬飼彦博云：「若」當作「谷」。「福」當作「輻」。或云「若處上斷福」此五字衍。 王念孫云：「苦處」當爲「谷處」，上文「山居谷處」，即其證。隸書「谷」字作「㕣」，「苦」字作「苦」，二形相似而誤。「上斷福」三字義不可通。案：上文云「上㫁輪軸，下采杼栗」，則此「上斷福」當是「上斲輻」之譌。上言「斲輪軸」，此言「斲輻」，若詩之言「伐輪伐輻」矣。　翔鳳案：「帶山負海」決非谷處。「斷輻」亦與漁獵無涉。郊特牲：「富也者，福也。」釋名：「福，富也。」曲禮注：「『富』之言備也。」「福」、「富」、「備」音義並同，是「福」同「富」。「苦處上斷福」，謂苦處而不能富，一字不誤，諸説均非。

〔八〕張佩綸云：「丁、惠」詳乙篇。左氏傳：「天子之二守高、國在。」　翔鳳案：射義「下而飲」，注：「降也」。「下惠」，惠降於高、國也。小匡：「公帥十一鄉，高子帥五鄉，國子帥五鄉。」高、國地位僅次於公，故言降以尊之。趙本改「下」爲「丁」，非是，丁、惠不能在高、國之上也。

〔九〕馬元材云：「梁」，即詩小雅「敝笱在梁」之「梁」。傳：「魚梁也。」即堰水爲闕孔以捕魚之處。「梁濟取魚」者，言爲梁於濟水之中以捕取其魚也。

〔一〇〕戴望云：朱本無「數」字，是。　翔鳳案：出粟比出泉更多，「數」字非衍。

〔一一〕安井衡云：據上所舉四方受息之萌三千五百餘家。「萬」當作「千」。　許維遹云：錢分母錢子錢，見周語下。「子息」，即周禮小宰注所謂「貸子」。史記孟嘗君傳「使人出錢於薛，歲餘不入貸錢者，多不能與其息」，索隱云：「息，猶利也。」　翔鳳案：「子息」與「息」不同，「萬」非誤字。

〔一二〕吴志忠云：「棄」乃「意」字誤。　丁士涵云：「之正」二字當是「五王」之誤。「五王」猶五君也。輕重甲篇曰「故爲人君而不審其號令，則中一國而二君二王也」，是其證。姚永概云：「弃」乃「幸」字之譌，二字形近致誤。馬元材云：輕重甲篇之「二王」乃「之正」之誤。此蓋言東西南北四方之民皆爲各區域稱貸家之高利貸所剥削，每年除對國家負擔租税外，尚須負擔從百分之二十至百分之百之高利貸的利息，是一國之民不啻同時有「五君之正」矣。丁氏説非。翔鳳案：左昭十五年傳「兵庸可棄乎」，注：「猶忘也。」謂四子反報，爲不忘我也。一國之中而有「五君之征」，桓公加東西南北稱貸者，則爲五矣。一字不誤，未解「正」之爲「征」耳，諸説俱誤，惟馬説得之。

〔一三〕何如璋云：「鐻枝蘭鼓」殆戟枝兵架之屬，上設此爲旌别而富民可以貲得者。山權數之「樹表置高」，猶此義也。「棧臺之職」殆當時所設，漢之武功爵及賣爵令，疑即本此。章炳麟云：説文「虡」或作「鐻」，鍾鼓之柎也。「枝蘭」即「支蘭」。史記扁鵲倉公列傳「夫以陽入陰支蘭藏者生，以陰入陽支蘭藏者死」，正義：「素問云：『支』者順節，『蘭』者横節。」蓋「支」本有支持、支載之義。「蘭」字則小匡「蘭盾」，注云「即所謂蘭錡，兵架也」，與「支」義亦最近。在人之骨節則曰「支蘭」，在鐘鼓之柎則曰「枝蘭」。鐘鼓柎——直者曰鐻，横者曰栒，正與「支蘭」相似。「鐻」但當言「枝」，兼言「蘭」者，栒虡亦通稱虡。周禮小胥注云：「鍾磬者編縣之，二八十六枚而在一虡，謂之堵。」是虡可包栒，故兼枝蘭横直言之也。「枝蘭」本實指物體，亦可轉言物用，「鐻枝蘭鼓」，言以鐻枝蘭此鼓也，猶言鐻架鼓耳，下云：「寡人有鐻枝蘭鼓，其賈中純萬泉也。」按：梓慶削木爲鐻，見者驚猶鬼神，然則鐻之精善者，萬泉不足道矣。馬元材云：下文云：「寡人有鐻枝蘭鼓，其賈中統萬泉也。」又云：「所出棧臺之職未能參千純也，而決四方子息之數，使無券契之責。」是其物皆以「純」爲計算單位。「純」乃絲綿布帛等匹端之名，故「鐻枝蘭鼓」當是一種美錦之特有名稱。其取義之由或因其上織有象形「鐻枝蘭鼓」之花紋耳。翔鳳案：儀禮鄉射禮「二筭爲純」，注：「猶全也。偶陰陽。」本書以乘馬計算，則「純」爲二算之名，非獨匹端而已。下文「棧臺之職」亦布帛之名，馬説是也。

〔一四〕豬飼彦博云：「職」當作「藏」，下同。謂棧臺所藏鐻枝蘭鼓也。張佩綸云：山至數「棧臺之錢」，此亦當作「錢」。下文「棧臺之職未能參千純也」，「純」當爲「緡」，聲之誤也。史記酷吏傳「出告緡令」，索隱：「緡，錢貫也。」漢書武紀「初算緡錢」，注引李斐：「緡，絲也，以貫錢也。」文選永明策秀才文引孟康注：「緡，錢貫也。」許維遹云：「職」乃「織」字之譌，下文同。織，布帛之總名。下文云「所出棧臺之職，未能參千純也」，「純」即匹端名，是其證。山至數篇云「請散棧臺之錢」，錢帛以類相從也。翔鳳案：説文：「職，記微也。」「職」從耳從戠，戠字義缺。易豫「朋盍簪」，釋文：「虞作『戠』，戠，叢合也。」「織」與「職」皆「戠」之孳乳字。「織」爲織布，「職」爲織花紋，織出之布帛則名爲「織」，諸義久已不明。左文十八年傳「閻職」，説苑作「織」，此其確證矣。管書「織」作「職」，侈靡「自吾不爲汙殺之事，人布職不可得而衣」，亦以「職」爲「織」，其含義更顯著矣。重令「而工以雕文刻鏤相稺也謂之逆」，「刻鏤」即「刻鏤」，宋代以織成山水花鳥之紋爲「刻絲」，其名至宋猶存矣。小問：「傅馬棧最難，先傅曲木，曲木又求曲木。」莊子馬蹄：「編之以皁棧。」「棧臺」與「鏤枝蘭鼓」相類，亦花紋也。

〔一五〕張佩綸云：「太宰」當作「宰夫」，或衍「太」字。「使宰跪而請安」，是其證。儀禮均言膳宰，無以太宰行觴者。　翔鳳案：「太宰」爲膳夫之長，非誤字，凡宰皆有太也。

〔一六〕戴望云：元本、朱本「衣」作「哀」。　馬元材云：作「衣」者是。「舉」者，提也，猶攝也。「舉衣而問」，即攝衣起立而問，所以示尊敬賓客之意。管子小稱篇「管子攝衣冠起對曰」云云，即其證。　翔鳳案：說文：「衣，依也。上曰衣，下曰裳。」桓公高舉其手，則上衣舉，非誤字。

〔一七〕陶鴻慶云：「終」當爲「給」字之誤。下節云：「崢丘之戰，民多稱貸，負子息以給上之急，度上之求。」又云：「吾聞子假貸吾貧萌，使有以給寡人之急，度寡人之求，使吾萌春有以傳耜，夏有以決芸，而給上事，子之力也。」輕重乙篇：「曲防之戰，民多假貸而給上事者。」皆其證。

〔一八〕聞一多云：「令」當爲「今」，屬下讀。舊屬上讀「使有以終其上令」爲句，非是。　翔鳳案：「令」訓「使」亦通，不必改易。

〔一九〕翔鳳案：「中」訓得，同前。

〔二〇〕丁士涵云：「寵」疑「窮」字誤。　馬元材云：漢書成帝紀陽朔五年詔曰「寵其强力」，顏師古曰：「謂優寵力田之人。」與此「寵」字用法正同。

〔三〕豬飼彦博云：「故」字、「曰」字衍。　王念孫云：衍「曰」字。　聞一多云：「曰皆」二字當互易。　翔鳳案：承上文言，皆不當衍。

〔三〕王引之云：「發」下蓋脱「草」字。國蓄篇曰「耕田發草，上得其數矣」，輕重甲篇曰「今君躬犂墾田，耕發草土」，又曰「彊本趣耕，發草立幣而無止」，是也。「務」字屬下讀，「務上之所急」者，務農也，農者「上之所急」也。　張佩綸云：「無庶」即「蕪曠」，「庶」从芡，「黄」亦从芡，形近而誤。　翔鳳案：「發」讀爲廢。論語「廢中權」，鄭注：「發動貌。」金文多以「發」爲「廢」。墾田而廢務，上之所急。釋名釋親屬：「庶，摭也，拾摭之也。」「摭」爲「拓」之或體，「拾摭」猶今之拓地。説文：「拓，拾也。」無一誤字，諸説皆非。

管子曰：「昔者，癸度居人之國，必四面望於天下，下高亦高〔一〕。天下高，我獨下，必失其國於天下。」桓公曰：「此若言曷謂也？」管子對曰：「昔萊人善染，練茈之於萊純錙，緺綬之於萊亦純錙也。其周中十金〔二〕。萊人知之，間纂茈空。周且斂馬作見於萊人操之〔三〕，萊有推馬〔四〕。是自萊失綦茈而反準於馬也。故可因者因之，乘者乘之，此因天下以制天下。此之謂國準。」

〔一〕張佩綸云：「下高亦高」當作「下亦下，高亦高」。地數篇「天下高則高，天下下則下。天下高，我下，則財利捝於天下矣」，是其證。　聞一多云：當作「天下高亦高，天下下亦下」，地數篇可證。

〔二〕豬飼彦博云：「練茈」當作「茈練」。「茈」，染紫草也。言萊國多茈草，故其人善染紫。染練絹一束，僅得一錙金也。「緺綬」，後漢書輿服志注云：「紫綬名緺，其色青紫。」張佩綸云：當以「萊人善染」爲句。說文：「練，厚繒也。」「茈，茈草也。」西山經「勞山多茈草」，郭注：「一名茈䓞，中染紫也。」御覽引說文作「紫草」，段氏玉裁云：「『茈』、『紫』同音。司馬彪注上林賦曰：『茈薑，紫色之薑。』郭注南山經曰：『茈蠃，紫色蠃。』知古『茈』、『紫』通用。」按「茈」上奪「綦」字，下文兩「綦茈」可證。說文：「綼，帛蒼艾色也。詩『縞衣綼巾』，未嫁女所服。」或作「綦」。「練」即「綼」之誤。又：「緺綬，紫青也。」「綬，韍維也。」「純錙」者，淮南墜形訓「純丈五尺」，注：「純，量名也。」儀禮聘禮注引朝貢禮云「純四只，制丈八尺」，鄭注：「『四』當爲『三』，咫則二尺四寸。」史記蘇秦傳「錦繡千純」，集解：「純，匹端名。」張儀傳索隱：「凡絲緜布帛等一段爲一純。」參考衆說，是一段廣二尺四寸，長丈五尺。說文：「錙，六銖也。」在萊直一錙，在周則十金。　章炳麟云：言「練茈」與「緺綬」在萊則賈準一錙，在周則賈中十金也。　翔鳳案：「練」字屬上，則「茈」不能以純計，不可通。以章讀爲是。「周」假爲「朱」（詳七主七臣），茈色之最美者。「中」訓得，屢見前。

〔三〕洪頤煊云：「綦」，雜色。茈草染成之，故稱「綦茈」。下文「萊失綦茈」字不誤。　張佩綸云：「間」，少間也。周以重價致綦茈，及萊之綦茈既空，則以馬作直，易之萊人。　翔鳳案：廣雅釋詁三：「間，覗也。」伺綦茈缺朱色時，斂籌馬作現金收買之。「馬」即「碼」，見乘馬篇。漢書王莽傳「倉無見穀」，注：「謂見在也。」俗字作「現」。

〔四〕安井衡云：俗本「推」誤「准」。張佩綸云：「有」讀爲又，又多以馬至萊反準其金，雖失之於綦茈而得之於馬。郭沫若云：「推」疑是賤價出售之意，如今言推銷也。「萊有（又）推馬」者，以四周之馬集中於萊，萊因馬多而賤，四周因馬少而貴，故萊人又將賤價之馬大量推銷。是則四周雖因購買萊人之綦茈有所損失，却反而求得平衡於馬之交易也。此兩番周轉，均以證明「天下高我獨下」之爲害。萊人本爲齊所滅者，雖未必即因此而失國，頗足供作者借喻之便。翔鳳案：墨子小取：「推也者，以其所不取之，同於其所取者，予之也。」「馬」即「碼」，諸説均誤。

桓公曰：「齊西水潦而民飢，齊東豐庸而糶賤〔一〕。庸，用也。謂豐稔而足用。欲以東之賤被西之貴，爲之有道乎？」管子對曰：「今齊西之粟釜五鍾爲釜。百泉，則鏂二十也。斗二勝八合曰鏂。烏侯反。泉，錢也。齊東之粟釜十泉，則鏂二錢也。請以令籍人三十泉，得以五穀菽粟決其籍。若此，則齊西出三斗而決其籍，齊東出三釜而決其籍〔二〕，然則釜十之粟皆實於倉廩〔三〕。西之民飢者得食，寒者得衣，無本者子之陳，無種者子之新〔四〕，若此，則東西之相被，遠近之準平矣〔五〕。」君下令稅人三十錢，準以五穀。令齊西之人納三斗，東之人納三釜，以賑西之人，則東西俱平矣。管子曰：智用無窮。以區區之齊，一匡天下，本仁祖義，成其霸業。所行權術，因機而發，非爲常道，故别篇云「偏行而不盡」也。桓公曰：「衡數吾已得聞之矣。請問國準。」管子對曰：「孟春且至，溝瀆阬而不遂，谿谷報上之水不安於藏〔六〕，内毁室屋，壞牆垣，外傷田野，殘禾稼，故君謹守泉金之謝物，且爲之舉〔七〕。大夏，帷蓋衣幕之奉不給〔八〕，謹守泉布之謝物〔九〕，且爲之舉。大秋，甲兵求繕，弓弩求弦，謹絲麻之謝物〔一〇〕，且爲之舉。大冬，任甲兵，糧食不給，黄金之賞不足，謹守五穀黄金之謝物，且爲之舉。已守其謝，富商蓄賈不得如故。此之謂國準。」

〔一〕豬飼彦博云：「庸」疑當作「年」。俞樾云：「庸」乃「康」字之誤。淮南子天文篇「十二歲一康」，高注曰：「康，盛也。」然則「豐康」者，豐盛也。郭沫若云：「庸」者，傭也。「豐庸」謂工價高。翔鳳案：「豐庸」謂勞力多。郭説小誤。

〔二〕黄震云：西飢東豐，則税錢准穀而東西以平。税錢三十，西准穀三斗，東准穀三釜。王念孫云：齊西之粟三斗三十錢，則二斗二十錢也。而鏂亦二十錢，則是二斗爲一鏂也。尹注云「斗二升八合曰鏂」，失之矣。宋翔鳳云：「釜百泉則鏂二十也」，此則以五鏂爲釜矣。下文言「齊西出三斗而決其籍，齊東出三釜而決其籍」，上文「齊西釜百泉，齊東釜十泉」

凡十倍，則此三釜亦十倍於斗，一釜得一斛亦爲一石，故海王篇「鹽百升而釜」與粟之量正同，知一鏂得二斗。則管子之量不與春秋傳言豆區釜鍾之數同，乃傳者之異，不可以彼難此也。鄒漢勛云：齊舊量：豆，四升；區，十六升；鬴，六十四升也。陳氏：豆，五升；區，二十五升；鬴，百二十五升也。管子所言：豆，四升；鏂，二十升；鬴，百升也，與陳氏微異。管子書多六國人所增益，疑管子之所言，即陳氏之制。（讀書偶識。）翔鳳案：下文「粟皆實於倉廩」，則齊西非出泉。小爾雅廣量：「區四謂之釜。」胡承珙義證引本文，謂：「區數不同，此蓋如今之斗斛，同一名而各方大小或異耳。」此言是也。一鄉一縣之斗斛不同，不能以此定管書之先後也。

〔三〕王念孫云：「十」當爲「斗」。「釜斗之粟」即承上「三斗」、「三釜」而言。俞樾云：上云「齊西之粟釜百泉，齊東之粟釜十泉」，然則所謂「釜十之粟」者，乃一釜十泉之粟，指齊東而言也。蓋齊西粟貴，齊東粟賤，故雖均是籍人三十泉，而齊西止以粟三斗當泉三十，齊東必以粟三釜當泉三十。於是齊西之粟所入無多，而齊東之粟皆實於倉廩矣。其下曰「西之民飢者得食，寒者得衣」，以此故也。管子因桓公欲以東之賤被西之貴，故爲此法，則其所注意者本在齊東一釜十泉之粟，故曰「然則釜十之粟皆實於倉廩」。王氏欲改「十」爲「斗」，則全失其義矣。

〔四〕郭沫若云：抄本册府元龜引無此二句。又揆度篇作「無食者予之陳，無種者貸之新」，疑是該篇脱簡竄此。上文云「齊西出三斗而決其籍」，民猶出三斗，則無所謂予陳貸新之可言。翔鳳案：書臯陶謨「予弗子」，鄭讀「將吏反」。「子」假爲「慈」，愛也。「本」爲農業，指糧食。趙本改「子」作「予」，誤。

〔五〕聞一多云：「之」下疑脱「民」字，上文「西之民飢者得食」，可證。尹注云：「東之人納三釜以賑西之人。」以人易民，避唐諱也。任林圃云：此本尹注有誤，當據通典食貨十二引文改。通典引文「管子」下無「曰」字，管子中並無「智用無窮」之文，今本增一「曰」字，文意大異。梅士享本乃以之標入正文，則尤誤矣。翔鳳案：東西包含有「民」字，何必加。

〔六〕豬飼彦博云：「阮」疑當作「阸」，塞也。「報上」二字疑衍。王引之云：「阮」當爲「陒」，「報」當爲「郫」，皆字之誤也。立政篇曰：「溝瀆不遂於隘，郫水不安其藏。」又曰：「通溝瀆，脩障防，安水藏。」「隘」與「陒」同，「郫」與「障」同。章炳麟云：雜志曰：「『報』當爲『障』，字之誤也。立政曰：『郫水不安其藏。』」尋「報」、「郫」形聲皆不相似，無緣致誤。此文不必與立政篇語同，「報」當借爲「赴」。少儀「毋報往」，注：「『報』讀爲赴疾之赴。」是其證。「上」則「下」之誤，古文「上」、「下」作「二」、「二」，形相似而譌。「赴下」猶趨下也。水性趨下，故曰「谿谷赴下之水」。翔鳳案：説文：「寏，周垣也。」或體作「院」，从宀阮聲（與阜部訓堅之「院」从完聲者不同）。「阮」爲周垣，其義正合。王不知而改作「陒」，謬矣。「報」讀爲赴，章説有證。谿谷凹受，故可赴上，「上」非誤字，章改上爲「下」，亦謬。

〔七〕張佩綸云：「謝」當作「射」。國蓄「以重射輕，以賤泄平」，是其證。爾雅釋魚釋文：「『謝』本作『射』。」後漢書皇甫規傳云「臣私報諸羌謝其錢貨」，章懷注：「謝，猶讎也。」不知此「謝」字亦當作「射」。郭沫若云：張讀「謝」爲「射」，是也。當以「謝物」爲句。「守」者，防也。當防止用金錢以射物者，如有則爲人民舉發之。故「且爲之舉」，即周官地官司門「凡財物犯禁者舉之」之「舉」。下文夏秋冬三「守」，均同此解。如此，則投機者不能興風作浪，故曰：「已守其謝，富商蓄賈不得如故。」翔鳳案：郭説是也。

〔八〕翔鳳案：夏之物爲「帷蓋衣幕」，秋爲「絲麻」。「不給」即不足。

〔九〕戴望云：「泉」乃「帛」字誤。翔鳳案：「泉」亦可以射物，非誤字。

〔一〇〕丁士涵云：「謹」下當有「守」字，上文句例可證。

龍鬬於馬謂之陽，牛山之陰〔一〕。管子入復於桓公曰：「天使使者臨君之郊，請使大夫初飭，左右玄服，天之使者乎〔二〕！天下聞之曰：『神哉齊桓公，天使使者臨其郊。』不待舉兵，而朝者八諸侯。此乘天威而動天下之道也。故智者役使鬼神，而愚者信之。」桓公終神〔三〕。管子入復桓公曰：「地重投之哉〔四〕，兆國有慟〔五〕。風重投之哉〔六〕，兆國有槍星，其君必辱〔七〕。國有彗星，必有流血〔八〕。浮丘之戰，彗之所出，必服天下之仇。今彗星見於齊之分，請以令朝功臣世家，號令於國中曰：『彗星出，寡人恐服天下之仇。請有五穀收粟布帛文采者，皆勿敢左右〔九〕。國且有大事，請以平賈取之。』功臣之家、人民百姓皆獻其穀菽粟泉金〔一〇〕，歸其財物，以佐君之大事。此謂乘天啻而求民鄰財之道也〔一一〕。」

〔一一〕安井衡云：古本「謂」作「請」。張佩綸云：「請」與「謂」皆「瀆」字之譌。「馬瀆」即馬車瀆也。漢書地理志：「齊郡鉅定縣馬車瀆水首受鉅定，東北至琅槐入海。」水經淄水注：「自山東北流逕牛山西，又東逕淀縣故城南，又東北逕廣饒縣故城南，又東北馬車瀆水注之，首受巨淀，淀即濁水所注也。呂忱曰：濁水一名溷水，出廣縣爲山，東北流逕廣固城西，水際山側有五龍口。」「龍闕」蓋在淄水、巨淀之間，在牛山之西北，馬車瀆之東北。山北曰陰，水北曰陽，故曰「馬瀆之陽，牛山之陰」。一統志以萊蕪谷即春秋成二年之「馬陘」，在牛山上游，未知何據，今不從之。吴闓生云：「於馬」五字疑衍文。任林圃云：「謂」字當有誤，作「請」亦不可通。左傳成公二年「擊馬陘」，杜注：「齊邑。」春秋地名考略：「史記『馬陘』作『馬陵』，今在益都縣西南。」「牛山」見孟子告子章「牛山之木」，趙注：「牛山，齊之東南山也。」四書釋地續：「今目驗牛山在臨淄南十里。」據此則牛山在東南而馬陘在西南，中間適爲齊都臨淄之近郊，故管仲云「天使使者臨君之郊」。故此「謂」字或「請」字，當是「陘」字之誤。翔鳳案：山南曰陽，北曰陰，水與之相反。「馬謂」爲水名，「馬陘」爲山名。「馬陘」取義於馬頸。「馬謂」取義於馬胃，相去不遠矣。「謂」非誤字。

〔二〕張佩綸云：「初」當爲「祈」。「使大夫祈」爲句，「飭左右玄服」爲句。陶鴻慶云：「飭」讀爲飾。「初」乃「袀」字之誤字，本作「袗」，説文：「袗，玄服也。」漢書五行志：「袀服振振。」僖五年左傳「以均爲之」。服注：「黑服也。」「大夫袀飾」與「左右玄服」，文異而義同。龍爲水族之長，故必黑服以將事也。「天之使者乎」上當有脱字。翔鳳案：齊語「以飭其子弟」，注：「教也。」無先例，故曰「初飭」。王筠釋例：「言部『評』，召也。積古齋師遽敦「王乎」，師卯敦『乎令卯曰』，筠清館周望敦蓋『王乎史奉』，皆作『評』字用。」「天之使者乎」爲「天之使者評召」，一字不誤，諸説均謬。

〔三〕翔鳳案：説文：「終，絿絲也。」釋詁：「求，終也。」地官牛人「求牛」，注：「求，終也。終事之牛，謂所以繹者也。」「終神」即求神，然與普通祈禱不同。公羊莊公廿五年：「日有食之，鼓用牲于社，以朱絲縈社。或曰脅之，或曰爲闇，恐人犯之，故縈之。」「終神」有厭勝之意。

〔四〕安井衡云：「哉」、「栽」通。尚書康誥「乃惟眚災適爾」，潛夫論作「哉」。何如璋云：「地重」，「重」字疑作「動」。翔鳳案：「投」爲投擲，乃常義。「兆」字屬下爲句。古無舌上音，「重」讀動。左僖十五年傳「感憂以重我」，王引之曰：「感動也。」「重」假爲「動」，非壞字。「哉」同「栽」。

〔五〕翔鳳案：周禮「九拜」，四曰「振動」，杜子春讀爲「哀慟」。説文無「慟」，「動」即「慟」，故地動國有慟。

〔六〕安井衡云：此當有「國有」云云數字，因「國有」二字複出而誤脱。何如璋云：「風重」，「重」字疑作「動」。翔鳳案：「風」古讀如「蓬」。莊子秋水：「蓬蓬然起於北海。」春秋文十四年有「星孛入於北斗」，公羊云：「孛者何？彗星也。」風蓬孛而動，兆國有槍星也。

〔七〕豬飼彦博云：「國」，謂其國之分野。何如璋云：「槍星」、「慧星」數句，言星變之異。吕覽明理：「星有出而無光，其星有熒惑，有慧星，有天棓，有天欃，有天竹，有天英，有天干，有賊星，有鬭星，有賓星。」皆星之變異，上天垂象以示警者。「天棓」、「天欃」即「槍星」之類。許維遹云：「槍」即天槍，隋書天文志「天槍主捕」，故云「其君必辱」。

〔八〕許維遹云：晉書天文志「簪星，所謂埽星，或竟天見則兵起」，故云「必有流血」。

〔九〕王念孫云：「收」當爲「叔」，「叔」即「菽」字，見下文。輕重甲篇亦云：「子大夫有五穀菽粟者勿敢左右。」翔鳳案：「收」即「莜」。草木偏旁多後加。爾雅釋草「莜，蚍衃」，郭注：「今荆葵也。」詩陸疏：「芘芣，一名荆葵，似蕪菁，華紫緑色，可食，微苦。」通稱蕎麥，秋後種，爲救荒之用。王説誤。下文作「菽」，亦如王意而誤改者。小雅采菽釋文：「本亦作『叔』。」左昭十七年傳：「季平子賦采叔。」漢昭帝紀：「以叔粟當賦。」漢三公碑：「叔粟如火。」説文無「菽」，乃漢後孳乳之文，管書決無「菽」字也。

〔一〇〕王念孫云：「泉」當爲「帛」，見上文。陶鴻慶云：「穀」上當有「五」字，上文「請有五穀菽粟」云云，是其證。翔鳳案：「泉」字不誤。「菽」當依上文作「收」。

〔一〕王念孫云：「嗇」當爲「甾」，「甾」即「災」字。彗星，天災也。因彗星出而歛財物，故曰「此謂乘天災而求民鄰財之道也」。何如璋云：「天嗇」，「嗇」當爲「蓄」，古「災」字。漢書揚雄傳「灑沉蓄於溪瀆兮」，可證。「天災」即指上「慧星」。「鄰」，臣鄰也。張佩綸云：上文直求民財，非求鄰財也，「鄰」字衍。許維遹云：「求」即「逑」字之省，説文：「逑，斂聚也。」五行篇「五穀鄰熟」，注：「鄰，緊也，引伸爲集聚。」字又與「遴」通，揚子法言問明篇「鷦明遴集」，注：「遴，聚也。」翔鳳案：隋甯贙碑「淄」作「濇」，則「嗇」爲「甾」之別體，非誤字。史記高祖功臣侯者年表「柏至以駢憐從」，姚氏曰：「駢憐，猶比鄰也。」假「鄰」爲「憐」，惜財也。許説非是。

桓公曰：「大夫多并其財而不出〔一〕，腐朽五穀而不散。」管子對曰：「請以令召城陽大夫而請之〔二〕。」桓公曰：「何哉？」管子對曰：「城陽大夫嬖寵被絺綌，鵝鶩含餘秣〔三〕，齊鍾鼓之聲，吹笙篪〔四〕，同姓不入〔五〕，伯叔父母遠近兄弟皆寒而不得衣，飢而不得食〔六〕。子欲盡忠於寡人，能乎？故子毋復見寡人。滅其位，杜其門而不出。功臣之家皆爭發其積藏，出其資財，以予其遠近兄弟。以爲未足，又收國中之貧病孤獨老不能自食之萌，皆與得焉。故桓公推仁立義，功臣之家兄弟相戚，骨肉相親，國無飢民。此之謂繆數〔七〕。」

〔一〕戴望云：「幷」與「屏」同。　翔鳳案：説文：「屏，蔽也。」曲禮「則左右屏而待」，注：「隱也。」弟子職「既徹幷器」，注：「藏去也。」戴説是也。

〔二〕王念孫云：「請之」當爲「謫之」。下文「滅其位，杜其門」，是謫之之事也。今作「請之」者，涉上「請以令」而誤。　張佩綸云：漢書賈誼傳「盤水加劍，造請室而請罪耳」，應劭曰：「請室，請罪之室。」蘇林曰：「音絜清。」胡公漢官車駕出有請室令在前先驅，此官有别獄也。」史記爰盎傳「絳侯徵繫清室」，漢書作「請室」。「而請之」之「請」，申請罪之謂，不必改字。聞一多云：「對」字涉下文而衍，當删。　翔鳳案：答桓公之言，當有「對」字。

〔三〕戴望云：朱本「粖」作「秫」。　張佩綸云：説苑尊賢篇田饒曰：「三升之稷不足於士，而君鴈鶩有餘粟，紈素綺繡靡麗，堂楯從風雨弊，而士曾不得以緣衣。」至公篇齊景公嘗賞賜及後宫，「文繡被臺榭，菽粟食鳧鴈」。　翔鳳案：「粖」即「鬻」之或體，粥也。玉篇作「糜」。朱本不識而改爲「秫」，謬甚。

〔四〕吴志忠云：「笙篪」下奪「之風」二字，輕重己篇有。　張佩綸云：己篇云「吹塤篪之風，鑿動金石之音」，與此文不同，所奪未必定是「之風」字，吴殊武斷。　聞一多云：此下疑有脱文。「同姓不入」以下，桓公語。　翔鳳案：古人不重偶句，非必脱「之風」二字。聞以「同姓不入」以下爲桓公語，非是。此管子設言之也。

〔五〕翔鳳案：「同姓」，同生也。釋名：「入，納也。納使還也。」周禮媒氏「凡嫁子娶妻入幣，純帛無過五兩」，注訓爲「納幣」。「同姓不入」，不納同生之人也。

〔六〕姚永概云：此下當有脱文，蓋此乃管子之語，不應接以「子欲盡忠於寡人能乎」句，必有桓公召城陽大夫數以前罪，而云「同姓尚不恤」，乃接以「子欲盡忠於寡人能乎」句也。翔鳳案：此管子設辭，觀「滅其位，杜其門」二「其」字爲第三人稱，可知。

〔七〕張佩綸云：此句衍，下節「惟繆數爲可耳」，故曰「此之謂繆數」，此句乃複衍之未删者。翔鳳案：禮大傳「五者一物紕繆」，釋文：「本或作『謬』。」素問三部九侯論「則繆刺之」，注：「刺絡脈，左取右，右取左也。」「繆數」者，施行於此而收效在彼也。蓋爲當時成語，故加「此之謂」三字。下文「桓公曰諾」，不復問。張説非是。

桓公曰：「崢丘之戰〔一〕，崢丘，地名，未聞。説即葵丘。民多稱貸，負子息以給上之急，度上之求。寡人欲復業産，業産者，本業也。此何以洽〔二〕？」洽，通也。言百姓爲戎事失其本業，今欲取①之，何以通於此也？管子對曰：「惟繆數爲可耳〔三〕。」繆，讀曰謬。假此術以陳其事也。桓公曰：「諾。」令左右州曰：「表稱貸之家〔四〕，旌表也。皆堊白其門而高其閭。」亦所以貴重之。州通之師執折籙曰〔五〕：「君且使使者。」桓公使八使者式璧而聘之，以給鹽菜之用〔六〕。令使者賫石璧而與，仍存問之，謙言鹽菜之用。稱貸之家皆齊

① 「取」字原作「敢」，據補注改。

首稽顙而問曰：「何以得此也？」使者曰：「君令曰：寡人聞之，詩曰『愷悌君子，民之父母』也。寡人有崢丘之戰。吾聞子假貸吾貧萌，使有以給寡人之急，度寡人之求。使吾萌春有以傳耜，夏有以決芸，而給上事，子之力也。是以式璧而聘子，以給鹽菜之用。故子中民之父母也。」稱貸之家皆折其券而削其書，舊執之券，皆折毁之。所書之債，皆削除之不用。發其積藏，出其財物，以振貧病，分其故貲〔七〕，故國中大給。崢丘之謀也。此之謂繆數。

〔一〕俞樾云：尹注曰：「崢丘，地名，未聞。説即葵丘。」此説殊不可解，經傳多言「葵丘之會」，無言「葵丘之戰」者，安得謂「崢丘」即「葵丘」乎？「葵」疑「乘」字之誤。春秋莊十年：「夏六月齊師、宋師次于郎，公敗宋師于乘丘。」或説殆以乘丘之戰爲指此役，故云「即乘丘」耳。「乘」古字作「椉」，與「葵」字相似，因而致誤。張佩綸云：「崢邱」原注：「未聞，一説以爲葵丘。」佩綸案：葵丘無戰事。閔二年公羊傳：「桓公使南陽之甲立僖公而城魯，或曰：自鹿門至於爭門者，是也；或曰：自爭門至於吏門者，是也。」説文「淨，魯北城門池也」，廣韻作「埩，魯城北門池也」。字本作「爭」，池則從水作「淨」，門及丘則从土、从山。然則崢邱之戰，即桓公命高子城魯立僖之役。一説：續漢書郡國志：「琅邪國莒縣，本國故屬城陽有鐵，有崢嶸谷。」三傳無桓公伐莒事，而本書有伐莒之謀，疑即指伐莒而言。

〔二〕王念孫云：「洽」當爲「給」，下文云「國中大給」，即其證也。「給」、「洽」艸書相似，故「給」譌爲「洽」。尹注非。張佩綸云：爾雅「太歲在未曰協洽」，逢盛碑作「給」，「洽」、「給」通借，非譌字。「大給」當作「大洽」。説文：「洽，霑也。」「此何以洽」，言何以使民徧霑吾惠。

〔三〕張佩綸云：「繆」，通典作「膠」，按當作「膠」。詩隰桑「德音孔膠」，傳：「膠，固也。」説文：「膠，昵也。」言此以恩澤膠固之，故曰「膠數」。或作「繆」，即綢繆意。原注以「繆」爲詐謬，下文「豈弟君子，民之父母」云云，即膠固綢繆之意，無所爲詐謬也。任林圃云：通典引此「繆」作「膠」，注：「『膠』讀曰繆。」今本正文已改作「繆」，故注亦改作「『繆』讀曰謬」矣。小爾雅：「膠，譎詐也，涼州西南之間曰膠，自關而東西或曰譎，或曰膠。詐，通語也。」上節及此節末尾「此之謂繆數」，殆亦本作「膠數」。翔鳳案：「繆」同「謬」，見前。猶今言走曲線耳。

〔四〕任林圃云：通典食貨十二引此文亦作「表」，引尹注云：「表，旌也。」是以作「表」爲是。宋本有作「旌」者，乃後人涉注而誤，復改注文以就本文耳。翔鳳案：留侯世家「表商容之閭」，「表」，標也。此武王用殷俗。公羊宣十二年傳「左執茅旌」，注：「祀宗廟所用，迎道神，指護祭者，斷曰藉，不斷曰旌。」本書「祭」、「藉」屢用，齊不用旌明矣。

〔五〕張佩綸云：「籙」即簿録。説文「録，金色也」，假借爲簿録字。此假竹高篋之「籙」爲之，後乃孳乳爲「籙」字。説文：「折，斷也。」禮記少儀注：「折斷，分之也。」此與反準之筴同，傳者小異耳。翔鳳案：張説是也。廣雅釋器：「箓、簶，篰也。」「折箓」與「折簡」同意。

〔六〕姚永概云：「以」乃「曰」字之譌，尹注云「謙言」，正釋「曰」字也。今作「以」者，涉下文「以給鹽菜之用」而誤。任林圃云：通典食貨十二引無「桓公」二字，「八」字作「入」，是也。「使入」爲句。翔鳳案：任説誤，聘者桓公，若作「使入」，則是聘爲使者。

〔七〕翔鳳案：「故貲」猶言老錢。「中」讀去聲。

桓公曰：「四郊之民貧，商賈之民富。寡人欲殺商賈之民，以益四郊之民，爲之奈何？」管子對曰：「請以令決瓁、洛之水，通之杭、莊之閒〔一〕。」桓公曰：「諾。」行令未能一歲，而郊之民殷然益富〔二〕，商賈之民廓然益貧。桓公召管子而問曰：「此其故何也？」管子對曰：「決瓁、洛之水通之杭、莊之閒，則屠酤之汁肥流水，則蟲虻巨雄、翡燕小鳥皆歸之〔三〕，宜昏飲。此水上之樂也。賈人蓄物，而賣爲讎，買爲取〔四〕，市未央畢，而委舍其守列，投蟲虻巨雄〔五〕。新冠五尺，請挾彈懷丸游水上〔六〕，彈翡燕小鳥，被於暮〔七〕。故賤賣而貴買。四郊之民賣賤，何爲不富哉〔八〕！商賈之人何爲不貧乎！」桓公曰：「善。」

〔一〕王念孫云：「杭」當爲「抗」，「抗」古讀若康，「抗莊」即康莊。張佩綸云：説文：「瓁，雨流霤下貌。」山海經西山經「有瑤水其清洛洛」，郭注：「洛洛，水流下之貌也。」莊子逍遥游：

「剖之以爲瓢，則瓠落無所容。」司馬「瓠」音「護」，注云：「瓠，布濩也。落，零落也。言其形平而淺，受水則零落而不容也。」「瓠落」、「濩落」均雙聲，言霖潦無所容之水。詩河廣傳、廣雅釋詁並云：「杭，渡也。」「杭、莊之間」猶孟子言「莊、嶽之間」，「莊、嶽」二里名，此「杭、莊」亦當爲二里名。莊則近市，而杭本有舊渡，或如乾時之類，今以霖潦之水歸之，始得通舟，故百鳥翔集於此。若如王説，則水溢通衢，既不能舟，又不能車，其策不亦迂繆乎？　翔鳳案：「濩」、「洛」、「杭」、「莊」皆地名，今不可考，王以義説之，誤。

〔二〕李哲明云：「郊」上應脱「四」字，上下文「四郊之民」凡三見，此亦當有之。　翔鳳案：爾雅釋地：「邑外謂之郊。」「郊」即包括邑之四面，何必再加「四」字乎？

〔三〕張佩綸云：「蟁虻」，下作「蟁虵」，孫星衍云：「虵，當依上文作『虻』。」案：「蟁虻」當作「蟁母」，「母」譌爲「毋」，轉爲「亡」，又譌爲「也」，淺人意加虫旁。爾雅釋鳥「鷏，蟁母」，郭注：「似烏鸔而大，黄白雜文，鳴如鴿聲。今江東呼爲蚊母。俗説此鳥常吐蚊，因以名云。」「巨雄」與「小鳥」對文。一説「巨雄」當作「雝渠」。爾雅「䳭鴒雝渠」，郭注：「雀屬，飛則鳴，行則摇。」常棣傳同。説文：「鷍，雝渠也。」又云：「雃，石鳥，一名雝鷍，一曰精列。」亦通。翔鳳案：「蟁母」非「巨雄」，不用彈而投之，則非翔空之物。一作「虻」，一作「虵」，必有一誤。戍篇「鑿二十虻」不可解，當爲「虵」，即「蛇」之變。然則此爲「虵」無疑，「虵」缺爲「虻」。「蟁」音同「虻」，即「蟒」之借，如蚱蜢作蟅蟒。管書「民」或作「甿」、作「萌」，「明」音同「孟」，如「孟津」即「盟津」，是其證。「翡燕」即「翡翠」，好在水邊食魚，燕則不在水邊也。投槍殺大蛇，挾彈打飛鳥，情理適合。

〔四〕豬飼彥博云：謂賣者速售，買者速取也。 翔鳳案：「爲」無速義，豬飼説誤。 論語「夫子爲衛君乎」，鄭注：「助也。」有巨雄小鳥而遊人多，買賣如助之也。

〔五〕張佩綸云：説文：「投，擿也。」漢書蕭望之傳注：「射之言投射也。」以矢石擿之，皆可曰投。禮「投壺」，左氏傳「抉石以投人」，是。

〔六〕吳志忠云：「請」乃「諸」字誤。 張佩綸云：「新冠」，冠者。「五尺」，五尺之童。 翔鳳案：彈丸爲武器，須得許可，故曰「請」，非誤字。

〔七〕安井衡云：「被」，及也。

〔八〕豬飼彥博云：「賣賤」二字衍。 王念孫云：「賣賤」當作「買賤」，言四郊之民多買賤物，所以致富也。今作「賣賤」者，涉上文「賤賣」而誤。 陶鴻慶云：王氏謂「賣賤」當爲「買賤」，是也。今案：元文本作「賣貴而買賤」，傳寫奪「貴而買」三字耳。此與上言「商賈之人賤買而貴賣」，事正相因。奪三字則文義不完。 翔鳳案：「貴買」指遊人。「賣賤」，賣其賤價得來者，即上文之「賤賣」。兩「賣」字身份不同，一字不誤，二説均非。

桓公曰：「五衢之民衰然多衣弊而屨穿〔一〕，寡人欲使帛布絲纊之賈賤，爲之有道乎？」管子曰：「請以令沐途旁之樹枝，使無尺寸之陰〔二〕。」桓公曰：「諾。」行令未能一歲，五衢之民皆多衣帛完屨。桓公召管子而問曰：「此其何故也？」管子對曰：「途旁之樹未沐之時，五衢之民，男女相好往來之市者，罷市，相睹樹下，談語終日不歸。男女當壯，扶輦推輿，相睹樹下，戲笑超距〔三〕，終日不歸。父兄相睹樹下，論議玄語〔四〕，終日不歸。是以田不發〔五〕，五穀不播，麻桑不種，璽縷不治。內嚴一家而三不歸〔六〕，則帛布絲纊之賈安得不貴？」桓公曰：「善」。

〔一〕張佩綸云：太玄衆「兵衰衰」，注：「衰衰，瘦瘠之貌。」　聞一多云：「衰」、「蓑」同，蓑蓑然，衣屨弊裂貌也。　翔鳳案：說文：「衰，艸雨衣。」聞說是也。

〔二〕黄震云：「沐」，去樹枝也。沐途旁之樹以絶遊息，農人皆務本業而農以富。　何如璋云：「沐」，治也，謂治其枝而去之，如洗濯也。　孟子「牛山之木濯濯然」，是也。　張佩綸云：儀禮既夕注：「湯沐，所以洗去汚垢。」釋名釋姿容：「沐，秃。」沐者髮下垂，秃者無髮，皆無上貌之稱，此去樹之上枝，故曰「沐」。

〔三〕豬飼彦博云：「超距」猶跳躍也。　張佩綸云：史記王翦傳「方投石超距」，索隱：「超距，猶跳躍也。」漢書甘延壽傳「投石拔距」，張晏曰：「拔距，超距也。」　馬元材云：此處當係指男女舞蹈互相遊戲而言，今西南各兄弟民族中尚存此俗。

〔四〕張文虎云：「玄」當爲「互」字之譌，舊書往往相亂。　姚永概云：管子時安得有「玄語」字，「玄語」當作「立語」。　聞一多云：張説近是。「互」蓋讀爲晤。陳風東門之池「可與晤語」，箋：「晤，對也。」　翔鳳案：楊本作「玄」，幼官「玄帝之命」作「玄」，形狀不同，非「玄」字明矣。　確爲「互」字，多一點，隸書常有之。

〔五〕陶鴻慶云：「田」下當有「草」字。「田草不發」，與下「五穀不播，麻桑不種，璽縷不治」句法一律。國蓄篇云：「耕田發草，上得其數矣。」輕重甲篇云：「彊本趣耕，發草立幣而無止。」皆其證。　翔鳳案：古人不必偶句，不加「草」字。

〔六〕丁士涵云：「嚴」乃「瞰」之借字。廣雅曰：「瞰，視也。」孟子離婁篇注曰：「瞰，視也。」音義：「『矙』或作『瞰』，同。」説文作「闞」，云：「望也。」集韻有「矙」字，云：「與『瞰』同，視也。」

翔鳳案：「嚴」爲教命急，其義正合，改字非是。

桓公曰：「糶賤，寡人恐五穀之歸於諸侯。寡人欲爲百姓萬民藏之，爲此有道乎？」管子曰：「今者夷吾過市，有新成囷京者二家〔一〕。大囷曰京。君請式璧而聘之〔二〕。」式，用也。璧，石璧也。聘，問也。賜之以璧，仍存問之。桓公曰：「諾。」行令半歲，萬民聞之，舍其作業，而爲囷京以藏菽粟五穀者過半。桓公問管子曰：「此其何故也？」管子曰：「成囷京者二家，君式璧而聘之，名顯於國中，國中莫不聞。是民上則無功顯名於百姓也，功立而名成，下則實其囷京，上以給上爲君，壹舉而名實俱在也〔三〕。民何爲也〔四〕？」

〔一〕任林圃云：「囷京」連文，乃漢時常語。急就篇「門户井竈廡囷京」，顔師古注：「囷，圓倉也；京，方倉也。一曰：『京』之言矜也，寶貴之物可矜惜者藏於其中也。」

〔二〕安井衡云：古本「請」作「親」。

〔三〕丁士涵云：「無」疑「巠」字誤。張佩綸云：「功立而名成」，「上爲君」，皆注文闌入者。「上以給」，「上」亦羨字。上則無功而顯名，下則實其囷京以給，故曰「名實俱在」。聞一多云：「無功」下當有「而」字。「上以給上爲君」當作「以給上」。「給上」之文本書屢見。餘均當依張説。「下則實其京囷上以給上爲君」，張氏初稿云「當作『下則實其囷京以給上』」，繼又云「『上爲君』三字亦注文」。案初稿是也。翔鳳案：「民」字貫下文，「功立而名成」補足上句。上下俱得，加「上以給上爲君」，言其得君之好感。一字不誤。

〔四〕豬飼彦博云：「民何爲」脱「不效」二字。戴望云：當作「民何不爲也」，脱「不」字。翔鳳案：「也」同「耶」，不須加字。本書此例不少，可覆按也。

桓公問管子曰：「請問王數之守終始〔一〕，可得聞乎？」管子曰：「正月之朝，穀始也。日至百日，黍秫之始也。九月斂實，平麥之始也〔二〕。」

〔一〕豬飼彦博云：「王數」當作「五穀」。翔鳳案：「王」讀旺，前文屢見。豬飼説誤。

〔二〕何如璋云：「平麥」當作「牟麥」，以形近而譌。翔鳳案：大麥收於四月，非九月而斂實也。爾雅釋詁：「平，成也。」漢書食貨志：「再登曰平。」有冬麥，有春麥，此於春種而秋收，故曰「斂實」。

管子問於桓公：「敢問齊方于幾何里〔一〕？」桓公曰：「方五百里。」管子曰：「陰雍長城之地，其於齊國三分之一，非穀之所生也。㳻龍夏〔二〕，其於齊國四分之一也。朝夕外之，所墆齊地者五分之一，非穀之所生也〔三〕。然則吾非託食之主耶〔四〕？」桓公遽然起曰：「然則爲之奈何？」管子對曰：「動之以言，潰之以辭〔五〕，可以爲國基。且君幣籍而務〔六〕，則賈人獨操國趣。君穀籍而務，則農人獨操國固。君動言操辭〔七〕，左右之流，君獨因之。」「物之始，吾已見之矣。物之終，吾已見之矣。物之賈，吾已見之矣。」管子曰：「長城之陽，魯也。長城之陰，齊也。三敗殺君二重臣定社稷者，吾此皆以狐突之地封者也〔八〕。故山地者山也，水地者澤也，薪芻之所生者斥也。」公曰：「託食之主及吾地亦有道乎〔九〕？」管子對曰：「守其三原。」公曰：「何謂三原？」管子對曰：「君守布則籍於麻，十倍其賈，布五十倍其賈，此數也。君以織籍籍於系，未爲系，籍系撫織〔一〇〕，再十倍其賈。如此，則云五穀之籍〔一一〕。是故籍於布則撫之系，籍於穀則撫之山〔一二〕，籍於六畜則撫之術〔一三〕。籍於物之終始，而善御以言。」公曰：「善。」

〔一〕丁士涵云：「于」，即「方」字之誤而衍者。于省吾云：「于」讀作「宇」。「方于」即「方宇」。左昭四年傳「失其守宇」，注：「於國四垂曰宇。」翔鳳案：説文：「于，於也。」檀弓「易則易，于則于」，疏：「謂廣大。」方言一：「于，大也。」「于幾何里」，大幾何里也。「方」爲併船，即古文「旁」字，儀禮士喪禮「牢中旁守」，注：「今文『旁』爲『方』。」虞書「方鳩僝功」，許引作「旁逑」。「方于幾何里」，四旁大幾何里，一字不誤。

〔二〕洪頤煊云：山至數篇：「龍夏以北至海莊，禽獸牛羊之地也。」此「洊」字本「海莊」二字譌并作一字。　張佩綸云：「海莊」當爲「海涯」，此「洊」字乃「涯」字之壞，而上捝一「海」字。　翔鳳案：此即「㡿」字加水旁耳。説文：「㡿，郤屋也。」尚書禹貢「海濱廣斥」，漢書作「斥」，曹全郭仲碑作「厈」，即「㡿」字也。説文：「鹵，西方鹹地也。東方謂之㡿，西方謂之鹵。」爾雅釋地十藪，齊有海隅，郭注：「海濱廣斥。」下文「薪芻之所生者斥也」，即「㡿」，「㡿」在水旁加水，然則「洊」之爲「㡿」無疑矣。釋名釋船：「五百斛以上還有小屋曰斥候，以視敵進退也。」此「洊」所謂却屋也。諸説俱誤。

〔三〕郭嵩燾云：「朝夕」即「潮汐」字，言近海之地爲潮灌輸出入，則不生五穀。廣韻：「墆，止也。」謂潮之所至，其外皆鹵地也。　何如璋云：「朝夕所墆」，「朝夕」即「潮汐」也，「墆」，滯也。即下文之「斥」，書禹貢「海濱廣斥」，是亦不生穀者。　翔鳳案：「潮汐之外」，「外」字不誤。此「三分之一」、「四分之一」、「五分之一」，相加得六十分之四十七，決非指齊全國之面積而言，乃言其地其幾分之幾不生穀耳。

〔四〕俞樾云：「吾」字乃「君」字之誤。管仲謂桓公爲「託食之主」，故桓公遽然起曰：「然則爲之奈何？」　翔鳳案：廣雅釋詁一：「主，君也。」形勢解：「主者人之所仰而生也。」故公卿大夫皆曰「主」。「主」非指桓公一人，則「吾」非誤字，猶言我們也。

〔五〕何如璋云：「潰」當作「讃」。説文：「讃，中止也。」玉篇：「譯也。」動言讃辭，施號令也。　張佩綸云：詩小旻「是用不潰於成」，召旻「草木潰茂」，傳：「潰，遂也。」　李哲明云：「潰」當爲「漬」，形近之誤。「漬」猶染也。通俗文：「水浸曰漬。」此言漸染之以辭，浸入其心也。　翔鳳案：詩召旻「草不潰茂」，傳云：「遂也。」箋云：「當作『彙』。」易泰、否「以其彙」，釋文：「美也。」「遂」、「彙」、「美」三義皆可通。張説近之，餘皆誤。

〔六〕馬元材云：「而務」即「爲務」，荀子王霸篇云「若夫論一相以兼率之，使臣下百吏莫不宿道向方而務」，楊倞注云：「臣下皆以宿道向方爲務，不取姦詐也。」

〔七〕王引之云：「操」當作「摇」，「摇辭」即動言，古人自有複語耳。輕重甲篇云「動言摇辭，萬民可得而親」，是其證。今本「摇」作「操」者，涉上文兩「操」字而誤。　張佩綸云：召旻箋：「『潰茂』之『潰』當作『彙』。」此本「動言潰辭」，一本作「彙」，譌而爲「操」。甲篇又譌而爲「摇」，不能據彼改此。　翔鳳案：張説近之，見上。

〔八〕吴汝綸云：「吾」當爲「五」（屬上讀）。　張佩綸云：「三敗」，謂曹沫三敗。「殺君」，謂子般、閔公。「二重臣」，謂叔牙、慶父。「定社稷者吾」，謂使高子將南陽之甲，立僖公而城魯。

馬元材云：此句顯有訛奪，不可强解。翔鳳案：續漢百官志：「執金吾，『吾』猶禦也。」「吾此」，禦於此也。

〔九〕丁士涵云：「及」乃「反」字誤。翔鳳案：「託食之主」，指上文不生穀之地。「吾地」，指上文守禦之地。丁説誤。

〔一〇〕何如璋云：「系」當作「糸」。説文：「糸，細絲也。」徐鍇曰：「一蠶所吐爲忽，十忽爲絲。糸，五忽也。」張佩綸云：「系」當爲「糸」。説文：「糸，細絲也，像束絲之形，讀若硯。」「未爲糸」當作「束爲糸」。司馬彪輿服志：「凡先合單紡爲一系，四系爲一扶，五扶爲一首，五首爲一文。」又云：「束爲糸」與「籍糸撫纖」，皆注文而誤作大字。翔鳳案：「纖」爲布帛之總名，説文：「系，縣也。」下文「籍於布則撫之系，籍於穀則撫之山」，山非穀，則「系」非細絲明矣。段謂：「『系』者，垂統於上而承於下也。」説文「撫，安也。一曰循也。」荀子富國「拊循之」，注：「撫循慰悦之也。」纖非一種，而「系」則纖之有關連者。

〔一一〕趙用賢云：「云」疑當作「去」。張佩綸云：説文：「則，等畫物也。」「云」乃「六」字之誤，下捝「畜」字。「如此則六畜五穀之籍」，言以此等畫五穀六畜也。下文言「五穀」、「六畜」，是矣。郭沫若云：「云」當爲「亡」。言籍於布、穀、六畜，則可以無五穀之籍也。翔鳳案：「云」，運也。詳戒篇。諸人不解而爲誤，其謬如此。

〔一二〕張佩綸云：「山」當爲「中」，説文：「中，草木初生也，象丨出形，有枝莖也，讀若徹。」𠀐部：

「中，財見也。」　翔鳳案：山非産穀之地，不誤。

〔二〕何如璋云：「術」乃「衍」之譌。小爾雅：「澤之廣者謂之衍。」山國軌：「梁渭、陽瑣之牛馬滿齊衍。」「衍」者水草之區，畜牧之地，故籍六畜者心撫之於衍也。糸也，山也，衍也，是謂「三原」。　張佩綸云：「術」、「遂」通。廣雅釋言：「遂，育也。」齊語「犧牲不略則牛羊遂」，注：「遂，長也。」漢書禮樂志：「遂者，言皆生也。」糸者布之始，中者穀之始，遂者六畜之始，此所謂「三原」也。　翔鳳案：鄉飲酒義「古之學術道者」，注：「術猶藝也。」後漢書伏湛傳注：「術，謂醫方卜筮。」養六畜有藝術。「三原」，三本也。孔子閒居「必達於禮樂之原」，注：「猶本也。」二説誤。

管子曰：「以國一籍臣右守布萬兩，而右麻籍四十倍其賈，衍布五十倍其賈〔一〕。公以重布決諸侯賈，如此而有二十齊之故〔二〕。是故輕軼於賈穀制畜者，則物軼於四時之輔〔三〕。善爲國者，守其國之財。湯之以高下〔四〕，注之以徐疾，一可以爲百〔五〕。未嘗籍求於民，而使用若河海，終則有始。此謂守物而御天下也。」公曰：「然則無可以爲有乎？貧可以爲富乎？」管子對曰：「物之生未有刑〔六〕，而王霸立其功焉。是故以人求人〔七〕，則人重矣。以數求物，則物重矣。」公曰：「此若言何謂也？」管子對曰：「舉國而一則無貲，舉國而十則有百〔八〕。然則吾將以徐疾御之，若左之授右，若右之授左，是以外內不蹉〔九〕，終身無咎。王霸之不求於人，而求之終始，四時之高下，令之徐疾而已矣〔一〇〕。源泉有竭，鬼神有歇。守物之終始，身不竭〔一一〕，此謂源究。」

〔一〕張佩綸云：「右守」之「右」當作「左」，即上文所云「莫敢左右」，孟子所謂「以左右顧而罔市利」也。「四十倍其賈」，「四」字衍。上文「君守布則籍於麻，十倍其賈，布五十倍其賈」，是其證。校者注「衍」字於「四」字之旁，而此本不刊落「四」字，轉於「布五十倍其賈」上加一「衍」字，「四」、「衍」兩羨文均删。翔鳳案：上言「君守」，此言「臣守」。説文：「守，守官也。」「右」，古「佑」字。詩假樂「保右命之」，箋：「成王之官人也，羣臣保右而舉之，乃後命用之。」助官「守布萬兩」，而助「麻籍四十倍」。荀子賦篇「暴人衍矣」，注：「饒也。」「衍布五十倍」，饒布五十倍也。小爾雅廣度：「倍丈謂之端，倍端謂之兩，倍兩謂之匹。」周禮媒氏「純帛無過五兩」，注：「十端也。」必欲言「兩」者，欲得其配合之名。此「布萬兩」之義。

〔二〕吴汝綸云：言視齊之舊曰加二十倍也。馬元材云：吴説是也。「故」、「古」字通，謂所得贏利二十倍於齊之舊有收入也。漢書食貨志董仲舒云：「力役二十倍於古，田租口賦鹽鐵之利二十倍於古。」文法與此蓋同。翔鳳案：楚辭招魂「樂先故些」，注：「舊也。」五行：「發故粟以田數」。「二十齊」之數，二十倍於齊之舊也。吴、馬説是。

〔三〕張佩綸云：「輕軼」當作「輕重」，涉下「軼」字而誤。翔鳳案：説文：「軼，車相出也。」謂超過也。秦策「王因而制之」，注：「御也。」以穀之輕重，制御畜賈。廣雅釋詁三：「輔，助也。」

〔四〕王念孫云：「湯」讀爲蕩。陳風宛邱曰：「子之湯兮。」

〔五〕王念孫云：「一可以爲百」當作「一可以爲十，十可以爲百」。山權數篇云「徐疾之數，輕重之策，一可以爲十，十可以爲百」（此二句篇中凡兩見），是其證。翔鳳案：計其總數，一可以爲百，非必遞計之也。王説過泥。

〔六〕聞一多云：「刑」讀爲形，朱本正作「形」。郭沫若云：「刑」當讀爲型，言治生之道貴通權變，本無定型。顧雖無定型，能通權變者則能掌握之，故曰「而王霸立其功焉」。「伊尹、吕尚之謀，孫、吴用兵，商鞅行法」，用於治生則爲富商蓄賈；用於治國則爲「王霸」。小大不同，其術則一。翔鳳案：郭説是也。堯典「觀厥刑於二女」，即假「刑」爲「型」。

〔七〕郭沫若云：上「人」字當爲「仁」，與下句「數」字對文。人爲財物生産之要素，故須求之以仁，而貴重之。翔鳳案：管書不重仁，主要在「四維」，郭説非是。

〔八〕翔鳳案：此即上文之「以國一籍」也。

〔九〕豬飼彦博云：「踐」，屈也。何如璋云：「踐」當作「倦」。「外内不倦」，是能通其變也。

〔一〇〕翔鳳案：管子重法，守輕重之法，徒人無用，故曰「不求於人」。

〔一一〕王念孫云：「身」上當有「終」字，上文「終身無咎」，即其證。陳奂云：「終始」二字互倒。

「守物之始，終身不竭」，四字爲句。　翔鳳案：句法與老子相似，不當加「終」字。

輕重戊第八十四

桓公問於管子曰：「輕重安施？」管子對曰：「自理國虙戲以來，未有不以輕重而能成其王者也。」公曰：「何謂？」管子對曰：「虙戲作，造六峜以迎陰陽〔一〕，作九九之數以合天道，而天下化之。神農作，樹五穀淇山之陽〔二〕，九州之民乃知穀食，而天下化之。黄帝作，鑽燧生火〔三〕，以熟葷臊〔四〕，民食之，無茲腤之病〔五〕，而天下化之。黄帝之王，童山竭澤。有虞之王，燒曾藪〔六〕，斬羣害，以爲民利，封土爲社，置木爲閭，始民知禮也〔七〕。當是其時，民無慍惡不服，而天下化之〔八〕。夏人之王，外鑿二十寅，韘十七湛〔九〕，疏三江，鑿五湖，道四涇之水，以商九州之高〔一〇〕，以治九藪，民乃知城郭門閭室屋之築，而天下化之。殷人之王，立帛牢，服牛馬以爲民利〔一一〕，而天下化之。周人之王，循六㞧，合陰陽，而天下化之〔一二〕。」公曰：「然則當世之王者，何行而可？」管子對曰：「并用而毋俱盡也〔一三〕。」公曰：「何謂？」管子對曰：「帝王之道備矣，不可加也。公其行義而已矣。」公曰：「其行義奈何〔一四〕？」管子對曰：「天子幼弱，諸侯亢强，聘享不上。公其弱强繼絶，率諸侯以起周室之祀。」公曰：「善。」

〔一〕莊述祖云：「峜」當作「㚎」，古「法」字。　俞正燮云：下有「九九之數」，則「峜」，「計」字也。　戴望云：路史後紀一引作「六畫」。　何如璋云：「峜」音計，王若谷以爲即計數之計（說見下）。按：八卦始於虙戲，「六峜」者六氣，即陰陽風雨晦明也，故云「以迎陰陽」。虙戲「造」者，製爲推測之器以驗之。莊子逍遥遊「乘天地之正而御六氣之變」，即此義也。　聞一多云：路史法日月而作易，觀天象以造歷，演九九以作數，天道明焉，人文啓焉。路史注引本不作「畫」，今本乃後人妄改。知之者，原注云：「畫，舊云古『畫』字，蓋『法』字爾。古文爲『畫』，亦爲『法』。」既曰「舊云古『畫』字」，是字本不作「畫」明甚。疑羅氏所引仍作「峜」，後人以爲古「畫」字，遂擅改之如此。諸家咸謂羅引管子作「畫」，豈未讀全注耶？據注，羅仍讀此字爲「法」，又莊述祖以爲當作「㚎」，古文「法」字，其說並是。案：說文「灋」，古文作「㚎」，今文作「法」，以齊刀幣「法貨」字作「去」推之，是「灋」、「法」並從去聲，「去」本一讀方乏切也。（大盂鼎「灋保先王」，秦公毁「保㜸氒秦」，「保㜸」即「灋保」。「㜸」亦以去爲聲，故與「灋」通用，舊釋「業」，非是。）「峜」、「㚎」及下文「[illegible]」字（「周人之王循六[illegible]」），疑皆「[illegible]」之誤。「[illegible]」從去從止，當與「[illegible]」同字，古讀一與「法」同音，故得借爲「法」也。又說文「[illegible]」，𠚒蓋也，讀若范」，疑亦[illegible]之譌變，從灭爲[illegible]之省，從夕與止同。訓「𠚒蓋」者，[illegible]象器蓋形，本亦古「蓋」字，此從[illegible]省，故以爲𠚒蓋之名。「讀若范」者，正與「法」音近。然則謂「峜」即許書「[illegible]」

字，假借爲「法」，亦無不可。「六法」者，易通卦驗上篇説虙戲作易而文王演之，孔子贊之，下文列叙「法曰乾」、「法曰離」、「法曰艮」、「法曰兑」、「法曰坎」、「法曰坤」（今本叙次譌互，從孫詒讓校正）。後文鄭注云：「著六法，則以乾爲始，坤爲終。」又云：「故此六法以乾坤爲終始。」是八卦古有「六法」之稱。（「六爻」之義蓋本如此。）此曰「虙戲作造六法」，下文曰「周人之王循六法」，謂虙戲始作卦而文王演之耳。　翔鳳案：聞説奇確。惟以「六法」爲八卦之稱，不能自圓其説。此聞引通卦驗太畧故也。而通卦驗之意，聞氏亦未能盡明。其文畧云：「虙戲生，擲出表，……離炁亂，禍蜚石，黄神盛，類黑而聖，法曰艮。四季之勢，紐斗機孤，……法曰兑。其握規矩，……法曰坎。其表執記，……法曰乾。其表握合元，斗執機遲，……法曰離。其表握衡含提，……法曰坤。文演曰：牝馬之貞……封於泰山，禪於梁陰。……冬至之日，立八神。立八人之表，日中規其矩。其晷之如度春，則歲美，人民和順。」卷下列二十四氣晷影之

巽	離	坤
震		兑
艮	坎	乾

長，與周髀算經一致。「八神」見史記封禪書。「六法」之義，與周髀合觀乃明。周髀云：「冬至從坎，陽在子，日出巽而入坤。夏至從離，陰在午，日出艮入乾。」古代用土圭測日，立八尺之表，每日午測其影之長短，以定二十四氣。其在天象，則觀其斗柄之旋轉。春分秋分，太陽出震入兑，秋分以後偏北，出艮入乾。春分以後偏南，出巽入坤。八卦之位，震兑不移，餘

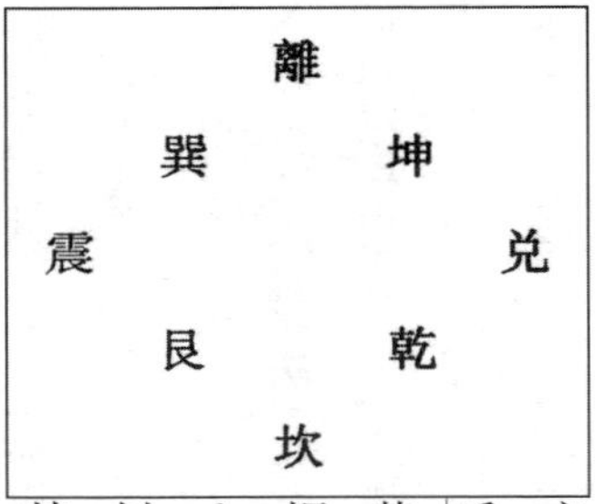

六位有變動，觀測其變動之位，是爲六法。今之通卦驗「巽」誤爲「兑」，若移於坎後，則一絲不亂。聞從孫校，誤矣。以乾坤爲終始，乃明其陰陽之氣，非次序始乾而終坤也。「峜」爲從「去」之變，漢景北海碑陰「赤」作「夵」，是其例，非「山」字也。六法每法有「表」字，聞未注意，解字形亦迂曲。此與山權數「峜」相混，故古本誤爲「陸」。「㤩」爲「志」，古「識」字，同「幟」，與「法」義近，非「法」字也。

〔二〕戴望云：路史炎帝紀注引「樹」作「種」，「淇」上有「于」字。　張佩綸云：「淇山」，漢志：「河内郡，共故國北山，淇水所出，東至黎陽入河。」說文：「淇水出河内共北山，東入河。或曰出隆慮西山。」水經：「淇水出河内隆慮縣西大號山。」

〔三〕張佩綸云：「黃帝作」當作「燧人作」，涉下「黃帝之王」而誤。句容陳立白虎通疏證亦以管書誤「遂人」爲「黃帝」。　又云：禮說燧人在神農前，書說燧人在伏羲前，禮疏引六藝論及易緯鄭注均以燧人在伏羲之前，惟白虎通第一説與此篇合。然以本書考之，封禪篇言伏羲、神農、炎帝、黃帝不及燧人，揆度言自燧人以來下及共工、黃帝而不言伏羲、神農，是本書之例若難整齊畫一。應劭風俗通又云：易稱伏羲、神農，「獨叙二皇不及遂人，遂人功重於祝融、女媧，文明大見，大傳之義，斯近之矣」。竊謂三皇自當主伏羲、神農、燧人之説，封禪之炎帝疑即燧人，大傳所謂以火紀者也。揆度蓋有捝誤，當以此篇爲正。白虎通第一説必西漢經師舊義，與此適合，是其證矣。　聞一多云：路史後紀三注引此文，曰：「此正言炎、燧改火事，字誤爲『黄帝』，下乃言『黄帝之王，童山竭澤』云云，可見。」是此文「黄帝」爲「燧人」之誤，羅苹實首發之。又路史注引作「鑽燧生火」，今本作「鐩」，疑涉「鑽」字誤書從金。

翔鳳案：「黄帝作鑽燧生火」，與「虙戲作九九之數」同意，下文云黄帝之王」，而此不言「王」，應在未王以前。熟食爲普遍用火，在發明火食之後，「黄帝」二字不誤。燧人時不能熟葷臊也。

〔四〕聞一多云：「葷」猶腥也。説文：「葷，臭菜也。」「胜，犬膏臭也。」周語「其政腥臊」，注：「腥，臭惡也。」「胜」、「腥」應同。「葷」、「腥」並有臭義，故得通稱。莊子人間世篇：「顔回曰：回之家貧，唯不飲酒，不茹葷者數月矣。」案：回雖貧，何至並葱薤之屬亦無之？此「葷」謂腥耳。今相承猶謂肉類爲「葷」。本書「葷臊」即「腥臊」無疑。路史後紀三注引作「腥臊」，蓋以意改。

翔鳳案：荀子富國「葷菜百疏」，「葷」在蔬菜之中，今謂之作料，非普通之菜也。此時烹飪進化，非後燧人之時。

〔五〕孫星衍云：北堂書鈔一百四十二、太平御覽七十九引「玆腝」作「腸腝」。集韻：「胃，古文作『腝』。」

戴望云：路史注引作「無腥腝之疾」。

張佩綸云：「玆腝」當作「玆胃」。説文：「玆，草木多益。」引申之，凡物之多益皆曰滋。説文曰：「滋，益也。」「玆」，「滋」省。經典「滋」多作「玆」。呂氏春秋重己篇：「味衆珍則胃充，胃充則中大鞔，中大鞔而氣不達，以此長生不得也。」「胃充」即此玆胃之疾也。

聞一多云：「玆」當爲「胘」，字之誤也。廣雅釋親「胃謂之胘」，類篇引通俗文：「有角曰胘，無角曰肚。一曰：胃之厚肉爲胘。」字鏡：「胘，肚也。」萬象名義：「胘，胃厚。」「胘腨之病」，即胃疾耳。翔鳳案：説文「玆，黑也。从二玄。春秋傳曰：『何以使吾水玆。』」此與艸部之「茲」不同。素問六節藏象論：「如草玆者死。」謂食物中毒，而帶黑色也。廣雅：「胃謂之胘。」「胘腨」皆多肉旁，去之則爲「玄胃」，其義更明。諸人不知醫理，又不知有玄部之「玆」，宜其不能明也。

〔六〕安井衡云：「曾」、「層」同。「層」，重也。「重藪」爲大藪。

〔七〕何如璋云：當作「民始知禮」，文義爲順。翔鳳案：何必改從現代語法。

〔八〕吴汝綸云：「愠」當爲「藴」。翔鳳案：「惡」讀去聲，與「愠」相類。吴説非是。

〔九〕豬飼彦博云：「鞢」當作「渫」，通也。何如璋云：「鞢」當作「渫」。荀子成相：「北決九河，通十二渚，疏三江。」吕覽長攻：「若燕、秦、齊、晉山處陸居，豈能踰五湖九江越十七阸而有吴哉？」「湛」或是「阸」之譌，又疑「渚」之譌。張佩綸云：「寍」當爲「巟」。説文：「巟，水廣也，易曰：包巟用馮河。」「鞢」當爲「渫」，形聲相似而誤。説文：「渫，除去也。」「湛」讀曰沈，説文：「沈，陵上滈水也。」章炳麟云：「外」字總舉以下諸事。「寍」字斷句，「寍」疑「㐬」之誤，或「䍃」之借。虞氏易泰九二「包巟」，注：「巟，大川也。」「鞢」借爲「渫」，易井九三「井渫」，向注：「浚治去泥濁也。」「湛」者，文選注引倉頡篇云：「湛，水不流也。」然則此謂鑿二十大川，浚十七停污不流之水也。文與下文「疏三江，鑿五湖」一例。惟彼實指水名，此則泛言水之形埶耳。翔鳳案：「⿱宀虫」，丁篇作「蝨虹」，即「虵」之斷缺，乃「沱」字。説文：「沱，江別流也。」禹貢：「岷山導江，東別爲沱。」是也。説文：「湛，没也。一曰湛水，豫章浸。」左襄十六年傳「戰於湛阪」，在今河南葉縣。説文：「韘，射決也。」義同「決」。與「夏人之王」合，諸説俱誤。

〔一〇〕戴望云：朱本「商」作「敵」，「涇」當爲「瀆」，「商」當作「奠」，皆字之誤。俞樾云：「商」當爲「障」。古音「商」與「章」近。尚書粊誓篇「我商賚女」，釋文曰「商，徐邈音章」，是也。「障」從章聲，故得以「商」爲之。吕氏春秋勿躬篇「臣不如弦章」，韓子外儲説作「弦商」。然則以「商」爲「障」，猶以「商」爲「章」矣。張佩綸云：「四涇」當作「四瀆」。「道四涇之水以商九州之高以治九藪」，疑「之高」上挩五字。「以商九州」、「以治九藪」對文。或「之高」爲「羡」字，或「九藪」下奪二字，今無從攷正。聞一多云：度地篇：「水之出於山而流入於海者命曰經水。引於他水，入於大水及海者命曰枝水。」素問離合真邪論「地有經水」，注：「謂海瀆渭湖沔、汝、江、淮、漯、河、漳、濟也。」莊子秋水篇「涇流之大，兩涘渚涯之間不辨牛馬」，釋文：「涇，崔本作『經』。」「四涇之水」即四經水，亦即四瀆也。秋水篇司馬注：「涇，通也。」風俗通山澤篇：「瀆者，通也。」「涇」、「瀆」義同，（今吴地猶呼溝瀆爲涇，如采蓮涇之類，説見朱氏説文通訓定聲。）故「四瀆」一曰「四涇」。戴、張二氏改「涇」爲「瀆」，傎矣。「商九州之高」上不當有「以」字，此涉下文而衍。翔鳳案：聞説是也。「經水」見度地。風俗通：

「『商』者章也，物成熟可商度也。」曲禮「槀魚曰商祭」，注：「猶量也。」「商九州之高」，度量九州之高也。訓「障」誤。

〔一一〕王念孫云：「帛」當爲「皁」，字之誤也。（史記五宗世家「彭祖衣皁布衣」，漢書景十三王傳「皁」誤作「帛」。）皁以養馬，牢以養牛，故曰「立皁牢，服牛馬」。何如璋云：國准篇「殷人之王，諸侯無牛馬之牢，不利其器」，與此文異。足徵戰國時學術不明，言古事者各習所聞，家異而户不同也。張佩綸云：王説非也。公羊桓八年傳注：「牛羊豕凡三牲曰太牢，羊豕凡二牲曰少牢。」此言「帛牢」，猶它書言牲幣耳。周禮肆師職：「立大祀用玉帛牲牷，立次祀用牲牷，立小祀用牲。」「立帛牢」，立祭祀之禮，殷人尚鬼也；「服牛馬」，乘殷之輅也。「立帛牢」以爲民利，左氏傳季梁所謂「上思利民，先成民而後致力於神」，是也。「服牛馬以爲民利」，易所謂「服牛乘馬引重致遠以利天下」，是也。殷制最善，故管氏獨舉之，猶孔子之稱殷輅。若如王説，殷人但立養馬之皁、養牛之牢，以爲王天下之基，不亦戾於理乎。

翔鳳案：張説是。

〔一二〕戴望云：「悤」，「垒」字之誤。何如璋云：正字通引此作「虙戲作造六峜以迎陰陽，作九九之數以合天道，而天下化之。周人之王循六峜，行陰陽」。王若谷曰：「『六峜』其猶周髀算法乎？委婉編以『六計』解之，當讀如計。」據此，則「悤」當作「峜」，與上同。周作周易，故云「循六峜，合陰陽」也。張佩綸云：「循六爻合陰陽」，謂文王作易。武王訪範，公旦制禮，胥本於此。　翔鳳案：「忞」即「志」字，見前。本作「識」。士冠禮「卦者在左」，注：「畫地識爻。」周用卦，故「循六識，行陰陽」。諸説皆誤。

〔一三〕何如璋云：「俱」字衍。國准作「兼用五家而勿盡」，此文所引有七，故不云五家，然足證「俱」字爲衍也。　翔鳳案：「毋俱盡」猶言不俱用盡，「俱」字不能衍。

〔一四〕王念孫云：「其」字涉上文「公其行義」而衍。　翔鳳案：「其」指帝王，與「其行義」之「其」不同，王説非是。

桓公曰：「魯梁之於齊也〔一〕，千穀也，蠭螫也，齒之有脣也〔二〕。蠭，古蜂字。螫音尸亦反。言魯、梁二國常爲齊患也。今吾欲下魯梁，何行而可？」管子對曰：「魯梁之民，俗爲綈。徒奚反。繒之厚者謂之綈。公服綈，令左右服之，民從而服之。公因令齊勿敢爲，必仰於魯梁，則是魯梁釋其農事而作綈矣。」桓公曰：「諾。」即爲服於泰山之陽，魯、梁二國在泰山之南，故爲服於此，近其境也，欲魯、梁人速知之。十日而服之。管子告魯梁之賈人曰：「子爲我致綈千匹，賜子金三百斤。什至而金三十斤。」則是魯梁不賦於民，財用足也。魯梁之君聞之，則教其民爲綈。十三月，而管子令人之魯、梁。魯、梁郭中之民，道路揚塵，十步不相見，絏繑而踵相隨〔三〕，絏繑，謂連續也。絏，息列反。繑，丘喬反。車轂齺騎連伍而行〔四〕。齺，齧也。士角反。言其車轂往來相齧，而騎東西連而行，皆趨綈利耳。管子曰：「魯、梁可下矣。」公曰：「奈何？」管子對曰：「公宜服帛，率民去綈。閉關，毋與魯梁通使。」公曰：「諾。」後十月，管子令人之魯梁。魯梁之民餓餒相及，相及，猶相繼也。應聲之正無以給上〔五〕。應聲之正，謂急速之賦。正音征。魯梁之君即令其民去綈修農。穀不可以三月而得。魯梁之人糴十百，穀斗千錢。齊糶十錢〔六〕。穀斗十錢。二十四月，魯梁之民歸齊者十分之六。三年，魯梁之君請服。

〔一〕安井衡云：春秋有梁，地近秦，秦伯滅之。輕重諸篇固不足信，然至地理必不以絶遠之梁爲近在泰山之陽，此「梁」蓋魯邑之接齊境者，下文因稱其長爲「魯梁之君」，非魯、梁二國也。

張佩綸云：魯、梁二國地不相接，春秋時梁國近秦，漢志：「左馮翊夏陽地。」左氏傳襄公十八年「楚鋭師侵鄭、費滑、胥靡、獻於、雍梁」，三十三年「鄭伯有奔雍梁」，江永謂：「『雍』即雍氏；梁者，漢河南郡之梁縣。」哀四年「楚爲一昔之期，襲梁及霍」，杜注：「梁，河南梁縣西南故城。」漢志：「河南郡梁縣㬈狐聚，秦滅西周，遷其君於此。」亦與齊、魯甚遠。惟漢志「東平國，故梁國，治無鹽，莽曰有鹽，屬兖州，在今泰安府東平州東三十里」，所謂「故梁國」者，乃漢之梁孝王故國，非春秋梁國。此節即漢人僞託管子，不應並漢郡國不知而疏舛若此。

翔鳳案：安井説是也。國策齊策「南梁之難」，注：「魯國蕃縣有南梁水。括地志云：『故梁在汝州西南，稱南梁者，別於大梁、少梁。』」「魯梁」即魯之南梁也。爾雅釋地「梁莫大於溴梁」，郭注：「梁，隄也。」凡有隄者稱，故莊子有「呂梁」。不加考察，復以梁孝王當之，且指爲漢人作，謬極矣。

〔二〕俞樾云：「千」，一本作「子」，當從之。「子穀」，蓋穀之不成者，猶言「童蓈」矣。説文艸部「蓈」篆下云：「禾粟之采，生而不成者，謂之董蓈。」「子穀」、「童蓈」，其義一也。　王紹蘭云：「千穀」蓋「干敵」之譌。説文「敵，繫連也」，引周書「敵乃干」。此言干不可無敵，蜂不可無螫，齒不可無脣，以況齊不可無魯梁。因欲服而下之，以爲齊有矣。　何如璋云：通典引此只「蠭螫」二字，「千穀」字無義，脣齒之喻不一類。尋注僅釋「蠭螫」，是「千穀」、「齒脣」二句或唐以後所加，當據通典刪去。　金廷桂云：「千穀」疑作「車轂」，如車之有轂也。三句言其利害關係之切。　翔鳳案：詩甫田：「倬彼甫田，歲取十千。」祭義云：「天子爲藉千畝。」四時：「正千伯。」「千穀」以千爲單位，千鍾也。左哀十三年傳：「梁則無矣，麤則有之。」梁爲細糧，對齊之秫不利，故同「蠭螫」。

〔三〕王念孫云：「繑」與「屩」同。（集韻：「『屩』或作『繑』。」）「絏」當作「曳」，曳，引也，言引屩而踵相隨也。今作「絏」者，因「繑」字而誤加糸耳。　尹注非。

〔四〕安井衡云：騎始於趙武靈王胡服，然宣十二年邲之戰，趙穿以其良馬二濟其兄與叔父，則古未必無騎法。但如「騎連伍」，春秋之時恐未有焉。　桂馥云：説文：「齺，齰也。」「齰，齧也。」注與「齰」義合。但「齧騎」未安。　説文又云：「齺，一曰馬口中橜也。」「齺騎」，言馬連伍受橜。司馬相如諫獵書云「猶時有銜橜之變」，張揖曰：「橜，騑馬口長銜也。」　翔鳳案：

「騎連伍」謂不止一車，非無車之騎也。

〔五〕宋翔鳳云：「正」同「征」。翔鳳案：太史公自序「其實中其聲者謂之端」，注：「名也。」淮南脩務訓：「聲施千里。」「應聲」，謂應定之名額。

〔六〕尹知章云：「糴十百」，穀斗千錢。「糶十錢」，穀斗十錢也。馬元材云：尹注二「斗」字當作「石」字，下文「趙糴十五，隰朋取之，石五十」，即以「石」言，是其證。翔鳳案：常價爲釜十錢，見前二篇。不言「釜」者，基本數，省文也。前文有省者矣。魯梁之人，則十倍之。

桓公問管子曰：「民飢而無食，寒而無衣，應聲之正無以給上，室屋漏而不居〔一〕，牆垣壞而不築，爲之奈何？」管子對曰：「沐涂樹之枝也〔二〕。」桓公曰：「諾。」令謂左右伯沐涂樹之枝〔三〕。左右伯受沐涂樹之枝闊〔四〕。其年，民被白布〔五〕，清中而濁〔六〕，應聲之正有以給上，室屋漏者得居，牆垣壞者得築。公召管子問曰：「此何故也？」管子對曰：「齊者，夷萊之國也。一樹而百乘息其下者，以其不捎也〔七〕。衆鳥居其上，丁壯者胡丸操彈居其下〔八〕，終日不歸。父老柎枝而論〔九〕，終日不歸。歸市亦惰倪，終日不歸〔一〇〕。今吾沐涂樹之枝，日中無尺寸之陰，出入者長時〔一一〕，行者疾走，父老歸而治生，丁壯者歸而薄業〔一二〕。彼，臣歸其三不歸，此以鄉不資也〔一三〕。」

〔一〕王念孫云：「居」當爲「治」，字之誤也。齊民要術一、太平御覽木部一引此竝作「治」。下文

「室屋漏者得居」，二書「居」亦作「治」。　翔鳳案：「居」字是也。此言民之懶墮。若不治則仍居之，爲勤苦之民也。

〔二〕宋翔鳳云：檀弓「沐椁」，鄭注：「沐，治也。」此云「沐」者，亦謂脩治去其枝也。孟子「若彼濯濯然」，與「沐」同義。　任林圃云：齊民要術種桑「栽後二年，慎勿採沐」，種榆「初生三年，不用採葉，尤忌捋心，不用剶沐」，注云：「剶者長而細，又多瘢痕，不剶則短羸而無病。諺曰：『不剶不沐，十年成轂。』言易羸也。」觀此「採沐」、「剶沐」並言，蓋古農家者言治樹之術語，即今之剪枝也。　翔鳳案：説文：「沐，濯髮也。」鄧通傳「以濯船爲黄頭郎」，通「擢」。方言三：「擢，拔也。」釋名：「沐，秃也。」「沐」有拔秃之義。

〔三〕張佩綸云：周禮「宫伯」，注：「伯，長也。」國語「司空視塗」，韋注：「司空，掌道路者。」則此「左右伯」，司空之屬。案古者列樹表道，「左右伯沐涂樹之枝」，殆亦治道之一端。　馬元材云：此等「左右伯」均爲王卒，可以被使用於「沐涂樹之枝」。

〔四〕安井衡云：「闊」，疏也。枝既沐，故疏。　俞樾云：「闊」字無義，乃「閲」字之誤。「其」讀爲朞，古字通用也。此當以「閲朞年」三字爲句。尹氏以「闊」字屬上讀，注云「闊，涂也」，非是。　翔鳳案：安井説是。

〔五〕戴望云：「白」、「帛」假字。　任林圃云：齊民要術卷一引此文作「民被布帛」。　翔鳳案：被布於頭以防日，白布賤，非誤字。

〔六〕王紹蘭云：「濁」當爲「潤」，以形而譌。張佩綸云：素問經脈別論「食氣入胃，濁氣歸心」，王砅注：「濁氣，穀氣也。」聞一多云：「濁」下敚「外」字。翔鳳案：「中」訓得，屢見前。急就篇：「屛側清溷糞土壤。」漢書石奮傳注：「腧，行清也。」水經淄水注：「濁水，一曰溷水。」清中而濁，言其勤力糞田也。糞田則粟多，有以給上征矣。

〔七〕宋翔鳳云：宋本「埍」作「捎」。「埍」字字書所無，作「捎」是也。說文「捎，自關以西凡取物之上者爲撟捎」，則「捎」謂芟其上枝，不能密陰。「不捎」則不芟也。俞樾云：「埍」，當從宋本作「捎」，考工記輪人「以其圍之防捎其藪」，鄭注曰：「捎，除也。」此言一樹而百乘息其下者，以其不捎除之，故下文曰「今吾沐涂樹之枝，日中無尺寸之陰」，正是捎除之也。翔鳳案：俞說是也。

〔八〕戴望云：「胡」乃「懷」字誤，輕重丁篇正作「懷」。張佩綸云：「胡」、「懷」形聲俱不近。疑「胡丸」當作「攝丸」。「攝」俗作「揖」，與「胡」形近而誤。楚策：「左挾彈，右攝丸。」易林：「公子王孫，把彈攝丸。」許維遹云：戴、張說均非。「胡」與「𧜭」通，「𧜭」有懷義。廣雅釋器：「袺謂之糊，襭謂之褱。」王氏疏證引此文云：「『胡』與『𧜭』通。」是其證。

〔九〕李哲明云：「柎」者，「拊」之借字，「拊」猶撫也。任林圃云：齊民要術卷一引此文「柎」作「拊」，與古本同。翔鳳案：考工弓人「方其峻而高其柎」，疏：「把中。」是假爲「拊」也。李說是也。

〔一〇〕王念孫云：「歸市」下當有「者」字，「歸市者」對上文「丁壯者」及「父老」而言。　何如璋云：「倪」當作「睨」，謂惰歸坐樹下，睨而相視也。　馬元材云：「惰倪」二字又見管子正世篇，其言曰：「力罷則不能無墮倪。」「墮」即「惰」字之誤，「倪」即「睨」字之誤。謂人民之歸市者過此大樹之下，亦有力罷思睡之意，故欲在此休息，不肯離去也。　吕氏春秋壹行篇云：「今行者見大樹，必解衣懸冠倚劍而寢其下。」即此義矣。　翔鳳案：上文言在路，此言在市，「歸市」二字不誤，加「者」字非是。　餘如馬説。

〔一一〕張佩綸云：廣雅釋詁：「長，常也。」言出入有常時。　郭沫若云：「長」，謂尚也，重也。侈靡篇「好獵之君長虎豹之皮」，同例。　翔鳳案：因時長畏日疾走，張、郭二説均誤。

〔一二〕安井衡云：「薄」，勉也。　李哲明云：疑當作「搏業」，「搏」讀專，本書屢見。形近誤「薄」耳。　馬元材云：「薄」，方言：「勉也，秦、晉曰釗，或曰薄，故其鄙説曰薄努，猶勉努也。」「薄業」，謂勉力於作業也。　翔鳳案：馬説是也。

〔一三〕張佩綸云：「彼臣」當作「彼民」。　聞一多云：「臣」爲「巨」之譌。「彼以」與「此以」對舉。　翔鳳案：「彼」指衆民，一字爲逗。「臣」則管子自稱。「此以」同「以此」，古今語法不同也。因此而鄉之富不貲也。

桓公問於管子曰：「萊、莒與柴田相幷〔一〕，爲之奈何？」管子對曰：「萊、莒之山生柴。君其率白徒之卒，鑄莊山之金以爲幣，重萊之柴賈。」萊君聞之，告左右曰：

「金幣者，人之所重也。柴者，吾國之奇出也〔二〕。以吾國之奇出，盡齊之重寶，則齊可并也。」萊即釋其耕農而治柴。管子即令隰朋反農。二年，桓公止柴，萊、莒之糴三百七十，齊糶十錢〔三〕，萊、莒之民降齊者十分之七。二十八月，萊、莒之君請服。

〔一〕安井衡云：「莒」，大邑，故與「萊」並稱。「與柴田相并」者，并有柴與田也，言其力强。一說：「并」，合也。萊多薪，莒多田，以柴田之利相合以防齊，故桓公憂而問之。　王紹蘭云：「與」通「以」。「柴」者，「茈」之假字。輕重丁篇「昔萊人善染，練茈於萊純緇」，其證也。

翔鳳案：「與」訓以，乃常義。下文言「奇出」，則非小木散材，王說是也。

〔二〕豬飼彥博云：「奇」，餘也。　馬元材云：「奇」，特也。「出」，出産也。「奇出」猶今言特産。　翔鳳案：馬說是。

〔三〕郭沫若云：「三百七十」當是「石百七十」之誤。　翔鳳案：省「釜」字。萊價三十七倍，郭誤。

桓公問於管子曰：「楚者，山東之强國也〔一〕，其人民習戰鬭之道。舉兵伐之，恐力不能過，兵弊於楚，功不成於周。爲之奈何？」管子對曰：「即以戰鬭之道與之矣〔二〕。」公曰①：「何謂也？」管子對曰：「公貴買其鹿。」桓公即爲百里之城，使人之

①「曰」字原作「田」，據補注改。

楚買生鹿〔三〕。楚生鹿當一而八萬〔四〕。管子即令桓公與民通輕重，藏穀什之六。令左司馬伯公將白徒而鑄錢於莊山〔五〕。令中大夫王邑載錢二千萬，求生鹿於楚。楚王聞之，告其相曰：「彼金錢，人之所重也，國之所以存，明主之所以賞有功。禽獸者，群害也，明王之所棄逐也。今齊以其重寶貴買吾群害，則是楚之福也。天且以齊私楚也。子告吾民，急求生鹿，以盡齊之寶。」楚民即釋其耕農而田鹿。管子告楚之賈人曰：「子爲我至生鹿，二十賜子金百斤。什至而金千斤也。則是楚不賦於民而財用足也。」楚之男子居外，女子居涂〔六〕。隰朋教民藏粟五倍。楚以生鹿藏錢五倍。管子曰：「楚可下矣。」公曰：「奈何？」管子對曰：「楚錢五倍，其君且自得而脩穀〔七〕。錢五倍，是楚强也。」桓公曰：「諾。」因令人閉關，不與楚通使。楚王果自得而脩穀。穀不可三月而得也，楚糴四百。齊因令人載粟處芊之南〔八〕，楚人降齊者十分之四。三年而楚服。

〔一〕何如璋云：楚地以太行計在汝、漢之南，不得言「山東」。由齊而計亦不當言「山東」，殆秦人語耳，僞託無疑。張佩綸云：「山東」，日知録：「古所謂山東者，華山之東。管子言：『楚者，山東之强國也。』史記引賈生言：『秦幷兼諸侯，山東三十餘郡。』後漢陳元傳言『陛下不當都山東』，原注：『謂光武都洛陽。』蓋自函谷關以東，總謂之山東。唐人則以太行山之東爲山東，杜牧謂山東之地，禹劃九州曰冀州是也，而非若今之但以齊、魯爲山東也。」錢氏大昕云：「漢書儒林傳：伏生教齊、魯之間，齊學者由此頗能言尚書，山東大師亡不涉尚書以教。酷吏傳御史大夫宏曰：臣居山東爲小吏時，甯成都尉。是漢時亦以齊、魯爲山東。」佩綸案：以秦爲山西，五國爲山東，自是秦、漢之際語。史記晉世家：「冬十二月，晉兵先下山東而以原封趙衰。」是春秋以太行界，秦、晉皆山西，而楚亦可稱山東也。翔鳳案：張説是。

〔二〕陶鴻慶云：「與」，當也，亦敵也。襄二十五年左傳「一與一」，莊子天下篇「惠施曰：以其知與人之辯」，義並同。

〔三〕安井衡云：「城」非所以置鹿，「城」當是「囿」字誤。許維遹云：「城」、「囿」形不近，無緣致誤，疑「城」當作「域」，二形相近，古書往往互譌。楚語「王在靈囿」，韋注：「囿，域也。」則「域」亦「囿」也，詩靈臺傳：「囿者，所以域養鳥獸也。」翔鳳案：「城」、「藏」義同，詳乙篇，諸説誤。

〔四〕俞樾云：此本作「楚生鹿一而當八萬」，言一鹿直八萬泉也。傳寫者誤移「當」字於「一而」之上，義不可通。又下文「子爲我致生鹿二十，賜子金百斤」，是一鹿直金五斤也，而當八萬泉，則金一斤直泉一萬六千，蓋金一兩而泉一千也。漢書食貨志曰：「黄金重一斤，直錢萬。」是春秋時金價貴於漢也。馬元材云：「楚生鹿當一而八萬」，乃楚國原有之市價。「二十鹿賜金百斤」，則爲特高其價而致之，即所謂「貴買其鹿」者，不得謂金五斤即當八萬泉也。翔鳳案：甲篇二十金八萬，則楚鹿原價二十萬。下文「子爲我至（致）生鹿，二十賜子金百斤」，謂原價二十者予百金，非謂「生鹿二十」也。馬説近之。

〔五〕張佩綸云：「伯公」，論語：「問管仲，曰：人也，奪伯氏駢邑三百。」「伯公」當即其人。皇疏「伯氏名偃」，不知所本。郭沫若云：此當爲上文「萊、莒與柴田相幷」節之脱簡，應在「重萊之柴賈」下，「萊君聞之」之上。又「桓公」當爲「隰朋」，下文「管子即令隰朋反農」，可證。「管子即令桓公」殊爲不辭。翔鳳案：鑄錢爲買鹿，與萊之染料何與？郭説非是。

〔六〕戴望云：「涂」上一本有「内」字。疑管子本或作「内」，或作「涂」，而校者合之耳。馬元材云：此言楚人無論男女皆爲求生鹿而奔走，當以「居涂」爲合。「女子居涂」，猶輕重己篇之言「室無處女」矣。翔鳳案：馬説是也。

〔七〕吴汝綸云：「修」當讀爲蓄。郭沫若云：吴説非也。上文「魯」「梁」節云「魯梁之君即令其民去綈修農，穀不可三月而得」云云，與本節後文「楚王果自得而修穀，穀不可三月而得也」文例全同。是則此言「修穀」，即彼言「修農」耳。

〔八〕戴望云：元本、朱本「芊」作「楚」。張佩綸云：「芊，」楚姓，然齊不能處楚之南。集韻：「瀰，或作『泮沔』。」則「芊南」乃沔水之南。翔鳳案：「芊」當爲楚地而近於齊者。

桓公問於管子曰：「代國之出，何有？」管子對曰：「代之出，狐白之皮〔一〕。公其貴買之。」管子曰：「狐白應陰陽之變〔三〕，六月而壹見。公貴買之，代人忘其難得，喜其貴買〔三〕，必相率而求之。則是齊金錢不必出，代民必去其本而居山林之中〔四〕。離枝聞之，必侵其北。離枝侵其北，代必歸於齊。公曰今齊載金錢而往〔五〕。」桓公曰：「諾。」即令中大夫王師北將人徒載金錢之代谷之上，求狐白之皮。代王聞之，即告其相曰：「代之所以弱於離枝者，以無金錢也。今齊乃以金錢求狐白之皮，是代之福也。子急令民求狐白之皮，以致齊之幣，寡人將以來離枝之民。」代人果去其本，處山林之中，求狐白之皮。二十四月而不得一〔六〕。離枝聞之，則侵其北。代王聞之，大恐，則將其士卒葆於代谷之上。離枝遂侵其北〔七〕，王即將其士卒，願以下齊。齊未亡一錢幣，脩使三年而代服。

〔一〕吴汝綸云：「代」，戰國時始見，史記趙襄子殺代王。張佩綸云：漢書地理志「代郡，代，莽曰厭狄亭」，應劭曰：「故代國代谷。」梅福傳福上事曰：「代谷者，恆山在其南，北塞在其北，谷中之地，上谷在東，代郡在西。」是其地也。趙始滅代，春秋之齊不與代境相接，明是戰國僞託。翔鳳案：秦伐鄭，晉伐虢，皆不接壤。用兵何必接壤。此迂儒之見。

〔二〕陶鴻慶云：「管子曰」上當有桓公問辭，而今本脱之。劉績云：疑衍「管子曰」三字。張文虎云：「管子曰」三字當衍。許維遹云：上文已有「管子對曰」，此不當重出「管子曰」。又「狐白」之「白」指皮色言，此云「應陰陽之變」，亦不當有「白」字，皆涉上文而衍。類聚、御覽引竝無「管子曰」及「白」字，是其證。郭沫若云：「狐白應陰陽之變」，「白」字不應删。西伯利亞境内有狐大僅如狸，毛色淺褐，冬季轉白，以應雪色而自行保護。學名爲Alopex lagopus（一般稱爲「北極狐」）。管書所説即指此，故曰「應陰陽之變，六月而壹見」。類聚、御覽等妄删「白」字，不可從。翔鳳案：桓公問「代國之出」，未問「應陰陽之變」。此言管子所自加，故加「管子曰」三字。於此，可知今古文法之變，非衍文也。

〔三〕王念孫云：「貴買」當爲「貴賈」，藝文類聚武部獸部下、太平御覽獸部二十一引此竝作「貴價」，是其證。下文亦云「不敢辯其貴賈」。今作「貴買」者，涉上文「公貴買之」而誤。又下文「衡山之君告其相曰，天下爭吾械器，令其買再什以上」，案：「買」當依朱本作「賈」，上文云「衡山之械器必倍其賈」，即其證，此亦涉上文諸「賈」字而誤。翔鳳案：喜其物爲人所貴買，今人常有此口語，類書以爲不合而改之。王校誤。

〔四〕戴望云：藝文類聚五十九、御覽獸部二十引「本」作「農」，下文同。俞樾云：作「農」者，乃後人不曉古語而臆改之。「本」者，根本也，凡有根本之義者，皆可以「本」言之，故古人言「本」者初無定名。禮記大學篇「此謂知本」，正義曰：「本，謂身也。」禮器篇「反本脩古」，正義曰：「本，謂心也。」周易大過彖傳「本末弱也」，侯果曰：「本，君也。」是知「本」無定名，對天下國家而言則身爲本，對四體而言則心爲本，對臣民而言則君爲本矣。管子地數篇曰：

「守圉之本，其用鹽獨重。」又云：「夫齊衢處之本，通達所出也，游子勝商之所道，人求本者，食吾本粟，因吾本幣。」輕重甲篇曰：「守圉之國，用鹽獨重。」輕重乙篇曰：「吾國者，衢處之國也，遠秸之所通，游客蓄商之所道，財物之所遵，故苟入吾國之粟，因吾國之幣。」前後文小異大同，或言「本」、或言「國」者，「國」亦可謂之「本」也。淮南子氾論篇「立之於本朝之上」，高注曰：「本朝，國朝也。」此古人謂「國」爲「本」之證。此文「代民必去其本，而居山林之中」，言去其國而居山林之中也。若易「本」爲「農」，則失其義矣。

〔五〕宋翔鳳云：宋本「因令」作「曰令」。王念孫云：「公因」當爲「公其」。上文曰「君其鑄莊山之金以爲幣」，下文曰「公其令人貴買衡山之械器而賣之」，皆其證。郭沫若云：王校是也。抄本册府元龜七百三十六引正作「公其令」。翔鳳案：此管子原公如是作，文自通。抄本册府元龜以意改，不足據。

〔六〕許維遹云：類聚、御覽引無「而」字，「一」下有「狐」字。馬元材云：「一」者，謂一狐白之皮也。因狐白之皮須集衆狐之白始能成之，故歷時兩年而不能得其一。翔鳳案：孟子「終日不獲一禽」，謂擒獲也。與此相類，言未曾大量擒獲，非指一狐也。

〔七〕張文虎云：上文已云「離枝聞之遂侵其北」，疑此文「侵」字當作「取」。翔鳳案：代王聞之，葆於代谷之上，則離枝將出兵而未至，至此真出侵之也。無誤字。一「遂」字甚明，張不解而疑之矣。

桓公問於管子曰：「吾谷制衡山之術，爲之奈何〔一〕？」管子對曰：「公其令人貴買衡山之械器而賣之，燕、代必從公而買之。秦、趙聞之，必與公爭之，衡山之械器必倍其賈〔二〕。天下爭之，衡山械器必什倍以上。」公曰：「諾。」因令人之衡山求買械器，不敢辯其貴賈〔三〕。齊修械器於衡山十月，燕、代聞之，果令人之衡山求買械器。燕、代修三月，秦國聞之，果令人之衡山求買械器。衡山之君告其相曰：「天下爭吾械器，令其買再什以上〔四〕。」衡山之民釋其本，脩械器之巧。齊即令隰朋漕粟於趙。趙糴十五，隰朋取之石五十。天下聞之，載粟而之齊。齊脩械器十七月，脩糴五月〔五〕，即閉關不與衡山通使。燕、代、秦、趙即引其使而歸。衡山械器盡，魯削衡山之南，齊削衡山之北。內自量無械器以應二敵，即奉國而歸齊矣。

〔一〕翔鳳案：「谷」，趙本、朱本作「欲」，各本同。老子「谷神不死」，釋文：「谷，河上本作『浴』。」王玉樹說文拈字：「音學五書：山谷之『谷』，雖有穀、欲二音，其實『欲』乃正音。易井『谷』，陸德明又音『浴』。書『暘谷』，又音『欲』。左傳『南谷中』，又音『欲』。史記樊噲傳『橫谷』，正義音『欲』。貨殖傳『谷量牛馬』，索隱音『欲』。『谷神』即欲神。」楊本存古。諸本作「欲」，以後代字改之也。

〔二〕戴望云：案句例，「賈」下當有「矣」字。安井衡云：「衡山」蓋戰國間附庸之國，據下文其地在齊、魯之間，漢所置衡山國則在荆州，相距甚遠，若漢人僞撰此篇，必不移荆州之衡山，而北就兖州之齊、魯，未可以他書不言衡山，輒疑其國也。馬元材云：各書皆不言春秋、戰國間有衡山國。秦統一後，始有衡山郡。史記秦始皇本紀：「二十八年，乃西南渡淮水，之衡山、南郡，浮江至湘山祠。……上自南郡由武關歸。」正義言：「欲向衡山，即西北過南郡，入武關至咸陽。」若如此説，則始皇當日並未至衡山矣。然原文明明記載「之衡山」三字於「渡淮水」之後，「至南郡，浮江至湘山祠」之前，可知其確已到達，而其地則必在淮水與南郡之間。且南嶽之衡山，在秦、漢時尚未爲人所重視，故不在天下名山之内。史記封禪書言秦前關東名山凡五：即石室（嵩山）、恒山、湘山、會稽、泰山是也。然則始皇所之之衡山，必非南嶽之衡山，而爲安井衡所謂荆州之衡山明矣。考楚項羽封吴芮爲衡山王，都邾，正義引括地志云：「故邾城在黄州黄岡縣東南二十里，本春秋時邾國。」當是因秦時舊邦爲國。而始皇所之，亦當在此，故曰「西南渡淮水，之衡山」也。此爲衡山國之初見。此文以衡山與魯、梁、楚、代、燕、趙、齊等漢初國名並稱，則其寫成年代不能在漢以前，明矣。翔鳳案：巨乘馬「衡」、「横」同義，「横」從廣聲，「衡」音同「廣」同「光」。水經濟水注：「平陰城南有長城，東至海，西至濟，河道所由，名防門，去平陰三里，齊侯塹防門，即此也。防門北有光里，齊人言『廣』音與『光』同，即春秋所謂『守之光里』者也。」齊人於此設防，當爲防衡山，與齊南魯北地望正合。

〔三〕郭沫若云：抄本册府元龜七百三十六引作「不敢辨其賈」，「貴」乃衍文。翔鳳案：上有「貴買」字，非衍文。

〔四〕安井衡云：古本「買」作「賈」。翔鳳案：「買」指買者，改作「賈」，非是。

〔五〕陶鴻慶云：「趙糴十五」，「糴」當爲「糶」，「修糶五月」，「糶」當爲「糴」。言齊先收衡山之器械，而後斂天下之穀也。今本互誤，則文義俱乖矣。翔鳳案：「趙糴」，謂趙人自糴十五金一石，齊高其價三倍多。説文：「漕，水轉穀也。」車運穀曰轉，舟運穀曰漕。齊修器械，修穀，俱指衡山。二字不誤，以爲「糴」、「糶」二字當互易者誤也。

輕重己第八十五

輕重十八

清神生心〔一〕，心生規，規生矩，矩生方，方生正，正生曆，曆生四時，四時生萬物。聖人因而理之，道徧矣〔二〕。

以冬日至始，數四十六日，冬盡而春始〔三〕。天子東出其國四十六里而壇〔四〕，服青而絻青，搢玉揔〔五〕，帶玉監〔六〕，朝諸侯卿大夫列士，循於百姓，號曰祭日，犧牲以魚〔七〕。發號①出令曰：「生而勿殺，賞而勿罰。罪獄勿斷，以待期年〔八〕。」教民樵室鑽鐩，墐竈泄井〔九〕，所以壽民也。耜耒耨，懷鉊鉛〔一〇〕，又擅藿渠緄絲〔一一〕，所以御春夏之事也必具〔一二〕。教民爲酒食，所以爲孝敬也。民生而無父母，謂之孤子。無妻無子，謂之老鰥。無夫無子，謂之老寡。此三人者皆就官〔一三〕，而衆可事者不可事者食如言而勿遺〔一四〕。多者爲功，寡者爲罪，是以路無行乞者也。路有行乞者，則相之罪也。天子之春令也。

〔一〕丁士涵云：「清」，「精」假字。　翔鳳案：心術上：「不潔則神不處。」「清」爲本字，非假爲「精」。

〔二〕許維遹云：「偏」當作「備」，字形近之誤也。形勢篇：「則君道備矣。」七臣七主篇：「則人主道備矣。」輕重戊篇：「帝王之道備矣，不可加也。」是其證。　翔鳳案：「偏」爲無所不在，與治道不同，許説誤。

〔三〕石一參云：自冬至日夜半子時起，順數，歷四十五日而冬盡，又一日而立春，故合數爲四十六日。　翔鳳案：冬至至春至爲九十二日，得其半也。

---

① 「號」字原無，據補注增。

〔四〕張佩綸云：月令鄭注引王居明堂禮曰「出十五里迎歲」，蓋殷禮也。周近郊五十里，此「四十六里」即周近郊五十里。下「九十二里」、「百三十八里」，皆淺人意改。聞一多云：「天子」下疑當依後文例補「祀於□□」四字。翔鳳案：後文亦不全加，不必補。

〔五〕戴望云：朱本「總」作「揔」。王念孫云：「總」與「揔」皆「忽」之譌，「忽」即「笏」字也。皋陶謨「在治忽」，鄭作「曶」，注云：「曶者，笏也，臣見君所秉，書思對命者也。君亦有焉。」（見史記夏本紀集解。）周官典瑞云「王晉大圭以朝日」，此云「天子搢玉忽祭日」，正與周官合。左傳正義引管子云「天子執玉笏以朝日」，即此篇之文。翔鳳案：「忽」以手持，「揔」爲隸書别體，非譌字，「總」則謬矣。

〔六〕豬飼彦博云：「監」、「鑑」同。何如璋云：「監」者，謂冕旒之飾也。周禮眡祲「四曰監」，注：「謂冠珥也。凡氣在日上爲冠爲戴，在旁直對爲珥。」雜占書曰：『日冠者如半暈也。法當在日上，有冠又有兩珥，尤吉。』荆州占曰：『月珥且戴，不出百日，主有大喜。』」此云「監」，殆首上與兩耳玉瑱之類。張佩綸云：「帶玉監」，「監」，「鑑」省。内則「左佩金燧」，疏引皇氏云：「晴則以金燧取火於日。」釋文：「金燧，火鏡。」是燧亦名鏡也。周禮秋官司烜氏「掌以夫燧取明火於日，以鑒取明水於月」，鄭注：「夫燧，陽燧也。鑒，鏡屬，初不言其爲金爲玉，疑天子以玉爲之。」翔鳳案：何説是。司烜氏之「鑑」爲大盆，非可帶於身者。説文：「鑑，大盆也。一曰監諸，可以取明水於月。」張説誤甚。

〔七〕張佩綸云：魚非牲牢，施之下祀，豈朝日之禮所宜？「魚」乃誤字，疑當作「太牢」。周禮大宗伯「以實柴祀日月」，注：「實柴，實牛柴上也。」漢書郊祀志：「祭日以牛，祭月以羊彘。」皆其證。　翔鳳案：論衡指瑞：「魚，木精。」服青而祭，正用魚，非誤字。

〔八〕朱長春云：「期年」，冬也。漢行刑亦盡冬月止。

〔九〕何如璋云：「樵」，謂以火温之。公羊桓七年「焚咸丘」，傳：「焚之者何？樵之也。樵之者何？以火攻也。」　王念孫云：「墐」當作「熯」，説詳禁藏篇。　張佩綸云：詩「塞向墐户」，傳：「墐，塗也。」「熯」、「墐」義互相足。　翔鳳案：「樵」从焦得聲，黄梅謂煙熏爲樵，非温暖也。

〔一〇〕張佩綸云：「懷」當作「欘」，説文：「欘，斫也，齊謂之鎡。」　丁士涵云：「鈶」，「鉤」字之誤。　張佩綸云：「鉊」，説文：「大鐵也。鎌謂之鉊，張徹説。」「鈶」，「枱」或從金作「鈶」，經典相承爲「耜」。　翔鳳案：説文：「㭒，臿也。一曰，徙土輂，齊人語也。」則「鈶」爲「枱」無疑。

〔一一〕王念孫云：「叉」當爲「乂」，「乂」與「刈」通。齊語云「槍刈耨鎛」，是也。説文：「橿，鉏柄名。」鹽鐵論論勇篇云：「鉏耰棘橿，以破衝隆。」　王念孫云：「權渠」，下文作「穫渠」，未詳。「緄」即「繩」字之誤。「緤」亦「繩」也。　丁士涵云：「權」，當依下文作「穫」，説文作「鑊」，大鉏也。「渠」與「欋」同，釋名：「齊、魯謂四齒杷爲欋。」　何如璋云：「權」乃「欋」

之譌，釋名：「齊、魯謂四齒杷曰欋也。」渠，方言五：「杷，宋、魏之間謂之渠挐，或謂之渠疏。」是「渠」者，「杷」之别名也。説文：「杷，收麥器，一曰平田器。」固與各械一類。翔鳳案：釋名：「鋤，齊人謂柄曰欋。」則「擢」即「欋」矣。廣雅釋器：「錘謂之欋。」「渠」同「牙」，考工車人「渠三柯者三」，注：「謂車輮。」所謂「牙」，字亦作「鐻」。廣雅釋器：「據，輞也。」書大傳：「取大貝如車渠。」考工輪人：「牙也者，以爲抱固也。」鄭司農云：「牙，世間或謂之罔。」即「輞」。「緄」爲繩，「緤」即「紲」。衆經音義：「紲，馬繮也。」北人耕田，用馬用車，此五者以備用。「又」，助也。五者爲輔助之用，諸人認爲農器，并「又」字不可解矣。

〔二〕李哲明云：「也」字衍。「必具」當連「之事」讀爲一句。翔鳳案：「必具」已包括農器與輔助之器，李讀是。惟不必衍「也」字。

〔三〕王引之云：「人」字衍。民之窮者有此三類，非謂僅有三人也。孟子梁惠王篇「老而無妻曰鰥，老而無夫曰寡，老而無子曰獨，幼而無父曰孤，此四者，天下之窮民而無告者」，文義與此同。張文虎云：「此三人者」，猶言此三等人也，雜志謂衍「人」字，非。翔鳳案：「人」爲民，張説是也。「官」即「館」字，詳幼官。

〔四〕張佩綸云：「可事者」下當有「事」字。「可事者事」詳入國篇，鰥寡則合獨，幼孤則能事者止也。不可事者則官衣食之。「如言而勿遺」，幼官篇：「養老弱而勿遺，信利周而無私。」郭沫若云：張説非是，「事」字不當加。當讀爲「可事者，不可事者食如言而勿遺」。「如言」

者，謂如所言也。 翔鳳案：郭説是。「而衆」二字一逗，「可事者不可事者」均在其中。

以冬日至始，數九十二日，謂之春至〔一〕。天子東出其國九十二里而壇，朝諸侯卿大夫列士，循於百姓，號曰祭星。十日之内，室無處女，路無行人。苟不樹藝者，謂之賊人。下作之地，上作之天，謂之不服之民〔二〕。處里爲下陳，處師爲下通，謂之役夫〔三〕。三不樹而主使之〔四〕。天子之春令也。

以春日至始，數四十六日，春盡而夏始。天子服黄而静處〔五〕，朝諸侯卿大夫列士，循於百姓，發號出令曰：「毋聚大衆，毋行大火，毋斷大木，誅大臣，毋斬大山，毋戮大衍〔六〕。滅三大而國有害也。」天子之夏禁也。

〔一〕張佩綸云：司分司至，自少皞已然，曆家無以春分爲春至，秋分爲秋至者。「春至」、「秋至」，皆「分」字之誤。 翔鳳案：四至皆當有，後以「春至」、「秋至」晝夜長短相等改爲「分」。齊用殷曆，較老，故沿「春至」之名，張説非是。

〔二〕俞樾云：兩「作」字皆讀爲「詛」，古字通用。詩蕩篇「侯作侯祝」，釋文曰：「作，本作『詛』。」是其證也。此言有不樹蓺者，必下詛之於地，上詛之於天，明其爲不服之民。蓋以神道設教之意。若依本字讀之，則不可通矣。 張佩綸云：「作」當爲「任」，字之誤也。左氏文六年傳杜注、文選西征賦注引倉頡，均云「委任也」。下則委之地利，上則委之天時。盤庚「惰農自安，不昬作勞，不服田畝，越其罔有黍稷」，故謂之「不服之民」。翔鳳案：王制「賢良服」，注：「謂爲之任使。」不肯爲人任使之人，怨天恨地，俞説是也。

〔三〕何如璋云：「陳」，列也。「通」，行也。言處里中則爲下列，在師中則爲下行。張佩綸云：「下陳」，晏子春秋：「願得充數乎下陳。」班倢伃賦「充下陳於後庭」，注：「下陳，後列也。」「通」當作「甬」，方言：「臧甬侮獲，賤稱也，自關而東陳、魏、宋、楚之間保庸謂之甬。」此即周禮九職所謂「臣妾」。左文元年傳杜注：「役夫，賤者稱。」翔鳳案：「下陳」如張説。説文：「通，達也。」論語：「君子上達，小人下達。」此其義也。

〔四〕朱長春云：「主使」，如後没爲官奴與城旦舂之比。何如璋云：「三不樹」，即指上「不樹藝」、「不服」及「役夫」。言三者皆惰民，不肯盡力樹藝，則主田之官必以法驅使之，令之歸農也。翔鳳案：檀弓「使之雖病也」，注：「謂時徭役。」荀子解蔽「況於使之者乎」，注：「役也。」「使」謂勞役，朱説近是，何誤。

〔五〕王引之云：下文曰「秋盡而冬始，天子服黑絻黑而靜處」，則此當云「天子服赤絻赤而靜處」，寫者脱誤耳。何如璋云：「服黄」下宜加「絻黄」二字。土王於夏，與火同用，又爲火之生數，故服絻用黄。坤至靜而德有常，故宜靜處。張佩綸云：黑黄宜於靜處，赤非靜處之服也。此篇脱去「服赤絻赤」。「服黄而靜處」當移「夏至」下，錯置於此。石一參云：夏服宜赤，火德王。此言「服黄」，火性烈，不宜助長，故服其所生之色。亦不出國門而壇，無迎夏之禮。尚靜不尚動，所以節時氣之過也。翔鳳案：「黄」爲中央，以御四時，故宜「靜處」。石説得之。幼官以黑爲主，赤色相剋，當避之。

〔六〕安井衡云：古本「誅」上有「毋」字。俞樾云：「誅大臣」，三字衍文，此蓋以「斷大木」、「斬大山」、「戮大衍」爲「滅三大」。其上文「聚大衆」、「行大火」，非滅之也，故不數也。若加「誅大臣」，則爲滅四大矣。又「斬大山」之「斬」當讀爲塹，與形勢解「斬高」同。張佩綸云：七臣七主篇：「春無殺伐，無割大陵，倮大衍，伐大木，斬大山，行大火，誅大臣，收穀賦。」禮月令：「孟夏，毋起土功，毋發大衆，毋伐大樹。」此與月令合。「三大」當作「亖大」，古「四」字積畫。聞一多云：吕氏春秋上農篇「澤人不敢灰僇」，注曰：「燒灰不以時［曰］多僇。」王念孫引此文，又云「戮」、「僇」古通，是也。「衍」亦澤也。「斷大木」、「塹大山」、「戮大衍」，三者事爲同類，即下所謂「滅三大」者。今本有「誅大臣」三字，無論與彼三者事非一類，且與「三大」之數亦不合，其爲後人妄加無疑。翔鳳案：「聚大衆」、「行大火」，亦在禁令之列。爾雅釋詁：「滅，絶也。」絶之者有五，五而謂之「三」者，三爲多數，不一定爲五而多於三，汪中釋九三可參考也。張説是，惟以爲當作「四」則非是。七主七臣有八矣，何以説之？「誅大臣」，責大臣也。論語：「於予與何誅？」

以春日至始，數九十二日，謂之夏至，而麥熟〔一〕。天子祀於太宗，其盛以麥。麥者，穀之始也。宗者，族之始也。同族者人，殊族者處〔二〕。皆齊大材，出祭王母〔三〕。

天子之所以主始而忌諱也。

〔一〕何如璋云：「夏至」下宜加「夏至」二字以申言之，文義始完，與下文一例。張佩綸云：日至麥熟，孟子：「今夫麰麥，至於日至之時皆熟矣。」

〔二〕王念孫云：「人」當爲「入」。「處」，止也，言同族者則入祭，異族者則止也。翔鳳案：異族止於郊外，何必同來。古今含義不同。楚語「在中軍王族而已」，注：「部屬也。」各宗部屬不同，若以現代言之，則均爲同族也。古今含義不同。説文：「凥，處也。」謂坐於地上。釋名：「人，仁也。」中庸：「仁者人也。」二字互訓。左傳：「出門如賓，承事如祭，仁之則也。」鄭注中庸謂：「人也，讀如相人偶之人，以人意相存問之言。」凡人於賓祭相存問，必鞠躬致敬，故「人」字象之。同族者致敬，殊族者散坐。祭祀精義，被王氏好改字而抹煞盡矣。

〔三〕何如璋云：易説卦：「坤，地也，故稱乎母。」又晉卦：「受茲介福，於其王母。」蔡邕獨斷：「王者父事天，母事地。」此文有「出」字，疑指夏至祀地方澤之祭。「齊大材」，謂以瀍共祭祀之五齊三酒也。天官酒正：「掌酒之政令，以式瀍授酒材。」吕覽仲冬紀：「乃命大酋，秫稻必齊，麴蘗必時，湛饎必潔，水泉必香，陶器必良，火齊必得，兼用六物，大酋監之，無有差忒。」據此，則「大」乃「六」之譌，「六材」即秫稻六者之材也。「齊」，謂以瀍式調劑也。吕覽在仲冬，此文在仲夏，或古今異宜歟？張佩綸云：「皆齊」爲句。「大材」當作「大牲」。易革：「用大牲吉。」爾雅釋親：「父之妣曰王母。」曲禮：「王母曰皇祖妣。」翔鳳案：周禮太宰「飭化八材」，注：「珠象玉石木金革羽也。」前四者爲祭品，後四者爲樂器。「大材」類此。

以夏日至始，數四十六日，夏盡而秋始〔一〕，而黍熟。天子祀於太祖〔二〕，其盛以黍。黍者，穀之美者也。祖者，國之重者也。大功者太祖，小功者小祖，無功者無祖〔三〕。無功者皆稱其位而立沃，有功者觀於外〔四〕。祖者所以功祭也，非所以戚祭也。天子之所以異貴賤而賞有功也〔五〕。

〔一〕何如璋云：「秋始」，謂立秋也。「秋始」下宜加「秋始」二字，與下文一例。　翔鳳案：「夏至」亦不重，則夏秋二祀謂當重者，非也。

〔二〕張佩綸云：檀弓「君復於小寢大寢，小祖大祖」，正義：「……小祖，高祖以下廟也，王侯同。大祖，天子始祖，諸侯太祖廟也。」

〔三〕翔鳳案：「功」爲喪服之功布，喪服：「大功八升若九升，小功十升若十一升。」由立功引申之也。

〔四〕豬飼彦博云：「無功」當作「有功」，「有功」當作「無功」。　安井衡云：「沃」讀爲飫，飫，燕食也。　何如璋云：「沃」者，灌也。無功之祖，祭乃設位，故「稱其位而立沃」。「觀」亦灌也。有功之祖，則以鬱鬯灌於中庭，在本位之外以示萬國觀瞻也。春官鬱人：「掌祼器，詔祼將之儀與其節獻之屬，莫重於祼。」「祼」之言觀也。易觀卦：「觀盥而不薦。」祼者小宗奉而授，小宰贊而行，獻者獻於尸，奠於神。小祝沃尸盥，小臣沃王盥。此祼之儀節極隆，所以示觀於外也。張佩綸云：「有」、「無」二字當互易。「沃」、「飫」通，周語：「……王公立飫，則有房烝。」翔鳳案：祖宗雖無功，亦稱其位而祭。説文無「沃」字，假爲「飫」。説文：「飫，燕食也。」此「有功」爲生人，非祖宗也。豬飼與張不解，以爲當互易矣。

〔五〕陶鴻慶云：祀祖不可言「賞」，當爲「貢」字之誤。翔鳳案：「賞有功」者，即飫有功者，陶不解而以爲誤耳。

以夏日至始，數九十二日，謂之秋至，秋至而禾熟。天子祀於太惢〔一〕，西出其國百三十八里而壇〔二〕，服白而絻白，搢玉揔，帶錫監，吹塤箎之風鑿〔三〕，動金石之音，朝諸侯卿大夫列士，循於百姓，號曰祭月，犧牲以彘〔四〕。發號出令〔五〕，罰而勿賞，奪而勿予。罪獄誅而勿生。終歲之罪，毋有所赦。作衍牛馬之實，在野者王〔六〕。天子之秋計也。

〔一〕安井衡云：「大惢」蓋星名，疑即心星。心三星，故其字作「惢」。詩曰：「七月流火。」秋分祀心，餞其納也。説文：「惢，心疑也，讀若瑣。」非此義。王紹蘭云：下文云「號曰祭月」，是則「大惢」即月。此文「惢」蓋即「皛」之譌。艸書「白」作「厶」。傳寫者誤三白爲三心，遂譌作「惢」。説文：「皛，顯也，從三白，讀若皎。」然則月偁「太皛」，猶言太皎矣。許讀「皛」若皎，「皎」下云「月色之白也」，引詩「月出皎兮」，則以「太皛」稱月，義更著明矣。張佩綸云：依上文「麥熟祀於大宗」，「黍熟祀於太祖」，則「太惢」亦太廟之名，其義未聞。上文有「其盛以麥」，「盛以黍」句，依例當補「其盛以禾」四字。但此節恐爛挩甚多，無從訂正。郭沫若云：王紹蘭以爲「皛」字之誤，甚有見地。「皛」，據説文「讀若皎」，則「太皛」即「太郊」矣。太郊，猶後世社稷壇之類也。　翔鳳案：三星有「心宿」、「參宿」及「牛郎」。此爲心宿，十有一顆大紅星，古稱大火，即商星，商人所祀也。七月在西方，詩豳風「七月流火」，唐風「三星在户」，即此星也。爲東方昊天七宿之一，故作「〔門惢〕」。魏都賦「神惢形茹」，注：「垂也。」假爲「蘂」。曲禮「立視五巂」，注：「『巂』或爲『橤』。」「巂」，即商頌玄鳥簡狄吞其卵祀爲高媒，因女姓號爲祭月，下垂有多子之意。用毳，亦取其多子也。帝王祀高媒以求子焉。「惢」爲星，號爲祭月。餘詳侈靡。

〔二〕俞樾云：以上下文推之，所出之里數皆與所數之日數相符，則此文亦宜云「出國九十二里」矣。乃「出國百三十八里」者，蓋自夏日至始數上溯春盡夏始之四十六日而並計之也。然所云「四十六日」，乃舉成數而言，實止四十五日有奇。故歲實三百六十五日有奇，而四時出國則爲三百六十八里也。

〔三〕何如璋云：「動」與「吹」對，「鑿」字衍。　翔鳳案：「監」爲冠珥，見前。説文：「鑿，穿木也。」因而所穿之孔亦曰鑿。考工記「量其鑿深」，謂孔深也。「風鑿」亦風孔，爲塤篪所特有。以「鑿」爲衍，謬矣。

〔四〕張佩綸云：依郊祀志當補「羊」字。翔鳳案：「彘」取多子，見上。「羊」取祥，於此無義，不當加。

〔五〕陶鴻慶云：「發號出令」之下當有「曰」。首節云「發號出令曰，生而勿殺，賞而勿罰」，與此正相反。翔鳳案：何必加「曰」字，無義。

〔六〕金廷桂云：詩魯頌「思馬斯作」，注：「作，始也。」漢書司馬相如傳「離靡廣衍」，注：「衍，布也。」謂始將牛馬之實於野者而散布之，月令所謂「游牝於牧」也。「王」字衍。吴闓生云：凡書「衍」字者，皆衍誤之處，以前放此。郭沫若云：當讀「作衍牛馬之實」句，「在野者王」句。「王」讀去聲，今人以「旺」字爲之。翔鳳案：郭説是。詩椒聊「蕃衍盈升」，「衍」謂繁殖也。

以秋日至始，數四十六日，秋盡而冬始〔一〕。天子服黑絻黑而靜處，朝諸侯卿大夫列士，循於百姓，發號出令曰：「毋行大火，毋斬大山，毋塞大水，毋犯天之隆〔二〕。」天子之冬禁也。

〔一〕何如璋云：「冬始」謂立冬也。

〔二〕何如璋云：「隆」宜作「降」，孫子行軍「戰降無登」，亦一作「隆」，可證。陰陽之氣不通，當守靜以助天地之閉，不可有所犯也。禮月令：「孟冬天氣上騰，地氣下降，天地不通，閉塞而成冬。」又：「仲冬君子齋戒，處必揜，身欲寧。」即其義也。繁露暖燠孰多「天於是出凓下霜而天降，物固已皆成矣」，本此。張佩綸云：周禮山虞「仲冬斬陽木，仲夏斬陰木，凡服耜，斬季材以時入之」，故孟冬有「毋行大火，毋斬大山」之禁，與孟夏同。「毋塞大水」，冬盛德在水，易虞注「隆，上也」，月令「是月也，天氣上騰，地氣下降，天地不通，閉塞而成冬」，故「毋犯天之隆」。馬元材云：「隆」，尊也。荀子臣道篇云「君者，國之隆也」，楊倞注云：「隆，猶尊也。」古人稱冬爲嚴冬，又曰隆冬。「嚴」、「隆」皆尊嚴不可侵犯之意。翔鳳案：漢書揚雄傳「隆隆者絶」，注：「雷聲也。」故以豐隆爲雷神。淮南天文訓：「豐隆乃出。」

以秋日至始，數九十二日〔一〕，天子北出九十二里而壇，服黑而絻黑，朝諸侯卿大夫列士，號曰發繇〔二〕。趣山人斷伐，具械器。趣菹人薪雚葦，足蓄積。三月之後〔三〕，皆以其所有，易其所無，謂之大通三月之蓄〔四〕。

凡在趣耕而不耕〔五〕，民以不令。不耕之害也。宜芸而不芸，百草皆存〔六〕，民以僅存。不芸之害也。宜穫而不穫，風雨將作，五穀以削，士民零落。不穫之害也。宜藏而不藏，霧氣陽陽，宜死者生，宜蟄者鳴。不臧之害也。張耜當弩〔七〕，銚耨當劍戟，穫渠當脅軻〔八〕，蓑笠當抾櫓〔九〕。故耕械具則戰械備矣。

〔一〕王念孫云：「以秋日至始，數九十二日」，此下當有「謂之冬至」四字。上文云「以冬日至始，數九十二日，謂之春至」，「以春日至始，數九十二日，謂之夏至」，「以夏日至始，數九十二日，謂之秋至」，是其證。

〔二〕張佩綸云：「發繇」當爲「祭繇」之誤。「繇」當作「縣」，「縣」、「玄」通。周禮鄭注：「兆雨師於北郊。」風俗通義、春秋左氏傳説：共工之子爲玄冥雨師，鄭大夫子産禳於玄冥雨師也。足爲北出祭玄之證。　李哲明云：「列士」下亦當有「循於百姓」四字。　翔鳳案：禮記雜記：「給繇役。」韓勑碑：「邑中繇發。」淮南精神訓：「繇者揭钁臿。」「發繇」者，發動繇役。天氣閉藏，寓兵於農，發繇而脩戰備，不再祭也。

〔三〕陶鴻慶云：當作「三日之後」，謂發號後之三日也。蓋冬日至後，農有餘粟，女有餘布，故得通功易事。若三月之後，則爲春至，農事且作，非其時矣。「大通三月之蓄」者，自冬至上溯秋至三月之所積，至此而大通，非謂俟諸三月之後也。今本即涉下文「三月之蓄」而誤。　翔鳳案：「斷伐」，「具械器」，「薪蘿葦」，「足蓄積」，是豈三日所能乎？此謂繇役之後，非發號之後，陶説誤。

〔四〕張佩綸云：「大通」，謂通功易事。

〔五〕豬飼彦博云：「凡在趣」下疑脱「事」字。「耕而不耕」上脱「宜」字。　翔鳳案：上文「趣山人」，「趣菹人」，皆於「趣」下着名詞，豬飼説非是。

〔六〕許維遹云：「存」當爲「荐」字之壞也，又涉下文而誤。「荐」與「薦」同。漢書景帝紀如淳注：「草稠曰薦。」説苑政理篇：「田畝荒穢而不休，雜增崇高。」義亦與此合。　馬元材云：

「存」字不誤。「百草皆存」，謂田園荒蕪。「民以僅存」，謂人民僅免於死亡。　翔鳳案：「存」字不誤，不宜穿鑿也。

〔七〕戴望云：「張耜」以下數句，乃他篇之佚文，誤綴于此。　張佩綸云：以下見禁藏篇，文小異。　翔鳳案：四「當」相連，決非誤綴。

〔八〕戴望云：宋本「穫」作「擭」，元本「䩼」作「軻」。　丁士涵云：「脅䩼」之爲物形狀未聞，惠學士以「脅」爲「甲」，「䩼」疑當爲「鞫」，玉篇曰：「鞫，兵器也。」　張佩綸云：農器豈可當甲？中匡篇「刑罰以脅盾一戟」，齊語作「鞼盾一戟」，韋注：「鞼盾綴革有文如繢。」此「脅」即脅盾。字書無「䩼」字，當作「鞫」。玉篇：「鞫，兵器也，其俱切。」「鞫」即「鉤」之俗體。方言九：「戟，其曲者謂之鉤釨鏝胡。」有齒之渠與鉤相似，故足以當「鉤」。　李哲明云：「穫渠」，即上文「權渠」。「穫」當爲「欔」，「钁」之聲假字。説文：「钁，大鉏也。」古字從矍與從蒦，往往互通。集韻「『戄』或作『愯』」，通俗文「『攫』本作『擭』」（一切經音義引），説文「籆」廣韻作「篗」，「矆」廣韻作「矐」，皆其證。「渠」即「鉏」字，説見上。「䩼」，字書未見，疑當爲「鞈」，形近而誤。説文「鞈，防汗也」，徐鍇曰：「今胡人扞腰也。」篇韻皆云：鞈，防捍也。」本書「輕罪入蘭盾鞈革三戟」，注：「鞈革，重革，當心著之可以禦矢。」此云「脅鞈」，自中言之曰當心，自旁言之云脅也。版法篇「兵尚脅盾」，注：「盾或著之於脅，故曰脅盾。」「脅鞈」猶是矣。　翔鳳案：「張」、「銚」皆爲動詞，「擭」亦爲動詞。説文：「擭，擘擭也。一曰布擭也，一曰握也。」西京賦「擭獑猢」，薛注：「擭，謂掘取之也。」「渠」爲「車輞」，見前。「輌」字不見字書，然可從形聲偏旁推之。説文「抲，抲撝也。周書曰：盡執抲。」酒誥作「拘」。「柯，斧柄也」。考工：「車人爲車，柯長三尺。」「輌，接軸車也。」「軥，軶下曲者。」是「輌」爲可荷可持之長柄而以革束之者。説文訓「脅」爲兩膀。通俗文「腋下謂之脅」，與今之口語合。「脅輌」與「脅輡」音義皆合，乃戟之類。李説是也。

〔九〕豬飼彦博云：「拯」疑當作「杆」。丁士涵云：「拯」當爲「楯」字之誤，「楯」者，「盾」之借字。禁藏篇曰「菹笠以當盾櫓」，是其證。王紹蘭云：字書罕見「拯」。玉篇廣韻竝有「柲」字，云「木可用爲笏」，與干櫓之屬不相涉。疑「柲」即「楯」之壞字。家兄穀塍曰：「『拯櫓』當是『扞櫓』。爾雅釋言：『扞，干也。』即其證矣。」張佩綸云：「拯」當爲「扞」。詩毛傳：「干，扞也。」「扞櫓」即「干櫓」。翔鳳案：説文：「櫓，大盾也。」楯爲闌檻，未聞借爲「盾」。且「拯」字從手不從木。北人讀永爲勇，諧聲則爲擁。「蓑笠當擁櫓」，形義並合，然如禁藏篇之「菹笠以當盾櫓」，作爲隸書「盾」之變體，亦可。

輕重庚第八十六亡

讀管子

張嵲巨山

余讀管子，然後知莊生、鼂錯、董生之語時出於管子也。不獨此耳，凡漢書語之雅馴者，率多本管子。管子，天下之奇文也，所以著見於天下後世者，豈徒其功烈哉！及讀心術上下①、白心、内業諸篇，則未嘗不廢書而歎，益知其功業之所本，然後知世之知管子者殊淺也。管子書多古字，如「專」作「摶」、「忒」作「貣」、「宥」作「侑」、「況」作「兄」、「釋」作「澤」，此類甚衆。大匡載召忽語曰「百歲之後，吾君卜②世，犯吾命而廢吾所立，奪吾糾也，雖得天下，吾不生也，兄與我齊國之政也」，而注乃謂「召忽呼管仲爲兄」。曰「澤命不渝」，而注乃以爲「澤恩之命」。甚陋不可偏舉。書既雅奥難句，而爲之注者復繆於訓故，益使後人疑惑，不能究知。世傳房玄齡所注，恐非是。予求管子書久矣，紹興己未，乃從人借得之後，而讀者累月，始頗窺其義訓，然舛脱甚衆，其所未解尚十二三。用上下文義，及參以經史刑政，頗爲改正其訛謬，疑者表而發之。其所未解者置之，不敢以意穿鑿也。既又取其閒奥於理，切於務者，抄而藏於家，將得善本而卒業焉。

① 「上下」二字原在「白心」下，據正文乙。

② 「卜」字原作「下」，據大匡改。